空気浄化テクノロジーの新展開
―VOC 削減対策に向けて―

Recent Development of Air Purification Technology
―Effective Solution to VOCs control policy―

《普及版》

監修 竹内浩士

シーエムシー出版

緒　言

揮発性有機化合物（volatile organic compounds, VOCs）は，ガス状で飛散又は排出される有機化合物で，メタンなどを除いたものと我が国では定義されている。そのまま燃料として使われるもののほかに，洗浄，塗装，接着，印刷などの産業プロセスで広く利用されている。これらの用途は，各種の物質を溶解・混合し，その役割を果たしたのちは速やかに蒸発・乾燥可能という，まさにVOCの有機性と揮発性という性質を活用している。

ベンゼンなどを除いては一般にVOCそのものの毒性は高くないため，これまで作業環境以外での規制はほとんどなされていなかった。ところが，非メタン炭化水素とも呼ばれて光化学スモッグの原因物質としての大気濃度が監視されているように，VOCは大気中の光化学反応により，オキシダント（オゾン）を生成するとともに，一部，粒子化する。光化学オキシダントの環境基準は全国的にほとんど達成されておらず，浮遊粒子状物質の基準達成率も低い。2001年度からデータ集計が開始された化学物質排出移動量届出（PRTR）制度においても，排出量の上位はほとんどVOCが占めている状況である。このため，中央環境審議会大気環境部会の意見具申（2004）に基づいて，2010年度までに2000年度VOC排出量の3割削減という目標が設定されるに至った。

この削減の要請に技術面からの対応を図るべく，対策技術の現状を俯瞰できるように取りまとめたものが本書である。VOCと一括りにしたところで，その種類，濃度，共存物質などの排出形態は千差万別であり，複数の技術オプションを提供する必要がある。当所は工業技術院の時代から，環境保全技術，とりわけ発生源対策技術の開発に力を入れており，種々の技術的基盤を有している。これをベースに，足りないところは外部の専門家の力をお借りすることとした。

VOC削減目標3割のうち，2割は規制によらない自主的な取組が期待されている。ここでは従来対策が困難であった中小の事業所に対しても，導入・維持費用ともいかに安価な技術を提供できるかということがポイントとなる。本書は大部分が後処理技術，いわゆるエンドオブパイプ技術であるが，製造工程を点検することによって，VOCの無駄な蒸発を避け，コスト低減に結びつけた事例も出始めていると聞く。このような対応こそが自主的取組の真の目的であろう。今後は水系塗料への転換など，製造プロセスそのものの見直し，すなわち，環境調和型の工程内（インプラント技術）に発展していくことが期待される。一方で，より快適かつ健康的な環境を創造するために，生活環境の浄化・修復技術も必要となろう。本書にはそのような将来の技術の芽も記載されている。VOC対策技術を通じて，当所の研究開発活動へのご理解をいただくとともに，忌憚のないご批判をも賜ることができれば幸いである。

2006年7月

産業技術総合研究所　理事　山崎　正和

普及版の刊行にあたって

本書は2006年に『空気浄化テクノロジーの新展開 —VOC削減対策に向けて—』として刊行されました。普及版の刊行にあたり，内容は当時のままであり加筆・訂正などの手は加えておりませんので，ご了承ください。

2012年7月

シーエムシー出版　編集部

執筆者一覧（執筆順）

山崎正和	㈱産業技術総合研究所　理事
竹内浩士	㈱産業技術総合研究所　環境管理技術研究部門　主幹研究員
忽那周三	㈱産業技術総合研究所　環境管理技術研究部門　未規制物質研究グループ　主任研究員
小林悟	㈱産業技術総合研究所　環境管理技術研究部門　企画担当
飯塚悟	㈱産業技術総合研究所　環境管理技術研究部門　研究員
清野文雄	㈱産業技術総合研究所　環境管理技術研究部門　環境流体工学研究グループ　グループ長
小菅勝典	㈱産業技術総合研究所　環境管理技術研究部門　吸着分解研究グループ　主任研究員
菊川伸行	㈱産業技術総合研究所　環境管理技術研究部門　吸着分解研究グループ　研究グループリーダー
難波哲哉	㈱産業技術総合研究所　環境管理技術研究部門　浄化触媒研究グループ　研究員
宮寺達雄	㈱産業技術総合研究所　エネルギー技術研究部門　燃焼評価グループ　グループ長
小渕存	㈱産業技術総合研究所　環境管理技術研究部門　浄化触媒研究グループ　グループ長
桜井宏昭	㈱産業技術総合研究所　環境化学技術研究部門　生活環境技術連携研究体　主任研究員
坪田年	㈱産業技術総合研究所　環境化学技術研究部門　酸化触媒グループ　グループ長
佐野泰三	㈱産業技術総合研究所　環境管理技術研究部門　光利用研究グループ　研究員
根岸信彰	㈱産業技術総合研究所　環境管理技術研究部門　主任研究員
松澤貞夫	㈱産業技術総合研究所　環境管理技術研究部門　光利用研究グループ　グループ長

永　長　久　寛　㈱産業技術総合研究所　環境管理技術研究部門　励起化学研究グループ研究員
金　　　賢　夏　㈱産業技術総合研究所　環境管理技術研究部門　励起化学研究グループ研究員
尾　形　　　敦　㈱産業技術総合研究所　環境管理技術研究部門　励起化学研究グループ主任研究員；金沢大学客員助教授
二タ村　　　森　㈱産業技術総合研究所　環境管理技術研究部門　励起化学研究グループグループ長；日本大学非常勤講師
金　川　貴　博　㈱産業技術総合研究所　生物機能工学研究部門　主任研究員
田　中　　　茂　慶應義塾大学　理工学部　教授
高　橋　正　好　㈱産業技術総合研究所　環境管理技術研究部門　主任研究員
中　原　昭　弘　ダイキン工業㈱　化学事業部　化工機部
土　井　潤　一　大和化学工業㈱　代表取締役；日本産業洗浄協議会　理事
白　石　皓　二　富士化水工業㈱　環境エンジニアリング事業本部　技術統括部門　部門長
加　藤　真　示　㈱ノリタケカンパニーリミテド　開発・技術本部　研究開発センターチームリーダー
香　川　謙　吉　ダイキン工業㈱　空調生産本部　商品開発グループ　主任技師
西　川　和　男　シャープ㈱　電化システム事業本部　電化商品開発センター　主任研究員
原　田　茂　樹　㈱デンソー　冷暖房開発1部　第1開発室　室長
金　子　和　己　㈱フジタ　技術センター　環境研究部　部長
石　川　祐　子　㈶建材試験センター　中央試験所　品質性能部　環境グループ　技術主任
藤　本　哲　夫　㈶建材試験センター　中央試験所　品質性能部　環境グループ　統括リーダー
耳　野　　　宏　オキツモ㈱　商品開発部　取締役部長
亀　島　順　次　東陶機器㈱　総合研究所　基礎研究部　機能材料研究グループ
坂　本　和　繁　クラレ西条㈱　クラベラ工場　工場長代理（兼）クラベラ生産技術部長

執筆者の所属表記は，2006年当時のものを使用しております。

目　　次

【基礎編】

第1章　大気汚染物質と発生源

第2章　空気浄化の基礎

【技術編】

第3章　吸着技術

第4章　触媒技術

第5章　光触媒技術

第6章　低温プラズマ技術　　**永長久寛，金　賢夏，尾形　敦，二タ村　森**

第7章　その他の主要技術

【応用編】

第8章　事業所向け応用例

第9章　民生用空気浄化システム

第10章　環境浄化事例

基　礎　編

第1章　大気汚染物質と発生源

1　大気環境の現状と政策動向

竹内浩士*

1.1　VOCを巡る大気環境問題の現状

我が国は高度成長期に激甚な公害問題を経験したが，法規制の整備と産業界の努力によって概ね解決を図ることができた。大気汚染物質については表1に示すように，一酸化炭素，二酸化硫黄，二酸化窒素，光化学オキシダント及び浮遊粒子状物質について環境基準が定められ，全国の測定局で常時監視が行われている。三宅島のような自然災害事例を除いては，一酸化炭素及び二酸化硫黄についてはほぼ問題はなくなり，監視を取りやめている測定局もある。しかしながら，光化学スモッグ被害をもたらす光化学オキシダントと浮遊粒子状物質については環境基準の達成率が非常に低く，抜本的な対策が求められている。二酸化窒素についても全国平均ではかなりよくなってきているが，幹線道路沿いに設置された自動車排ガス測定局（自排局）の数値が高めであることからも推測されるように，大都市において依然として局地的な高濃度汚染が問題となっている。

これら従来型の常時監視大気汚染物質以外にも，環境中には多くの有害大気汚染物質（HAPs）

表1　大気汚染物質の環境基準と現況

状態	物質名	化学式	環境基準[a]	14年度調査結果	
				一般局	自排局
気体	一酸化炭素	CO	10 ppm	0.4	0.7
	二酸化硫黄	SO_2	0.04 ppm	0.004	0.005
	一酸化窒素	NO	—	0.009	0.040
	二酸化窒素	NO_2	0.04～0.06	0.016	0.029
	光化学オキシダント	(O_3)	0.06	—	—
	非メタン炭化水素	(NMHC)	0.21～0.31[b]	0.32	0.30
粒子	浮遊粒子状物質	(SPM)	0.10 mg/m^3	0.027	0.035
	ダイオキシン類[c]	(DXN)	0.6 $pg\text{-}TEQ/m^3$	0.44	0.42
気体	ベンゼン	C_6H_6	3 $\mu g/m^3$	1.7	2.6
	トリクロロエチレン	$CHCl=CCl_2$	200 $\mu g/m^3$	0.70	0.79
	テトラクロロエチレン	$CCl_2=CCl_2$	200 $\mu g/m^3$	0.44	0.42
	ジクロロメタン	CH_2Cl_2	150 $\mu g/m^3$	2.2	2.7

環境白書平成16年版などによる。a：多くの場合，年平均値　b：指針値（ppmC）
c：TEQは毒性等量

*　Koji Takeuchi　㈱産業技術総合研究所　環境管理技術研究部門　主幹研究員

が存在している。1996年，当時の環境庁は「低濃度であっても長期的な摂取により健康影響が生じるおそれのある物質」として，HAPs 234物質をリストアップし，そのうち緊急に対策が必要なものを優先取組物質として逐次，環境基準及び排出基準を設定することとした（表2）。HAPsにはベンゼンなど揮発性有機化合物（VOC）と総称されるものと水銀等の重金属が含まれているが，VOCはそれ自体の有害性に加えて，大気中の化学反応により二次的に光化学オキシダントや浮遊粒子状物質を生成することが問題となっている。ロスアンゼルスの光化学スモッグ以来の研究によって，光化学オキシダントは窒素酸化物（NO_x）とVOC（非メタン炭化水素として一括測定）との反応により生成することが明らかにされている。自動車NO_x・PM法に代表されるように，我が国では主としてNO_x濃度低減対策を実施してきたが，それにもかかわらず，全国の測定局における光化学オキシダントの環境基準達成率は例年1％以下という極めて低いレベルで推移している。このため，中央環境審議会大気環境部会の答申に基づいて，環境省は2004年に大気汚染防止法を改正し，2010年度に2000年度比で3割のVOC排出抑制を目指すこととした。

なお，これまでのいくつかのHAPs個別の環境モニタリング調査では，これらの汚染は道路沿道におけるベンゼンなど地域的な要素が大きいことが明らかとなっている。発生源が限定的であることとHAPsの大気寿命などの要因もあって，地域性が高い結果となっているものと考えられる。

近年，ビル病症候群（Sick Building Syndrome）や化学物質過敏症に関連して，室内空気質が問題となっている。その背景に，地球温暖化防止，省エネルギー対策の観点からの，住宅等の高気密・高断熱化があることは否定できない。厚生労働省はほぼ世界保健機関（WHO）の欧州空気質ガイドラインに沿った指針値を設定した（表3）。

更に，典型7公害のなかでも従来，苦情件数が常に上位にあった悪臭問題は，ここへきて健康影響というよりも，より快適な環境を作るという意味で，以前にも増して対策が重要視されるようになっている。特定悪臭物質とその臭気強度を表4に示す。アンモニアや硫化水素といった無機ガス以外はいずれもVOCに分類されるものである。このほか，化学物質排出移動量届出

表2　有害大気汚染物質（HAPs）の優先取組物質

1,3-ブタジエン，ベンゼン(3)*，ベンゾ[a]ピレン ホルムアルデヒド，アセトアルデヒド，酸化エチレン，アクリロニトリル(2)**
クロロホルム，ジクロロメタン(150)*，塩化ビニルモノマー(10)**， 1,2-ジクロロエタン，テトラクロロエチレン(200)*，トリクロロエチレン(200)*， クロロメチルメチルエーテル，ダイオキシン類(0.6×10^{-6})*
ベリリウム，六価クロム，マンガン，ニッケル(0.025)**，ヒ素，水銀(0.04)** (いずれも化合物を含む)，タルク（アスベスト様繊維を含むもの）

環境庁（1996）　*環境基準設定済み　**指針値（2005）　単位は$\mu g/m^3$

表3　揮発性有機化合物（VOC）の室内濃度指針値

揮発性有機化合物	主な用途	室内濃度指針値
ホルムアルデヒド	接着剤，防腐剤	100 μg/m³（80 ppb）
トルエン	塗料用溶剤	260 μg/m³（70 ppb）
キシレン	塗料用溶剤	870 μg/m³（200 ppb）
p-ジクロロベンゼン	防臭剤・衣料用防虫剤	240 μg/m³（40 ppb）
エチルベンゼン	塗料用溶剤	3800 μg/m³（880 ppb）
スチレン	プラスチック·ゴム合成原料	220 μg/m³（50 ppb）
クロロピリホス	殺虫剤，防蟻剤	1 μg/m³（0.07 ppb）
フタル酸ジ-*n*-ブチル	プラスチック可塑剤	220 μg/m³（20 ppb）
テトラデカン	灯油，溶剤	330 μg/m³（40 ppb）
フタル酸ジ-2-エチルヘキシル	プラスチック可塑剤	120 μg/m³（7.6 ppb）
ダイアジノン	殺虫剤（有機リン系）	0.29 μg/m³（0.02 ppb）
アセトアルデヒド	接着剤，防腐剤	48 μg/m³（30 ppb）
フェノブカルブ	防蟻剤	33 μg/m³（3.8 ppb）

厚生労働省シックハウス（室内空気汚染）問題に関する検討会中間報告書（2001）等による。単位の換算は25℃。

表4　特定悪臭物質の臭気強度と濃度

臭気強度	1	2	2.5	3	3.5	4	5
物質名	やっと感知できる臭い	何かわかる弱い臭い	(2と3の中間)	楽に感知できる臭い	(3と4の中間)	強い臭い	強烈な臭い
アンモニア	0.1	0.5	1	2	5	10	40
メチルメルカプタン	0.0001	0.0007	0.002	0.004	0.01	0.03	0.2
硫化水素	0.0005	0.006	0.02	0.06	0.2	0.7	8
硫化メチル	0.0001	0.002	0.01	0.05	0.2	0.8	2
二硫化メチル	0.0003	0.003	0.009	0.03	0.1	0.3	3
トリメチルアミン	0.0001	0.001	0.005	0.02	0.07	0.2	3
アセトアルデヒド	0.002	0.01	0.05	0.1	0.5	1	10
プロピオンアルデヒド	0.002	0.02	0.05	0.1	0.5	1	10
n-ブチルアルデヒド	0.0003	0.003	0.009	0.03	0.08	0.3	2
イソブチルアルデヒド	0.0009	0.008	0.02	0.07	0.2	0.6	5
n-バレルアルデヒド	0.0007	0.004	0.009	0.02	0.05	0.1	0.6
イソバレルアルデヒド	0.0002	0.001	0.003	0.006	0.01	0.03	0.2
イソブタノール	0.01	0.2	0.9	4	20	70	1000
酢酸エチル	0.3	1	3	7	20	40	200
メチルイソブチルケトン	0.2	0.7	1	3	6	10	50
トルエン	0.9	5	10	30	60	100	700
スチレン	0.03	0.2	0.4	0.8	2	4	20
キシレン	0.1	0.5	1	2	5	10	50
プロピオン酸	0.002	0.01	0.03	0.07	0.2	0.4	2
n-酪酸	0.00007	0.0004	0.001	0.002	0.006	0.02	0.09
n-吉草酸	0.0001	0.0005	0.0009	0.002	0.004	0.008	0.04
イソ吉草酸	0.00005	0.0004	0.001	0.004	0.01	0.03	0.3

単位：ppm　　　←　臭気規制レベル　→

(PRTR) 制度が指定する第一種指定化学物質（354物質）にもVOCの占める割合は大きい。

1.2　VOCの排出実態

我が国における発生源別のVOC排出量推計値（2000年度）の一例を図1に示す。VOCが使用されるプロセスは，塗装，化学製品製造，洗浄，印刷，貯蔵，接着などの分野に分類できるが，大半は溶剤としての使用であり，中でも塗装や印刷分野の占める割合が大きいことがわかる。図2に示すように，排出量は過去10年間において，横ばいか漸減傾向にある。具体的な物質ごとの排出量は表5に示すような状況となっている。

塗装，印刷，接着などのように，溶剤としてのVOCを開放系で気化・除去するのが前提である用途は対策が取りにくい。一般的に，大規模な工業プロセスでは対策が得られやすいのに対して，少量・多品種製造業務や末端のユーザーに近いところでの使用では対策が困難である。一例として，東京都の化学物質排出データを表6に示す。国のPRTR制度は年間1 t以上の移動・排出を届け出ることになっているが，東京都には環境確保条例に基づいて年間100 kg以上の化学

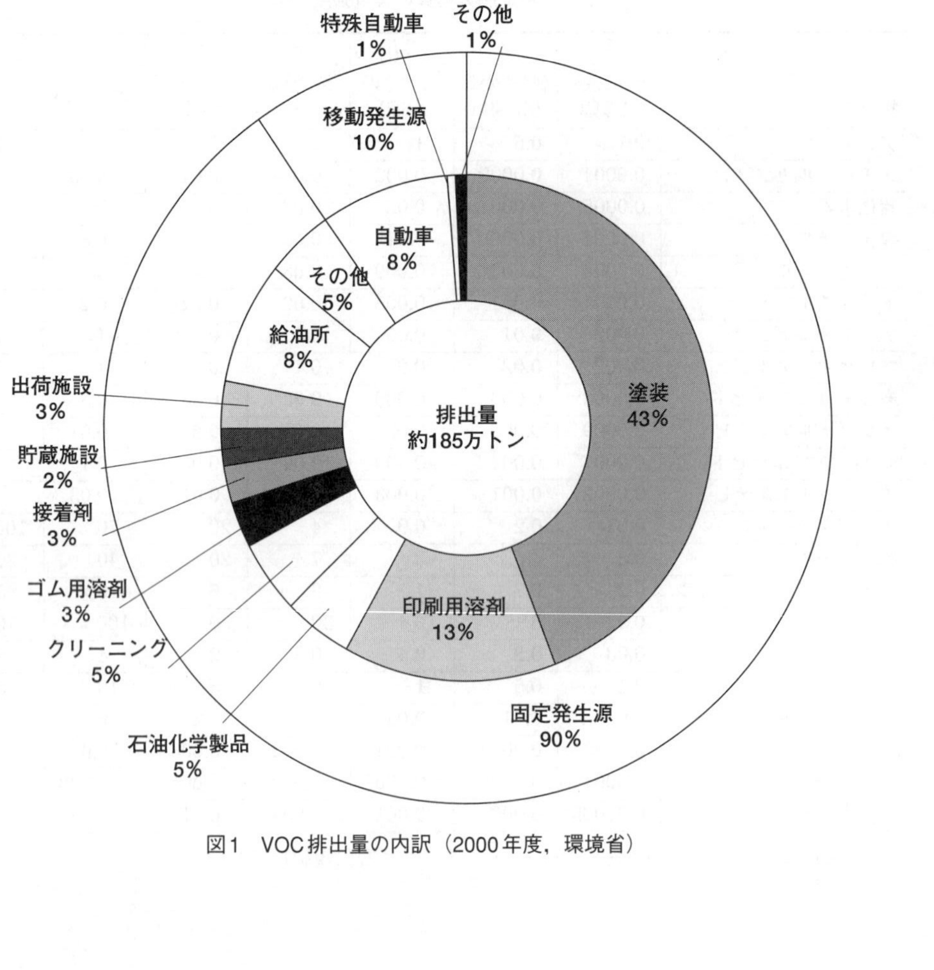

図1　VOC排出量の内訳（2000年度，環境省）

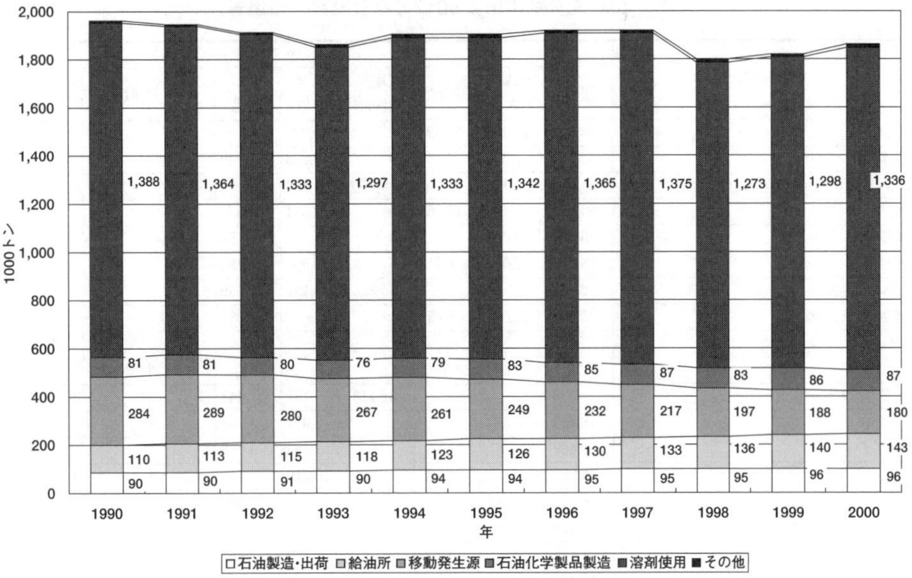

図2　VOC排出量の経年変化（環境省）

物質を取り扱う事業所の統計がある。同一地域で調査したPRTR制度の調査結果と比較して，事業所数，排出・移動量ともに，最大5倍にまで拡大していることから，中小発生源の寄与の大きさが理解されるであろう。VOC排出全体としてみても中小発生源が過半を占めているといわれており，今後の対策の進展に伴い，その傾向は更に高まることが予想される。

1.3　排出削減の政策動向

1990年代半ばまで，環境基準が定められた大気汚染物質は5種類のみであり，工場等の固定発生源と自動車等の移動発生源に対するきめ細かな排出規制によって，環境保全への努力がなされてきた。規制にはそれを可能とする対策技術が伴わなければ，絵に描いた餅となる。自動車排ガス規制のように，技術開発の進展とともに30年の長きにわたって段階的に強化されてきたものもあるが（それも終わりに近づいているが），法的強制力を伴う規制は確かに強力な手段である。

しかしながら，現在ではHAPsのような多種多様な物質が削減対象となりつつある。また，発生源をみた場合も，工場のように明らかな発生源（点源）ばかりではなく，たとえば難燃剤のように，流通・輸送，使用，廃棄等の各段階で各種の工業製品からじわじわと大気に放散されるものもある。このように汚染物質，発生源ともに多様化が進行している現状では，監視を伴う規制的手法は高コストで，管理が困難となる可能性やすべて強制的に排除するのは経済活動に悪影響

表5　VOC成分別排出量50位の推計結果（環境省）

	VOC成分	排出量（t／年）									
		塗料	印刷インキ	接着剤	工場用洗浄剤	化学製品	ゴム製品	クリーニング	給油所	貯蔵出荷	合計
1	トルエン	183,602	27,408	33,494		9,995	9,034		1,537	1,282	266,352
2	キシレン	162,144	990	4,447		3,073	649		252	93	171,648
3	1,3,5-トリメチルベンゼン	84,626	1,136		5,250	1,779	99		3	1	92,893
4	酢酸エチル	54,911	15,434	15,866		2,831	274				89,316
5	デカン	45,854	2,651				98	22,634			71,237
6	メタノール	38,067	2,088	4,913		16,504	184				61,756
7	ジクロロメタン	2,868			45,926	8,181	559				57,533
8	メチルエチルケトン	21,662	12,394	6,459		6,850	1,395			1,102	49,592
9	*n*-ブタン								32,493	14,697	47,191
10	イソブタン								30,753	13,910	44,663
11	トリクロロエチレン	138			32,113	151	441				32,843
12	イソプロピルアルコール	18,730	10,364			2,017	44				31,155
13	酢酸ブチル	30,469				185	2				30,656
14	アセトン	16,050		4,005		10,316	161				30,532
15	メチルイソブチルケトン	28,104	947			619	469				30,138
16	ブチルセロソルブ	19,497	4,015			32					23,544
17	*n*-ヘキサン	1,765		3,485		11,320	287		3,230	1,461	21,550
18	*n*-ブタノール	16,482	4,015			560					21,057
19	*n*-ペンタン	0							14,128	6,390	20,518
20	*cis*-2-ブテン								13,254	5,995	19,249
21	イソブタノール	17,075									17,075
22	プロピレングリコールモノメチルエーテル	15,141	900								16,041
23	テトラクロロエチレン	174			12,896	174	341	1,386			14,971
24	シクロヘキサン	337		2,877		6,087	3,180		144	65	12,689
25	酢酸プロピル	12,605									12,605
26	*trans*-2-ブテン								8,560	3,872	14,431
27	エチルセロソルブ	3,168			8,134	43					11,345
28	ウンデカン				11,085						11,085
29	ノナン	8,984									8,984
30	プロピレングリコールモノメチルエーテルアセテート	8,675									8,675
31	2-メチルペンタン								5,554	2,512	8,065
32	エチレングリコール	6,653				46					6,698
33	C11のイソパラフィン				6,286						6,286
34	2-メチル-2-ブテン								4,302	1,946	6,248
35	エチルシクロヘキサン	6,046									6,046
36	テトラリン	5,296									5,296
37	メチルアミルケトン	5,117									5,117
38	メチル*n*-ブチルケトン	5,117									5,117
39	クロロメタン					4,995					4,995
40	ベンジルアルコール	4,879									4,879
41	シクロペンタノン				4,138						4,138
42	2-メチル-1-ブテン								2,844	1,286	4,130
43	*n*-ヘプタン	1,777		691			1,384		183	83	4,118
44	C4官能基のあるシクロヘキサン				3,733						3,733
45	ビシクロヘキシル				3,733						3,733
46	*N*, *N*-ジメチルホルムアミド					3,029	430				3,459
47	*trans*-2-ペンテン								2,345	1,061	3,406
48	*cis*-2-ペンテン								2,232	1,010	3,242
49	HCFC-225				2,805	349		49			3,203
50	スチレン	1,169				2,010	6				3,185
	51位以下の物質	14,263	0	3,021	5,186	31,846	6,610	243	5,778	2,795	69,744
	合計	841,446	82,341	79,258	141,283	122,724	25,647	24,312	127,592	59,560	1,504,164

注：「精油所・油槽所」からの排出量は潤滑油生成プラント及び出荷施設，貯蔵施設のガソリン類のみ計上している。

表6　東京都における科学物質の排出量（平成15年度）

化学物質	PRTR届出（A）				東京都環境確保条例（B）				比（B／A）	
	届出数	環境への排出量	移動量	排出・移動量合計	報告件数	環境への排出量	移動量	排出・移動量合計	件数	排出・移動量
エチレンオキシド	5	2.0	1.3	3.3	27	10.9	5.3	16.2	5.40	4.91
キシレン	861	524.0	129.2	653.2	1652	694.5	156.1	850.6	1.92	1.30
クロム及び三価クロム化合物	62	0.1	70.1	70.2	145	0.0	80.4	80.4	2.34	1.15
六価クロム化合物	64	0.0	23.1	23.1	161	0.0	34.5	34.5	2.52	1.49
クロロホルム	19	17.8	85.0	102.8	61	20.1	92.4	112.5	3.21	1.09
無機シアン化合物	50	0.0	15.2	15.2	141	0.3	22.6	22.9	2.82	1.51
ジクロロメタン	90	548.7	158.0	706.7	163	598.8	177.7	776.5	1.81	1.10
スチレン	7	7.6	0.8	8.4	18	12.6	1.8	14.4	2.57	1.71
テトラクロロエチレン	53	188.0	47.8	235.8	257	271.2	84.2	355.4	4.85	1.51
トリクロロエチレン	66	389.9	62.4	452.3	168	667.6	119.0	786.6	2.55	1.74
トルエン	873	1457.3	638.3	2095.6	1723	2058.1	715.0	2773.1	1.97	1.32
フェノール	7	0.7	8.1	8.8	20	0.7	10.3	11.0	2.86	1.25
ベンゼン	760	7.1	0.2	7.3	1216	11.2	3.7	14.9	1.60	2.04
ホルムアルデヒド	15	18.0	22.2	40.2	48	14.0	37.5	51.5	3.20	1.28

＊東京都環境局データより作成。（A）は1 t/y以上，（B）は100 kg/y以上の工場・作業場が対象。

表7　環境政策における各種の手法

政策	事　例	特　徴
規制的手法	大気汚染防止法（NO_x，SO_2），化審法等。	従来からの手法。強制的，緊急的。
奨励的手法	PRTR，ゼロエミッション，ISO 14001等各種自主管理。	市民・企業への高い受容性。対策コストの低減，環境マインドの向上。
経済的手法	各種環境税，預託払戻制度，補助金，排出権取引等。	市場原理に基づくインセンティブ等。生活型環境問題にも適合。規制以上の効果も。

を及ぼす可能性もある。このため，表7に示す奨励的手法が取り入れられるようになった。その代表例が1999年公布の化学物質排出把握管理促進法に基づくPRTR制度である。事業者による自主管理手法は規制的手法よりも受け入れられやすく，また，規制ではそれに合わせた対策しか取られないのに対して，規制以上の効果が得られる可能性もある。我が国のこの分野ではまだ行われていないが，将来的には排出権取引のような経済的手法が取り入れられていくこともあろう。

VOC排出削減対策はこのような観点から，HAPsの優先取組物質については，事業者は自主管理計画を作成し排出抑制に取り組むこととなっている。また，影響の程度が必ずしも十分に解

表8　トリクロロエチレン及びテトラクロロエチレンの排出抑制基準

指定物質排出施設（政令で指定）	指定物質抑制基準（告示で設定）の概要
七　トリクロロエチレン又はテトラクロロエチレン（以下「トリクレン等」）を蒸発させるための乾燥施設であって，送風機の送風能力が1時間当たり1,000 m^3 以上のもの。	溶媒として使用したトリクレン等を蒸発させるためのものに限定。 既設：500 mg/m^3N　新設：300 mg/m^3N
八　トリクレン等の混合施設であって混合槽の容量が5 kL以上のもの（密閉式のものを除く）。	溶媒としてトリクレン等を使用するものに限定。 既設：500 mg/m^3N　新設：300 mg/m^3N
九　トリクレン等の精製又は回収の用に供する蒸留施設（密閉式のものを除く）。	トリクレン等の精製の用に供するもの及び原料として使用したトリクレン等の回収の用に供するものに限定。 既設：300 mg/m^3N　新設：150 mg/m^3N
十　トリクレン等による洗浄施設（次号に掲げるものを除く）であって，トリクレン等が空気に接する面の面積が3 m^2 以上のもの。	既設：500 mg/m^3N　新設：300 mg/m^3N
十一　テトラクロロエチレンによるドライクリーニング機であって，処理能力が1回当たり30 kg以上のもの。	密閉式のものを除外。 既設：500 mg/m^3N　新設：300 mg/m^3N

http://www.env.go.jp/air/osen/law/t-kise-5.html

明されていないものの，未然防止（予防原則）の観点から，ベンゼン，トリクロロエチレン及びテトラクロロエチレンが指定物質として，排出抑制基準が定められている。このうち，後2者のものを表8に示す。ここでは，小規模の施設が除外されていることがわかる。小規模の施設に対しては適切な対策技術がなく，事業者の対策への負担能力が小さいことが主たる原因であるが，対策技術を開発する上で大きなターゲットとなる。

VOC排出の3割削減に当たっては，環境省は2005年に大気汚染防止法の施行令及び施行規則を改正し，排出規制と事業者の自主的取組のベストミックスで推進することとした。VOCの測定方法として，触媒酸化ー非分散型赤外線分析計（NDIR）及び水素炎イオン化形分析計（FID）を用いる方法を定めた（JIS化の予定）。オキシダント生成能の低いメタン及びフロン類は対象から除外する。法規制の概要は表9に示すように，相当規模の大きな事業所に限定したものとなっている。また，排出基準の適用は目標達成年度直前まで猶予される。

VOC削減目標の1／3は規制で，残る2／3は自主的取組に期待されている。事業者は所属する業界団体の自主行動計画に参加し，事業所内の排出状況を調査するとともに，削減計画・目標を立案し，業界団体に報告する。業界団体は企業からの報告を取りまとめて，経済産業省に報告することになっている。製造プロセス見直しによるVOC削減は経費削減効果も期待されることから，積極的な取組が望まれる。

このほか，室内空気質については，建築物における衛生的環境の確保に関する法律（ビル管法）の改正（2003年）により，ホルムアルデヒド濃度（0.1mg/m^3以下）が規定された。同年，建築

表9　VOC排出施設及び排出基準

VOC排出施設	規模要件	排出基準（ppmC）	
VOCを溶剤として使用する化学製品の製造の用に供する乾燥施設	送風機の能力が3,000 m³/h以上のもの	600	
塗装施設（吹付塗装に限る）	排風機の能力が10,000 m³/h以上のもの	自動車製造	新設 700 既設 400
		その他	700
塗装の用に供する乾燥施設（吹付塗装及び電着塗装にかかるものを除く）	送風機の能力が10,000 m³/h以上のもの	木材・木製品製造	1,000
		その他	600
印刷回路用銅張積層板，粘着テープ・粘着シート，剥離紙又は包装材料（合成樹脂を積層するものに限る）の製造に係る接着の用に供する乾燥施設	送風機の能力が5,000 m³/h以上のもの	1,400	
接着の用に供する乾燥施設（前項に掲げるもの及び木材・木製品の製造の用に供するものを除く）	送風機の能力が15,000 m³/h以上のもの	1,400	
印刷の用に供する乾燥施設（オフセット輪転印刷に係るものに限る）	送風機の能力が7,000 m³/h以上のもの	400	
印刷の用に供する乾燥施設（グラビア印刷に係るものに限る）	送風機の能力が27,000 m³/h以上のもの	700	
工業製品の洗浄施設（乾燥施設を含む）	洗浄剤が空気に接する面の面積が5 m²以上のもの	400	
ガソリン，原油，ナフサその他の温度37.8℃において蒸気圧が20 kPaを超えるVOCの貯蔵タンク（密閉式及び浮屋根式のものを除く）	1,000 kL以上のもの（既設の貯蔵タンクは容量が2,000 kL以上のもの適用）	60,000	

基準法も改正されて，建築材料へのクロロピリホスの使用禁止，ホルムアルデヒド使用の制限とともに，気密性の低い在来木造住宅を除いて，機械換気設備の設置が義務づけられた。

2　大気汚染物質の環境中挙動

忽那周三*

2.1　概要[1)]

汚染物質はいろいろな物理的，化学的過程を経てその相（気，液，固）や凝集状態，化学種を変えながら，種々のスケールの大気の運動によって輸送され，拡散される。大気汚染物質の環境中挙動は，輸送（移流・拡散など），変形変質（凝集・化学反応など），除去（沈着など）の3つの過程に分けて考えることができる。大気汚染物質の環境中挙動を考えるときに重要なことは空間，時間のスケールである。スケールによって各過程の相対的な重要さが異なる。一般に，発生源の近くでは輸送過程が変形変質や除去過程よりも重要である。近距離（約10 km以下）輸送で，時間にして1時間程度では，変形変質や除去過程を無視できる場合が多い。広域スケール（数十km～数百km）の輸送では，変形変質過程，除去過程が大切な役目をするようになる。大気の安定度の日変化，輸送経路に沿っての地域による地表の状態，日射，雲，降水その他の気象条件の変化を十分考慮する必要があるとともに，考えている物質の発生域，消失域の地理的分布を考慮に入れる必要がある。例えば，光化学オゾン（O_3）生成等の問題である。さらに地球規模スケール（数百km以上）では，除去過程がより重要となる。この例は，代替フロンの地球温暖化への影響等である。また，最近光化学O_3問題にも地球規模スケールの汚染が影響を与える可能性が指摘されている。

地表あるいは地表付近から放出された物質の広がり方は地表付近の気温，風速，風向の鉛直分布によって大きな影響を受ける。地表から数十mの高さまでの気層を接地境界層とよぶ。接地境界層の風速の高度分布は主として地表の性質，凸凹や気温の鉛直分布により定まる。地表から約1kmの層（大気境界層）よりも上の大気中では地表摩擦や地表温度の日変化の影響が無視できる。この大気の部分を自由大気とよぶ。接地境界層の上で自由大気に至る気層（高度数十m～約1km）を，外部境界層またはエクマン層とよぶ。エクマン層内の風速，風向の分布はいろいろの原因で変わる。地表付近から放出された汚染物質の数km以上に及ぶ輸送は，エクマン層内の風向・風速，気温の高度分布によって大きな影響を受ける。

成層圏と対流圏の境界を圏界面とよぶ。その高さ，気温は緯度や季節，気象条件によって異なるが，その平均値は赤道地方で，高さが約17km，気温は約－80℃，極地方でそれぞれ，8～10 km，－50～－60℃である。対流圏から成層圏に入ると気温は高さとともに少し上昇するか，ほぼ等温である。高度20km以上では気温は高さとともに上昇する。気圧は，高度とともに減少

---

* Shuzo Kutsuna　㈱産業技術総合研究所　環境管理技術研究部門　未規制物質研究グループ　主任研究員

し，圏界面で約0.1気圧である。酸素分子と成層圏オゾンが短波長の太陽光を吸収するため，対流圏には，290nm以上の波長領域の太陽光のみが到達する。成層圏の下部では，到達する波長領域が少し短波長側にシフトするとともに，窓領域（190～220nm）の太陽光も到達する。

地球規模スケールの輸送において，半球規模で大気汚染物質が広がるのに要する時間は，約30日である。赤道域通過には時間がかかり，赤道を越えて他半球にまで大気汚染物質が広がるのに要する時間は，1～2年である。また，圏界面を越えて対流圏から成層圏にまで汚染物質が広がるのに要する時間は，緯度により異なるが，平均として数年程度と推定されている。

変形変質及び除去過程には種々あり，地物（地面，水面，植物など）への吸収，沈着，落下（以上を乾性沈着とよぶ），雲や降水による除去（湿性沈着）などの物理的機構とともに，光化学反応などによって他の物質に変化する化学的機構，及び生物（微生物を含む）による生化学的機構がある。これらの効果は物質によって著しく異なる。気体であるか，エアロゾルであるか，水溶性か非水溶性か，化学的に活性か不活性かによって，また粒径，比重の大小などによって主要な機構が異なり，速度に違いがある。

大気汚染物質が気相中にあるか，それともエアロゾルや粒子状物質中にあるかを決める主要な物性のひとつが，汚染物質の液体状態の蒸気圧である[2)]。常温における蒸気圧がおよそ10^{-4}～10^{-11}気圧の有機化合物を半揮発性有機化合物（SOCs）とよび，それ以上及び以下の蒸気圧をもつ有機化合物を，それぞれ揮発性有機化合物（VOCs），不揮発性有機化合物とよぶ。本書で取り扱う室内浄化の対象物質は，VOCsであり，大気中でほとんど気相中に存在する。VOCsの大気中分解生成物の一部は，SOCsであり，気相及び粒子状物質の両方に分布するようになる。

汚染物質のうち，自然発生源または人間活動から直接放出されるものを1次汚染物質，大気中で化学反応等によって生じるものを2次汚染物質とよぶ。光化学O_3生成や有機エアロゾル生成などの環境問題は，VOCs由来の2次汚染物質が原因であり，広域スケールの問題であるから，VOCs等の変形変質過程を知ることが重要である。以下，VOCsの大気中分解機構と光化学O_3生成について紹介する[3～7)]。

2.2　揮発性有機化合物の大気化学反応（開始反応）

図1に，VOCsの大気中分解過程の開始反応と分解生成物を決める鍵となる中間体を示す[5～7)]。本項で開始反応を，次項で中間体の反応について説明する。

VOCsの大気化学反応は，主にOH，O_3，NO_3との反応及び光解離により開始される[3)]。OH反応は多くのVOCsの主要な大気中分解反応である。反応機構は，(1)式に示すような水素引き抜き反応と(2)式に示すような不飽和結合への付加反応の二通りある。

$$CH_3CH_3 + OH \rightarrow \cdot CH_2CH_3 + H_2O \qquad (1)$$

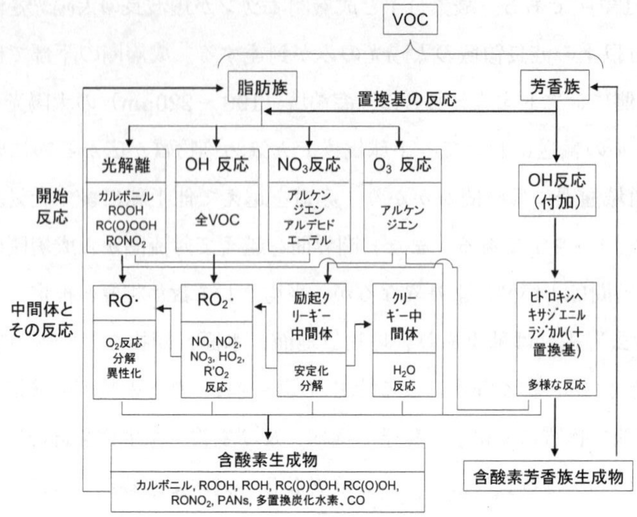

図1　揮発性有機化合物（VOCs）の大気中分解過程の開始反応，中間体及び生成物[5～7]

$$CH_2=CH_2+OH \rightarrow \cdot CH_2-CH_2OH \qquad (2)$$

NO_3反応も，水素引き抜きと不飽和結合への付加の二通りある。O_3反応は，(3) 式に示すような不飽和結合への付加反応である。

$$R_1(R_2)C=CHR_3+O_3 \rightarrow R_1(R_2)\underset{\mid}{C}—\underset{\mid}{C}HR_3 \;\; (\text{O—O—O 環}) \qquad (3)$$

OH，O_3，NO_3との反応によるVOC気相濃度n_gの変化は，速度定数$k_X(cm^3\ s^{-1})$により，(4) 式で表される。

$$dn_g/dt=-k_X[X]n_g \qquad (4)$$

ここで，Xは，OH，O_3，NO_3を，[X] はXの気相濃度を表す。k_Xは，温度（T），圧力（P）に依存する。VOCの種類，また水素引き抜き反応か，付加反応かによって，k_xは特徴的なT，P依存性を示す。

光解離による気相濃度n_gの変化とその速度定数$J\ (s^{-1})$ は，それぞれ (5)，(6)式で表される。

$$dn_g/dt=-Jn_g \qquad (5)$$

$$J=\int \sigma(\lambda)\ \Phi(\lambda)\ I(\lambda)\ d\lambda \qquad (6)$$

ここで，$I(\lambda)$ は太陽光強度スペクトル，また，$\sigma(\lambda)$，$\Phi(\lambda)$ はそれぞれVOCの光吸収断面積，光解離反応の量子収率である。$\sigma(\lambda)$，$\Phi(\lambda)$ は，光の波長（λ），T，Pの関数である。

表1に，20種類のVOCsについて，OH，O_3，NO_3反応または光解離による除去時間，すなわち大気寿命$\tau_{\lambda ifetime}$の計算値を示す[4)]。表1では，$\tau_{\lambda ifetime}$を（k_X[X]$)^{-1}$またはJ^{-1}で計算し，k_X，

表1　VOCの各除去過程による大気寿命 $\tau_{lifetime}$ （脚注の仮定の場合）[4)]

	各反応による大気寿命[a)]			
	OH反応[b)]	NO_3反応[c)]	O_3反応[d)]	光解離[e)]
プロパン	10日	～7年	＞4500年	
ノルマルオクタン	1.3日	240日		
プロペン	5.3時間	4.9日	1.6日	
トランス-2-ブテン	2.2時間	1.4時間	2.1時間	
イソプレン	1.4時間	50分	1.3日	
α-ピネン	2.6時間	5分	4.6時間	
トルエン	1.9日	1.9年	＞4.5年	
m-キシレン	5.9時間	200日	＞4.5年	
フェノール	5.3時間	9分		
o-クレゾール	3.3時間	2分	65日	
ホルムアルデヒド	1.2日	80日	＞4.5年	4時間
アセトアルデヒド	8.8時間	17日	＞4.5年	6日
アセトン	53日	＞11年		～60日
メタノール*	12日	1年		
エタノール	3.5日	26日		
ジメチルエーテル	4.1日	180日		
メチル-*tert*-ブチルエーテル	3.9日	72日		
メタクロレイン	4.1時間	11日	15日	～1日
メチルヒドロペルオキシド*	2.1日			～5日
tert-ブチルナイトレート	13日			15～30日

a）k_x，σ，Φは，～298Kの値
b）日中12時間平均OH濃度2.0×10^6cm^{-3}を仮定（24時間平均濃度1×10^6cm^{-3}に対応）
c）夜間12時間平均NO_3濃度5×10^8cm^{-3}を仮定（24時間平均濃度2.5×10^8cm^{-3}に対応）
d）24時間平均O_3濃度7×10^{11}cm^{-3}を仮定
e）天頂角0°の太陽光強度分布に対する計算値
*をつけたVOCは，湿性沈着による除去過程も有意。

[X]，Jは脚注に示す値を仮定している。表1は，各VOCにおいてどの反応が重要であり，またどのような時間スケールで変質または除去されるかを知るのに有用である。VOCの種類により大気寿命及び反応開始過程の大きく違うことがみてとれる。しかし，これらはあくまで表1脚注の仮定のもとでの計算値であることに注意しなければいけない。実際のOH，O_3，NO_3の大気濃度は，太陽光強度，大気微量成分組成，気象条件等に依存した複雑な反応系により決定され，場所により時によって異なる。一般にOH濃度は日中に高く，夜間に低い。NO_3濃度は夜間に高く，日中に低い。観測，室内実験，モデル計算等により，これらの大気濃度レベルや生成・消失機構を明らかにすることが大気化学の重要な研究課題となっている。また，k_X，σ，Φは，文献値が精査され，データ集やホームページで公開されている[8～10)]。これらの物理化学定数は，気温，気圧の関数であるから，緯度，高度により大きさが異なる。広域スケールや地球規模スケールの汚染では，前節で述べたように自由大気または成層圏中の低圧，低温，太陽光強度分布での反応

を考慮する必要がある。

2.3 揮発性有機化合物の大気化学反応（反応中間体）

図1に示すように，2次汚染物質分布を決める鍵となる反応中間体は，（置換）アルキルペルオキシラジカル（RO_2·），（置換）アルコキシラジカル（RO·），クリーギー中間体（R_1R_2C(·)OO·）及び（置換）ヒドロキシシクロヘキサジエニルラジカル（Ar(·)(OH)）である。OH反応及びNO_3反応等で脂肪族炭化水素から生成するアルキルラジカルまたはOHやNO_3置換アルキルラジカル（R·）は，空気中のO_2と反応し，すべてRO_2·に変換する。O_3反応では，不飽和結合にO_3が付加した後，C-C結合が開裂し，R_1R_2C(·)OO·とカルボニル化合物が生成する。トルエンなどのOH反応は，アリール基へのOH付加反応が主に進行し，Ar(·)(OH) が生成する。

図2に，RO_2·の大気化学反応過程を示す[3)]。RO_2·は，NO_2，HO_2，NO，種々のRO_2·と競争的に反応する。このうち，NO_2との反応により生成する$ROONO_2$は，熱分解反応によりRO_2·に戻る。この反応で重要なのは，Rがアシルラジカル（R'C(O)·）の場合であり，生成するR'C(O)$OONO_2$はPANsとよばれ，光化学スモッグ中の代表的2次汚染物質である。また，PANsは，RO_2·及びNO_2の溜まり場（リザーバー）や，RO_2·及びNO_xの長距離輸送の担い手（キャリヤー）の役割をもつ。HO_2との反応により生成するROOHはOH反応により一部RO_2·に戻り，光解離によりRO·を生成する。その他，雲等への溶解により除去される。また，HO_2は，RO_2·と反応し，アルデヒドを生成する場合もある。RO_2·は，R'O_2·との反応により，アルデヒドなどカルボニル化合物とアルコールを生成する。しかし，NO濃度が10～30pptv以上の大気環境中では，RO_2·はR'O_2·とではなく，NOと反応する[3)]。NOとの反応により，RO_2·からRO·または（置換）アルキルナイトレイト（$RONO_2$）が生成する。Rの炭素数が多いほど$RONO_2$生成の分岐比は大きい。PANsは乾性沈着等により，ヒドロキシアルキルナイトレイトなどは湿性沈着により除去されるから，PANsや$RONO_2$の生成反応は，VOCs，窒素酸化物の除去機構としての意味も持つ。

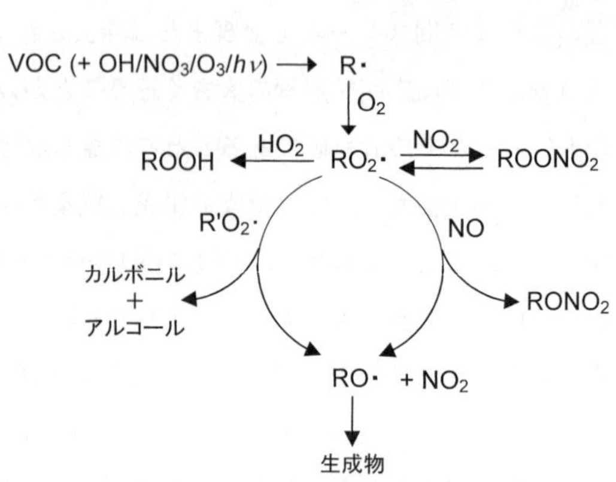

図2 （置換）アルキルペルオキシラジカル（RO_2·）の大気中反応経路[3)]

このようにして，多くのVOCsの場合，RO_2·のかなりの部分がRO·に変換する。図1に示すように，RO·の反応は，O_2との反応，分解（開裂），異性化反応により主に進行する。図3に，RO·の反応例として，文献より$CH_3CH(O·)CH_2CH_2CH_3$の反応を示す[3)]。

一方，(3)式に示すO_3の付加反応生成物は

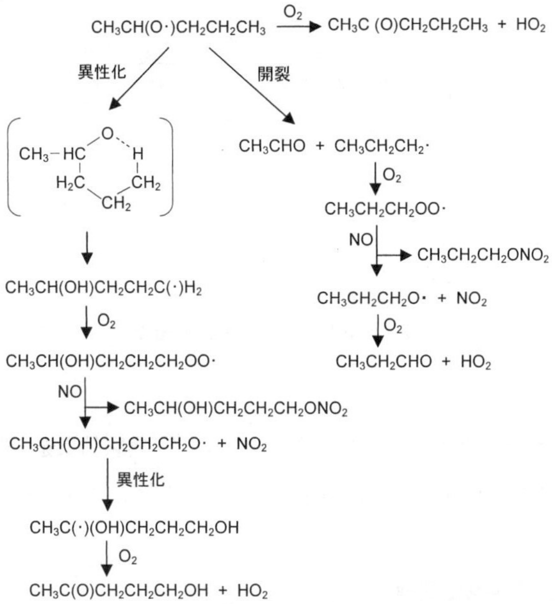

図3　アルコキシラジカル（RO･）の大気中反応経路の例[3)]
（ノルマルペンタンから生成する$CH_3CH(O\cdot)CH_2CH_2CH_3$の場合）

分解して，カルボニルとクリーギー中間体（$R_1R_2C(\cdot)OO\cdot$または$R_3HC(\cdot)OO\cdot$）に変換する。O_3との反応で生成するクリーギー中間体は，励起状態にあり種々の反応を進行させる。図4に，$CH_3C(\cdot)HOO\cdot$の例を示す[3)]。$CH_3C(\cdot)HOO\cdot$は，anti-，syn-の構造異性体をもつ。この例のように，クリーギー中間体からOHが生成するので，アルケン等とO_3の反応はOH生成反応，特に夜間のOH生成反応として重要である。

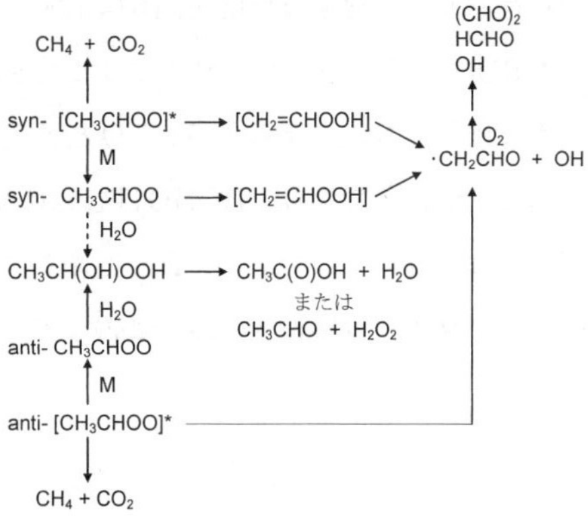

図4　クリーギー中間体（$R_1R_2C(\cdot)OO\cdot$）の大気中反応経路の例[3)]
（イソブテン等から生成するCH_3CHOOの場合）。
*は，励起状態のクリーギー中間体であることを示す。

芳香族炭化水素の大気中分解機構は，脂肪族炭化水素に比べわからない点が多い。図5に，最新の大気化学モデルMCMv3.1に採用されているトルエンの大気中分解機構を示す[7)]。トルエンの分解は主にOH反応により開始される（表1）。OHによるCH_3基からの水素引き抜き反応の分岐比は10％以下であり，反応は主にアリール基へのOH付加により進行する。生成するメチルヒドロキシシクロヘキサジエニルラジカルは，図5に示すような分解生成物を与えることが種々のチャン

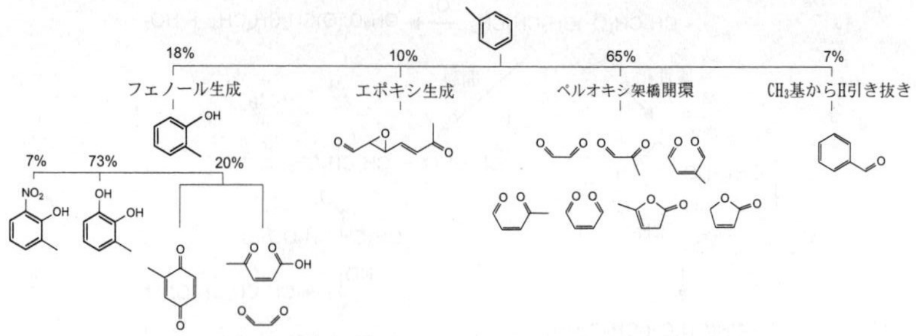

図5　トルエンの大気中分解過程[7)]

バー実験により最近わかってきた。しかし，まだチャンバー実験結果を十分説明できない点もあり，図5の機構の一部を将来修正することが報告されている[7)]。

2.4　窒素酸化物の大気化学反応機構

NOやNO_2などの窒素酸化物は，次項で示すように光化学O_3生成に直接関係する他，図1，2に示したように，VOCからの2次汚染物質の生成率をコントロールする。窒素酸化物の大気中の存在形態と関連する反応を図6に示す[11)]。前項で述べたように，PANsは2次汚染物質として，またRO_2·やNO_2のキャリヤーとして重要なので，図6では$ROONO_2$と区別して示した。これら窒素酸化物をNO_y，そのうち，NOとNO_2をNO_xとよぶ。NO_3は，VOCsの大気中分解反応を引き起こす活性種であり，HONOは容易に光解離してOHの発生源となる。また，NOとHO_2の反応も，OHの発生源である。HNO_3やN_2O_5は沈着により除去されるとともに，エアロゾル生成やエアロゾルの変質に関わる。このように，NO_yは大気化学反応において広範な役割を果たす。

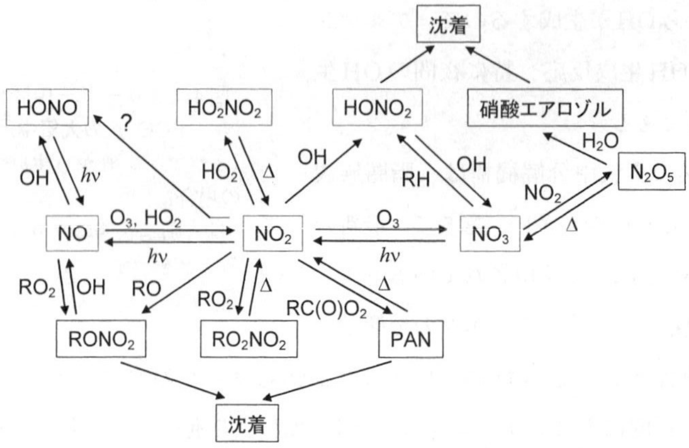

図6　大気中窒素酸化物（NO_y）とNO_y間の変換反応等[11)]

2.5　光化学オゾン生成機構

最後に，VOCsによる光化学O_3生成機構について簡単に述べる。図7に，NO_x-HO_x-CO-CH_4系における光化学O_3生成機構を模式的に示す。CH_4はVOCsと比べて反応性が著しく低く，大気中に約1 ppmv存在している。図7は，非汚染地域の光化学O_3生成のモデルに相当する。大気中でO_3は光解離し，(7a)～(7e)式に示すように一部はOHを生成する他，O及びO_2と平衡関係にある。NO_xと$RO_2\cdot$（図7の場合は$CH_3O_2\cdot$）が存在すると，(8)式，(9)式により$O(^3P)$が生成するから，(7c)式よりO_3生成量が増加するのがみてとれる。

$$O_3 + h\nu \rightarrow O_2 + O(^3P) \quad (7a)$$

$$\rightarrow O_2 + O(^1D) \quad (7b)$$

$$O(^3P) + O_2 + M \rightarrow O_3 + M \qquad (M = air) \quad (7c)$$

$$O(^1D) + M \rightarrow O(^3P) + M \qquad (M = N_2, O_2) \quad (7d)$$

$$O(^1D) + H_2O \rightarrow 2OH \quad (7e)$$

$$NO_2 + h\nu \rightarrow NO + O(^3P) \quad (8)$$

$$NO + RO_2\cdot \rightarrow NO_2 + RO\cdot \quad (9)$$

$$NO + O_3 \rightarrow NO_2 + O_2 \quad (10)$$

図7で注目すべきは，太い矢印で示したOHを含む一連の連鎖反応である。この連鎖反応がどのくらい続くかがO_3生成速度に関係する。VOCsのOHとの反応性はCH_4より格段に高いので，VOCsが大気中にあるとO_3生成速度は大きくなると予想される。大気中でVOCsから種々の$RO_2\cdot$が生成する。これら$RO_2\cdot$は，O_3生成に関わるとともに，H_2OやO_3生成を介して，OH生成にも関わる。これがVOCsと光化学O_3生成の関係である。光化学O_3生成は複雑な反応系であり，VOCsとの関係を調べる際注意すべき点が多い。いくつか注意点を列挙する。

①　NO_xは，O_3生成に関わるとともに，(10)式によるO_3の除去に関わる。また，NO_xは$RONO_2$，PANsの生成及びそれらの沈着による除去等を通じて連鎖反応を停止する方向にも働く。VOCsとNO_x大気濃度をそれぞれx軸，y軸にとったO_3等高線図[12]でみてとれるように，NO_x濃度を減らしてもO_3濃度は減らず，むしろ増加する場合もある。都市域の大気汚染は，このような条件（VOCs支配条件）の場合が多い。

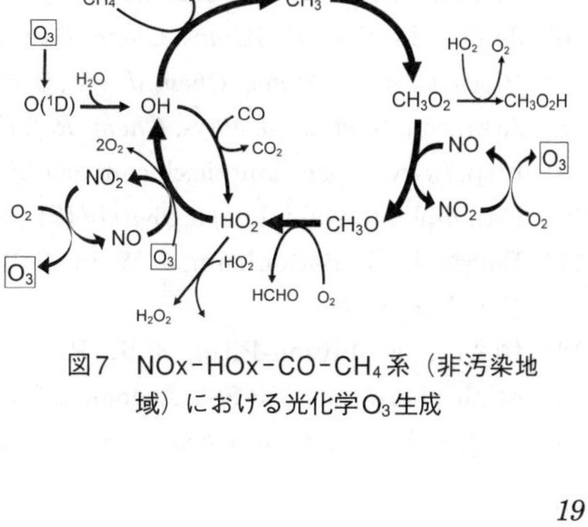

図7　NOx-HOx-CO-CH_4系（非汚染地域）における光化学O_3生成

②　図7に太い矢印で示した連鎖反応に関係

するRO_2·はVOCsの大気中分解生成物である含酸素生成物（図1参照）から生成する多置換のRO_2·を含むから，多様であり，未同定または反応性が不明なRO_2·が多数存在する。また，分解生成物である含酸素生成物由来のRO_2·を含むから，系全体の反応性は注目する大気塊の過去の反応履歴に依存する。OH，NO_3等の大気濃度の日変化は大きく違い，反応条件は時刻により場所によって変化するから，光化学O_3生成を調べるためには，1日以上にわたり，広域スケールで調べなければならない。

③　光化学O_3生成に関与するVOCsは人為起源のものだけでなく，α-ピネンなど自然起源のものがあり，森林等の影響を受ける地域では，自然起源のVOCsの寄与が大きい。テルペン類等の自然起源のVOCsがO_3と反応すればOHが生成するから，特に夜間において，VOCsがどの程度O_3と反応するかは大気質の変質過程にとって重要である。また，大気反応によりα-ピネンなどから有機エアロゾルが生成するから[13]，それに関わる大気成分の変化や，大気成分のエアロゾル表面への凝集や表面反応など不均一過程も考慮しなければならない可能性がある。

これらの点で明らかなように，光化学O_3生成等への影響に関連して，VOCsの環境中挙動を考える場合には，大気化学反応系全体の中にあってはじめて個々のVOCsの影響がみえてくる点に注意して，光化学O_3生成等に関わる大気化学反応系全体を理解するように努めることが大切である。

文　献

1） 磯野謙治編，大気汚染物質の動態，東京大学出版，第1, 5, 6章（1979）
2） Bidleman, T. E., *Environ. Sci. Technol.*, **22**, 361 (1988)
3） Atkinson, R., Arey, J., *Chem. Rev.*, **103**, 4605 (2003)
4） Atkinson, R., *Atmos. Environ.*, **34**, 2063 (2000)
5） Saunders, S. M. *et al., Atmos. Chem. Phys.*, **3**, 161 (2003)
6） Jenkin, M. E. *et al., Atmos. Chem. Phys.*, **3**, 181 (2003)
7） Bloss, C. *et al., Atmos. Chem. Phys.*, **5**, 641 (2005)
8） Atkinson, R. *et al., J. Phys. Chem. Ref. Data*, **28**, 191 (1999)
9） http://www.iupac-kinetic.ch.cam.ac.uk/
10） http://jpldataeval.jpl.nasa.gov/pdf/JPL_02-25_rev02.pdf
11） Barrie, L. E.; Bottenheim, J. W, in "Pollution of the arctic atmosphere", p.155, Elsevier, New York (1991)
12） 例えば，Finlayson-Pitts, B. J., Pitts, Jr. J. N., "Chemistry of the upper and lower atmosphere", pp. 883-885, Academic Press, London (2000)
13） Jenkin, M. E., *Atmos. Chem. Phys.*, **4**, 1741 (2004)

3　空気浄化の考え方

竹内浩士*

3.1　化学物質リスクの削減

われわれはだれしも化学物質に対して漠然とした危機感を持っている。水銀でもダイオキシンでも有害な物質は環境に存在しないか，できるだけ少ない方がよい，と考えるのは自然であろう。硫黄酸化物など従来の汚染物質では，ある暴露レベル以下では健康に影響を与えないという閾値が存在するとされ，環境基準はそれ以下となるように設定されている。一方，ベンゼンのような発がん性物質ではこのような閾値は存在しない，すなわち，どんなに低濃度であっても健康影響はあるとされる。これは，多くの化学物質を利用して文化的な生活を営む現代において，われわれは化学物質による健康リスクを免れ得ないことを意味する。しかも，環境中に低濃度で拡散した物質を除去するには，膨大なエネルギー（＝費用）を必要とする。

そうであれば，化学物質による健康リスクをできるだけ正しく推定し，多くの物質の中から優先度をつけて対策に取り組むことが環境保全の費用対効果を高めるといえよう。化学物質のリスクは次のように表されるので，

リスク＝有害性（ハザード）×摂取量（暴露量）

有害性が高ければすべて排除すべきということにはならない。ダイオキシン類のように非常に有害性が高くても摂取量が少なければ，問題にならないと考えられる場合もある。環境ホルモン物質は有害性が小さいという結論が得られたようである。暴露量は濃度と暴露時間の積であるので，室内空気汚染物質のようにごく低濃度であっても，健康リスクを無視できないものもある。

化学物質の環境中濃度は地域によって，有害性は人種などによっても異なるであろう。したがって，化学物質リスクの程度は多くの要因に左右されるが，我が国における平均的な状況を表すものとして，蒲生らの研究がしばしば引用される[1)]。図1では化学物質によるリスクが平均寿命から失われる時間として表現されている。そもそも化学物質はわれわれの生活に便益をもたらすために使用している。リスク評価の研究が進展すれば，たとえば難燃剤の有害性によるリスクと，それが火災による人命の損失を抑制することによる便益を比較することもできるようになろう。いずれにしても，化学物質はハザード管理からリスク管理に移行したといえよう。

産総研の化学物質リスク管理研究センターでは，最新の研究データを踏まえて，化学物質ごとにその有害性，排出量・暴露濃度，リスク等を再評価する作業を進めている。VOCについても既に，*p*-ジクロロベンゼン，ジクロロメタン，トルエン，1,4-ジオキサンの詳細リスク評価書が刊

＊　Koji Takeuchi　㈱産業技術総合研究所　環境管理技術研究部門　主幹研究員

行されている。現在の知見では我が国全体としてみた場合，これらの物質の個別の健康リスクは小さく，特段の対策をとらなくてもよいという結論になっている[2)]。ただ，VOCによる光化学オキシダントや粒子状物質生成といった二次的有害性は考慮されていない。今後の検討課題であろう。

このようなリスク評価とともに，データ蓄積が進んでいるPRTRデータなどによる排出量や排出実態を踏まえて，VOC対策の優先度が決定される。図2はその一例であるが，環境への放出量（排出量，事業所数，製造・輸入量），環境中

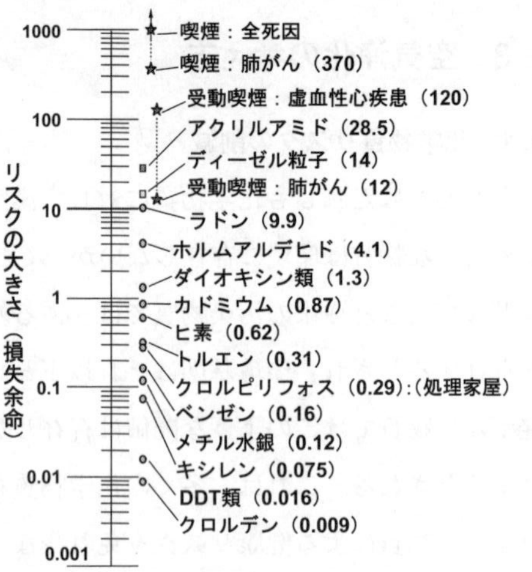

図1　日本における化学物質のリスクランキング[1)]

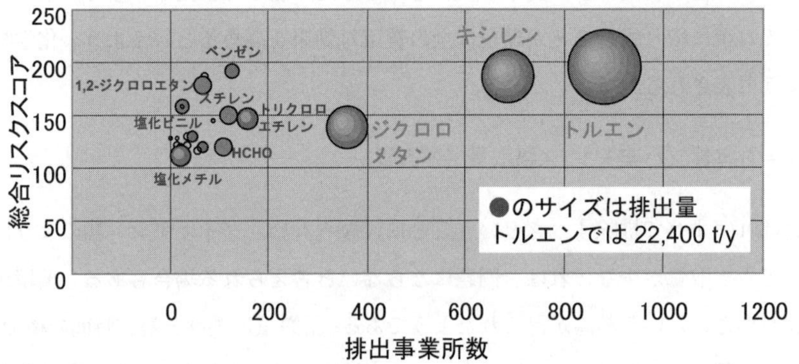

図2　環境汚染物質排出移動登録（PRTR）データに基づくVOC削減プライオリティ
データ：富士総合研究所，化学物質のリスク削減に関する技術動向のための調査，NEDO（2002）

での検出率，当該物質のハザードから，総合リスクスコアを求めている[3)]。

3.2　後処理対策技術

発生源対策技術は一般に，工程内技術（in-plant technology）と後処理技術（end-of-pipe-technology）とに大きく分けられる。工業製品等の製造にあっては，本来ならば，環境に対して負荷となる物質が発生しない，あるいは少なくとも排出されないようなプロセスを用いるべきである。しかし，通常は必要なエネルギーを含めて製造コスト低減が優先されるために，環境問題が発生してから後処理技術が適用されることが多い。

VOC対策においても然りであり，特に，改正大気汚染防止法への当面の対応，すなわち2010年というタイムスケールで考えると，VOC対策のために既存の製造プロセス等を大きく変更す

ることは難しい。しかし，まず第一に，製造プロセス等からVOCが安易に揮散していないかどうかなど，プロセス管理面の点検を行うことが重要である。これは工程内技術に分類されるが，その上で，適切な後処理技術を適用することになる。

後処理技術についてはまさに本書がその到達点を示そうとしているものであり，以後の章をご覧いただくことになるが，その出発点として，環境省が取りまとめた各種技術の基本的特性を表1に示す[4)]。回収技術と分解技術に大別されるが，原理的な可能性を示すものであって，たとえばVOCの混合系で回収・再利用がうまく行くとは限らない。濃度レベルが低い場合には，分解（その場破壊）技術の方が有効な場合も多い。今後の研究開発によって，これらの技術の適用範囲や効率は改善されていくものと考えられるが，現実にはこれら及びその組合せから，濃度，換気量，VOCの種類や混合状態といった排出状況に応じて，最適と考えられる対策技術を選択する必要がある。1章1節でみたように，中小の事業所における対策が急務である。㈳産業環境管理協会の調査によれば，排出規制対象となる業界全体の施設のうち，施設数で40％，排出量で

表1　主なVOC対策技術（後処理技術）

	方　式	原　　理	特　性	留　意　点
回収技術	吸　着	活性炭やゼオライト等に吸着させ回収する。吸着剤を定期的に交換するタイプと吸着脱着を繰り返すタイプがある。脱着には蒸気，温風，真空などの種類がある。	低濃度～高濃度対応	吸着剤交換タイプでは，定期的な吸着剤交換が必要。吸着脱着タイプのうち，水蒸気脱着を行うものは排水処理が必要。
	冷却凝縮	冷却器により，液化凝縮させ回収する。加圧により，冷却温度が比較的高いタイプもある。	高濃度，小ガス量向き	（常圧下では）除去率·回収率が低い。VOC再利用を主目的とする装置が多い。
	吸収（湿式）	液体や噴霧蒸気に吸収し回収する。	大ガス量にも対応	排水処理が必要。
	膜分離	膜を通過できないVOCのみを液化回収する。	高濃度向き	数％以下の濃度では経済性が悪い。
分解技術	直接燃焼	バーナーにより高温下で瞬時に酸化分解する。	高濃度向き	安定した高処理率。低濃度では助燃必要。NO_xが発生しやすい。
	触媒分解	白金やパラジウムなどの触媒を用いて比較的低温下で酸化分解する。	低濃度向き	（燃焼式と比べて）防爆危険性が少ない。被毒物質の前処理が必要。
	蓄熱燃焼	砂やセラミック製の蓄熱体で受放熱を行いながら，高温燃焼する。	高濃度向き	（直接燃焼方式と比べて）助燃量が少ない。蓄熱体の目詰まり防止の工夫が必要。
	蓄熱触媒分解	砂やセラミック製の蓄熱体で受放熱を行いながら，触媒で酸化分解する。	低濃度向き	（非蓄熱の触媒分解方式と比べて）助燃量が少ない。蓄熱体の目詰まり防止の工夫が必要。
	生物分解	微生物担持層を通して代謝分解する。	低～中濃度対応	生物代謝を助ける栄養成分の供給が必要。生物代謝の対象外物質がある。除去率が低い。
	光触媒分解	光触媒の酸化作用を用いて酸化分解する。	低濃度，小ガス量向き	除去率が低い。大風量処理は難しい。
	プラズマ分解	直接放電を行うことでプラズマを発生させて酸化分解する。	低濃度，小ガス量向き	高濃度ガスの分解が難しい。
	オゾン分解	オゾンガスを発生させ，オゾンの酸化力によって酸化分解する。	低濃度，小ガス量向き	オゾン濃度の調整難。漏洩による人体危害あり。

（環境省資料）http://www.env.go.jp/air/tech/model/voc17_03/mat05.pdf

表2　アンケート調査に基づくVOC削減費用

物　質　名	有効削減事例数	1トン削減費用（万円）			
		最小	最大	中央値	平均
ベンゼン	118	0	4,256	28	29
1,3-ブタジエン	76	0	726	25	37
アクリロニトリル	93	0	10,351	27	49
ホルムアルデヒド	41	0	1,508	70	91
アセトアルデヒド	33	0	1,270	24	33
トリクロロエチレン	32	0	1,626	24	130
テトラクロロエチレン	42	0	7,126	28	105
ジクロロメタン	205	0	3,004	13	21
クロロホルム	48	0	1,626	18	39
塩ビモノマー	51	0	3,050	26	45
1,2-ジクロロエタン	52	0	1,626	18	39

産業環境管理協会，有害大気汚染物質対策の経済性評価報告書（2004）による

75％が法律で規制され，残りが自主的取組での対応となる[5)]。施設別では，貯蔵タンクや化学製品製造に供する乾燥施設などと比べて，工業製品の洗浄施設，吹付塗装施設，接着の用に供する乾燥又は焼付け施設などは法規制の対象とならない場合が多い。

産業環境管理協会では，対策技術の経済性評価も検討している。事業所へのアンケート調査に基づいて，VOC 1トン削減に要する費用を取りまとめている[6)]。表2に示すように，処理方式や濃度・風量が異なるものを含むため，調査結果も非常に幅が大きくなっており，単純平均よりも中央値で判断するのがよいと考えられる。物質別では，ベンゼンのように発熱量が大きく熱回収に向くもの，ホルムアルデヒドのように水溶性が高く水への吸収が可能なものなどに分類できるが，費用に関して明確な傾向は見えないようである。経年的には後処理対策において削減費用が上昇し，密閉化等の工程内対策において減少する傾向があった。対策が進むにつれて，VOC濃度等が低下し，後処理対策がより難しくなっているものと考えられる。

中小の事業所では，設置及び運転費用のみならず，設置スペースに対する要求も厳しいものがある。東京都によるアンケートでは，工業塗装の場合，設置面積3.3 m^2以下，設備費用300万円以下，年間運転費用40万円以下という[7)]。産環協による化学業界へのアンケート調査では，より高額の投資が可能としている[5)]。これらを踏まえて，経済産業省，環境省，東京都等がそれぞれ，自主的取組の普及・促進[8)]，環境技術実証モデル事業[9)]，VOC処理装置技術評価事業[10)] 等を展開し，VOC対策技術の早急な普及を目指している。

3.3　工程内対策技術

本書ではほとんど対象としていないが，当面の後処理対策と並行して，製造プロセスそのもの

を改善していく工程内対策技術の開発も重要である。完全なクローズド・システムであれば有害な化学物質を使用しても問題はないと考えられるが，グリーン・サステイナブル・ケミストリー（GSC）の考え方としては，有害な物質は使わない方向に向かっている。

一口に工程内対策技術といっても，すぐに対応できるものから，長期の研究開発が必要なものまで多くの方法がある。前者の例として，産業環境管理協会のアンケート調査によれば[5]，表3に示すように，既存の設備やプロセスを大きく変更することなく対応できる，運転条件の変更や工程改善が好まれており，溶媒や薬剤の転換への検討には至っていないことがわかる。もっとも，安易な代替はリスク削減に結びつかない場合があり，要注意といえよう。

より長期的な視点に立って今後開発すべき技術を取りまとめたものとして，NEDOの技術マップ調査がある[11]。表4に示すように，既に実用化に近いところにあるものから，今後の研究開発に大きく依存するものまでが含まれている。技術的には，環境対策の切り札ともいえる触媒技術，低温プラズマ等の特殊反応場，高効率分離・回収技術など最先端技術を総動員して，新たなブレークスルーを求め，適用対象に最適化することが不可欠である。更に将来を見通せば，製品の製造工程のみならず，その設計，原料選択，使用，廃棄，リサイクルなど製品の全ライフサイクルにわたって，VOC排出を少なくするような検討が必要となるであろう。

3.4　環境技術としての将来の方向性

3.4.1　外部不経済性の克服

環境保全技術を導入することによって，製品の製造コストやエネルギー消費は一般的には増大

表3　工程内対策の可能性（アンケート調査結果）

分　類	手　法	第1候補	第2候補
密閉化	前工程に接続	4	0
	蓋や囲いの設置・改造	5	0
	排気口統合	1	3
	内部部屋設置	0	0
運転条件変更・工程改善	薬剤の変更	0	0
	反応率・回収率の向上	19	2
	作業・工程の工夫	11	7
使用量削減	溶剤・溶媒の変更	3	4
	原料・副生物を溶剤・溶媒に使用	0	1
	非生成工程に改善	3	0
	溶剤・溶媒の使用量削減	6	13
	VOC量の少ない原料に転換	1	1
	溶媒・溶剤を非VOC（水等）に転換	0	0

環境負荷物質対策調査（揮発性有機化合物（VOC）排出抑制対策技術調査）報告書，㈳産業環境管理協会（2005）による

表4　工程内技術を中心とするVOC削減対策の技術マップ

技術分類			技術課題
インプロセス技術	反応プロセス	無溶媒合成反応	無溶媒クライゼン転移反応の開発
			機能性エステル／アミド製造プロセス技術開発
			◎マイクロ波による無溶媒合成反応
		多相系触媒反応	◎反応プロセスの溶剤削減技術（エステル，アルデヒド，光学活性物質等）
		新反応場技術	マイクロ波，プラズマ，レーザー，超臨界流体等による溶剤削減技術
			◎マイクロリアクターによる新化学合成プロセス
	代替材料	無溶媒化	無溶媒化塗料及び粉体塗料
			無溶媒UV硬化性樹脂
			◎溶剤不要ポリオレフィン系接着性ポリマーの開発
		低VOC化及び用途プロセス	◎低VOC水性塗料及び塗装システムの開発
			◎水系ポリウレタン樹脂（水系樹脂設計，製造）
			炭化水素系洗浄剤の開発
			低VOC接着剤及び溶剤レス粘接着塗工技術
			超臨界二酸化炭素スプレー塗装
			低VOC洗浄剤及び溶剤レス洗浄技術
エンドオブパイプ		燃焼／分解	◎化学法，物理法等による無害化，分解技術（低温接触酸化分解等）
			◎排ガス，排水中のVOC等の酸化分解技術
			高効率蓄熱式触媒燃焼技術
			光触媒技術
		吸着・回収	◎ガソリンスタンド等でのVOCの回収・利用技術
			◎VOC吸着回収装置・溶剤リサイクルシステム技術

◎：重要技術課題　NEDO報告書[11]による

する。地球環境の時代にあっては以前にも増して，エネルギー消費の少ない環境技術が求められているが，中小企業では初期費用及び維持費用の負担に耐えられない場合も多い。しかし，自動車排ガス対策では燃焼管理を徹底したことにより排ガス浄化と燃費改善の両方が達成された例もあり，非常に難しいことではあるが，新規工程内技術の開発やそれと適切な後処理技術を巧みに組み合わせることなどにより，常に追求しなければならない課題である。

具体的には，VOC排出を大幅に抑制するとともに，製造コストも削減できる，あるいは製造プロセスが簡略化できる，といった新技術の開発が強く求められている。

3.4.2　自然界の浄化機構の活用

汚染物質が環境に排出されても，ある程度の量までは環境問題は起こらない。汚染物質が環境中で拡散して有害性が薄められるという面もあるが，実際には自然界に備わっている浄化機構が働いている。たとえば，図3に示すように，大気中では光化学反応により，ごく低濃度ではあるがヒドロキシル（OH）ラジカルが常に存在している。OHラジカルは酸化力が非常に大きく，メタンやフロン類といった化学的に安定な物質さえも最終的には二酸化炭素に変える能力がある。水や土壌中では，微生物や藻類を始めとする植物の働きが相対的に大きく，複雑な機構となるが，天然の浄化機構を有していることには変わりがない。

(a) 大気中でのOHラジカル生成

$$O_3 \xrightarrow[-O_2]{h\nu} O(^1D) \xrightarrow{H_2O} 2\,OH$$

(b) 汚染物質の酸化分解

$$C_lH_mO_n \xrightarrow{OH,\ O_2^-} l\,CO_2 + \frac{m}{2}H_2O$$

$$NO_x,\ SO_2 \xrightarrow{OH,\ O_2^-} NO_3^-,\ SO_4^{2-}$$

図3　大気中の汚染物質分解機構（hνは光のエネルギーを表す）

これらの浄化機構の特徴は，処理速度は遅いが人為エネルギーや労力が不要で，太古の昔から実証されているため，安全性などに問題がないということである。たとえば，OHラジカルは反応後に水ができるだけであって，有害な二次的環境負荷物質を生成しない。もちろん，OHラジカル自体は強力な酸化剤であるが，強力ゆえに寿命は短いのであまり問題とはならない。この点は，より安定なオゾンや過酸化水素を用いる場合には考慮する必要がある。しかし，これらは新たな対策技術を考える上でも重要なポイントであり，自然の浄化機構を模倣，あるいは強化した環境技術を検討する余地が大いにあることを示唆する。

3.4.3　生活環境での暴露低減

これまでに述べたように，工場や自動車といった目に見える有害物質の発生源は今後の対策の進展とともに，次第にその重要性が低下していくと考えられる。これ自体はすばらしいことではあるが，それに代わって，各種の工業製品の流通・使用・廃棄過程等から漏洩するごく微量の化学物質が，今後の課題となっていくであろう。いわば，明確に認知できない非点源の発生源として，われわれの生活環境すべてが発生源となり得る。特に，住宅や事務所といった屋内は1日の中でも滞在時間が長いため，影響は大きい。WHOや厚生労働省が定めた室内空気汚染物質の指針値には，溶剤，接着剤，防腐剤，防虫剤等として用いられる各種のVOCが含まれている。家庭用掃除機が吸引したダストには高濃度の臭素系難燃剤が含まれているという報告もある[12)]。

これらの事実は，環境問題に対する従来の概念の変革を迫っており，今後の環境対策技術の適用場所として，生活環境そのものを考慮しなければならなくなったといえよう。いわば化学物質の水際での防御である。環境対策は生産環境から消費（生活）環境へ，あるいは，排出低減技術から暴露低減技術へと転換していくに違いない。ここで留意すべきは，暴露量には地域差があり，感受性には個人差もあることである。これを突き進めれば，環境対策は地域レベルから個人レベル（最終的には健康管理か）の方向に向かうことになる。化学物質過敏症などを考えると，その必要性は明らかである。

環境の浄化・修復においては，低濃度の環境負荷物質を処理することになるが，本来これは低効率である。したがって，新たにエネルギーや労力を加えるのではなく，どちらかといえば前項で述べた自然界の自浄作用を模倣した新技術の開発が必要であろう。光触媒による大気・室内空気浄化，組み換え植物による土壌中有害金属の吸収，腐植物質等による土壌汚染の原位置修復，などが例として挙げられる。必ずしも強力な能力は持たないが，人為エネルギーなしに長期間作用することにより，健全な環境を維持することができる。

これらの技術はまだ萌芽的という段階ではあるが，このようなメカニズムをあらかじめ生活環境に作り込んでおけば，新規の有害物質が現れても対処できる可能性があり，化学物質リスクの予防措置にもなる。ただし，環境保全・健康増進の希求とあいまって，効果のないあるいは少ない製品が流通する可能性がある。ライフサイクルアセスメント等による技術評価が不可欠であるとともに，標準化・認証システムの構築も併せて検討すべきであろう。

文　　献

1） M. Gamo, T. Oka and J. Nakanishi, Ranking the risks of 12 major environmental pollutants that occur in Japan, *Chemosphere*, **53**, 277-284 (2003)
2） たとえば，中西準子，岸本充生，詳細リスク評価書シリーズ3，トルエン，丸善（2005）
3） 富士総合研究所，化学物質のリスク削減に関する技術動向のための調査，新エネルギー・産業技術総合開発機構（2002）
4） 環境省平成17年度環境技術実証モデル事業検討会資料
http://www.env.go.jp/air/tech/model/voc17_03/mat05.pdf
5） 産業環境管理協会，環境負荷物質対策調査（揮発性有機化合物（VOC）排出抑制対策技術調査）報告書（2005）
6） 産業環境管理協会，有害大気汚染物質対策の経済性評価報告書，経済産業省化学物質管理課（2004） http://www.safe.nite.go.jp/airpollution/index.html
7） 東京都環境局，中小企業者向けVOC脱臭処理装置のニーズに関するアンケート調査結果報告書，工業塗装編（2006） http://www2.kankyo.metro.tokyo.jp/chem/voc/voc2/paint.pdf
8） 経済産業省，VOC排出抑制の手引き–自主的取組の普及/促進に向けて–，㈳産業環境管理協会（2006） http://www.jemai.or.jp/japanese/tech/voc/
9） 環境省，環境技術実証モデル事業， http://etv-j.eic.or.jp/01_intro.html; VOC脱臭処理技術評価ガイド，におい・かおり環境協会，脱臭ナビ，http://www.dashdb.jp/
10） 東京都のVOC対策，http://www2.kankyo.metro.tokyo.jp/chem/voc/index.htm
11） 神鋼リサーチ，平成17年度報告書「有害化学物質リスク削減技術に関わる最新技術動向とビジネスモデルに関する調査　開発シナリオへの展開が図れる技術戦略ロードマップの作成」，新エネルギー・産業技術総合開発機構（2006）
12） R. Sharp and S. Lunder, *In the dust. Toxic fire retardants in American homes*, Environmental Working Group (2004)

第2章　空気浄化の基礎

1　空気浄化技術とその開発動向

小林　悟*

大気（空気）汚染物質の排出抑制方法には，①低汚染工程・低汚染製品への転換，②施設構造・管理等の改善，③空気浄化装置の設置がある。①は，溶剤を使わない生産工程や低VOCの塗料・接着剤など，いわゆるインプラント技術であり，本来この技術が充実することが望ましいが，一つ一つの製品・工程毎に検討されなければならないとともに，長い時間を経て確立してきた技術・製品であることから，転換は容易ではない。②，③はエンドオブパイプ技術といわれるもので，やむを得ず発生するものの，大気（空気）中への拡散をできる限り少なく（できればゼロに）する技術であり，手っ取り早い方法といえる。この中で②のみを工夫することによっても，かなりの部分の大気（空気）汚染を減らすことができるため，各業界団体で指導が行われているところである。しかしながら，現場は複雑多岐で，最終的には排ガス処理技術が必要となってくる。したがって，対策技術といえば③を指すのが一般的である。本稿は，この③空気浄化技術を紹介することを目的としている。①，②について詳しくは文献を参照されたい。

1.1　空気浄化技術概観

空気浄化装置は，分離装置と分解装置に大別される。適用される処理方法は，汚染ガスの種類，処理風量，濃度等によって決定される。図1に処理方法を整理した。

後節で代表的な処理方法について詳述するが，ここではこれらの技術を概観する。

(1) 吸着法

吸着法とは，吸着剤に汚染物質を含む排ガスを通じることにより，汚染物質を分離する方法である。吸着剤としては，活性炭，シリカゲル，アルミナ，ゼオライトなどがあるが，活性炭が多く使用されている。吸着法による処理装置には，吸着剤を定期的に交換する交換型と，吸着剤を交換せずに吸脱着を繰り返し，VOCを回収する回収型がある。また，吸着法は，分解法や吸着回収法の前に濃縮する方法としてもよく使われている。

回収法は単一成分で濃度が比較的高い発生現場で使われる。ドライクリーニング装置の中に組

---

* Satoru Kobayashi　㈱産業技術総合研究所　環境管理技術研究部門　企画担当

- 分離装置
  - 吸着法
    - 吸着剤交換型
    - 回収法
    - 濃縮法
  - 吸収法
  - 冷却法
  - 膜分離法
- 分解装置
  - 燃焼法
    - 直接燃焼法
    - 触媒燃焼法
    - 蓄熱燃焼法
    - 触媒蓄熱燃焼法
  - その他
    - 光触媒分解法
    - 生物処理法
    - プラズマ分解法
    - 薬液洗浄法
    - その他（オゾン分解法等）

図1　空気浄化法分類

み込まれている場合などを除き，装置は一般に大型であり，操作が複雑であることから専門の担当者をおくのが一般的である。それにくらべ吸着剤交換型は，専門の業者が交換してくれるなど，取り扱いは比較的簡単である場合が多い。しかし，吸着剤の再生が主目的に行われており，VOCの回収でコストメリットを出すところまではいかない例が多い。濃縮法は，分解するにしても回収するにしても排出濃度が薄すぎて，処理コストがかさむ場合に用いられる。この場合は，単一成分に限られるものではない。

(2) 燃焼法

燃焼法には，①燃料により揮発性有機化合物（VOC）等を700℃前後の高温下で酸化分解する直接燃焼法，②白金等の触媒を用いてVOCを300℃前後の低温で酸化分解する酸化分解法（触媒燃焼法），③セラミック等の蓄熱層を媒体として，900℃前後の高温でVOCを酸化分解する蓄熱燃焼法などがある。

直接燃焼法は古くから行われている方法で，酸化分解が可能な物質であればほとんどのガスに対応できるが，燃費が高い，SOx・NOxが発生するなどの欠点がある。このため，燃費低減をねらって低温で燃焼させる触媒燃焼法が広く普及している。この方法は研究要素が多いため現在も研究開発が盛んに行われている。また，触媒燃焼法と同等に普及しているのが蓄熱燃焼法である。この方法は熱交換効率が最高で98％までとれることから，低濃度まで自燃するとされている。最近注目を集めているのが，触媒と蓄熱の良いところを合体させた蓄熱触媒式で，その概念を図2に示す。

いずれにしても，濃度が高い方が有利なため，吸着による濃縮法を併用する例が多い。

(3) 光触媒分解法

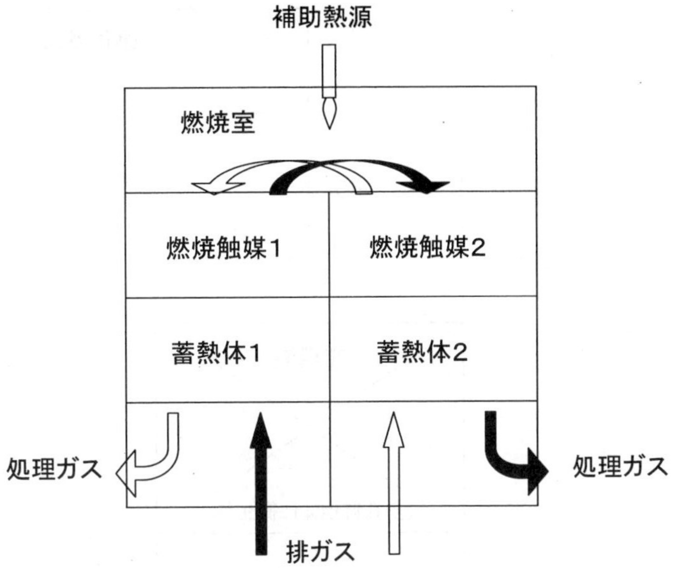

図2　蓄熱触媒式燃焼法概念図

光触媒分解法は，二酸化チタンの強い酸化力でVOC等を分解する方法で，抗菌などで実用化されている。他のエネルギーを使用せず，太陽光の紫外線を使って直接分解することから理想的な方法として注目されているが，紫外線密度の低さ（$1mW/cm^2$）から反応効率が低いという欠点も指摘されている。このため，可視光応答型の光触媒の開発，濃縮法と組み合わせた方法などの開発研究が盛んに行われている。将来的には，低濃度広域汚染対策に威力を発揮するものと思われる。

(4) 生物処理法

生物処理法には，①生物系の脱臭剤を充填塔に充填しガス処理を行う充填塔式，②ガスを地下に導きその上の土壌にガスを通過させ処理を行う土壌脱臭法に大別される。①の充填剤は，活性炭，多孔質セラミックなどに微生物を担持させたもの，腐植土をペレットなどに加工したもの（腐植質式と呼ばれることがある）などがある。①，②とも，下水処理場，し尿処理場等の臭気対策に用いられ，9割方は充填塔方式である。対象は低濃度臭気で，処理風量は2～$500m^3/min$で小さいところから大きいところまであるが，処理速度が遅いため，全処理量に比して大型にならざるを得ない。充填塔式の装置概念を図3に示す。

(5) プラズマ分解法

プラズマ分解法は，一般的には，常温，常圧でプラズマを発生させ，VOC等の汚染成分を分解除去するものである。当初はオゾンを発生させその利用が環境分野への応用であったが，その後直接，排ガス処理に利用されている。近年この方法は副生成物の発生を防ぐなどで，触媒，吸

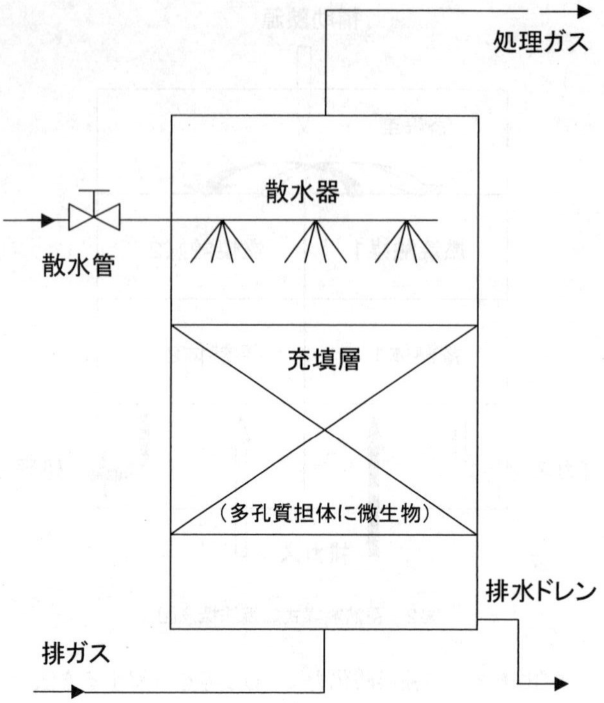

図3　生物処理法概念図

着剤，ケミカルプロセス等との組み合わせが行われるようになっている。すでに実機も販売されているが，現在効率アップを目指して盛んに研究が行われている。本方法は，コンパクトで，低コスト，操作が容易などで，将来性が有望視されている。

(6) 薬液洗浄法

薬液洗浄法は，中和剤（酸，アルカリ），酸化剤（次亜塩素酸ソーダ，二酸化塩素など）等の洗浄剤にガスを通過させて除去するものである。装置構造は，ラシヒリングなどの充填剤を詰めた洗浄塔の下方から排ガスを導入し，上部から薬液を散布する，液分散型（図4参照）が主流である。し尿・下水処理のほか食品・化学・半導体・医薬品等に使われてきたが，近年エレクトロニクスを中心に拡大している。

1.2　現状と展望

発生現場では，濃度，種類・成分比，発生風量，発生源構造など，さらには財政毎に最適な技術がある。どういう技術を採用したらよいかの判断には，環境省ホームページの「ひと目で分かる脱臭装置選択ガイド」，NEDOのEVABATをはじめとして，雑誌，業界団体の機関誌などを参考にすると良いが，ここではいくつかの参考資料に基づいて，どういう場面にどのような技術

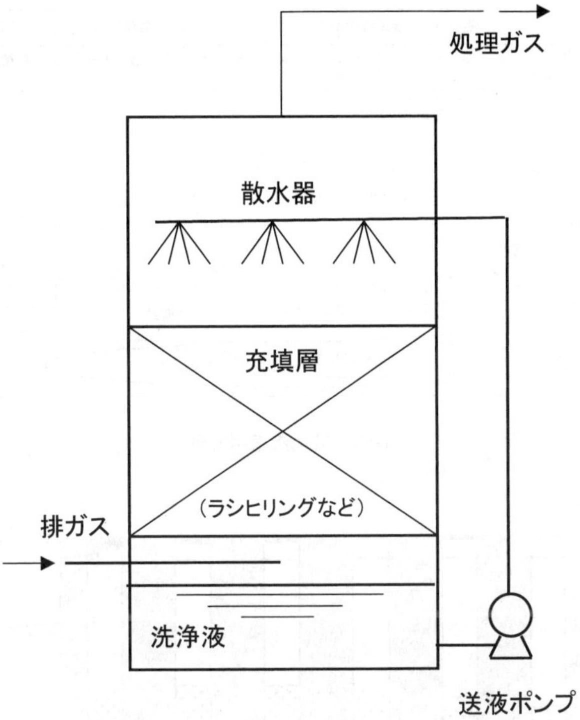

図4　薬液洗浄法概念図

が使われているかを簡単に記す。

高濃度（%オーダー）：発生源は洗浄関連（金属加工，洗濯等），貯蔵施設で，単成分に近い状態で排出される場合が多い。冷却凝集，吸着等で回収処理される。

中濃度（数百～数千ppm）：発生源は印刷・塗装，化学品製造等多岐にわたる。このクラスは，単成分で発生するばかりでなく多成分で排出される。浄化技術はこのクラスを対象に開発され普及し，現行では，吸着回収式も普及しているが，主に燃焼式が使われている。

低濃度（数10～数百ppm）：発生源は印刷・塗装に始まり，化学工場，サービス業，浄化槽，ゴミ処理場にわたっている。浄化槽，ゴミ処理場では生物脱臭，製造業では吸着剤交換型が使われている例もあるが，ほとんどは低濃度であるため，そのまま排出されていた。近年はここをターゲットに技術開発が行われている。

極低濃度（数10ppm以下）：この濃度はいわゆる悪臭と呼ばれる領域で，食品／肥・飼料，し尿・下水処理場，化学工場が発生源である。浄化技術は，生物処理，吸着濃縮・交換型が多い。

以上を含めて，脱臭装置の市場の現状を，文献[1]からの引用で図5に示す。

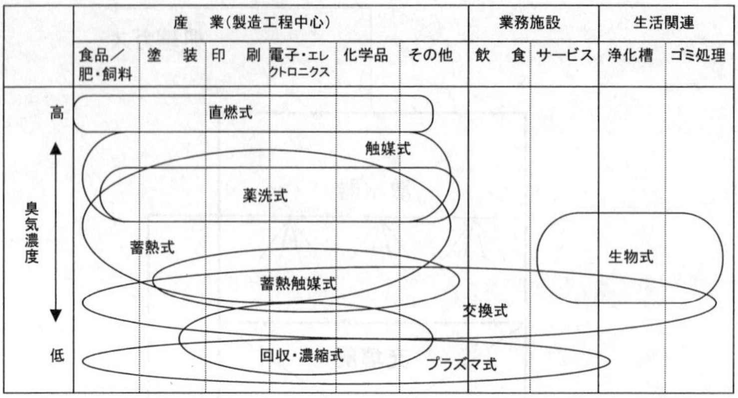

図5　処理法適用分野

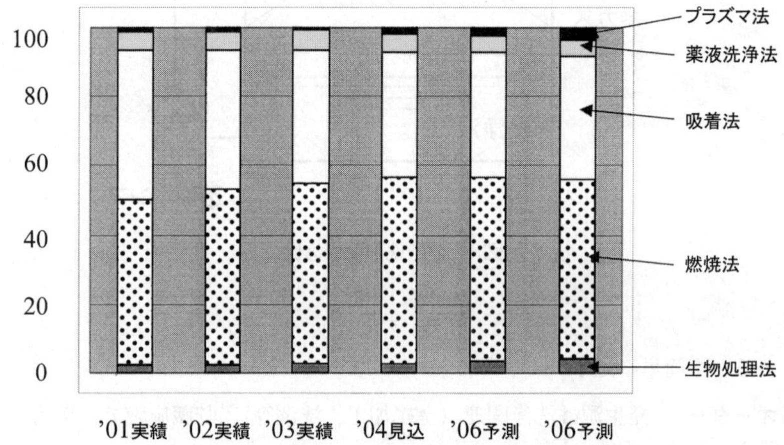

図6　処理法市場予測

代表的な脱臭装置の市場規模推移（官需いわゆるし尿・下水等処理を除く）を文献[1]からの引用で図6に示す（詳細は文献参照）。古くから行われている吸着式と燃焼式が全体の9割近くを占めているが，詳細に見ると歴史が浅い蓄熱触媒法，プラズマ法，腐植質法が飛躍的に伸びることが予測されている。

現在の技術は，一部を除いて大型（処理風量数10m³/min以上），高価（1,000万円以上），専門の運転要員が必要，という装置になっているため，小規模事業所で使える装置ではない。このための技術開発が望まれている。

文　　献

1） ㈱総合企画センター大阪編集,「2004年脱臭装置の市場動向分析調査」
2） 丸善,「産総研シリーズ　エコテクノロジー」
3） 環境情報センター,「平成14年度揮発性有機化合物排出に関する調査報告書－VOC排出抑制対策技術動向
4） 藤田宏志,「臭気・VOC対策の最新動向」, 産業と環境, 2005.6
5） 伊藤紀雄,「VOC排出削減技術の現状と展望」, 産業と環境, 2005.6
6） 特集,「VOC規制－政省令改正の詳細から対策, 測定まで」, 資源環境対策, **41**, No.8 (2005)

2　屋内における空気の循環

飯塚　悟*

2.1　屋内の空気環境問題と空気流動予測・解析方法

屋内の空気環境に関しては，居住者の快適性を主眼とした通風・温熱制御から，居住者の安全性を主眼とした換気・汚染質制御まで様々な問題が存在する。特に近年では，屋内の建材などから放散されるホルムアルデヒドやVOC（Volatile Organic Compounds：揮発性有機化合物）による屋内空気汚染，所謂シックハウス・シックビルディング症候群が大きな問題となっている[1)]。また最近では，シックハウス・シックビルディング症候群と同様，屋内の気密性の高さに起因するカビ毒などによる健康被害，所謂ダンプハウス・ダンプビルディングの問題も懸念されている[2)]。これらの屋内空気環境の諸問題に取り組むにあたり，まず重要となるのは空気の流れを詳細に知ることである。屋内における温度分布も汚染質濃度分布も空気の流れに大きな影響を受ける。

屋内の空気の流れは，余程の静穏な環境下でない限り，乱流である。また，中間期を除いては空調が使用されていることが多いため，浮力の影響により不安定な流れや安定成層が形成され，その流れはさらに複雑さを増す。このような屋内の複雑な空気の流れを予測・解析する方法の1つは模型実験である（例えば，図1[3)]）。模型実験はこれまで多くの研究実績を有し，信頼性も高い。しかし一方，設定条件の制約や測定点・測定データの限度，また，多くの費用や労力が必要といった問題もある。これらの模型実験上の問題を克服する唯一の方法はCFD（Computational Fluid Dynamics：計算流体力学）に基づく数値シミュレーション（数値モデル）である。数値シミュレーションによれば，設定条件の高い任意性が得られ，流れの時間的・空間的構造を詳細に解析することも可能となる。また，近年のコンピュータ性能の飛躍的向上に伴い，コストパフォーマンスにも大変優れる。コンピュータ性能の向上が数値シミュレーションの発展に果たした貢献は非常に大きく，5年，10年前に当時最新鋭のスーパーコンピュータを必要とした解析が現在ではPCレベルで実行可能となっている。流体解析汎用ソフトウェアの充実も数値シミュレーションの普及に大きく貢献している。屋内の空気の流れの予測・解析ツー

図1　精密模型実験例

* Satoru Iizuka　㈱産業技術総合研究所　環境管理技術研究部門　研究員

ルとして，数値シミュレーションの重要性は今後益々増すものとなろう。

以下では，この強力な予測・解析ツールとしての数値シミュレーションに焦点を絞り，その概要を述べるとともに，解析事例を紹介する。現在急速にその普及が進んでいる流体解析汎用ソフトウェアは，CFDの専門家ではないユーザーでも簡単に利用できるという大きな利点がある一方，中身についてはブラックボックスとして使われることが多々あるため，得られた解析結果に信頼性が乏しいことも少なくない。汎用ソフトウェアを利用するといえども，数値シミュレーションを実行するにあたってある程度の知識は当然必要であり，以下に述べる概要は是非知っておいてもらいたい。

2.2　屋内の空気流動予測・解析のための数値シミュレーションの概要

ここでは非圧縮・非等温の空気の流れを考える。火災時など，非常に大きな温度差が生じる場合には空気の圧縮性を正しく考慮する必要があるが，通常の屋内の空気の流れは非圧縮流れの範疇である。

2.2.1　非圧縮・非等温流れの支配方程式と数値シミュレーション

密度差に伴う浮力効果を温度差で近似するBoussinesq（ブシネスク）近似を仮定すると，非圧縮・非等温の流れは，以下に示す連続式（(1)式)，Navier-Stokes（ナヴィエ・ストークス）方程式（(2)式)，温度輸送方程式（(3)式）で記述される（ここではテンソル表記を採用)。(1)式～(3)式は全て保存則を表しており，(1)式が質量，(2)式が運動量，(3)式がエネルギーの保存則である。尚，ここで用いているBoussinesq近似の仮定は，空気中の温度差が30K程度の低温度差の場合には一般に良い近似精度を持つと言われている。

連続式

$$\frac{\partial u_i}{\partial x_i}=0 \tag{1}$$

Navier-Stokes方程式

$$\frac{\partial u_i}{\partial t}+\frac{\partial u_i u_j}{\partial x_j}=-\frac{1}{\rho}\frac{\partial p}{\partial x_i}+\frac{\partial}{\partial x_j}\left(\nu\frac{\partial u_i}{\partial x_j}\right)-g\beta(\theta-\theta_0)\delta_{i3} \tag{2}$$

非定常項 移流項　圧力項　拡散項　浮力項

温度輸送方程式

$$\frac{\partial \theta}{\partial t}+\frac{\partial u_j\theta}{\partial x_j}=\frac{\partial}{\partial x_j}\left(\alpha\frac{\partial \theta}{\partial x_j}\right) \tag{3}$$

非定常項 移流項　拡散項

ここで　u_i：瞬時速度の3成分（i＝1，2，3）[m/s]　g：重力加速度（＝−9.8）[m/s^2]
x_i：空間座標の3成分［m］　β：体積膨張率（＝$1/\theta_0$）［1/K］
t：時間［s］　θ：瞬時温度［K］
ρ：代表空気密度［kg/m^3］　θ_0：代表温度［K］
p：瞬時圧力［N/m^2］　δ_{ij}：Kronecker（クロネッカー）デルタ［−］
ν：分子動粘性係数［m^2/s］　α：分子温度拡散係数［m^2/s］

(1)式〜(3)式のうち，(2)式のNavier-Stokes方程式は非線形項（左辺第2項の移流項）を含む偏微分方程式であることから，一般に解析解は存在しない。従ってこれを解くためには，何らかの数値的な近似（離散化近似）を用いる必要がある。離散化近似の方法には有限差分法，有限体積法，有限要素法などがあるが，これらのいずれかを用いて（1)式〜(3)式の支配方程式を数値的に近似して解き，未知数（速度3成分u_i，圧力p，温度θ）を算出するのが数値シミュレーションである。

2.2.2　直接数値シミュレーションと乱流モデル

数値シミュレーションを実行する場合，上述した離散化近似以外，何の特別な操作もなくそのまま数値的に解くことができれば，これが最も理想的な方法である。この方法はDNS（Direct Numerical Simulation：直接数値シミュレーション）と呼ばれる。但し，「特別な操作を導入せずそのまま数値的に解く」ためには，空気の流れに含まれる大小全てのスケールの変動成分を正しく取り扱う必要がある（タバコ煙などの煙流動を観察すると，空気の流れには大小様々なスケールの変動成分が混在することが容易に理解できる）。このうち，特に困難となるのは最小スケールの変動成分の取り扱いで，これを解像するためにDNSでは膨大な離散点数が必要となる。DNSで必要とされる離散点数は概算でReynolds（レイノルズ）数（流れの状態を表す無次元数。大きな値ほどさらさらした流れとなるが，その分乱れやすい）の9/4乗のオーダーである[4)]。例えば，$O(10^3)$ のReynolds数の屋内の空気の流れをDNSで解析する場合，必要な離散点数は$O(10^7)$（千万のオーダー）となる。地球シミュレータのような現在最新鋭のスーパーコンピュータを利用すれば$O(10^7)$ のDNSは十分実行可能であるが，一般的なコンピュータ資源では計算容量・時間的にその実行は難しい。さらに，数多くのケーススタディが必要とされる場合には，現在の一般的なコンピュータ資源ではDNSの利用は殆ど不可能である。

このため，現実的な選択肢として考えられた方法が乱流モデル（乱流パラメタリゼーション）を導入した数値シミュレーションである。この方法は，DNSのように空気の流れに含まれる全てのスケールの変動成分を取り扱うことは諦め，ある程度大きなスケールの変動成分のみに着目し，小さなスケールの変動成分の影響については適当な乱流モデルを導入するものである。乱流モデルを導入した数値シミュレーション手法は，解析対象とする比較的大きなスケールの変動成分の抽出方法の違いにより次の2つに分けられる。1つはアンサンブル（集合）平均或いは時間平均に基づくRANS（Reynolds-Averaged Navier-Stokes equations）モデル（レイノルズ平均モデル），もう1つは，空間フィルタ操作に基づくLES（Large-Eddy Simulation：ラージ・エディ・シミュレーション）である。RANSモデル（或いは単にRANSと呼ばれることも多い）及びLESの支配方程式は，(1)式〜(3)式に示す方程式にそれぞれアンサンブル平均（$\langle\cdot\rangle$），空間フィルタ操作（$\overline{\cdot}$）を施すことにより得られる。

RANSモデルの支配方程式

アンサンブル平均された連続式

$$\frac{\partial\langle u_i\rangle}{\partial x_i}=0 \tag{4}$$

アンサンブル平均されたNavier-Stokes方程式

$$\underset{\text{非定常項}}{\frac{\partial\langle u_i\rangle}{\partial t}}+\underset{\text{移流項}}{\frac{\partial\langle u_i\rangle\langle u_j\rangle}{\partial x_j}}=\underset{\text{圧力項}}{-\frac{1}{\rho}\frac{\partial\langle p\rangle}{\partial x_i}}+\underset{\text{拡散項}}{\frac{\partial}{\partial x_j}\left(\nu\frac{\partial\langle u_i\rangle}{\partial x_j}-\langle u'_i u'_j\rangle\right)}\underset{\text{浮力項}}{-g\beta(\langle\theta\rangle-\theta_0)\delta_{i3}} \tag{5}$$

アンサンブル平均された温度輸送方程式

$$\underset{\text{非定常項}}{\frac{\partial\langle\theta\rangle}{\partial t}}+\underset{\text{移流項}}{\frac{\partial\langle u_j\rangle\langle\theta\rangle}{\partial x_j}}=\underset{\text{拡散項}}{\frac{\partial}{\partial x_j}\left(\alpha\frac{\partial\langle\theta\rangle}{\partial x_j}-\langle u'_j\theta'\rangle\right)} \tag{6}$$

ここでf'はアンサンブル平均値$\langle f\rangle$からのずれ，$f'=f-\langle f\rangle$（f：瞬時値）である。

LESの支配方程式

フィルタリングされた連続式

$$\frac{\partial\bar{u}_i}{\partial x_i}=0 \tag{7}$$

フィルタリングされたNavier-Stokes方程式

$$\underset{\text{非定常項}}{\frac{\partial\bar{u}_i}{\partial t}}+\underset{\text{移流項}}{\frac{\partial\bar{u}_i\bar{u}_j}{\partial x_j}}=\underset{\text{圧力項}}{-\frac{1}{\rho}\frac{\partial\bar{p}}{\partial x_i}}+\underset{\text{拡散項}}{\frac{\partial}{\partial x_j}\left[\nu\frac{\partial\bar{u}_i}{\partial x_j}-\left(\overline{u_i u_j}-\bar{u}_i\bar{u}_j\right)\right]}\underset{\text{浮力項}}{-g\beta(\bar{\theta}-\theta_0)\delta_{i3}} \tag{8}$$

フィルタリングされた温度輸送方程式

$$\underset{\text{非定常項}}{\frac{\partial\bar{\theta}}{\partial t}}+\underset{\text{移流項}}{\frac{\partial\bar{u}_j\bar{\theta}}{\partial x_j}}=\underset{\text{拡散項}}{\frac{\partial}{\partial x_j}\left[\alpha\frac{\partial\bar{\theta}}{\partial x_j}-(\overline{u_j\theta}-\bar{u}_j\bar{\theta})\right]} \tag{9}$$

(4)式〜(6)式に示すRANSモデルの支配方程式，(7)式〜(9)式に示すLESの支配方程式を

(1)式～(3)式の基の支配方程式と比べると，ともにNavier-Stokes方程式の拡散項（(5)式右辺第2項，(8)式右辺第2項）と温度輸送方程式の拡散項（(6)式右辺第1項，(9)式右辺第1項）に新たな項が付加された形となっている。これらは全て（2)式，(3)式の移流項起源で生じる付加項である。

RANSモデルの支配方程式で新たに付加される項 $-\langle u'_i u'_j \rangle$，$-\langle u'_j \theta' \rangle$ はそれぞれ，乱流応力（Reynolds応力），乱流熱流束と呼ばれるもので，RANSモデルではこれらのモデル化が必要となる。RANSモデルで算出可能な量（$\langle u_i \rangle$ など）を用いて乱流応力，乱流熱流束をモデル化することをRANSモデリングと呼んでいる。一方，LESの支配方程式で新たに付加される項 $-\left(\overline{u_i u_j}-\bar{u}_i \bar{u}_j\right)$，$-(\overline{u_j \theta}-\bar{u}_j \bar{\theta})$ はそれぞれSGS（subgrid-scale：サブグリッドスケール）応力，SGS熱流束と呼ばれるもので，LESではこれらのモデル化が必要となる。LESで算出可能な量（$\bar{u}_i$ など）を用いてSGS応力，SGS熱流束をモデル化することをSGSモデリングと呼んでいる。RANSモデルではアンサンブル平均（或いは時間平均）からのずれとなる全てのスケールの変動成分がモデリングの対象となるが，LESではフィルタ幅（離散幅）で捉えられるスケールの変動成分（Large-Eddy）は直接解析し，フィルタ幅よりも小さなスケール変動成分がSGSモデリングの対象となる。そのため，RANSモデルもLESも予測・解析の精度はモデリングの性能に大きく依存するが，LESはRANSモデルに比べて相対的にモデリングの影響・程度が小さくなる。またこのため，SGSモデリングはRANSモデリングに比べてより普遍的なモデリングが可能となり，一般にLESはRANSモデルよりも予測・解析の精度が高い。一方，RANSモデルはあくまである程度緩やかな変動となる平均量を解析対象としているため，Large-Eddyの瞬時変動を解析対象とするLESに比べて離散点を少なくでき，計算負荷が軽い。この点がRANSモデルの大きな利点であり，現在，LESよりも汎用的に用いられている大きな理由である。しかし，近年のコンピュータ性能の向上は目覚ましく，(RANSモデルに対しての）LESの計算負荷増加の問題は大きく緩和されつつある。今後はRANSモデルに代わりLESが汎用的に利用されていくのは間違いないであろう。

RANSモデリングに関しては，k-εモデル（渦粘性（勾配拡散近似）モデルの1種。渦粘性係数を乱流エネルギーkとその散逸率εから算出するモデル）[5] を代表として，1970年代から1990年代にかけて精力的に研究が行われた。普遍的なRANSモデリングは大変困難であるため，現在でも開発余地を多分に残すが，近年ではその研究事例は少ない。一方，LESのSGSモデリングは1963年のSmagorinsky（スマゴリンスキー）モデル（渦粘性（勾配拡散近似）モデルの1種。渦粘性係数をフィルタ幅と速度歪みテンソルのスケールから算出するモデル）[6] に始まり，1980年代から1990年代にかけて多くの研究が行われた。特に1990年代はGermano（ジャーマノ）らのdynamic procedure（モデル係数を流れ性状に応じて動的に決定する方法）[7] を利用した

SGSモデリングが隆盛をきわめた。しかし近年ではRANSモデリングと同様，その研究事例は少なくなっている。近年のコンピュータ性能の飛躍的向上に伴い，かなりの高解像度LESが可能となってきたため，SGSモデリングへの関心が多少薄れてきたのもその一因であろう。RANSモデリングやSGSモデリングの発展の歴史はCFDによる数値シミュレーションの発展の歴史を大きく占めるものであり，具体的内容は膨大となるためここでは省略する。詳細は4，8，9）などの文献を参照されたい。

2.3　数値シミュレーションによる屋内の空気流動解析事例

以下では，次世代の汎用数値シミュレーション手法として期待されているLESを用いて上向き冷風吹き出しを持つ屋内モデル（図2）の空気の流れを解析した事例を示す[10)]。解析対象の流れは安定，不安定両方の領域を含み，数値シミュレーションの対象として取り扱いが大変難しいものである。LESのSGSモデルは，上述のSmagorinskyモデル（以下Sモデル）[6)] とGermanoらのdynamic procedureを導入したSmagorinskyモデル（dynamic Smagorinskyモデル：以下DSモデル）[7)] の2種類を検討している。解析の格子分割は83(x_1)×15(x_2)×68(x_3) ＝84,660（x_1：吹き出し噴流と直角方向，x_2：スパン方向，x_3：吹き出し噴流の主流方向）である。吹き出し速度U_0と吹き出し口幅L_0に基づくReynolds数（$=U_0L_0/\nu$）は1,158，U_0，L_0及び代表温度差$\Delta\theta_0$（壁面温度－吹き出し温度）に基づくArchimedes（アルキメデス）数（$=g\beta\Delta\theta_0 L_0/U_0^2$）は－0.014である。

図3は鉛直（x_1-x_3）断面の時間平均速度ベクトルについて，精密模型実験，Sモデル及びDSモデルの結果を比較したものである。Sモデル，DSモデルともに実験結果に良く対応した流れパターンを示している。吹き出し口からの噴流が天井まで到達し，その後下降流となって循環流を形成している。その隣にはそれとは逆向きのさらに大きな循環流が生じている。図4は室中央高さ（x_3＝0.5m）における時間平均速度$\langle\bar{u}_3\rangle/U_0$（吹き出し噴流の主流方向の速度成分）の水

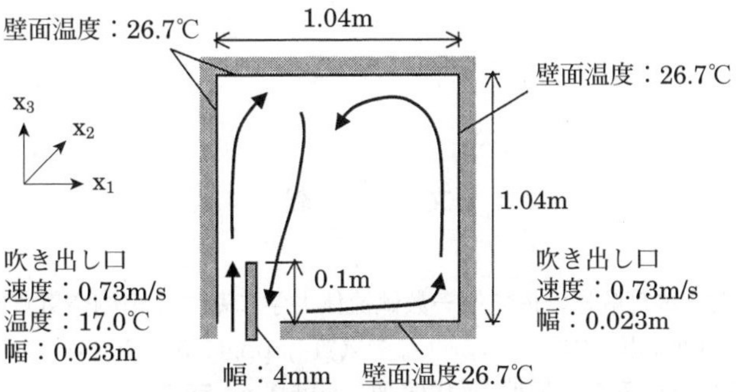

図2　上向き冷風吹き出しを持つ屋内モデル

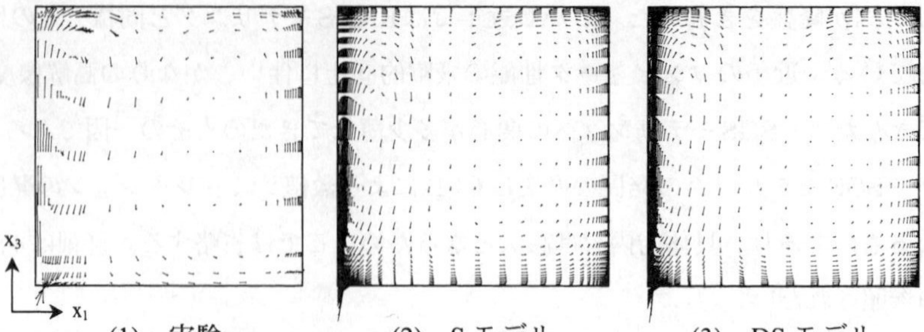

(1) 実験　　(2) Sモデル　　(3) DSモデル

図3　時間平均速度ベクトル（鉛直（x_1-x_3）断面）

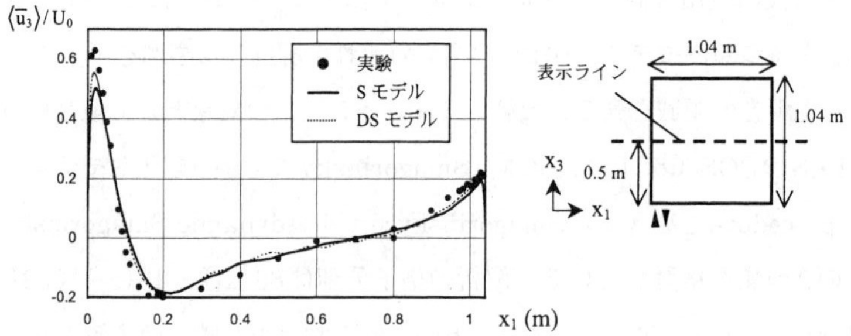

図4　時間平均速度 $\langle \bar{u}_3 \rangle / U_0$ の水平（x_1）分布（x_3＝0.5m）

平（x_1）分布を示したものである。$x_1=0\sim0.025$ mの吹き出し噴流の領域では，Sモデルの結果は実験に比べて速度を過小評価している。一方，同じ領域においてDSモデルの結果はやや差異が見られるものの，Sモデルに比べて実験との対応は改善されている。但し全体的には，SモデルもDSモデルも実験結果と大変良く一致した結果となっている。本解析事例で用いている格子分割はかなり粗いものであるが，以上のようにSモデルにしてもDSモデルにしてもLESの結果は十分精度の良い予測結果を示している。LESは高精度数値シミュレーション手法として，今後その活用が大変期待されている。

文　　献

1）加藤信介，室内空気質解析の最先端－数値流体力学に基づく室内空気質解析－，JSAEシンポジウムNo.02-03「車室内環境における空気質」，pp.47-55（2003）
2）加藤信介, 学校における空気環境, 近代建築，vol.59, pp.58-59（2004）

3) 伊藤一秀，室内空気質分布性状の数値予測に関する基礎的研究－建材からの化学物質放散と室内の換気効率評価モデルの開発，東京大学博士論文（2000）
4) 吉澤徴，流体力学（第6章 乱流モデリング），東京大学出版会（2001）
5) Launder, B. E., Spalding, D. B., The numerical computation of turbulent flows, *Computer Methods in Applied Mechanics and Engineering* **3**, pp.269-289 (1974)
6) Smagorinsky, J., General circulation experiments with the primitive equations. Part 1. The basic experiment, *Monthly Weather Review* **91**, pp.99-164 (1963)
7) Germano, M., Piomelli, U., Moin, P., Cabot, W. H., A dynamic subgrid-scale eddy viscosity model, *Physics of Fluids* A3 (7), 1760-1765 (1991)
8) 数値流体力学編集委員会編，数値流体力学シリーズ3「乱流解析」，東京大学出版会（1995）
9) 村上周三，CFDによる建築・都市の環境設計工学，東京大学出版会（2000）
10) 飯塚悟，村上周三，大岡龍三，小杉茂樹，Dynamic LESによる上向き冷風吹出を持つ室内気流解析，生産研究（東京大学生産技術研究所所報）50巻1号，pp.37-40（1998）

3 浄化性能評価

清野文雄*

3.1 はじめに

代表的な浄化対象物質として，VOC，アスベスト，ホルムアルデヒドの3つを取り上げ，空気浄化装置の性能評価法について述べる。まず，これら各汚染物質の測定方法について概要を紹介する。実際にこれらの指標をもちいて空気浄化性能評価を行うためには，専用の試験装置が必要になる。浄化性能評価試験装置は流通式とバッチ式の2つのタイプに分類される。流通式の試験装置においては浄化装置の空気流入側と流出側で汚染物質の濃度測定が行われる。バッチ式の試験装置においては，浄化装置の運転前と一定時間の運転後で汚染物質の濃度測定が行われる。これまで規格化されてきた浄化性能評価試験装置の実例をいくつか取り上げ概説する。

3.2 汚染物質の測定方法

3.2.1 VOC（volatile organic compounds）

VOCとは，揮発性を有し大気圧下では気体となる有機化合物の総称で，炭化水素類，ケトン類，アルコール類，エステル類，グリコールエーテル類，ハロゲン化炭化水素類等を含むものである。現在でも，浮遊粒子状物質や光化学オキシダントに関わる大気汚染は深刻な状況にあるが，VOCは，浮遊粒子状物質及び光化学オキシダントの原因物質の一つと考えられている。また人が直接吸引した場合には，頭痛，めまい，または各種のアレルギー等，微量でも人体に悪影響を及ぼす。浄化性能の評価には，まずこのVOC濃度を正確に測定することが基本となる。

VOC測定の基本手順は，①サンプリング，②吸着剤からのVOC回収，③VOCの定量の3つの過程からなるが，サンプリング法には大きく分けて，ポンプサンプリング法とパッシブサンプリング法の2種類が存在する。また，吸着剤からのVOC回収法としては，溶媒抽出法と加熱脱離法が用いられる。VOCの定量にはキャピラリーガスクロマトグラフが一般に使用される。

ポンプサンプリング法の場合には，吸着剤を充填したサンプラに小型ポンプを用いて試料空気が吸引される。吸着剤としては60～80メッシュ程度の炭素系吸着剤，純活性炭またはた孔質ポリマーが使用される。ポンプサンプリング法においては，試料空気吸引量が後のデータ処理の際の重要なパラメータであり，試料空気吸引量をVとすれば分析対象成分の質量濃度c_mは次式[1)]から計算される。

アンサンブル平均された連続式

---

* Fumio Kiyono ㈱産業技術総合研究所　環境管理技術研究部門　環境流体工学研究グループ　グループ長

$$c_m = \frac{m_F - m_B}{V} \times 1{,}000$$

ここで，m_Fは試料中に実在する分析対象成分の質量（μg）であり，m_Bはブランクのサンプラに存在する分析対象成分の質量（μg）である。

一方，パッシブサンプリング法においては，吸着剤を充填したサンプラを一定時間空気中に暴露することによりサンプリングが行われる。VOCは自己拡散によりサンプラ内を移動し吸着剤に補足される。後のデータ処理の際の重要なパラメータは拡散取込み速度qと暴露時間tであり，分析対象成分の質量濃度は次式[2]から計算される。

$$c_m = \frac{m_F - m_B}{q \times t} \times 10^6$$

サンプラに捕集したVOCは加熱脱離または溶媒抽出される。加熱脱離法の場合には専用の加熱脱離装置が必要となるが，溶媒抽出法の場合には，サンプラから取り出した吸着剤をバイアルビンに入れ溶媒抽出すればよい。

VOCの定量は，検出器としてFIDまたはMSを備えたキャピラリーガスクロマトグラフが使用される。あらかじめ標準サンプルを用いて検量線を作成しておかなければならない。VOCの測定結果の一例を図1[3]に示す。

3.2.2　アスベスト

アスベストとは，天然に産する鉱物繊維の総称で，蛇紋岩系のクリソタイルと角閃石系のアモサイト等が存在する。耐熱性，耐薬品性，絶縁性等の諸特性に優れかつ安価であるため，これまで，耐熱材，絶縁材，磨耗材，潤滑材等として使用されてきた。しかしながら，空気中に浮遊す

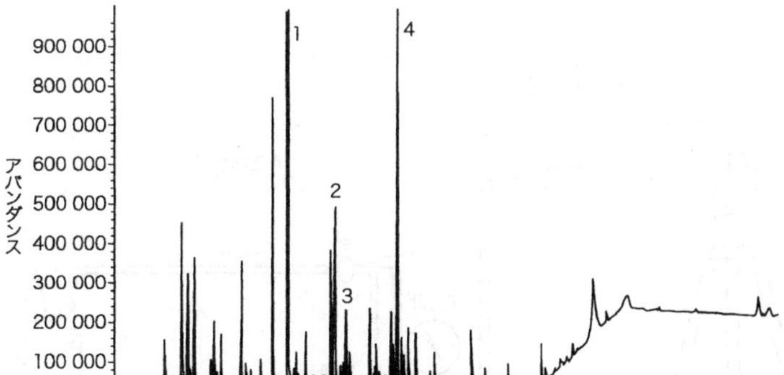

1 トルエン　2 *m, p*-キシレン　3 *o*-キシレン

図1　VOCのクロマトグラフの一例[3]

るアスベストを吸入することにより肺線維症（じん肺），悪性中皮腫等の健康被害がもたらされることが知られ，現在社会問題化している。

アスベスト測定の基本手順は，①サンプリング，②前処理，③繊維数濃度測定の3つの過程からなる。繊維数濃度は一定容積の空気中に含まれているアスベスト繊維の数であり，単位としては，本/Lが使用される。

サンプリングは，フィルターホルダーに孔径が0.8μm程度のメンブレンフィルターをセットし，吸引ポンプを用いて所定の吸引空気量を吸引することにより行われる。代表的なサンプリング捕集装置を図2[4)]に示す。

アスベスト繊維数濃度測定には，位相差顕微鏡，走査電子顕微鏡，または透過電子顕微鏡が使用される。このうち位相差顕微鏡はアスベスト繊維を他の繊維と区別する必要がない場合に用いられる。前処理としてはアセトンによりフィルタを透明化することが必要になる。一方，アスベスト繊維の種類まで識別する必要がある場合には透過電子顕微鏡が用いられる。前処理としてはカーボン蒸着，捕集フィルタの溶解処理等が必要である。繊維数濃度測定は観察視野内で，実際に繊維数を数えることによりなされる。

3.2.3　ホルムアルデヒド

ホルムアルデヒドは，化学構造式がHCHO，沸点が21度であり揮発性が高く，無色で刺激臭の強い気体である。ホルムアルデヒドは水によく溶け37％水溶液はホルマリンと呼ばれる。近年，住宅用部材及び合板等の家具素材などから，発生するホルムアルデヒド等の化学物質を原因とする身体の不調が大きな社会問題になっている。これらの有害物質により引き起こされる身体の不調はシックハウス症候群と呼ばれ，頭痛や吐き気，アレルギー，記憶困難や集中力の低下などを引き起こす。厚生労働省では，職域における屋内空気中のホルムアルデヒドの濃度を0.08ppm以下とすることを定めている。

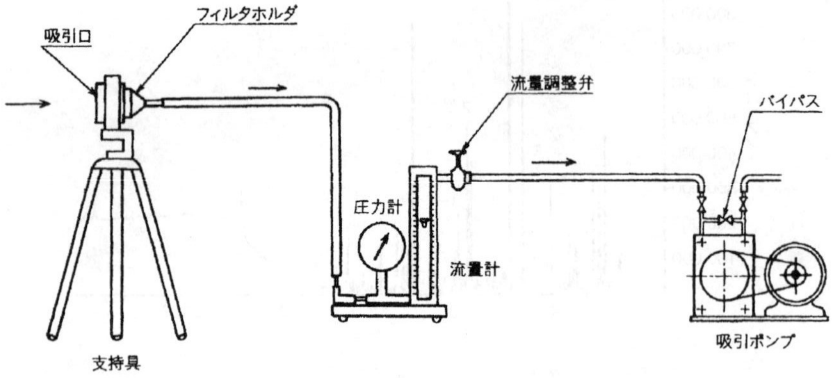

図2　アスベスト捕集装置[4)]

ホルムアルデヒド測定の基本手順は，①サンプリング，②溶媒抽出，③定量の3つの過程からなる。サンプリング法には大きく分けて，ポンプサンプリング法とパッシブサンプリング法の2種類が存在する。サンプラとしてはDNPH試薬をコーティングしたシリカゲルまたはフィルタが用いられる。ホルムアルデヒドは，DNPHと特異反応し安定なヒドラゾンを形成する。このヒドラゾンはアセトニトリルにより抽出されHPLCにより分析される。検出器としては紫外線検出器が使用される。

3.3　浄化性能評価試験装置

各種空気浄化テクノロジーの性能評価を行うためには，その試験設備と試験手順，試験結果の記載法等を明確にしておかなければならない。空気浄化テクノロジーの性能評価に関連した規格の一覧を表1に示す。国内では，日本電機工業会が「JEM 1178電気式空気清浄装置」，「JEM 1467 家庭用空気清浄機」，日本工業標準調査会が「JIS R1701-1光触媒材料の空気浄化性能試験方法　第1部：窒素酸化物の除去性能」を定めている。

空気浄化テクノロジーはその対象汚染物質も千差万別であり，浄化の原理も本書で取り上げたように吸着，光触媒から低温プラズマまで様々である。しかしながらその性能評価に関しては，基本的考え方は同一であり，まず，空気浄化装置のタイプに応じて，①流通式か②バッチ式の性能評価試験装置を選択することになる。JEM 1178ならびにJIS R1701-1では流通式の試験装置が規定されており，JEM 1467においてはバッチ式の試験装置が規定されている。流通式の試験装置においては浄化装置の空気流入側と流出側で汚染物質の濃度測定が行われ，バッチ式の試験装置においては，浄化装置の運転前と一定時間の運転後で汚染物質の濃度測定が行われる。次に対象とする汚染物質の濃度測定方法を決めることになる。第2項でいくつかの汚染物質の濃度測定法の概略を紹介したが，実際には各汚染物質に対してJIS等により詳細な手順がこと細かに規定されている。性能評価の指標としては汚染物質の除去率等が使用されよう。

表1　空気浄化性能評価試験に関連した規格一覧

JEM 1178	電気式空気清浄装置
JEM 1467	家庭用空気清浄機
JIS R1701-1	光触媒材料の空気浄化性能試験方法

3.3.1　流通式性能評価試験装置

図3[5)]，図4[6)]に流通式性能評価試験装置の実例を示す。浄化のメカニズムは一方は静電作用であり，他方は光酸化作用であるが，性能評価の基本的考え方は同一である。

JEM 1178に規定された性能評価試験装置においては，空気清浄装置の前後に流入側試験流路と流出側試験流路が設けられており，流入側の試験流路には汚染物質である試験ダストが供給される。汚染物質濃度のサンプリングはポンプサンプリング法により行われ，ダストの濃度はろ紙の黒化度を用いて表される。測定は2回行いその平均値を採択すべきこと

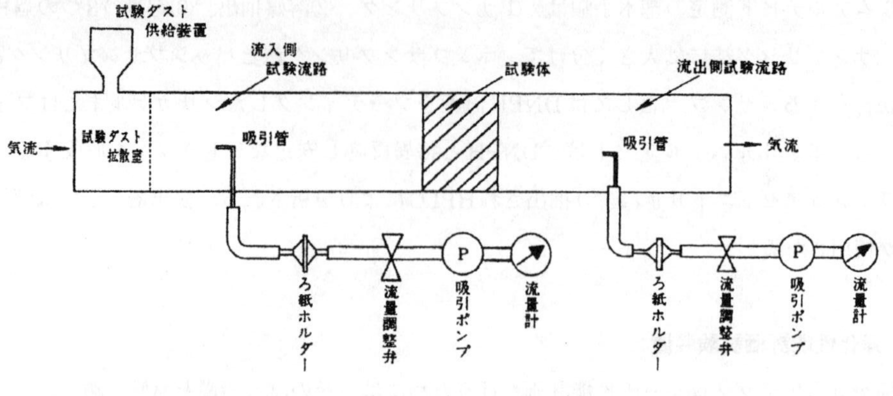

図3　流通式性能評価試験装置[5)]

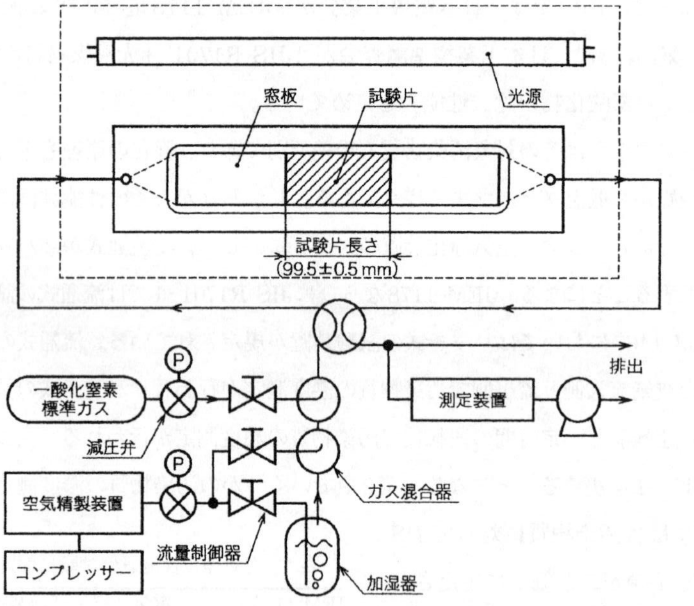

図4　光触媒浄化性能評価試験装置[6)]

が規定されている。性能評価の指標として用いられるのは粉じん捕集率，すなわち流入側粉じん濃度に対する流入側と流出側の粉じん濃度の差の比である。

JIS R1701-1に規定された性能評価試験装置においては，光触媒の試験片を中に入れた透明窓付きの光照射容器の前後に流入側試験流路と流出側試験流路が設けられている。流入側の試験流路には汚染物質である一酸化窒素を1.0 vol ppm含有した試験用ガスが供給される。窒素酸化物の濃度測定には化学発光式の窒素酸化物自動測定装置が使用される。性能評価の指標として用いられるのは一酸化窒素除去量Q_{NO}であり，次式[7)]を用いて算出することとされている。

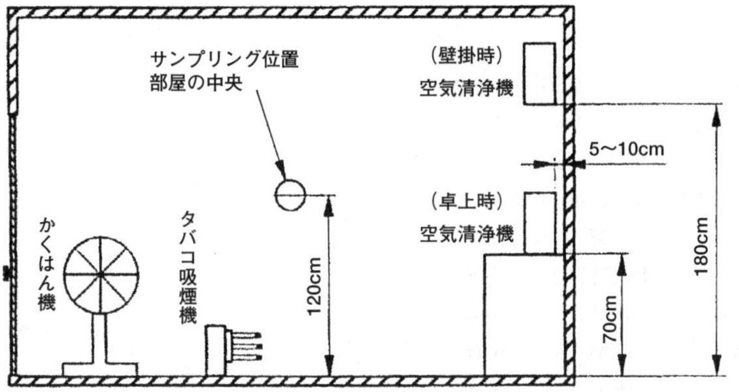

図5　バッチ式性能評価試験装置[8)]

$$Q_{NO}=\frac{f}{22.4}\int([NO]_0-[NO])dt$$

ここで，fは標準状態における空気流量，$[NO]_0$は一酸化窒素の供給濃度である。

3. 3. 2　バッチ式性能評価試験装置

据付けまたは壁掛け等の方法により室内に設置され，汚染物質を含む空気を吸引し浄化するタイプの空気浄化装置の性能評価に対しては，バッチ式性能評価試験装置が適当である。図5[8)]にJEM 1467に規定されたバッチ式の試験装置を示す。まず，タバコ吸煙機を用いて汚染物質であるタバコ煙を発生させる。この間は攪拌機をまわし汚染物質濃度が一定となるようにする。発煙後，攪拌機を停止し，空気浄化装置を運転して経過時間tごとの粉じん濃度Cを測定するわけである。結果は，粉じん濃度減衰曲線を用いて整理される。性能評価の指標として用いられるのは次式[9)]で定義される集じん能力Pである。

$$P=-\frac{V}{t}\left(\mathrm{In}\frac{C_2}{C_{02}}-\mathrm{In}\frac{C_1}{C_{01}}\right)$$

ここで，Vは測定室の容積，C_{02}は測定開始前の粉じん濃度，C_2は運転時のt分後の粉じん濃度，C_1は自然減衰によるt分後の粉じん濃度をそれぞれ表す。

3. 4　おわりに

浄化性能評価試験装置を流通式とバッチ式の2つのタイプに分類し，空気浄化装置の性能評価法について紹介した。

文　　献

1）日本規格協会，JIS A 1966，p.9
2）日本規格協会，JIS A 1967，p.8
3）日本規格協会，JIS A 1967，p.51
4）日本規格協会，JIS K 3850-1，p.3
5）日本電機工業会，JEM 1178，p.6
6）日本規格協会，JIS R1701-1，p.6
7）日本規格協会，JIS R1701-1，p.4
8）日本電機工業会，JEM 1467，p.15
9）日本電機工業会，JEM 1467，p.16

技 術 編

第3章　吸着技術

1　吸着剤

小菅勝典*

1.1　はじめに

本章では，大気汚染防止法の改正（2004年）により新たに規制対象となった揮発性有機化合物（VOC）に着目し，VOC処理技術の1つである吸着技術について記述する。VOCとは，揮発性を有し，大気中で気体状となる有機化合物の総称であり，トルエン，キシレン，酢酸エチルなど多種多様な物質が含まれる。VOCは，本来の有害性に加え，紫外線存在下で光化学オキシダントや浮遊粒子状物質の原因物質とされ，深刻な大気汚染による健康被害を引き起こすので，その排出抑制技術は法規制と自主管理によって解決を義務付けられた緊急課題となっている[1)]。VOC発生源は塗装工場，印刷工場，工業製品の洗浄施設，クリーニング工場等多種多様であり，VOC含有排ガス処理プロセスは，対象とするVOCやその濃度範囲によって最適な吸着剤とシステムの組み合わせを選定する必要がある。分離回収が不必要な場合には一般に燃焼法が適用される。しかし，VOCの回収に経済的メリットがある場合，またVOCが不燃性であったり，燃焼によって有害物質が発生する場合には吸着法が適用される。特に，最近では燃焼法と比較して，2次汚染の懸念がないこと，並びに地球温暖化の原因となるCO_2が発生しない等の観点から，VOC処理技術として新たな吸着技術の開発が期待されている。

1.2　吸着法

活性炭やゼオライト，シリカゲル等の吸着剤を使用してVOCを処理するのが吸着法であり，吸着剤を再生する工程で，VOCが吸着剤から脱着され，回収・再利用できることが吸着法の最大の特長である。また，シックハウス対策や脱臭目的等では，交換型も広く普及し，取り出し再生型と，非再生型の使い捨て方式も広く用いられている。

VOC除去のための吸着装置は固定層式，流動層式およびロータ式に大別される。一般的には，固定層が多く用いられ，図1に示すように，吸着塔を2基備え，1塔で破過しない一定時間内で吸着した後，引き続き脱離を行うと同時に，他塔で吸着を開始することによって，吸着と脱着を

*　Katsunori Kosuge　㈱産業技術総合研究所　環境管理技術研究部門　吸着分解研究グループ　主任研究員

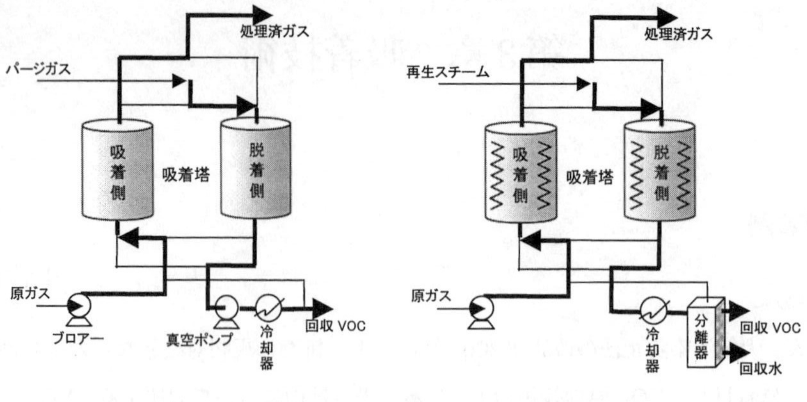

図1　PSA，VPSA（左）とTSA（右）プロセスの概略

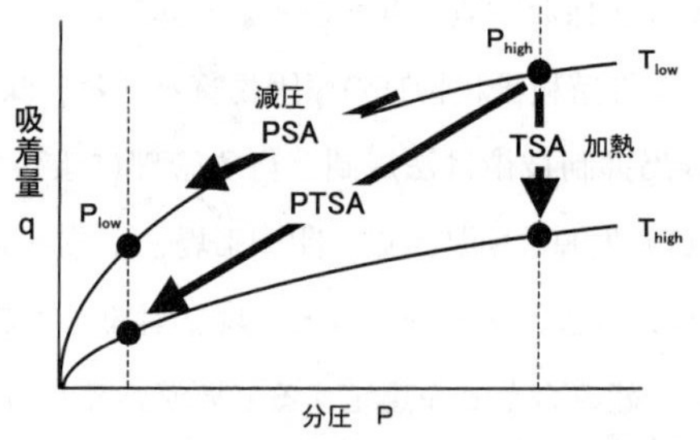

図2　PSA（VPSA），TSAおよびPTSAの原理図

一定時間毎に交互に切り替えて分離操作を行う。図2に示すように，吸着剤へのVOC吸着量は圧力が高い程大きいことから，相対的に高い圧力で吸着させ，常圧あるいは減圧することによって脱離（吸着量差）させることができる。また，VOC吸着量は吸着温度が低い程大きいため，低い温度で吸着させ，加熱によって脱離する方法もある。前者は圧力スイング法（Pressure Swing adsorption；以下PSA法），後者は温度スイング法（Temperature Swing adsorption；以下TSA法）であり，図2はその原理図で，それぞれ圧力あるいは温度の操作パラメータを周期的に変化（スイング）させて，図1に示す吸着塔の吸着工程と脱着工程の循環操作を連続的に行う。脱着を真空ポンプを使用して減圧下で行う場合にも，より効率化を図るために，空気，窒素，スチーム等を導入し，吸着質の分圧を低下させるパージ操作も頻繁に行われる。なお，吸着技術に関する成書は数多く，章末にその一部を記載した[2)]。

VOC回収の観点からは，①熱エネルギーを必要としない，②回収するVOCの質的劣化がない，③吸脱着サイクルの高速化が計れる，さらに④環境保全と経済性を両立できる等の理由から，PSA法が優れている。さらに，PSA法と，昇温や冷却に時間がかかるTSA法とを融合させて吸脱着サイクルの高速化を図る圧力・温度スイング法（PTSA）や，PSA法の吸着を常圧付近で行い，且つ脱離を真空下で行う真空スイング法（Vacuum Pressure Swing adsorption；VPSAあるいはVSA）も多くの実施例がある。PTSA法では，図2に示すように，一部温度スイングを加えることで，吸着剤の再生能力を向上させると同時に，減圧に要する動力を低減することができる。

1.3　吸着剤

本節では，VOC吸着剤として現在使用されている活性炭，疎水性ゼオライトおよびシリカゲルについて，吸着剤自体の特質とVOC吸着技術との関連を述べる。表1に，各吸着剤の特徴を示した。さらに，次節では，今後の展開が期待される吸着剤について記載した。吸着剤の細孔はIUPACで定められ，大きさによってマイクロ孔（直径2nm以下），メソ孔（直径2～50nm），およびマクロ孔（50nm以上）の3つに分類される。下記に記載する吸着剤の製造法，細孔構造や吸着特性についての詳細は章末の参考文献を参照して頂きたい[3, 4]。

表1　実用吸着剤とVOC処理条件の選択

吸着剤	対象VOC濃度	風量	吸脱着方式
粒状活性炭	低（数百ppm-1％）	大	TSA
繊維状活性炭	低	中	TSA
疎水性ゼオライト	低	大	TSA，PTSA
疎水性シリカゲル	高（0.1-数十％）	小	PSA，VSA

1.3.1　活性炭

吸着剤として利用できる活性炭の種類は豊富で，低価格な粒状活性炭が広く使用されているが，分子篩活性炭（MSC），繊維状活性炭（ACF），ビーズ状活性炭，さらにはハニカム状に成型したものを，VOCの種類や処理プロセスに応じて選択することが出来る。いずれも細孔として，マイクロ孔が存在し，1,000～2,000m^2/gの大きな比表面積を有し，かつ相対湿度が40％くらいまでは水分を吸着しないという優れた特性を持つ疎水性吸着剤である。水蒸気共存下においても，VOC分子と細孔壁のカーボンは強いファンデルワールス力によってC-C結合を形成し，VOC分子を優先的にマイクロ孔内に取り込むことができる。活性炭はVOC処理ばかりでなく焼却炉内の煙道におけるダイオキシンの吸着剤としても利用されている。

活性炭を用いた有機溶剤の回収・処理技術は1950年代から普及し，現行のVOC処理ではTSA法を活用するのが一般的で，いったん爆発下限以下（約1vol％）に希釈して吸着させた後，スチーム等の不燃性ガスを使用して加熱脱離することで，活性炭の再生と溶剤回収を行っている（図1右）。しかし，活性炭は，VOC分子との強い親和力のため，毛管凝縮に起因する多量の吸着熱が発生し，高濃度のVOC処理プロセスに直接適用することは難しい。さらに，高い吸着能は，脱着の障害となり，再生（脱離）にはスチームによる加熱処理が必要である。従って，水に不溶なVOCは比較的容易に分離回収可能であるが，水溶性のものでは蒸留操作あるいは廃水処理施設が必要となり処理費用が嵩んでしまう。特に，可燃性物質である活性炭は，現行の溶剤が低沸点のものから，再生処理の際より高温を要する高沸点溶剤に転換され，中でもケトン類などの吸着では着火の恐れがあり，消防法等による規制遵守のため特別な配慮が必要である。

しかし，炭化水素に対する強い吸着力を持つ活性炭は，上記の課題に対処しつつVOC吸着剤の中では最も頻繁に使用されている。特に，粒状活性炭が多く用いられているが，TSAサイクルが数時間と長く，装置が大型になる傾向にあり，TSAサイクルが数分で実施できる繊維状活性炭の適用例も多い。繊維状活性炭は粒状活性炭より，高価であるが，設備が小型化にできるだけでなく，回収されるVOCの品質にも優れている。一方，マイクロ孔を主体とする活性炭は，疎水性といっても相対湿度40～50％程度で細孔内に毛管凝縮を起こしてしまう。現在，VOC吸着剤として細孔径のより大きなメソポア活性炭が注目され，相対湿度60～70％まで水分の影響を受けず炭化水素だけに高い吸着能を発揮するから，VPSA，PTSA法による新たなVOC処理プロセスの開発が行われようとしている[5)]。

1.3.2 ゼオライト

前節の活性炭を使用した炭化水素の吸脱着操作における課題克服の観点から，不燃性であるゼオライトが，PTSAあるいはTSA法を利用したVOC処理プロセスに使用されている。

ゼオライトは，SiO_4四面体と，SiがAlで置換されAlO_4四面体が酸素原子を共有した3次元網目骨格構造を持つ結晶性物質であり，網目となる大小の空洞は金属イオンと結晶水を含有し，空洞は3次元または1次元に連なる細孔構造を形成している。細孔は分子オーダーの均一径を持つことから，これを通過し得る分子のみを，脱水された細孔に吸着することで分子ふるい能を発揮する。AlO_4四面体を持つゼオライト骨格は負に帯電しており，細孔中の金属イオンとの間に強い電場勾配が存在し，双極子モーメントの大きな水分子等の極性分子との親和性が極めて大きく，汎用のゼオライト（SiO_2/Al_2O_3モル比1～10）は親水性の吸着剤に分類される。VOC吸着技術とは直接関連しないが，親水性ゼオライトを用いたPSA法によって，空気分離，水素ガス精製，ナフサ分解ガスの乾燥等が操業されている。

一方，モルデナイト骨格中のSiO_2/Al_2O_3モル比を高くする（Al並びに金属イオン含有量の減少）と疎水性が発現すること（1976年），疎水性シリカライト（ハイシリカZSM-5）の直接合成（1978年）によって，細孔表面をシロキサン結合（-O-Si-O-）で覆った疎水性ゼオライトが開発された。その後，直接合成法を始め，水熱焼成と酸処理の組み合わせ，四塩化珪素蒸気による改質等の，脱アルミ処理によって疎水性ゼオライトが開発された[6)]。疎水性ゼオライトは相対湿度が80％まで水分をほとんど吸着せず，水分共存下におけるVOCの吸着に極めて効果的である。しかも，高い耐熱性を示し，有機物が完全燃焼する程の高温での再生が可能なものもある。疎水性ゼオライトを用いて実用化されているVOC除去装置として，TSA法を応用したローター型濃縮器があり，大容量，低濃度のVOC処理に適用されている。ハニカム状の回転体に，シリカライト等を塗布したもので，円筒状の吸着剤が吸着，加熱再生，冷却ゾーンを交互に通過する仕組みであり，大気中に含まれるVOCを連続的に濃縮することが可能である。しかし，ゼオライトは結晶性物質であり，細孔径は最大で1nm程度であり，それ以上大きな分子の吸着に用いることは出来ず，高沸点物質の除去には適用できない等の課題がある。

また，疎水性ゼオライトは単なる吸着除去ではなく分解反応と複合化した処理方法に使用されている。例えば，オゾンとVOCを同時に細孔内に吸着・濃縮することで，高濃度状態になったVOCの酸化反応が，通常の均一気相反応よりも高速で進行することを利用したもので，平成16年度NEDO「有害化学物質リスク削減基盤技術研究開発」に係わる委託研究として開始された。低濃度，大容量VOCの除去処理に適し，今後の進展が期待されるVOC処理方法である[3b)]。また，プラズマ放電空間に疎水性ゼオライトを配置し，吸着・濃縮したVOCを分解すると共に吸着剤の再生が可能な処理装置の開発も行われている[1c)]。

1.3.3　シリカゲル

VOC処理用のシリカゲルは，PSA，特に回収目的でVSA法が適用できることが最大の利点である。また，シリカゲルは不燃性で，VOC濃度が高い程吸着量が多く，しかも酸化・重合等の触媒作用や，吸着熱による発熱がないため，数%～数十%の高濃度VOC処理プロセスに使用できる。再生は減圧下で行え，パージガスを使用する場合にも，水溶性VOCの回収が可能である。

シリカゲルは一般に，珪酸ソーダを酸で加水分解して生成するナノサイズのシリカ重合体（球状粒子）をゲル化させて得られる含水非晶質物質（$SiO_2 \cdot nH_2O$）である。細孔は微粒子が凝集した粒子間隙によって形成されるため，細孔径は重合条件およびゲル化条件や，乾燥・焼成条件に大きく依存している。従って，細孔径分布は比較的ブロードであるが，マイクロ孔からマクロ孔まで幅広い細孔径を持った種々のシリカゲルが市販されている。汎用のシリカゲルの細孔表面にはシラノール基SiOHが存在し，水，低級アルコール等の極性分子の吸着に適した親水性の吸着剤である。

一方，ゼオライトと同様，VOC吸着剤として使用するには，吸湿剤，乾燥剤，触媒坦体等広い用途に用いられるシリカゲルを改質し，細孔表面を疎水化する必要がある。シリカゲルの表面シラノール基を［$(CH_3)_3SiOC_2H_5$］等のシランカップリング剤と反応させる方法は，疎水化手段として良く知られているが，高価なため，安価な方法が開発されている。焼成によってシリカゲルの細孔構造を劣化させないことがポイントで，例えば，除湿空気中で加熱処理を施し活性化したシラノール基に回収目的のVOCガスを吸着させ，細孔表面を単分子層でプレコートして疎水化したシリカゲルがVOC処理用として使用されている[4)]。

1.4　おわりに

VOC吸着技術は，1958年固定層粒状活性炭吸着装置が開発されて以来，活性炭を中心に発展し，さらに除去，回収すべきVOC種の多様化や高濃度VOC処理に対応するため，1992年頃より疎水性ゼオライトやシリカゲル等の不燃性吸着剤を使用するVOC処理去プロセスが進展した。その理由として，VOC吸着技術においては，吸着工程と脱着工程を交互に切り換えて行う必要から，所定時間内で脱着を完了させる必要があり，吸着よりもむしろ脱着が難しいケースが増加している事が挙げられる。さらに，最近では，PRTR法施行による排出規制や作業環境の点から，低濃度，大風量の排ガスを対象とした経済的な処理プロセスの開発が重要な課題となっている。

一方，現時点ではシリカゲルより性能は低いが，安価な実用装置の開発を目指し，メソポア活性炭を組み込んだPTSAあるいはVPSAシステムが検討されている[5)]。また，低濃度・大風量VOCの回収ニーズが高くなってきていることを背景に，活性炭の吸着能力と圧縮深冷凝縮法を融合した装置開発も行われている[5)]。さらに，絶縁コーティングを施した粒状活性炭を用いて，スチームの代わりにマイクロ波で加熱する等，吸着剤を電磁場エネルギーで直接加熱する，新規な脱着システムを搭載した処理装置の開発が本年度NEDO「有害化学物質リスク削減基盤技術研究開発」に係わる委託研究として開始された。

VOCを含め今後更に大気汚染対策を推進するためには，規制対象となる排ガスの種類の増加，濃度の広範囲化等に対応できる，吸着能に優れる新しい吸着剤と，低廉かつ運転管理の容易な吸着システムとを融合化した吸着技術の開発が望まれる。最後に，近年急速に発展した超分子テンプレート法に基づいたナノ構造制御法によって合成されたものを中心に，今後吸着剤として新規な展開が期待される無機多孔性物質について列挙する[3)]。

① 繊維状活性炭

繊維状活性炭は，4nm以下の均一細孔が繊維表面に直接開口し，繊維状であるため外表面積が大きく，VOC吸脱着速度が速いことである。しかも，繊維径7～30μmの繊維は加工性に優れ，フェルト状，ハニカム状フィルターに成型しても，吸脱着特性が低下しないことから，溶剤回収にも用いられ，可燃性ガス濃縮用としても使用される場合がある。

1970年代に開発され，吸着剤として既に実績があり，種々の装置に組み込まれて使用されているが，今後環境対策技術への要求が高まる中で，より高度な実用性能を得るためには，新たな前駆体や賦活法の開発が必要であり，さらに低価格化を図ることで，一層用途展開が広がっていくことが期待される。

② マイクロ孔を持つメソポア多孔体

界面活性剤の分子規則集合体を鋳型とする超分子テンプレート法によって合成されるFSM-16およびMCM-41等メソポーラス物質の中に，均一径のメソ孔が規則細孔構造を形成するだけでなく，メソ孔と連結したマイクロ孔をもつSBA-15，SBA-16等がある[7a)]。界面活性剤として用いた両親媒性のトリブロック共重合体（商品名 Pluronic）を取除いた際に，疎水部によってメソ孔が形成されると同時に細孔壁に侵入した親水部によってマイクロ孔が共存する（図3）[7b, 8)]。

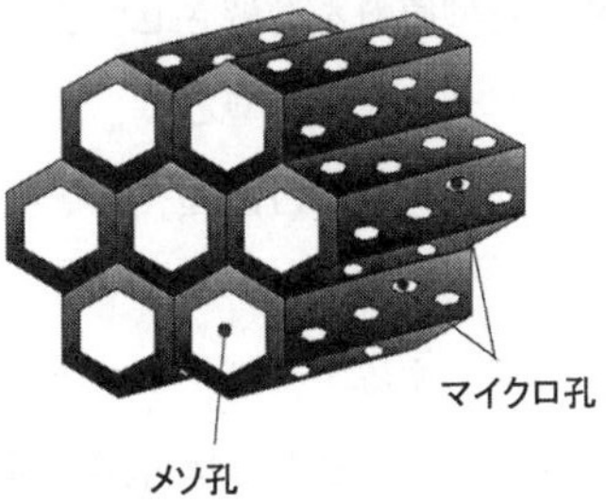

図3　マイクロ孔で連結された
1次元チャンネルメソ孔

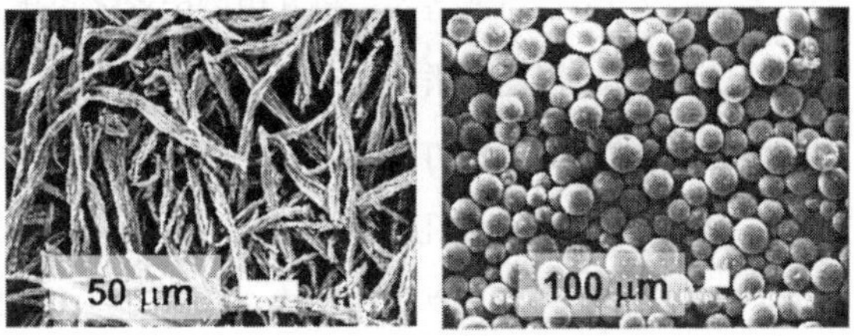

図4　マイクロ孔を有する繊維状および球状メソポーラスシリカ
（アメリカ化学会より許可を得て転載；*Chem. Mater.* 2004, 16, 899; 16, 4181）

図4左はこのミクロ構造の特徴を持った繊維状多孔性シリカであり，メソ孔の大きさは4〜十数nmの範囲で均一に制御でき，マイクロ孔は最大0.2ml/gの細孔容積を示す。図4右の球状シリカでは，トリブロック共重合体の親疎水性割合によって，粒子サイズは130〜220μmの制御することができ，さらにマイクロ孔のみを有する球状粒子も作製可能で，マイクロ孔容積は0.37ml/gとゼオライトに匹敵する。マイクロ孔を持つメソポア多孔体は，メソ孔と連結したマイクロ孔による高い吸着能と，メソ孔による易粒子内拡散能を併せ持った新たな吸着剤と捉えることができる。

③　有機無機ハイブリッドメソポーラスシリカ

メソポーラスシリカの細孔表面に有機官能基が分子レベルで均一に分散して存在する有機無機ハイブリッド物質の直接合成が最近報告され，分離・吸着能並びに触媒能に関する研究が活発に行われている。有機官能基（R^1）の片側，あるいは両側にSiアルコキシド基［$Si(OR^2)_3$］が結合した有機シラン［R^1-$Si(OR^2)_3$］，［$(OR^2)_3Si$-R^1-$Si(OR^2)_3$］を原料とすることがポイントで，カチオン系界面活性剤との反応で得られた前駆体から溶媒を用い界面活性剤を抽出して作製する。メチレン，エチレン，ビニレン，フェニレン，チオフェン等の有機官能基の持つ多様で特異な機能を，均一な大きさと安定で規則配列したナノ空間において利用できることの意義は大きい。しかも，図3に示すような1次元のメソ孔配列だけでなく，MCM-48類似の3次元配列をもった種々のナノ構造を持ったハイブリッド物質が合成されている[8)]。エチレン基によって疎水性を高めたメソポーラスシリカはVOC等の有機蒸気を回収する吸着剤としての活用が期待される。さらに，有機無機ハイブリッドメソ多孔体の進展は目覚ましく，結晶状壁構造を有するメソポーラスフェニレンシリカ[9a)]や，特異なアニオン系界面活性剤を利用したキラルな細孔構造を有するメソポーラス物質[9b)]等の吸着剤として今後の機能評価が興味深い。

④　鋳型合成によるポーラスカーボン

ゼオライトあるいはアルミニウム陽極酸化膜等の多孔性無機化合物を鋳型として，プロピレンガス，ポリアクリロニトル等を，細孔中で炭素化させ，フッ酸で鋳型原料を溶解させてナノ構造を有する多孔性カーボンが作製できる[10a)]。例えば，US-Y型ゼオライトを鋳型とし，プロピレンを700℃で炭素化し，BET比表面積が2,000m^2/g以上，マイクロ孔容積1.11ml/g，メソ孔容量0.76ml/gの極めて特異な多孔性カーボンが報告されている。

最近では，上記したマイクロ孔を持つメソポーラスシリカを鋳型とするメソポーラスカーボンが注目されている[10b)]。フルフリルアルコールやショ糖を炭素源として，前者では含浸後重合させ，後者では硫酸処理によって重合させ，いずれも真空中で熱処理して炭素化し，上記同様フッ酸でシリカ成分を溶解して合成される。メソポーラスシリカの細孔の大きさ並びに細孔配列構造は多様であり，それぞれのナノ構造を反映し，種々のタイプのメソポーラスカーボンが合成できる。カーボン壁，メソ孔，疎水性を有する新規活性炭として，吸着技術への展開が期待される。

⑤ 二元細孔構造を有するマクロポアシリカ

界面活性剤等有機化合物存在下のゾルーゲル反応系において，相分離現象により誘起されるゲル相と溶媒相の絡み合ったスポンジ状構造（共連続構造）から，溶媒相を除去した空間がマクロ孔となると同時に，ゲル相にはメソ孔が形成される[11a)]。このプロセスによって，マクロ孔の高い物質輸送能とゲル骨格を固定相とする高速高性能分離が可能な一体型（モノリス）HPLCカラムが商品化されている。また，マクロ孔とメソ孔の大きさは独立に制御可能であり，マクロ孔を保持したまま，ゲル相の細孔の大きさと配列の制御や，ゲル相のゼオライト化，さらにはPdやAl，Ti，Zr等の金属成分を付加し触媒開発も行われている[11b)]。最近，二元細孔構造を有するマクロポアシリカがサンプル提供されるようになり，新規吸着剤としての応用開発が期待される。

文　献

1) (a) 環境省ホームページ　http://www.env.go.jp/air/osen/voc/voc.html
(b) 特集「揮発性有機化合物（VOC）への対応」，環境管理，**10**，1073 (2004)
(c) 特集「規制強化に対応した最新環境技術」，化学装置，**47**，20 (2005)
2) (a) 竹内雍監修，最新吸着技術便覧，㈱エヌ・ティー・エス (1999)
(b) 竹内雍監修，多孔質体の性質とその応用技術，㈱フジ・テクノシステム (1999)
3) (a) 北川進監修，新時代の多孔性材料とその応用ーナノサイエンスが作る新材料ー，㈱シーエムシー出版 (2004)
(b) 吉田弘之監修，多孔質吸着剤ハンドブック，㈱フジ・テクノシステム (2005)
4) 吸着剤への期待，化学装置，**44**，27 (2002)
5) ジクロロメタン等VOC処理技術実証試験結果報告書，環境省

http://www.env.go.jp/air/tech/model/voc17_01/voc17_01a.html
6) 原田雅志, ケミカル・エンジニヤリング, **41**, 310 (1996)
7) (a) D. Zhao *et al., Science* **279**, 548 (1998)
(b) M. Kruk *et al., Chem. Mater*. **12**, 1961 (2000)
8) 稲垣伸二, *Adsorption News*, **15**, 6 (2001)
9) (a) S. Inagaki *et al., Nature* **461**, 304 (2002)
(b) 横井俊之, 辰巳敬, ゼオライト, **22**, 57 (2005)
10) (a) 京谷隆, 粉末および粉体冶金, **51**, 595 (2004)
(b) R. Ryoo *et al., Adv. Mater*. **13**, 677 (2001)
11) (a) 中西和樹, セラミックス, **36**, 940 (2001)
(b) 高橋亮治, 触媒, **47**, 365 (2005)

2　脱着・回収技術

菊川伸行*

2.1　はじめに

吸着回収技術は既にかなり広く用いられている技術で，大規模事業所向けでは表1に示すように使用実績が最も多い[1)]。しかしながら，現行吸着回収技術には後述のいくつかの問題点が有るため，前節で述べた新規吸着剤の開発と並んで脱着技術は今なお新規技術の開発が盛んである。平成16年5月の大気汚染防止法の改正を契機により一層の技術開発が加速されると見込まれる。第1章で述べたように，改正大防法ではVOCの定義が「大気中に排出され，又は飛散した時に気体である有機化合物」とされ，これまで排出規制の対象にならなかったデカンやイソプロピルアルコール（IPA）なども総量として排出が規制されるようになった（自治体レベルでは条例によって既に規制されている場合もある）。また，2010年までに2000年度比で固定発生源VOCの3割削減という目標を達成するためには，大規模事業所だけでなく，中小規模事業所での排出削減に向けた自主的取組も要請されており，中小発生源に適した吸着回収技術の開発が緊急に求められているからである。

【現行吸着回収技術の問題点】

現行吸着回収装置では，吸着されたVOCの加熱回収にスチームを用いる場合が多い。スチームはその大きな凝縮熱によって吸着剤を加熱する熱媒体として，また，脱離したVOCに対する

表1　VOC処理装置の納入実績[1)]

処理技術			納入実績割合【%】（S62～H13納入基数：2,409基）
回収装置	吸着法		39%
	吸収法（ガソリン等の極高濃度排ガスのみに採用）		—
	冷却法		11%
分解装置	燃焼処理法	直接燃焼法	12%
		触媒燃焼法	25%（うち，吸着＋触媒燃焼法：8%）
		蓄熱燃焼法	8%
		蓄熱触媒燃焼法	
	その他	膜分離法	5%
		生物処理法	
		光触媒分解法	
		プラズマ脱臭法	
		オゾン分解法等	

＊　Nobuyuki Kikukawa　㈱産業技術総合研究所　環境管理技術研究部門　吸着分解研究グループ　研究グループリーダー

凝縮性のキャリアーガスとしての役割を果たしている。ところが，スチームを用いているが故に，ボイラーや水分離器，廃水処理装置などの付帯設備が必要となって大型・高価な装置となり，中小発生源向けに吸着回収装置を小型化することが困難になっている。また，近年の水溶性溶剤の回収ニーズに応えるためには，スチーム方式では回収溶剤の蒸留装置が不可欠となり溶剤の回収・リサイクルによるコストメリットを生み出すことができない。一方で，スチームの代わりに加熱空気や窒素ガスを供給する熱風方式では，熱伝導性の乏しい吸着剤を昇温するため多量のキャリアーガスを必要とし，脱離ガスが薄まることによってVOCの液化回収のためにはより低温の凝縮器が必要となる。

このようなことから，最近，スチームを用いない新たな脱着技術が開発されてきた。以下に，新しい脱着技術のいくつかについて，産総研での研究開発を含めて紹介する。なお，吸着回収の方式には大別して圧力スイング方式（Pressure Swing Adsorption；PSA）と温度スイング方式（Temperature Swing Adsorption；TSA）があるが，PSAは製油所や油槽所等の%オーダーの高濃度VOCに用いられてきており，中低濃度VOCには一般にTSAが広く用いられるため，ここではTSAに絞って概観することとしたい。

2.2　新しい脱着技術

2.2.1　ジュール加熱

吸着剤として最も多用されているのは活性炭である。活性炭はグラファイトに近い構造を有しているため直接通電することによってジュール加熱が可能なはずである。こうした着想の基，まずは粒状活性炭について検討された[2)]が，粒子間の接触抵抗を均一にすることが難しく，活性炭層を圧縮保持する工夫もなされたが一様加熱は達成されていない[3)]。ホットスポットが生じると回収VOCの分解が起こる可能性が有る。したがってジュール加熱の対象としては，比較的最近登場してきたハニカム状活性炭[3, 4)]または繊維状活性炭[5~15)]について研究されてきた。

【ハニカム状活性炭の通電加熱】

Yuら（フランスLSGC）は粉末活性炭を押し出し成形した形式のハニカム状活性炭モノリス（図1，2，50mm×50mm×100mm）を用いてトルエンの吸脱着挙動を検討した[3)]。また，英国MASTカーボン社ではフェノール樹脂を押し出し成型後炭化・賦活を行ってハニカム状活性炭モノリスを製造しBath大と共同でエタノールの吸着回収試験，並びに燃焼分解法との比較[4)]を行い，この技術は中小規模印刷工場等のVOC対策として経済的な方法だとしている。今後モノリスのさらなる高性能化と低価格化が望まれる。

【繊維状活性炭の通電加熱】

繊維状活性炭は，マイクロ孔の細孔分布が均一で，かつ，吸脱着速度が大きいためVOC吸着

図1　活性炭モノリスの例[3]

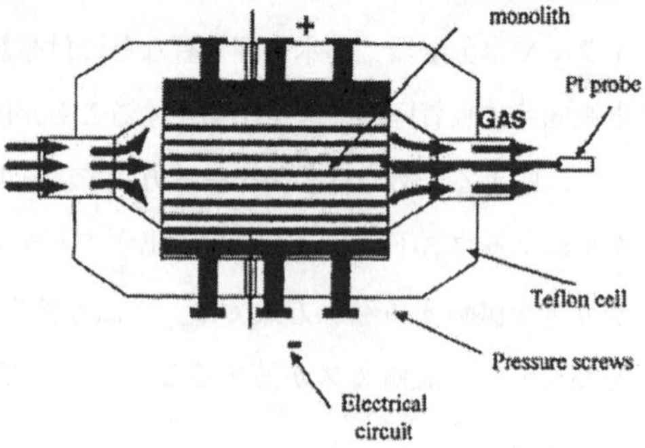

図2　活性炭モノリスの通電方法[3]

回収用吸着剤として極めて優れた特性を備えている。通常，フェルト状またはクロス状に編まれた形状で用いられている。電気伝導性を有しているため，繊維状活性炭の通電加熱による脱着の試みは多い。イリノイ大のグループは1990年代から精力的に開発を進め，多くのVOCを対象に吸脱着試験結果を報告している[5~8]。彼らは吸着塔壁でVOCを凝縮回収する改良を加えて吸着脱離サイクル時間を短縮し，パージ用の窒素ガス量を極小化でき，その結果，安価な粒状活性炭を用いたスチーム方式とコスト的にも対抗できるとしている[7]。

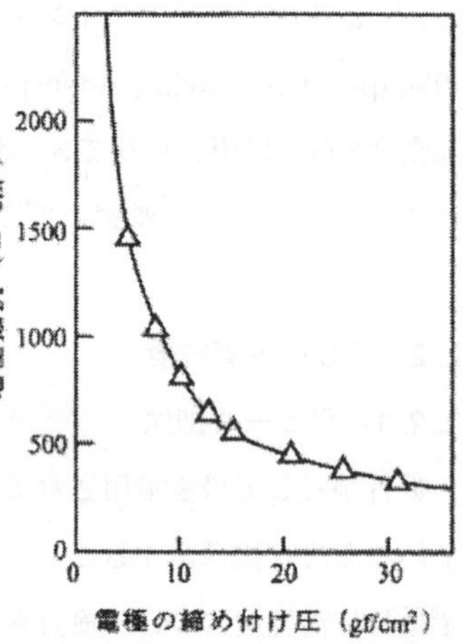

図3　電極の締め付け圧と電極抵抗の関係

この繊維状活性炭クロスの発熱の一様性に関しては，フランスのナント鉱山学校のグループが9種類のクロス試料について発熱挙動を調べている[9]。彼らは，通電加熱による発熱の温度分布は必ずしも一様ではなく，賦活処理過程が適切になされていないと不均一加熱が生じることを示した。また，電極との接触部分に不均一加熱が生じやすいことはいくつかの文献に指摘されている[3, 16]。

産総研のグループでは信州大と協力して，不均一加熱の原因を追求し，電極部の接触抵抗による電気抵抗が著しく大きいこと，及び繊維状活性炭の電気抵抗が温度上昇にともなって下がることが原因であることを見出した[13, 14]。したがって，電極部の抵抗を充分下げるとともに，電気抵抗にムラがないように処置することによって，繊維状活性炭の通電加熱の技術的基礎が明らかとなった（図3，4参照）。現在，大規模事業所向け溶剤回収装置としての実証試験が進められている。

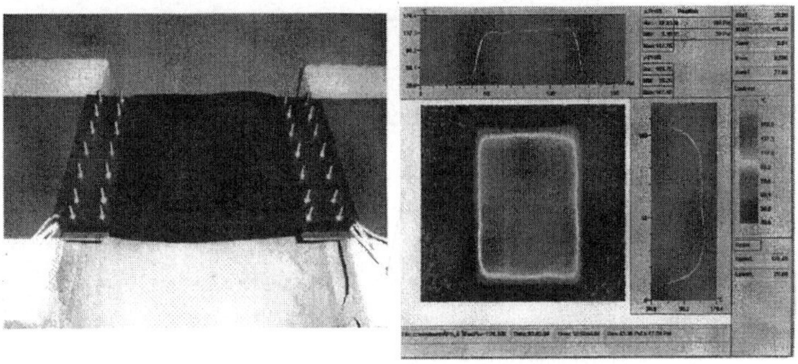

図4　繊維状活性炭の通電加熱及び温度分布

このように，通電加熱技術は実用化目前の段階に達していると言えよう。問題点はハニカム状活性炭，繊維状活性炭のどちらも粒状活性炭に比べて10倍以上高価であることである。中小事業所に広く普及するためには吸着素材の低価格化とプロセス上の更なる改良（例えば上述の塔壁回収など）が望まれる。

2.2.2　マイクロ波加熱

冬が近づくと熱燗が恋しくなってくる。マグカップに1合のお酒を入れて電子レンジで1分ほどチンすれば，カップは熱くならずにお酒は程よく熱くなってくれる。電子レンジに使われているのは周波数が2.45GHzのマイクロ波であるが，マイクロ波の吸収能は物質によって大きく異なる。セラミックスであるカップはそれほど吸収しないが，水（ここではエタノールの水溶液）は極めて良く吸収するため，お酒だけが温まってくれるわけである。ちなみにエタノール自身も良く吸収する物質の一つである。マイクロ波を用いたVOC回収の初期の研究は疎水性シリカライトに吸着されたエタノールの回収を対象にしたものであった[17]。エタノールのような水溶性VOCではスチーム脱離は当然使えないため，既存技術では熱風加熱しか利用できないが，吸着剤は熱伝導性が悪いのでなかなか加熱されず，脱離に長時間を要し，なおかつ脱離エタノールの濃度が低いため回収できなかった。マイクロ波を用いれば，選択的に吸着エタノールを加熱・脱離することができる。図5にその結果の一例を示した[17]。図のように高濃度・短時間で脱離できることがわかる。

マイクロ波による脱離技術は米国テキサス大学[18, 19]，ドイツのドルトムント大学[16]らのグループで精力的に研究されてきた。多くはメチルエチルケトン（MEK）のような水溶性溶媒を対象に非炭素系の吸着剤を用い，吸着質のみが選択的に加熱される現象を利用したものである。

表2にいくつかの非炭素系吸着剤についてメチルエチルケトン（マイクロ波の良吸収体）を吸着する前と飽和吸着後の誘電特性の比較を示した[18]。ε''は複素誘電率の虚数項に当たり，損失項，あるいは損失パラメータと呼ばれる。この値が大きいほどマイクロ波による発熱が大きくなる。

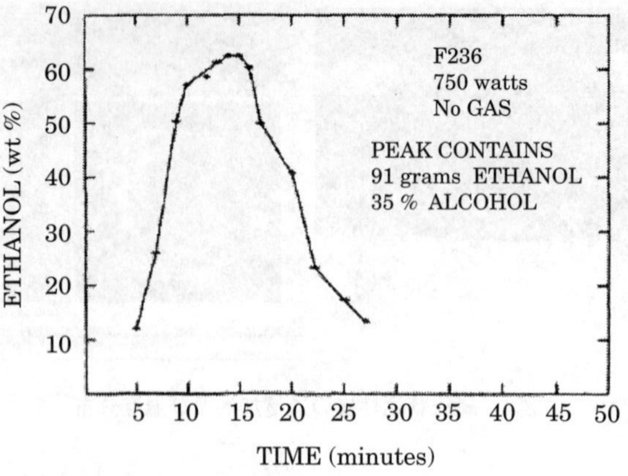

図5　マイクロ波加熱によるエタノールの脱離曲線[17]

表2　各種吸着剤の未吸着時及びMEK飽和吸着時の誘電特性の比較[18]

吸着剤	ε''_{dry}	ε''_{sat}	ε_{dry} (cm)	ε_{dry} (cm)
Molecular sieve 13X	0.25	0.25	15	15
Dowex Optipore	0.03	0.24	103	13
High silica zeolite	0.03	0.15	120	24

ε''：複素誘電率の虚数項，ε：浸透深さ

εは浸透深さと呼ばれ，照射されたマイクロ波のパワーが1/eになる深さである。表2によれば，モレキュラーシーブ13X（AlとSiの酸化物）は未吸着時も飽和吸着時もあまり誘電特性に違いがない。これに対して，高シリカゼオライトとOptipore（ダウ社の高分子吸着剤）は吸着時にε''が格段に大きくなるので，マイクロ波が照射されると速やかに吸着MEKが脱離する。やがてマイクロ波照射源に近い部分のMEKが無くなると，吸着剤はマイクロ波に対して透明になるので，より深い部分にマイクロ波が届くようになり，残るMEKも脱離することになる。このような，マイクロ波吸収能の高い溶剤とマイクロ波に透明な吸着剤との組み合わせはマイクロ波の照射設計に関しても困難が少ない。未吸着時は表2にあるように浸透深さが100cm以上と，大体の場合の実規模吸着塔の全域にマイクロ波が到達することができる。これに対して吸着剤自身がマイクロ波を良く吸収するもの（表2のモレキュラーシーブ13X等）では吸着剤に一様にマイクロ波が到達するような特殊な設計が必要となる。

テキサス大のグループでは，低濃度・大風量（MEK500ppm，3,900m^3/min）の場合と高濃度・小風量（3,220ppm，600m^3/min）の場合について，燃焼方式や，マイクロ波を含む回収方式など，計12方式のプロセスについて経済性の試算を行なっている。その結果は，必ずしもマイクロ波のコスト的優位性を現してはいないが，上記二つの場合とも活性炭ースチーム方式と同等以下のコストであることを示した[19]。さらに，マイクロ波に適したVOCとして水溶性であるMEKやメタノール，ジクロロメタン，アセトンなどが適していると指摘し，これらは使用量も大きいとしている。

しかし，使用量のさらに大きいトルエン，キシレン等無極性溶媒に対しては，マイクロ波に透明な吸着剤を用いる方法は無力である。

産総研のグループでは，汎用で安価な吸着剤である粒状活性炭に対してマイクロ波を利用できないかと検討を行なってきた。同様の試みはこれまでにもいくつか行なわれたが，粒状活性炭は導電性物質であるため，マイクロ波を照射すると，活性炭粒子同士の接触点近傍で火花放電が生ずるという致命的な欠陥があり，これまで応用に至っていなかった。

この点について産総研では活性炭メーカーと共同して，活性炭を絶縁体で覆うことで火花放電を防ぐことができ，図6のように安定して粒状活性炭を加熱することができることを見いだした[20]。また，絶縁体（モンモリロナイト粉末）の被覆厚さが吸着性能や火花放電の有無に及ぼす影響を調べ，その結果を最近報告している[21]。その大要は以下のようである。被覆量が17wt％までは吸着特性への影響が小さく，正味の活性炭あたりの比表面積は92％以上を保持していた。被覆量17wt％のときの皮膜厚さは約8μmで，このとき火花放電は皆無であった。粒径1.1mmの活性炭の場合，8μmの皮膜による体積増加は4％程度にすぎないので，マイクロ波を用いたVOC回収用活性炭として実用的なものであると言える。

安価な粒状活性炭をベースにしてマイクロ波による脱離が可能になれば，トルエン，キシレンなどの無極性溶媒も，アルコールなどの極性溶媒も扱うことができる。スチーム方式に不可欠なボイラーや廃水処理装置などの付帯設備も不要となるので，低価格・小型の吸着回収装置が実現できることになる。ただし，被覆活性炭のようなマイクロ波吸収能の高い吸着剤を用いる場合には，先に述べたように，浸透深さを考慮したマイクロ波の照射設計も一つの大きな開発課題であ

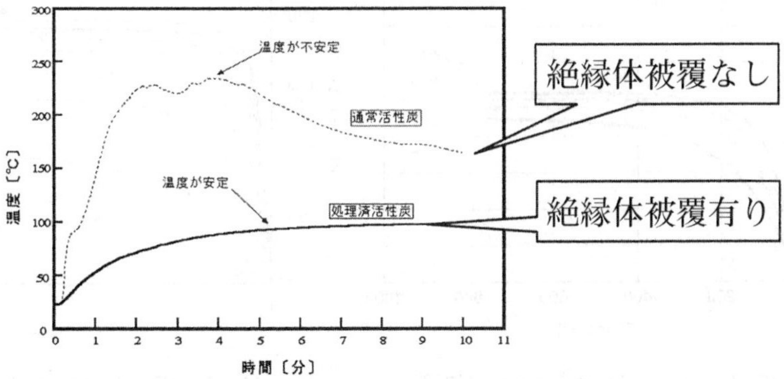

図6　粒状活性炭のマイクロ波による加熱と温度変化

る。このため，産総研のグループでは被覆活性炭の吸脱着性能向上のための研究と並行して，電磁界熱伝導連成シミュレータを援用しながら装置化技術確立をめざした研究を進めているところである。

2.2.3 高周波加熱ーキュリーポイント制御ー

スチームレスの脱着技術のその他の方法として，磁性を有する吸着剤にマイクロ波や高周波を照射し，磁気損失発熱を起こさせる方法がある。

産総研では，各種の磁性体粉末，及び磁性を有する炭素系，シリカ系の吸着剤にマイクロ波や高周波を照射し，キュリー点以下の温度に迅速に加熱できることを示した[22, 23]。図7，8はフェライト粉末にそれぞれマイクロ波（2.45GHz），高周波磁界（56kHz）を印加した時の昇温曲線である。パワーを増大させてもキュリー点以上の温度に上がることはないという点は，吸脱着システムに利用した場合，非常にフェールセーフ性に優れた加熱手法と言える。

マイクロ波の場合の発熱機構の詳細はまだ明らかでないが[23]，高周波，特にIH調理器具で用いられている数十kHzの周波数ではヒステリシス損失と誘導損失が主な発熱機構である。産総研では，広範な種類のフェライト粉末を精査して磁気加熱に適した磁性体を把握し[22]，磁性を付与した吸着剤によるVOCの吸着脱離試験[24]を通じて実用性の見通しを得た。現在も，加熱機構の解明や吸着剤への磁性付与方法の最適化等を通じて磁気加熱技術の更なる高度化をはかるとともに，吸着回収装置として総合的な効率向上をめざした研究が継続されている。

2.3 おわりに

以上，新しい脱着技術として，通電加熱技術，マイクロ波加熱技術，そして高周波磁気加熱技術について概説した。いずれも現行吸着回収技術における一つの大きな問題点であるスチーム

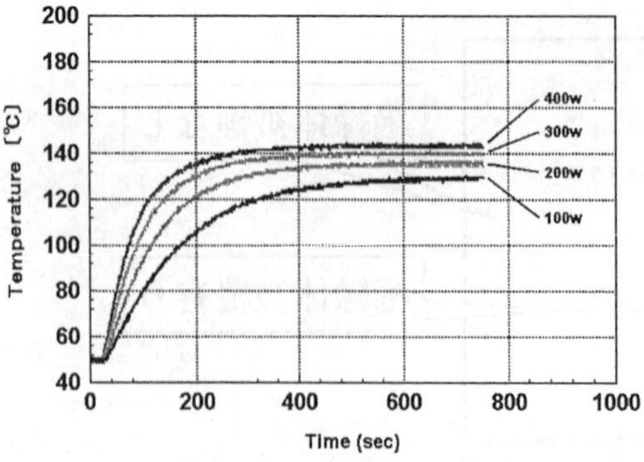

図7　Ni-Zn-Ferriteにおけるマイクロ波照射パワーと昇温曲線

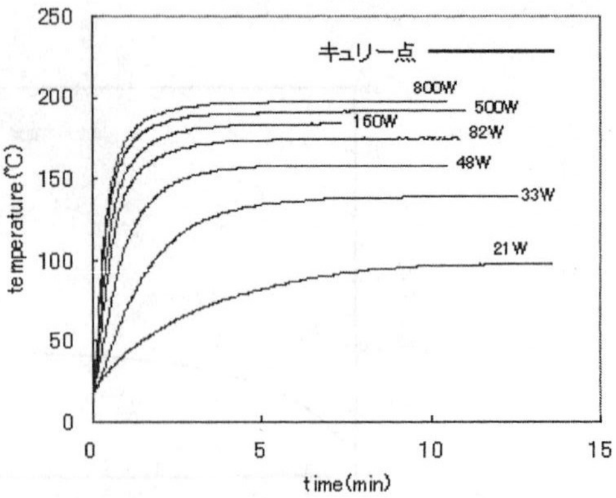

図8　Mn-Zn-Ferriteにおける高周波パワーと昇温曲線

を使わない技術であって，中小発生源でも使えるような小型装置に仕上がる可能性のある技術であり，また，改正大防法の施行を契機にニーズが一層高まった水溶性有機溶媒の経済的な回収・リサイクルに繋がる技術である。いずれもまだ開発途上であるが，今後早い時期に実用化されることを願って本節を終えることとする。

文　献

1）環境情報科学センター，「平成14年度揮発性有機化合物排出に関する調査報告書」(2003)

2）M. Petkovska and M. Mitrivic, "One-Dimensional, Non-Adiabatic, Microscopic Model of Electrothermal Desorption Process Dynamics", *Chem. Eng. Res. & Design*, **72**, 713-722 (1994)

3）F. D. Yu, L. A. Luo, and G. Grevillot, "Electrothermal Desorption Using Joule Effect on an Activated Carbon Monolith", *J. Environ. Eng.-ASCE*, **130**, 242-248 (2004)

4）A. Lapkin, L. Joyce and B. Crittenden, "Framework for Evaluating the "Greenness" of Chemical Processes: Case Studies for a Novel VOC Recovery Technology", *Environ. Sci. Technol.*, **38**, 5815-23 (2004)

5）M. Lordgooei, K. R. Carmichael, T. W. Kelly, M. J. Rood and S. M. Larson, "Activated carbon cloth adsorption-cryogenic system to recover toxic volatile organic compounds", *Gas. Sep. Purif.*, **10**, 123-130 (1996)

6）P. D. Sullivan, M. J. Rood, K. J. Hay and S. Qi, "Adsorption and Electrothermal Desorption of Hazardous Organic Vapors", *J. Environ. Eng.-ASCE*, **127**, 217-223 (2001)

7）P. D. Sullivan, M. J. Rood, K. D. Dombrowski and K. J. Hay, "Capture of Organic Vapor Using Adsorption and Electrothermal Regeneration", *J. Environ. Eng.-ASCE*, **130**, 258-267 (2004)

8）K. D. Dombrowski, C. M. B. Lehmann, P. D. Sullivan, D. Ramirez, M. J. Rood and K. J. Hay, "Organic Vapor Recovery and Energy Efficiency during Electric Regeneration of an Activated Carbon Fiber Cloth Adsorber", *J. Environ. Eng.-ASCE*, **130**, 268-275 (2004)

9）A. Subrenat, J. N. Baleo, P. Le Cloirec, P. E. Blanc, "Electrical behaviour of activated carbon cloth heated by the joule effect: desorption application", *Carbon*, **39**, 707-716 (2001)

10）A. Subrenat and P. Le Cloirec, "Thermal Behavior of Activated Carbon Cloths Heated by Joule Effect", *J. Environ. Eng.-ASCE*, **129**, 1077-1084 (2003)

11）A. Subrenat and P. Le Cloirec, "Adsorption onto Activated Carbon Cloths and Electrothermal Regeneration: Its Potential Industrial Applications", *J. Environ. Eng.-ASCE*, **130**, 249-257 (2004)

12) D. Das, V. Gaur, N. Verma, "Removal of volatile organic compound by activated carbon fiber", *Carbon*, **42**, 2949-62 (2004)

13) I. Yamaura, N. Sawada, K. Tanaka, M. Asano and S. Kobayashi, "Development of Desorption Method by Electric heating of the Activated Carbon Fiber", *Fiber Preprints, Japan*, Vol.55 (2000), No.2.;「吸着された活性炭素繊維シートの再生方法及び該シートを備えた吸着物質の除去又は回収装置」特開 2002-224562

14) 小林悟，菅澤正己，山浦逸雄，坂井信康，渡辺俊允，「通電加熱脱離を用いたVOCの吸着回収」，化学工学会四日市大会 (2002. 11)

15) 山浦逸雄，田中京子，白井汪芳，小林悟，「回収用活性炭素繊維フェルトの通電電極について」，平成15年度繊維学会秋季研究発表会，仙台 (2003.9)

16) D. Bathen, "Physical waves in adsorption technology-an overview", *Sep. Purif. Technol.*, **33**, 163-177 (2003)

17) H. R. Burkholder, G. E. Fanslow and D. D. Bluhm, "Recovery of Ethanol from a Molecular Sieve by Using Dielectric Heating", *Ind. Eng. Chem. Fundam.*, **25**, 414-416 (1986)

18) D. W. Price, P. S. Schmidt, "VOC Recovery through Microwave Regeneration of Adsorbents: Process Design Studies", *J. Air & Waste Manage. Assoc.*, **48**, 1135-45 (1998)

19) D. W. Price, P. S. Schmidt, "VOC Recovery through Microwave Regeneration of Adsorbents: Comparative Economic Feasibility Studies", *J. Air & Waste Manage. Assoc.*, **48**, 1146-55 (1998)

20) 小林悟，菊川伸行，菅澤正己，長野義信，毛利元哉，柳寿一，金潤甲，「マイクロ波を用いた加熱脱離の基礎的検討」，第68回化学工学会年会，東京 (2003. 3)

21) 鳥鷹幸弘，小林悟，川澄珠美，長野義信，小菅勝典，菊川伸行，金潤甲，「マイクロ波を用いたVOC吸着回収のための吸着剤の検討」第5回マイクロ波効果・応用国際シンポジウム，つくば (2005. 11)

22) 菊川伸行，小林悟，菅澤正己，長野義信，"Novel VOC Treatment Technique Using Magnetic Heating Effects under Microwave or High-Frequency Magnetic Fields (1) Magnetic Hysteresis Heating Characteristics under High-Frequency Magnetic Fields", *Int. Symp. Microwave Sci. Its Appl. to Related Fields*, Nara (2002. 11)

23) 小林悟，菊川伸行，菅澤正己，金潤甲，長野義信，"Novel VOC Treatment Technique Using Magnetic Heating Effects under Microwave or High-Frequency Magnetic Fields (2) Magnetic Heating Characteristics under Microwave Irradiation", *Int. Symp. Microwave Sci. Its Appl. to Related Fields*, Nara (2002. 11)

24) 菊川伸行，小林悟，菅澤正己，小菅勝典，竹森信，長野義信，"Preparation of Composites of Plasma-Synthesized Fine Ferrite Particles Dispersed in Porous Silica and its Application to a New VOC Treatment Technique", *16th Int. Symp. Plasma Chem.* (2003. 6)

第4章　触媒技術

1　基　礎

難波哲哉*

1.1　環境保全用触媒

触媒を用いた空気浄化技術は，広く普及している技術である。触媒工業会によると，現在，生産および出荷されている触媒は，「環境保全用触媒」と「工業用触媒」に分類されている[1)]。空気浄化技術の1つとして使用される触媒は環境保全用触媒に含まれる。エネルギー供給と石油化学製品の安定供給のための石油化学工業の発展と歩みを共にしてきた触媒化学とその技術は，環境保全用触媒という新たな分類を追加することでその利用範囲を大きく広げつつある。

- 環境保全用触媒
  - 自動車排ガス浄化用
  - その他環境保全用
- 工業用触媒
  - 石油精製，石油化学製品製造，高分子重合，ガス製造，油脂加工，医療・食品，その他

触媒は，反応の活性化エネルギーを低下させて反応速度を向上させる媒体であり，触媒未使用時の反応と比べて必要な温度が低くなることが特徴の一つである。言い換えれば，エネルギー使用量の低減，すなわち省エネルギー性を向上させる技術であるため，工業用触媒を含む全ての触媒技術は広義に環境保全に役立っていると言うことができる。一般に環境保全用触媒とは，エンド・オブ・パイプ（環境汚染物質が環境中に排出される直前）での環境汚染物質の除去，環境汚染物質に代替する新物質の合成，合成プロセスにおける有害副生成物低減のための触媒，環境に有害な成分を使用しない新触媒のことを指す[2)]。図1に環境保全用触媒の生産量および全触媒生産量に対する生産割合の推移を示す[1)]。 環境保全用触媒の生産量は1998年以降，特に増加し，全触媒生産量に対する環境保全用触媒の生産割合も増加傾向にある。環境保全用触媒は，自動車排ガス浄化用とその他の環境保全用触媒に細分されている。自動車排ガス用触媒生産の割合は全触媒生産量の10～15％を占め，環境保全用触媒の8割近くが自動車排ガス用触媒である。エンジンからの排ガスを浄化する自動車排ガス用触媒は，排ガス中の大気汚染物質を除去するもので

＊　Tetsuya Nanba　㈱産業技術総合研究所　環境管理技術研究部門　浄化触媒研究グループ　研究員

あり，エンド・オブ・パイプにおける触媒を用いた空気浄化技術の典型的な例である。大気汚染物質の大気中への排出低減を目的とした様々な法的規制が厳しくなっており，その規制値をクリアするための様々な技術の提案や研究がなされている昨今，環境保全用触媒生産量の増加は，触媒を用いた空気浄化技術が高い実用性能を発揮するとともに大気汚染物質拡散抑制効果を示す技術として期待されていることを意味していると考えられる。本章では空気浄化に関与する環境保全用触媒について，触媒による大気汚染物質除去技術の概論を紹介するとともに，後節ではその技術の詳細について述べる。

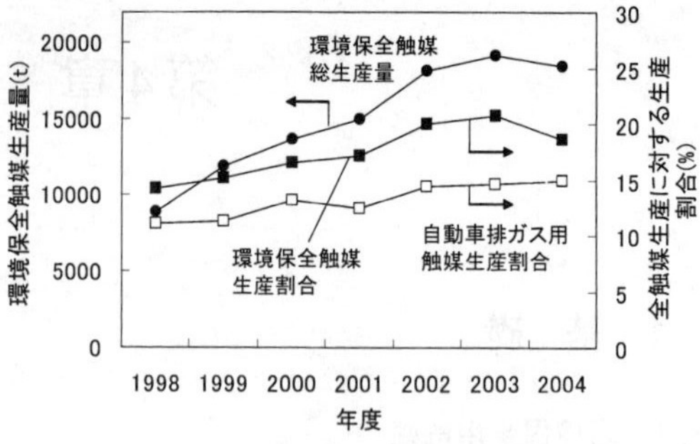

図1　環境保全触媒の生産量の推移

1.2　触媒技術の適用される対象物質および発生源

触媒を用いた空気浄化技術が利用されている大気汚染物質の発生源は一般的に2種類に大別されている。図2に示したように，工場や居住環境からの固定発生源と自動車などの移動発生源である。一方で，排出される大気汚染物質に着目すると，①エネルギー供給プロセスにおける大気汚染物質の排出と②製造・加工・使用プロセスにおける排出に分類することができる。固定発生源では，発電施設・ボイラーなど電力や熱を供給する施設から排出される大気汚染物質と，製造・加工工程や居住環境のような工業製品に関連した施設および製品から排出される大気汚染物質があり，内燃機関（エンジン）を使用する移動発生源はエネルギー供給プロセスにおける大気汚染物質の排出の一部である。エネルギー供給時に発生する大気汚染物質は，窒素酸化物（NO_x），炭化水素（HC），一酸化炭素（CO），硫黄酸化物（SO_x），粒子状物質（PM）であり，製造・加工・使用において発生する大気汚染物質は主として揮発性有機化合物（VOC）である。

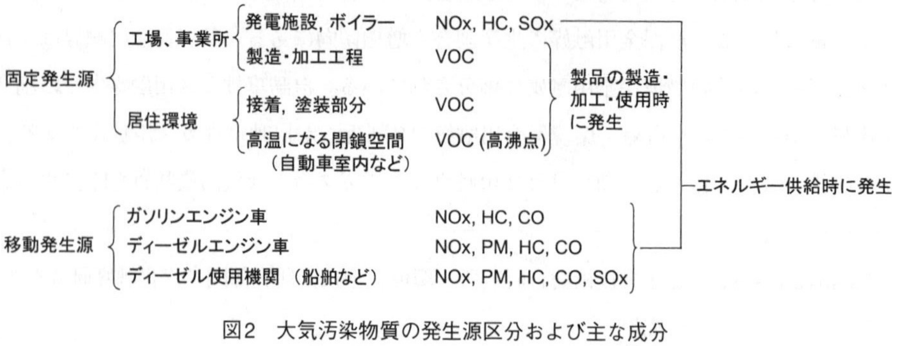

図2　大気汚染物質の発生源区分および主な成分

1.2.1　エネルギー供給プロセスからの大気汚染物質

エネルギー供給プロセスでは，ガソリンなどの化石燃料を燃焼させてエネルギーを得る。その際に，空気（窒素(N_2)＋酸素(O_2)）が高温になることによってNO_x（一般にサーマルNO_xと呼ばれる），燃料の未燃焼あるいは不完全燃焼によってHC，CO，PM，燃料中に含まれる硫黄分の酸化によってSO_xが発生する。エンジン排ガス中のNO_xとSO_xは主にNOおよびSO_2としてから排出される。NO_xとSO_xは酸性雨の原因であり，HCは光化学オキシダントの原因物質，PM，COも人体に有害な物質である。排ガス中におけるこれらの大気汚染物質の存在割合は燃焼機関によって異なるため，排ガス条件に応じて適切な触媒を選択する必要がある。これら大気汚染物質の化学的性質は全て異なるが，自動車などの移動発生源では処理装置の大きさが制限されるため，単独の触媒コンバーターによる同時除去が必要不可欠となる。

1.2.2　製品の製造・加工・使用プロセスにおける大気汚染物質

製造・加工工程や製品の使用場所となる居住環境から発生するVOCは多種類にわたり，各VOCを含む排ガスの濃度，流速，温度などの条件も多様である。VOCに該当する物質は現在，約900種類確認されており，世界保健機関（WHO）では沸点により高揮発性有機化合物（VVOC：～50℃），揮発性有機化合物（VOC：50～260℃），半揮発性有機化合物（SVOC：260～400℃），粒子状有機物（POM：＞380℃）に分類している。VOCには，発ガン性が示唆されているベンゼンやアクリロニトリルなど，単独で人体に影響をおよぼす可能性のある物質と，人体への直接的な影響は少ないが大気中に放出された場合に光化学反応によって光化学オキシダントの生成に寄与する物質が含まれる。排出量の多いVOCとしてトルエン，キシレン，1,3,5-トリメチルベンゼンなどが挙げられ，それぞれ平成14年度には26.8万トン，17.2万トン，9.3万トンの大気中への排出量が報告されている[3)]。

VOCを含む排ガスの全てに対して触媒によるVOC除去が有効であるとは言えない。触媒が有効に働く上で，VOC濃度は特に重要な因子であり，50～1,000ppm程度が最も適した範囲である。図3に平成14年度のVOC排出量および排ガス流量[4)]から算出したVOC濃度別の排出割合を示す。触媒によるVOC除去が有効な50～1,000ppmの濃度の排ガスを排出している発生源は約35％である。濃度50ppm以下の排ガスは主に屋外塗装からの排出で占められ，光触媒など屋外の開放系で使用できる方法が有効と期待される（第5章を参照）。また，1,000ppm以上の高濃度では，溶剤としてのリサイクルが可能な吸着・回収法が適している（第3章を参照）。

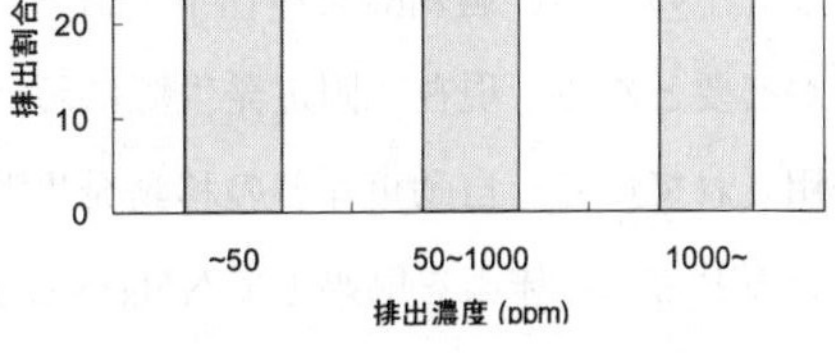

図3　VOC排出濃度別の排出割合（平成14年度）

VOC排出量としては少ないが，人体への影響が否定できないVOC発生源が居住環境である。シックハウス症候群の原因物質と考えられるホルムアルデヒドやトルエン，キシレンなどが代表的なVOCである。また，自動車の室内など直射日光に曝されることで，一般の居住環境の中よりも高温になる空間もある。このような局所的に高温度の空間では，フタル酸エステルなど高沸点の半揮発性有機化合物の大気中への放出量が多くなる[5]。居住環境でのVOC排出は，閉鎖的な空間で人体がVOCに暴露されることになるが，その濃度は最大でも数十ppmであり，処理方法として触媒を適用する場合には吸着材と併用した浄化装置が考えられる。

1.3 大気汚染物質の触媒反応による除去

1.3.1 触媒反応

各種大気汚染物質を触媒を用いて除去する場合，進行させる化学反応としては主に2種類ある。1つは，NO_x無害化で行われるような分子内から酸素を取り除くいわゆる還元反応であり，もう1つはCO, HC, PM, VOCなど酸素と化合させてCO_2とH_2Oに転化する酸化反応である。なお，主にSO_2として発生するSO_xは，酸化や還元されずにSO_2のまま放出させることが地球環境保全の面からは好ましい。

NO_xの還元には還元剤を用いない分解反応と還元剤を用いる還元反応がある。この分解反応は共存酸素により著しく阻害されるため，極めて困難な触媒反応の一つであり，実用化触媒はない。還元反応の還元剤として用いられる物質はこれまでに多数報告されている[6]。代表的な還元剤として，アンモニア（NH_3），炭化水素（HC），一酸化炭素（CO）が挙げられる。エネルギー供給プロセスからの排ガスにはHCやCOが含まれるため，これらの物質を還元剤として利用し，NO_x還元とHCやCOの酸化を同時に進行させることが触媒反応では可能である。その代表的な例が三元触媒法である。三元触媒法は，エンジンの運転が理論空燃比（燃料の完全燃焼に必要な量の空気で燃焼させる）の近傍で行われているガソリンエンジンの排ガス処理に使用されている。この排ガスでは酸素濃度が1%未満であり，このような当量的な雰囲気の場合に，COやHCはNO_xの還元剤として有効に機能することが知られている。これに対し，希薄燃料条件で運転されるディーゼルエンジンおよびリーンバーンエンジンでは，排ガス中の酸素濃度が10%以上にまで達するため，三元触媒を使用した場合にはHCやCOは大部分が酸素と反応して消費されてしまう。そのため，過剰酸素存在下であってもNO_xと選択的に還元反応を進行させる選択還元触媒が必要となる。現在，固定発生源におけるNO_x選択還元反応にはNH_3を還元剤とする方法が採用されている。自動車などの移動発生源ではHC，COによる選択還元触媒の開発が進められているとともに，尿素を触媒上でNH_3へと加水分解（$(NH_2)_2CO + H_2O \rightarrow 2NH_3 + CO_2$）させて$NH_3$選択還元触媒と同等の活性を得る触媒の開発も進められている[7]。以上のNO_x還元反応をまとめると以下の反応式となる。

$NO_x \rightarrow N_2 + O_2$（分解反応）

$NO_x + CO \rightarrow N_2 + CO_2$（三元触媒上での還元反応）

$NO_xHC + O_2 \rightarrow N_2 + CO_2 + H_2O$（選択還元反応：HCを用いた場合）

$NO_x + NH_3 + O_2 \rightarrow N_2 + H_2O$（選択還元反応：$NH_3$を用いた場合）

酸化処理されるHC，CO，PM，VOCの中でも，上述のようにHCとCOはNO_x共存下では還元剤として働くことによりCO_2へと転化する。一方，PMの炭素成分は固体であるため，触媒との接触面積が小さくなり，NO_xの還元剤として使用することは難しい。PM自体はフィルターで捕集した後に酸化させる手法がとられている。VOC酸化では，対象物質を構成する元素に注意をはらわなければいけない。炭素，水素，酸素で構成される芳香族炭化水素，アルコール類，アルデヒド類，ケトン類などは完全酸化によりCO_2とH_2Oのみが生成するが，窒素や塩素を含む化合物は副生成物としてNO_xや塩酸を生成する。これは環境汚染物質を別の環境汚染物質へと転化させることになり，排ガス浄化の意味をなさない。塩素を含む化合物は，トリクロロエチレンなど主に製品の洗浄工程に使用されており，排ガス中の濃度も比較的高いため吸着・回収法が好ましい方法である。窒素を含む化合物の触媒酸化については，NO_x副生がなくVOC中の窒素を無害なN_2に転化できる触媒製品も最近では見られるようになった。

1.3.2　触媒の種類

図4に各大気汚染物質の除去反応に活性を示すと報告されている触媒を列挙する。触媒は主に担持触媒（反応に活性な金属もしくは酸化物を表面積の広い酸化物表面に分散担持したもの）が使用される。目的反応の活性成分を担体上に分散させることによって微粒子化し，反応ガスと接触する活性金属の量を増加させるためである。

NO_x分解に対してCu-ZSM-5および各種ペロブスカイト系触媒は活性を示すが，ともに酸素や水蒸気共存下では分解活性が低下する。三元触媒では貴金属成分としてPtとRh，酸素吸蔵能を示し排ガス中の酸素濃度の変化に応じて酸素の吸収・放出を行う助触媒としてのCeO_2と担体

- NO_x分解 ―― Cu-ZSM-5[8]，ペロブスカイト系[6]
- NO_x還元
  - 三元触媒 ―― Pt-Rh-CeO_2/Al_2O_3[9]
  - 選択還元触媒
    - （NH_3） V_2O_5/TiO_2[10]
    - （尿素） V_2O_5/TiO_2，ゼオライト系[11]
    - （HC） 貴金属触媒(Pt，Pd，Rh，Ir)，Al_2O_3担持触媒，ゼオライト担持触媒
- PM酸化 ―― Pt触媒[12]，CeO_2[13]
- HC，CO，VOC（窒素を含まない）―― Pt/Al_2O_3，Pd/Al_2O_3，Pt/Al_2O_3-SiO_2，MnO_2/Al_2O_3[14]
- VOC（窒素を含む）―― ゼオライト系（Cu担持），Ag触媒（TiO_2，SiO_2担体）[15]

図4　大気汚染物質除去に有効な触媒

としてAl_2O_3が用いられている。NH_3還元剤を用いた選択還元反応ではV_2O_5/TiO_2が固定発生源に使用されている触媒である。尿素を用いた場合には，尿素の加水分解によるNH_3生成，続くNH_3選択還元を連続的に進行させるために表面酸点（酸性質を示す表面部位）を有するV_2O_5/TiO_2やゼオライト系触媒が適する。HCを還元剤に用いた場合，非常に多くの触媒がNO_x選択還元活性を示すと報告されているが[16]，実用性能を有するものはまだ得られていない。研究報告されているものは活性な温度領域から貴金属系触媒（200～250℃付近），ゼオライト担持遷移金属触媒（300～400℃），アルミナ担持遷移金属触媒（350℃以上）に分類することができる[2]。代表的な触媒は，貴金属触媒ではPt/Al$_2$O3，ゼオライト担持触媒ではCu-ZSM-5である。アルミナ担持触媒ではAg/Al_2O_3が良好な活性を示すだけでなく，最近ではH_2を添加することで劇的なNO_x除去率の向上がみられ，注目を浴びている[17]。

PM酸化触媒としては，Pt触媒が有効であるが，そのPM酸化反応は排ガス中にNO_xが共存する場合にPt触媒上で生成したNO_2（NO_xの一種でNOの酸化により生成）がPMを酸化することによって進行する)。一方で，CeO_2系触媒では，CeO_2の格子内酸素がPM酸化に寄与すると考えられている。

HC, COおよび窒素を分子内に含まないVOCについては，酸化能力の高いPt, Pd, MnO_2などが適する。酸化反応は発熱反応であり，局所的に高温になるため担体には耐熱性の高いAl_2O_3やAl_2O_3-SiO_2が適する。窒素原子を含むVOCについては，上記触媒の強い酸化力では分子内窒素をNO_xへ酸化してしまうため適さない。窒素原子を含む場合には加水分解反応を利用して分子内窒素をNH_3へと転化する機能，およびNH_3を選択的にN_2へ酸化する機能の両方を有する触媒が好ましいと考えられる。

1.3.3 触媒形状

触媒が大気汚染物質の除去に用いられる際に，形状はハニカム状（セラミック，金属），粒状，発泡体（セラミック，金属）など，その用途に応じて異なる。これら形状を選択する要素として空間速度，圧力損失，熱伝導度，熱容量，機械強度，耐熱性，加工性などが挙げられる。図5にこれらの概観図を示す。ハニカム型は多数の平行な貫通孔を有するいわゆるハチの巣型構造のセラミックまたは金属製の基材を用いて，その孔内に触媒が塗布されたものである。粒状は触媒粉体を成形して作られる。発泡体型は，発泡化させたセラミックもしくは金属の基材上に触媒が塗布されたものである。ハニカム型触媒は，機械的強度が大きく，圧力損失が低いため，自動車などの移動発生源や排ガス流量の多い条件の処理など幅広く採用されている形状である[19]。また多孔性のハニカム基材の貫通孔を交互に目封したものは，ウォールフロー型フィルターとしてPM

図5　触媒形状

捕集に利用されている。

1.4　環境保全触媒の動向

触媒による大気汚染物質の除去においては，用途や使用条件によって適切な触媒を用いることが除去率の向上につながる。一方で，図4に挙げた触媒群から分かるように，貴金属触媒が環境保全用触媒として有効である。環境保全用触媒の出荷額は，2001年以降，総触媒出荷額の約6割を占めている。これは貴金属触媒が使用されている自動車排ガス用触媒の需要の伸びによるものである。自動車全般における排ガス規制は厳しくなる一方であり，今後，貴金属触媒の需要が増加していくと考えられる。しかし，貴金属は地球上での存在量も少ないことから，貴金属触媒に代わる遷移金属触媒の開発も今後必要であると考えられる。

文　　献

1) 触媒工業会：http://www.cmaj.jp/catalyst/statistics.html
2) 環境触媒ハンドブック，エヌ・ティー・エス，p.3，p.346 (2001)
3) 「平成14年度 揮発性有機化合物（VOC）排出に関する調査～VOC 排出インベントリ～」，㈳環境情報科学センター (2003)
4) シンポジウム「新しいVOC排出規制・管理の今後」要旨集，p.19，エコケミストリー研究会（2005）
5) 「VOC規制の最新動向」セミナー要旨集，技術情報協会 (2005)
6) V. I. Pârvulescu, P. Grange, B. Delmon, *Catal. Today*, **46**, 233 (1998)
7) H. L. Fang, H.F.M. DaCosta, *Appl. Catal. B*, **46**, 17 (2003)
8) H. Yahiro, M. Iwamoto, *Appl. Catal. A*, **222**, 163 (2001)
9) R. J. Farrauto, R. M. Heck, *Catal. Today*, **51**, 351 (1999)
10) P. Forzatti, *Appl. Catal. A*, **222**, 221 (2001)
11) G. Li. C. A. Jones, V. H. Grassian, S. C. Larsen, *J. Catal.*, **234**, 401 (2005)
12) J. Uchisawa, A. Obuchi, R. Enomoto, A. Ogata, S. Kushiyama, *Chem. Commun.*, 2255 (1998)
13) A. Bueno-Lopez, K. Krishna, M. Makkee, J. Moulijn, *Catal. Lett.*, **99**, 203 (2005)
14) J. J. Spivey, *Ind. Eng. Chem. Res.*, **26**, 2165 (1987)
15) T. Nanba, S. Masukawa, J. Uchisawa, A. Obuchi, *Catal. Lett.*, **93**, 195 (2004)
16) S. Akaratiwa, T. Nanba, A. Obuchi, J. Okayasu, J. Uchisawa, S. Kushiyama, *Top. Catal.*, **16/17**, 209 (2001), and reference therein
17) S. Satokawa, *Chem. Lett.*, 294 (2000)
18) P. Hawker, N. Nyers, G. Hüthwohl H. Th, Vogel, B. Bates, L. Magnusson, P. Bronnenberg, *SAE Tech. Paper Ser.*, No. 970182 (1997)
19) 触媒講座6「触媒反応装置とその設計」触媒学会，p.138 (1985)

2 固定発生源対策

宮寺達雄*

固定発生源から排出される汚染物質の主なものは，硫黄酸化物（SOx），窒素酸化物（NOx），ばいじん，ダイオキシン類（DXNs），有害ガス，VOC，悪臭などである。このうち，光触媒以外の触媒による処理技術が活躍しているのは，NOx，DXNs，悪臭などに対してである。ここでは，紙数の都合からNOx及びDXNs処理についてのみ記す。

2.1 窒素酸化物処理

2.1.1 はじめに

固定燃焼装置から排出されるNOxを低減する手段としては，燃焼装置でのNOx生成を抑制する技術と，生成したNOxを排ガスから除去する排煙脱硝技術の二種類がある。排出規制がゆるい場合にはNOx生成抑制技術だけで対応可能であるが，規制が厳しい場合には排煙脱硝技術の併用が必要になる，排煙脱硝技術は，アンモニアや尿素を用いて触媒上で選択的に還元する方法（NH_3-SCR），アンモニアや尿素を用いて高温の気相中で選択的に還元する方法，炭化水素類と触媒を用いて非選択的又は選択的に還元する方法，還元剤を用いずに触媒だけで分解する方法などの乾式法と，アルカリ吸収法，酸化吸収法，液相還元法などの湿式法に大別される。ここでは，排ガス処理能力で約90％と圧倒的シェアを占めるNH_3-SCRと，有望な技術として現在盛んに研究されている炭化水素類による選択的接触還元法（HC-SCR）について解説する。

2.1.2 NH_3-SCR

触媒上でNH_3は，過剰に存在する酸素よりもNOxと優先的に反応するため，NOxと等量程度の添加でNOxの選択還元が可能である。分子中に窒素原子をもつ尿素などでもNOxの選択還元は可能であるが，通常コストの低いNH_3を用いる。NH_3によるNOの還元は，NOとNH_3が1：1のモル比で反応し，酸素が促進効果を示すことから，次のような総括反応式で表される[1)]。

$$4NO + 4NH_3 + O_2 = 4N_2 + 6H_2O$$

NOとNO_2が等モル存在すると，上式より速い次式のような反応が起こるとされている[2)]。

$$NO + NO_2 + 2NH_3 = 2N_2 + 3H_2O$$

NH_3-SCRにはV，Fe，Cu，Cr，Mn，Co等の酸化物やPt等の貴金属が活性を示す。貴金属は，酸素によるアンモニアの酸化活性が高いため選択性が低い。担体としてはチタニア，アルミナ，ゼオライト，架橋粘土などが使われる。工業的に用いられている最も一般的な触媒は，アナ

---

* Tatsuo Miyadera ㈱産業技術総合研究所 エネルギー技術研究部門 燃焼評価グループ長

ターゼ形のチタニアを担体に用いたV_2O_5/TiO_2系触媒（WO_3又はMoO_3を添加する場合もある）である。チタニアは硫酸塩化しにくく，長期間安定な触媒担体であり，またV_2O_5を担持したときに分散性の良い高活性な触媒を与える[3]。アルミナを担体に用いた触媒は，SOxを含む排ガス中で長時間使用するとアルミナがSOxと反応して硫酸塩化し細孔が閉塞するため活性が低下する。

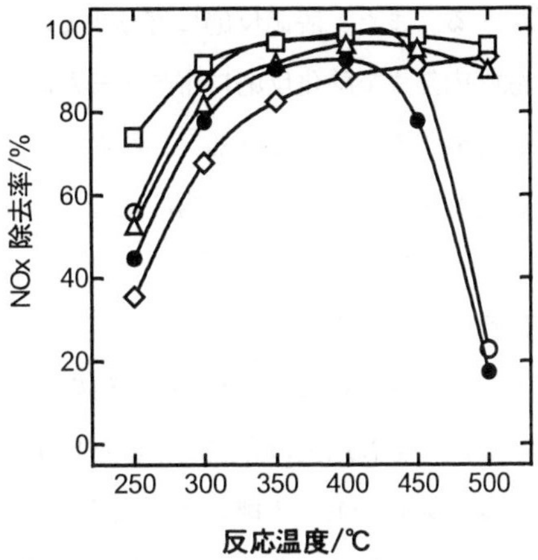

図1　V_2O_5/TiO_2，V_2O_5-WO_3/TiO_2触媒の性能
SV 80,000/h; NO 470ppm，NO_2 30ppm，MH_3 667ppm，O_2 5％，SO_2 1000ppm，H_2O 10％; balance N_2; 担持量 wt％ $10V_2O_5$（●），$7.5V_2O_5$-$2.5WO_3$（○），$5V_2O_5$-$5WO_3$（△），$2.5V_2O_5$-$7.5WO_3$（□），$1.25V_2O_5$-$8.75WO_3$（◇）（文献4）から転載　承認済）

触媒の性能例を図1に示す[4]。V_2O_5-WO_3/TiO_2はV_2O_5/TiO_2より活性が高くかつ選択性も高い。WO_3の添加は，活性の向上，アルカリ金属およびヒ素酸化物による被毒に対する耐久性の向上，アンモニアおよびSO_2の酸化抑制などの効果[5]，さらにチタニアのアナターゼからルチルへの相転移を抑制し触媒の熱安定性を向上させるとともに，機械的強度を改善する。

V_2O_5触媒上におけるNO-NH_3-O_2系の反応については，酸素濃度1％程度以下で酸素による促進効果が著しいこと，触媒上にNH_3が強く吸着すること，NOの吸着はあったとしても非常に弱くNOは気相から反応に関与するらしいことなどが分かっている。反応機構については種々提案されているが，猪俣らは触媒表面上の二重結合性酸素種$V^{5+}=O$が脱硝性能と密接な関係があることを明らかにし，アンモニアは$V^{5+}=O$に隣接したブレンステッド酸点Vs-OHにNH_4^+(ad)として強く吸着し，そこに気相からNOが攻撃するEley-Rideal機構で反応が進行すると考えた。反応の結果，N_2，H_2Oが生成するとともに$V^{5+}=O$はV-OHに変化するが，V-OHは気相酸素またはバルクの$V^{5+}=O$によって$V^{5+}=O$へ再酸化されるというメカニズムである[6]。

排ガス中のSO_2の一部は触媒上で酸化されてSO_3となり，未反応アンモニアと反応して酸性硫安を生成する（$NH_3 + SO_3 + H_2O \rightarrow NH_4HSO_4$）。酸性硫安は低温になると析出して触媒層の閉塞や空気予熱器などの性能低下，腐食をもたらす。酸性硫安の析出を抑制するには排ガス温度を高く保てばよいが，下流側では必ず温度が低下するので，酸性硫安の生成を抑制する必要がある。そのためには，未反応アンモニアを減らすとともに，SO_2の酸化を抑制する。未反応アンモニアを減らすには，アンモニア添加量を減らすとともに，添加したアンモニアの均一な分散を図ることが重要である。SO_2の酸化を抑制するには，触媒中のバナジウムの量を減らしてタングステンを添加する。また，脱硝反応に寄与するのは触媒表面近傍であるのに対して，SO_2酸化反応は遅く，触媒内部まで酸化反応に寄与するため，触媒壁の厚みを減らせば，脱硝率を低下させることなくSO_2酸化率を低くできる[7)]。さらに，ダーティ排ガス中のダストに含まれるアルカリ金属が触媒に蓄積するとSO_2酸化反応の増大につながるので，アルカリダストが蓄積しにくい触媒組成にする[8)]。

脱硝性能は，触媒の種類，空間速度（SV），反応温度，アンモニア濃度，SOx濃度，ダスト濃度などの影響を受ける。V_2O_5/TiO_2触媒の場合。400℃付近までは温度が高くなるほど脱硝率が高くなるが，それ以上の高温になるとNH_3のNOxへの酸化が起こって脱硝率が低下する。また，高温ではSO_2のSO_3への酸化率も高くなる。NH_3/NOxモル比を高くするほど脱硝率は高くなるが，未反応アンモニアも増加するので，普通はモル比1.0以下で運転される。実際の石炭火力発電所用の脱硝装置における仕様では，通常，SV 2,000～4,000/h，リークアンモニア5ppm以下，SO_2酸化率1％以下[9)]，また触媒層温度320℃以上である。

脱硝性能には拡散の影響もあり，SVと反応温度一定のもとでガス流速を大きくすると物質移動速度が増して脱硝率が高くなる[10)]。また，触媒の形状及び幾何学的表面積も重要な影響を与える。現在，主に使われている触媒の形状は，ハニカム（格子），平行平板，平板と波板の組合せで，ガスが触媒表面に対して平行に流れるような構造になっており，ダストによる目詰まりが起こりにくいダストスルータイプと呼ばれるものである。ボイラ用脱硝装置の構成例を図2に示す。触媒の輸送や設置は，基本ユニットを複数個収めたモジュール単位で行われている。ごみ焼却炉排ガス処理用には，バグフィルタに脱硝触媒をつけたものも開発されており，ばいじん，HCl，SOxなどと同時にNOxの除去も可能になっている[11, 12)]。

V-Ti系以外の触媒としては，モルデナイトなど種々のゼオライトのH型又はFeなどの金属イオンを導入したものがある。ゼオライト系触媒は，NOx除去率が高い，リークNH_3が少ない，高温での脱硝が可能などの特徴があるが，実用例は多くない。乾式同時脱硫脱硝用には活性炭や活性コークスが触媒として使用されている。

一方，低温活性を改善する試みが種々なされている。アンモニウムイオンを固定したゼオライトを使用すると，100℃程度の低温で100％近くの脱硝が可能であるという[13)]。$MNOx/TiO_2$やFeとMnの混合酸化物は低温活性が高いことが知られているが，これらにFeやCeなどを添加した触媒が試験されている[14)]。硫酸で賦活した活性炭素繊維や金属

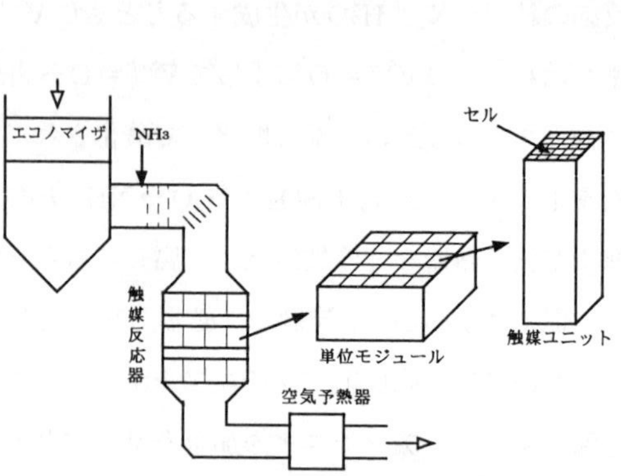

図2　アンモニア選択接触還元法のボイラの運用例

酸化物を担持した活性炭素繊維なども低温活性の高い触媒である[15, 16]。尿素を担持したピッチ系活性炭素繊維上では，室温で大気中のNO_2が還元可能であるという[17]。

2.1.3 HC-SCR

劇物であるNH_3より炭化水素類の方が使用しやすいことから，炭化水素類を用いるNOxの選択接触還元法が注目を集めているが，固定発生源用にはまだ実用化に至っていない。その主な理由は，実ガス条件下，すなわち水分やSOxなどが共存する場合の触媒の活性及び耐久性が十分でないからである。ここでは水分やSOxの共存下での活性に注目しながら，HC-SCRの研究開発動向について解説する。

NH_3-SCR同様，HC-SCRの場合も高温では酸素による還元剤の無駄な酸化が起こるために脱硝率は低下する。いかにしてHC-O_2反応よりHC-NOx反応を優先的に起こさせるかが，触媒開発の重要なポイントである。NOx＋HC＋O_2/Heというようなクリーンガス条件下では，ZSM-5ゼオライトに銅などをイオン交換担持した触媒が高活性を示す[18, 19]。イオン交換ゼオライト触媒では多くの金属イオン種が高活性を示すが，アルミナ担持触媒では酸化力が比較的弱いAg，In，Ga，Snなど，限られたものだけが高活性を示し[20]，かつ活性はゼオライト系触媒より低い。

HC-SCRの場合，多くの触媒は水分共存下で活性がかなり低下する。特にゼオライト系触媒の活性低下は大きい。水分は，反応物の吸着を阻害するばかりでなく，ゼオライト中に担持した金属のシンタリングを促進したり，ゼオライト骨格からアルミニウムを抜き出して骨格の破壊を促進したりして，触媒の活性を低下させる。Cu-ZSM-5は無水条件下では非常に活性が高いが，水分共存下では著しく活性が低下する。水分存在下ではCoが高性能を示すことがZSM-5[21]やBEA[22]，IM5[23]について報告されている。また，Na-ZSM-5をFe^{2+}で過剰にイオン交換した触媒は，Cu-ZSM-5より活性が高く，H_2OやSO_2存在下でも活性が低下しないという[24]。

貴金属触媒は水分共存下でも活性が高いが，最適温度範囲が狭く，またPtはNOxのN_2Oへの転化率が高い。貴金属の中で，IrはN_2Oの副生が少なく，共存ガスの影響による活性低下が小さい。ZSM-5[25]，$BaSO_4$[26]，メタロシリケート[27]などに担持したIr触媒が報告されている。

調製法の違いも，触媒の性能に影響を及ぼす。ゾル-ゲル法で調製したGa-アルミナやIn-アルミナはSO_2やH_2Oの存在下で活性が低下しないという[28]。また，ゾル-ゲル法で調製した銀アルミネート上では，オクタンなどによるNOxの還元が水分によって促進されるという[29]。

Ag/Al_2O_3上では，エタノール等の含酸素化合物が炭化水素類よりはるかに高いNOx選択還元性能を示す。炭化水素や含酸素化合物を用いたNOxの選択還元ではイソシアネート種（NCO（ad））が反応中間体として重要な役割を果たしていると考えられているが，FT-IRを用いてAg/Al_2O_3上のNCO（ad）を測定したところ，C_3H_6よりエタノールの方がNCO（ad）を生成しやすいことが分かった[30]。また，Ag/Al_2O_3上での含酸素化合物によるNOx選択還元は，炭化水素類による還元と異なって水分による妨害を受けず，図3に示すように高性能である[31]。この原因として浮須らは，水分の添加によってC_3H_6の場合はNCO（ad）の生成が著しく阻害されるのに対して，エタノールの場合はNCO（ad）の生成が阻害されないことを明らかにした[32]。含酸素化合物の反応が水分によって抑制されないのは，炭化水素類と違って親水性のために水分が存在しても触媒表面への吸着が妨げられにくいことが原因の一つとして考えられる。さらに，角屋らによればNCO（ad）と$NO+O_2$との反応は水分によって促進され，室温でもN_2とCO，CO_2を生成するという[33]。

Ag/Al_2O_3を用いた含酸素化合物によるNOxの選択還元では，窒素の他にNH_3，HCN，CH_3CN等の含窒素化合が比較的高濃度副生するが，これらの副生物をNOxの還元に利用・処理する複合触媒システムも開発されている。水分共存下におけるAg/Al_2O_3系複合触媒の脱硝性能を図4に示す[34]。Ag/Al_2O_3触媒については，実ガスによる長期耐久性試験も実施されている[35]。

炭化水素類を還元剤に用いた場合，低温では触媒上へ炭素の析出が起こり活性低下が避けられない。低温で働き，かつ炭素の析出がない還元剤として水素が注目を集めている。Ir/SiO_2はSO_2やH_2O共存下でも水素による高いNOx選択還元活性を示す[36]。この触媒はSO_2存在下の方

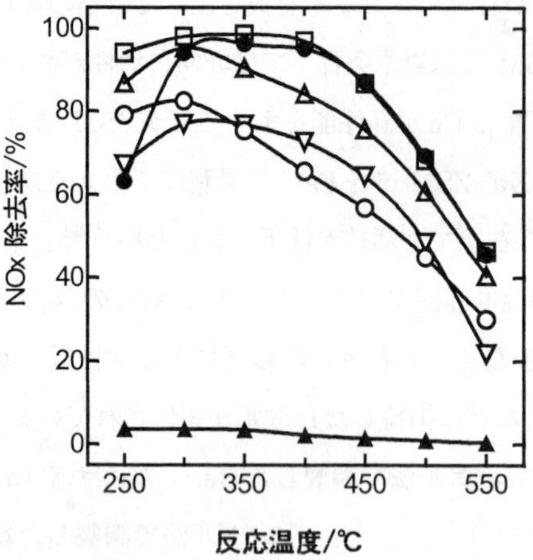

図3　Ag/Al_2O_3触媒を用いた含酸素化合物によるNOxの除去
反応条件：SV 6400/h; NO 500ppm，O_2 10%，CO_2 10%，balance N_2，$+H_2O$ 10%; 還元剤 1000 Cppm: 1-C_3H_7OH(○)，2-C_3H_7OH(□)，$(CH_3)_2CO$(●)，C_2H_5OH(△)，CH_3CHO(▽)，CH_3OH(▲)

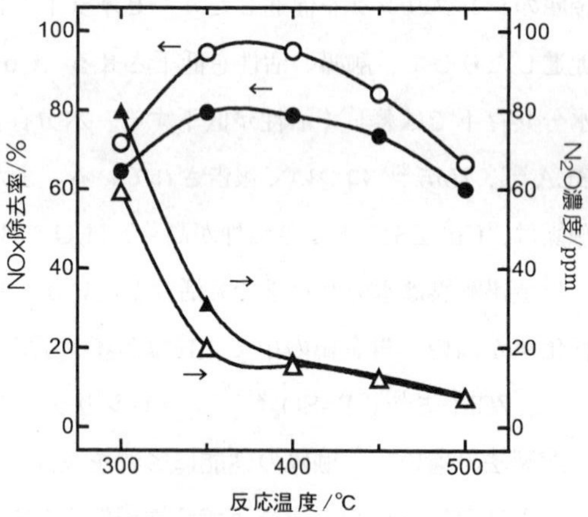

図4　複合触媒を用いたエタノールによる脱硝
$Ag/Al_2O_3+CuSO_4/TiO_2+Pt/TiO_2$(○，△); $Ag/Al_2O_3+Pt/TiO_2$(●，▲) 反応条件：SV 38400/h; NO 1000ppm，C_2H_5OH 1250%，O_2 10%，balance He，$+H_2O$ 10%

が活性が高い。また，Na-Pt-ZSM-5触媒が100℃以下の低温で高活性を示すことが報告されている[37]。一方，PtはCOの強い吸着により活性が低下するが，PdではCOが促進作用をし[38]，Pd/Al_2O_3はH_2＋CO混合還元剤で高性能を示す。この原因は，H_2とCOの両者が存在すると反応中間体のNCO種の生成が促進されるとともに加水分解によりNOx還元の高いNHx種が生成するためと考えられている[39]。Tiを含む架橋粘土にPdを担持した触媒[40]やTiO_2/Al_2O_3にPdを担持した触媒[41]も，H_2＋COによるNOxの選択還元に140℃という低温でも高活性を示す。

2.2　ダイオキシン処理

2.2.1　はじめに

都市ゴミや産業廃棄物の焼却炉からのDXNsの排出を抑制するには，先ず燃焼温度，滞留時間，CO濃度を管理して完全燃焼を図り，その生成を抑制する。さらに排ガスを急冷してデノボ合成の起こりやすい200～600℃の温度域の滞留時間を短くする。また，集じん機を200℃以下の低温で運転してDXNsの再合成を抑制するとともに，粒子上に付着するDXNsを増し，ばいじんと一緒に除去する割合を高める。ガス状のDXNsは，粉末活性炭の吹き込みや活性炭吸着塔を使用して吸着除去したり，触媒を使用して分解除去する。後処理が必要な吸着法と異なり，触媒分解法は後処理の必要がない。ここでは，触媒による排ガス中のDXNsの分解法について解説する。

2.2.2　DXNsの触媒分解

有効な触媒成分としては種々のものが提案されているが，中でも貴金属系，及び脱硝触媒と同様のV_2O_5/TiO_2系（WO_3，MoO_3を含む場合もある）が特に高活性とされている。矢嶋らは，V_2O_5/TiO_2が170～250℃の範囲で温度によらず90％以上のDXNs分解率を示すのに対し，$Pt/Pd/Al_2O_3$は低温で分解率が低下し塩素数の少ないPCDFsはかえって増加することを報告している[42]。また徳倉らは，貴金属触媒に含まれる炭素がDXNsの合成に寄与することを確認している[43]。これらの性能面から，V_2O_5/TiO_2系触媒が実用に供されている[44]。以下では，主にV_2O_5/TiO_2系触媒について記す。

SVの低いところではDXNs分解率は温度にあまり依存しないが，高SV下では温度が高い方が分解率は高くなる[42]。また，V_2O_5-WO_3/TiO_2ハニカム触媒で，触媒の外表面積当りの排ガス流量，すなわち面積速度（AV：$m^3_N/(hr \cdot m^2)$）が小さくなるほどDXNsの分解率ζが高くなり，AVの逆数と$-\ln(1-\zeta)$との間には直線関係が認められており，分解がDXNs濃度に関して一次反応とみなすことができる[45]。

バグフィルタの低温化が進んでいるため，再加熱せずにDXNs分解触媒を使用するためには，よりいっそうの低温活性が要求される。大きな内部表面積を持った活性の高いV_2O_5/TiO_2系押出成形触媒を側流反応器に充填して使用する例では，150℃で99.5％という高いDXNs分解率が報告されている[46]。また，金属酸化物担体上に選択的かつ連続的に貴金属を沈殿させる方法で調製したAu/Fe_2O_3-Pt/SnO_2-Ir/La_2O_3触媒は，150℃でもDXNsの分解に高活性を示す[47]，という。

NOxの除去も同時に行う場合はNH_3を添加するが，NH_3/NOxのモル比が1.0より小さい範囲ではNH_3の影響はあまりない。しかし，モル比1.0ではDXNs分解率が低下し，特に低温での低下が大きい[44]。またNH_3を添加した場合には，排ガス中のSO_3とアンモニアが反応して酸性硫安を生成し触媒細孔を閉塞するため性能が徐々に低下する[44, 48, 49]。触媒表面への酸性硫安の析出による性能低下を防ぐためには200℃程度以上で運転する必要がある。また，NH_3-SCR法の場合と同様に，SO_2酸化力の強いV_2O_5を減らしてWO_3を添加することにより酸性硫安の生成を防ぐことも行われている。さらに，触媒の細孔容積を増して耐久性を高める試みもなされている[50]。触媒性能の向上にはさらに，Cr，Ta，Nb，Zr等の酸化物をV_2O_5，WO_3等と固溶化させることによる触媒の活性点の増大並びに担体への高分散化，TiO_2担体にSiO_2等を添加し複合酸化物化することによる担体の酸強度及び酸量の適正化，等の工夫がなされている[51]。

DXNsの塩素化数によって触媒の分解性能が異なるかどうかという問題について，矢嶋らは，V_2O_5/TiO_2系触媒を用いた実ガスによる試験で，4CDDs～8CDDs，4CDFs～8CDFsの分解率が塩素化数によらずに，いずれも高いことを示した[42]。一方，稲葉らはV_2O_5-WO_3/TiO_2系触媒で塩素化数の多いものほど分解率が高いこと，その差は空間速度が大きいほど大きくなることを報告している[52]。触媒活性が非常に高かったり，空間速度が小さい場合には塩素化数の違いによる分解率の差は目立たないが，厳しい条件下では差が出るものと考えられる。

DXNsの分解反応機構について，一般に脱塩素＞酸素架橋の切断＞ベンゼン核の分解の順に反応が進行すると言われていたが[53]，稲葉らは反応場対応型FTIRを用いて指標物質の*o*-クロロフェノールのV_2O_5-WO_3/TiO_2系触媒上での分解反応機構を解析し，脱塩素反応に伴うフェノールの生成および含酸素基脱離に伴うモノクロロベンゼンの生成がないこと，酸素付加によるベンゼン環の開裂およびCO_2の発生を確認した。これから，DXNsの酸化分解反応も同様に，酸素付加によるベンゼン環の開裂からはじまる酸化分解反応が主であり，脱塩素や酸素架橋の切断は生じていない可能性が高いと推察している[54]。

触媒形状の工夫としては，脱硝・DXNs分解触媒をバグフィルタに担持した形のものが開発されている[55, 56]。この場合，ばいじん，NOx，DXNsの除去はもちろん，バグフィルタの前で消石灰を吹き込むことによりHCl，SOxの同時除去も可能になる。触媒バグフィルタ上ではガス状のDXNsが分解されるばかりでなく，捕集灰中のDXNs濃度も，触媒のない場合より低減することが報告されている[56]。触媒バグフィルタについては更に，触媒粒子の脱落を防いだり強度などを増すためにフィルタ繊維を工夫したり[57]，セラミックファイバーを基材とした集じんフィルタに触媒成分を担持したり[58]，チタニアとバナジウムから成る酸化物繊維が開発されている[59]。

単に排ガスを触媒に通すプロセス以外に，過酸化水素を吹き込んでから80～120℃の触媒反応槽でDXNsを分解するプロセスも開発されている。湿式洗煙装置を通した後の排ガスを処理する大型プラントがドイツ国内で稼働中であるが，日本の焼却炉へ適用する場合は乾式排ガス処理系への対応が必要である[60]。

文　　献

(廃棄物学会研究発表会講演論文集を廃棄物学会，日本機械学会環境工学総合シンポジウム講演論文集を環境シンポと略記)

1）藤堂尚之ほか，公害と対策，**11**，1107 (1975)
2）笠岡成光ほか，燃料協会誌，**56**，834 (1977)
3）G. Busca *et al., Appl. Catal. B*, **18**, 1 (1998)
4）笠岡成光ほか，燃料協会誌，**56**，819 (1977)
5）J. P. Chen *et al., Appl. Catal. A*, **80**, 135 (1992)
6）猪俣誠ほか，触媒，**20**，264 (1978); M. Inomata *et al., J. Catal.*, **62**, 140 (1980)
7）今村憲摂ほか，川崎重工技報，104号，70 (1989)
8）厚川麻須美ほか，三菱重工技報，**17**，547 (1980)
9）橋本貴雄ほか，火力原子力発電，**44**，1115 (1993)
10）山本登，触媒，**21**，386 (1979)
11）魚屋和夫ほか，三菱重工技報，**28**，623 (1991)
12）保田静生ほか，第1回環境シンポ，p.144 (1991)
13）M. Richter *et al., Appl. Catal. B*, **15**, 129 (1998); *Catal. Today*, **54**, 531 (1999)
14）G. Qi *et al., Appl. Catal. B*, **44**, 217 (2003); *J. Catal.*, **217**, 434 (2003); *Appl. Catal. B*, **51**, 93 (2004)
15）河野静夫ほか，日化誌，p.694 (1993)
16）安武昭典ほか，三菱重工技報，**35**，418 (1998)
17）N. Shirahama *et al., Appl. Catal. B*, **52**, 173 (2004)
18）岩本正和，小討論会「窒素酸化物低減のための触媒技術」予稿集，p.17 (1990)
19）W. Held *et al., SAE Paper* No.90496 (1990)
20）T. Miyadera *et al., Chem. Lett.*, 1483 (1993)
21）J. N. Armor *et al., Appl. Catal. B*, **4**, L11 (1994)
22）T. Tabata *et al., Catal. Today* **27**, 91 (1996)
23）A. E. Palomares *et al., Ind. Eng. Chem. Res.*, **42**, 1538 (2003)
24）X. Feng *et al., Catal. Lett.*, **41**, 45 (1996); *J. Catal.*, **166**, 368 (1997)
25）A. Takami *et al., Catal. Today*, **35**, 75 (1997)

26) 堀内真ほか, 触媒, **40**, 98 (1998)
27) 野島繁ほか, 触媒, **40**, 372 (1998); **41**, 102 (1999); 日化誌, p.655 (1999); p.179 (2000); p.27 (2001)
28) M. Haneda *et al., Appl. Catal. B*, **31**, 251 (2001); **42**, 57 (2003)
29) K. Shimizu *et al., Appl. Catal. B*, **25**, 239 (2000); **30**, 151 (2001)
30) S. Kameoka *et. al., Phys. Chem. Chem. Phys.*, **2**, 367 (2000)
31) T. Miyadera, *Appl. Catal. B*, **2**, 199 (1993)
32) Y. Ukisu *et. al., Catal. Lett.*, **39**, 265 (1996)
33) S. Sumiya, *et. al., Catal. Lett.*, **50**, 87 (1998)
34) T. Miyadera, *Appl. Catal. B*, **16**, 155 (1998)
35) 角屋聡ほか, 日本エネルギー学会誌, **77**, 323 (1998)
36) T. Yoshinari *et al., Appl. Catal. B*, **41**, 157 (2003)
37) M. Machida *et al., Appl. Catal. B*, **52**, 281 (2004)
38) N. Macleod *et al., Appl. Catal. B*, **35**, 269 (2002)
39) N. Macleod *et al., Appl. Catal. B*, **46**, 483 (2003)
40) G. Qi *et al., Appl. Catal. A*, **259**, 261 (2004)
41) N. Macleod *et al., J. Catal.*, **221**, 20 (2004)
42) 矢嶋史朗ほか, 第6回環境シンポ, p.117 (1996)
43) 徳倉勝浩ほか, 廃棄物学会論文誌, **16**, 28 (2005)
44) 小林基伸, ペトロテック, **21**, 914 (1998)
45) 岡田俊治ほか, 第4回環境シンポ, p.96 (1994)
46) P. Andersson *et al., Organohal. Comp.*, **36**, 109 (1998)
47) M. Okumura, *et al., Appl. Catal. B*, **41**, 43 (2003)
48) 河端博昭ほか, 第8回廃棄物学会, p.572 (1997)
49) 魚屋和夫ほか, 三菱重工技報, **34**, 174 (1997)
50) 稲葉利晴ほか, 第13回廃棄物学会, p.681 (2002)
51) 魚屋和夫ほか, 三菱重工技報, **36**, 134 (1999)
52) 稲葉利晴ほか, 第7回廃棄物学会, p.559 (1996)
53) 平野義直, 産業機械, **11**, p.56 (1998)
54) 稲葉利晴ほか, 第8回廃棄物学会, p.558 (1997)
55) 小林和樹ほか, 第7回環境シンポ, p.145 (1997)
56) 魚屋和夫ほか, 第8回廃棄物学会, p.578 (1997)
57) 最上義昭ほか, 第11回廃棄物学会, p.784 (2000)
58) 野口嘉一ほか, 第13回廃棄物学会, p.657 (2002)
59) 沖泰行ほか, 第13回廃棄物学会, p.672 (2002)
60) 志村一美, 環境管理, **37**, 135 (2001)

3　移動発生源対策

小渕　存*

3.1　はじめに　―自動車排ガス規制と対策技術の経緯―

自動車からの大気汚染物質の放出経路としては，燃料タンクからの蒸発，エンジンクランクケースからのガスの漏出，エンジン排ガスの3つがあるが，触媒技術が使われているのは主に排ガス対策技術である。自動車排ガスを浄化するための触媒は，日本で最も早く1974年に実用化した。そのきっかけとなったのは，自動車排ガス中の有害成分であるCOと炭化水素（HC）をこれまでの1/5，窒素酸化物（NOx）を1/10に低減することを盛り込んだ大気清浄法（いわゆるマスキー法）がその翌年，米国で実施される見通しだったからある。ただし自動車メーカーが技術的な対応が難しいことを理由に難色を示した結果，実際に米国で規制が実施されたのは1981年になってからである。米国の規制を先取りした形で日本では1975年と1978年にガソリン車に対する排ガス規制が大幅に強化され（乗用車に対して，10モードでCO：2.1g/km，HC：0.25g/km，NOx：0.25g/km），これに対応するため自動車各メーカーは，NOxも十分低減できる三元触媒方式と呼ばれる排ガス浄化システムをいち早く完成させた。一方，ヨーロッパで本格的に自動車触媒技術が導入されたのは1993年からであり，日米に比べて15年以上も遅れている。

この規制にもかかわらず自動車の増加と集中化により大都市部での大気中NO_2濃度があまり低減されず，環境基準達成率が低い状態が続いたため，2000～2002年にかけてガソリン車規制は22年ぶりに約1/3レベルへと大幅強化された（1.7t以下のガソリン車に対して10・15モードでCO：0.67g/km，HC：0.08g/km，NOx：0.08g/km）[1)]。一方，排ガス規制の強化とともに，地球環境問題意識の高まりによって自動車の燃費改善に対する要請も強まっている。このため，燃費の優れた希薄燃焼（リーンバーン）や直噴ガソリン車の実用化が進められてきた。排ガス規制の強化と燃費の改善を両立させるためのネックとなったのが，酸素が残存する排ガス中でもNOxを除去できる新しい浄化触媒技術の開発であり，1990年頃から選択還元方式やNOx吸蔵還元方式と呼ばれる新たな技術開発が行われ，特に後者の技術が普及しつつある。

ガソリン車に比べてディーゼル車に対する規制は当初かなり緩かったが，1989年に長期的な指針が策定され，2段階の規制強化を経て1999年までに排ガス規制値レベルはそれ以前に比べておおむね1/3レベルまで強化された。排出成分の中でNOxと粒子状物質（PM）の低減が技術的に難しかった。酸化触媒コンバータが一部で導入されたが，主に高圧・高度制御燃料噴射技術を初めとするエンジンサイドの技術開発によってこの規制強化が達成された。しかし，その直後

---

* Akira Obuchi　㈱産業技術総合研究所　環境管理技術研究部門　浄化触媒研究グループ　グループ長

の大気汚染公害裁判でディーゼル車排ガスが健康被害の一因であるとの判断がなされたことなどを背景として，ディーゼル排ガス規制は短期間のうちに一層強化された。排出割合が最も大きい車両総重量3.5t以上の重量車についてみると，2005年の排出規制値（新長期規制）は，JE05モードと呼ばれる新しい試験走行パターンの下でNOxが2.0g/kWh，PMが0.027g/kWhであり，1999年の規制と比べNOxで56％，PMで89％も低減したことになる。この達成に向けては，ガソリン車で成功を収めたNOx吸蔵還元方式や，粒子状物質を90％以上除去できるフィルタートラップ方式（DPF）などの技術開発が行われた。さらに，世界的な規制強化の情勢を受けて，2009年には，同じく重量車でNOxが0.7g/kWh，PMが0.01g/kWhというきわめて厳しい規制値が導入される見込みである。このため，NOx，PM対策を中心とする技術開発は現在も精力的に続けられている。

次項以降では，このような自動車排ガス浄化のための触媒開発の経緯の中で主要な実用技術について解説する。より詳しいこれまでの研究開発内容については参考図書を参照されたい[2)]。

3.2　酸化触媒

酸化触媒は，Pt，Pd，Rhなど酸化反応を促進する貴金属触媒を担持してCOやHCなどの還元性物質をCO_2とH_2Oに完全酸化して無害化することを目的とするものである。最近では特に，リーンバーンガソリン車やディーゼル排ガス中のCO，HCを減らすために利用されている。

酸化触媒に限らず排ガス中のガス状有害成分を処理する触媒は，図1に示すように，1平方インチ当たり300～1,000個の貫通流路をもつハニカム状の構造支持体表面に厚さ数十ミクロンの触媒層としてコーティングしたものを排気管途中に装着して使用する。構造支持体としては，熱膨張係数が低く急激な温度変化に対しても損傷を受けにくいコージェライト（$2MgO \cdot 2Al_2O_3 \cdot$

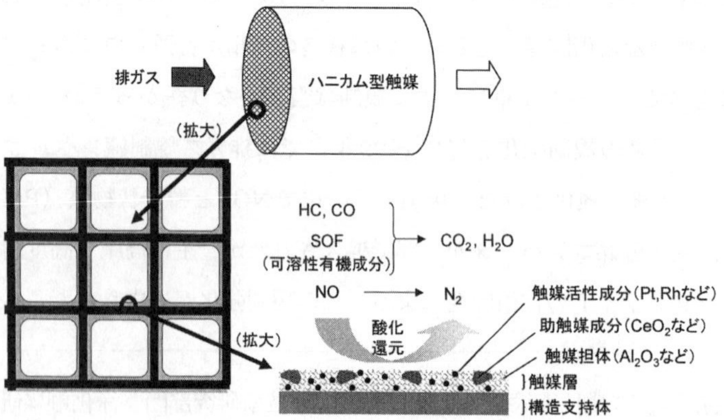

図1　自動車排ガス用ハニカム型触媒の構成

$5SiO_2$）と呼ばれるセラミックや，耐酸化性に優れる厚さ0.02～0.2mmのステンレス箔製のものが使われている。触媒層は，触媒担体とその上に1～10nmの微粒子として高分散に担持された白金族金属などの触媒活性成分，活性成分の作用をより効果的に発揮させるための助触媒成分などからなる。このような構造の酸化触媒の代表的な製法としては，まず，高い比表面積（単位重量当りの表面積）を持ち耐熱性にも優れたγ-アルミナなどの触媒担体成分を，その微粒子を分散させた懸濁水（スラリーと呼ばれる）に構造支持体を浸してコーティングし，空気中で乾燥，加熱して固定させる。この工程をウォッシュコーティングと呼ぶ。次いで，触媒活性成分となる金属元素を含む試薬の水溶液をコーティング層にしみ込ませ（含浸），スラリーを固定したときと同様に乾燥，加熱して試薬を分解し（焼成），触媒活性成分を金属あるいは金属酸化物の微粒子として担持する。このとき，試薬の分解を容易にしたり活性成分を金属にまで還元したりするため，H_2雰囲気中での加熱処理を加えることもある。

3.3　三元触媒方式

三元とは，3つの有害成分，CO，HC，NOxを同時に低減するという意味である。ジルコニア型などの酸素センサーを用いて排ガスをモニターし，その出力を気化器にフィードバックすることによりガソリンエンジンの燃焼条件を常に化学量論比に近いところに保つ。この状態では，還元性ガスのCOやHCなどと酸化性ガスのNOやO_2などがほぼ等量存在する。そして酸化還元活性に優れたPtなどの触媒で排ガスを処理することにより，これらを互いに反応させ，結果的に無害なCO_2，H_2O，N_2へと転化する（図2）[3]。Ptの他，Pd，Rhもこの触媒反応に対して優れた性能を示す。特にRhはNOの還元に不可欠な成分であり，Pt：Rh＝5：1あるいはPdとRhの2成分，もしくはPt，Pd，Rhの3成分触媒が使われることが多い。

担体には，酸化触媒で使われるγ-Al_2O_3に加えてその約10wt％の割合でセリア（CeO_2）も含まれている。CeO_2は酸素の一部を放出したり吸収したりする性質を有する。このため，エンジン運転条件の変化により燃料と空気の化学量論比が1（空燃比で14.7）からはずれた場合でも，触媒付近の酸化還元物質の割合を当量付近に保つことにより，三元性能を向上する作用を発揮する。担体成分としてはさらに，γ-Al_2O_3やCeO_2の安定性や性能向上のためにZr，Ba，Laの酸化物も助触媒成分として使われている。

O_2センサー，燃料噴射器などと組み合わせたシステムの概略を図3に示す[4]。三元触媒方式はシステムとなって初めて機能するものであり，マイコンを組み込んだ電子制御ユニット（ECU）の使用により著しく高性能化した。

システムとしては完成された観のある三元触媒方式ではあるが，要求水準が極めて高い最新の排ガス基準をクリアするため，一層の改良が続けられている。その一つとして，エンジン始動直

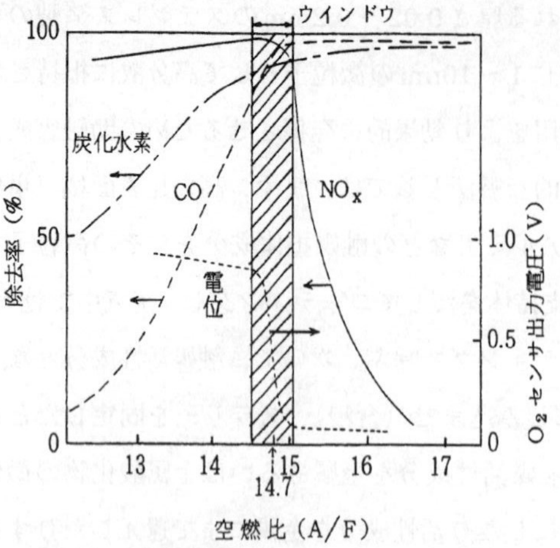

図2　三元触媒方式におけるエンジン燃焼条件（空気-燃料比）と各排出成分除去率の関係[3)]

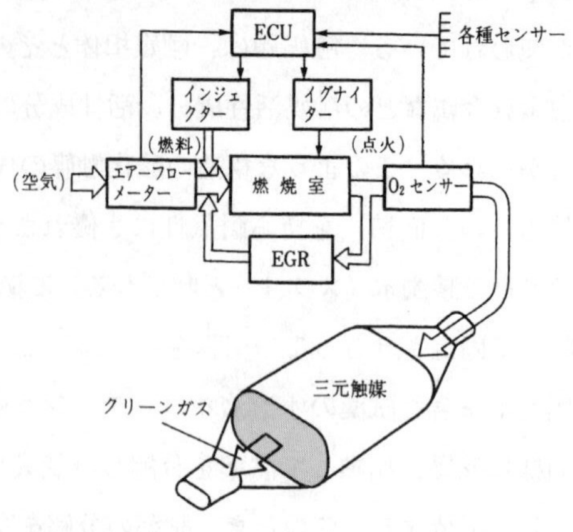

図3　自動車排ガス用ハニカム型触媒の構成[4)]

後のHC排出を抑えるため，ゼオライトなどのHC吸着剤と触媒とを効果的に組み合わせる工夫がなされている。ゼオライト吸着剤を下層に，三元触媒を上層に配置した二層構造のウォッシュコート層（図4，II）をもつコンバータ[5)]や，触媒コンバータの上流側にHC吸着トラップを配置した多段システムなどが各社で開発されている。また，同じくエンジン始動直後の排気浄化性能を向上させるため，1平方インチ当たり1,200セルという極めて高い幾何表面積を有し，さらにその壁厚を極限まで薄くして熱容量を小さくした超高セル密度担体を用いた排ガスコンバータも開発されている[6)]。また，従来のアルミナ担持貴金属触媒と異なり，酸化ー還元条件を繰り返しても貴金属微粒子がシンタリングして活性低下することのない，Pdを含むペロブスカイト型複合酸化物触媒も注目される[7)]。なお，これらの改良により貴金属活性成分の使用量が増加していることが課題となっている。

	触媒構造	吸着率（%）	脱離浄化率（%）
I	ゼオライト吸着剤＋TWC	68	15－20
II	ゼオライト吸着剤 TWC	70	20－25
III	TWC ゼオライト吸着剤	73	～10

図4　二層構造の触媒ウォッシュコート層[5)]

3.4　NOx選択還元方式

燃費に優れた直噴エンジンなどのリーンバーンエンジンやディーゼルエンジンでは，排ガス中にまだ多くの酸素が残っているため還元物質と酸化性物質のバランスがとれず，三元触媒方式を用いることができない。このため，1980年半ばよりNOx除去を主な目的とする種々の新しい排ガス処理技術が検討された。研究開発の中で最も注目を集めたのが選択還元方式であり，実用的に最も成功を収めたのがNOx吸蔵還元方式である。

従来，NOx選択還元と言えば，O_2過剰条件でのNH_3によるNOx還元のことを指し（NH_3-SCR），この方式は発電所ボイラーなど固定燃焼機器排ガス中のNOxを除去する方法として1970年代半ばより実用化されている。これに対して1990年頃，NOxを直接N_2とO_2に分解する触媒として注目されていたCu-ゼオライト上で，過剰のO_2（数%）とともに少量のエチレンやプロパンなど炭化水素が共存する条件でNOがN_2に還元することが見出された[8~10]（図5）。この効果は，炭化水素がO_2とではなくNOと優先的に反応して還元反応を起こすことによるものであることから，NH_3-SCRになぞらえて，炭化水素によるNOx選択還元反応（HC-SCR）と呼ばれる。その後の研究により，還元剤としては炭化水素だけでなく，アルコールやエーテル類などの含酸素有機化合物も使えること，触媒としてもCu-ゼオライトだけでなく，遷移金属を含まないプロトン型や種々の金属担持ゼオライト，アルミナ及び金属担持アルミナ，その他の金属酸化物触媒などが，還元剤との組み合わせによっては比較的優れた性能を発揮することが明らかになった。おびただしい数の研究開発が行われた中で，マツダは，Pt-Ir-Rhを活性成分としZSM-5を主たる担体とする触媒を開発し，リーンバーンガソリン車に対して，このタイプのNOx還元触媒として初めて実用化した[11]。三菱自動車も，主成分としてIrを使用した触媒を用いたコンバータを，リーンバーンエンジンの一種である直噴ガソリンエンジンで実用化した[12]。しかし，HC-SCR方式は，高温になると還元剤とO_2との副反応の割合が大きくなってNOx除去効率が低下するという欠点があるため，強化された最新の排ガス規制には対応できていない。しかし，還元剤として燃料そのものを使え，排ガス条件もO_2が過剰な希薄（リーン）雰囲気のままで使用できることから，排ガス処理システムを簡便化できる可能性を有する技術であり，性能向上への期待は依然として大きい。

一方，従来型のNH_3-SCR方式が再び脚光を浴びている。その第一の理由はNH_3による選択還元の効率が優れているからである。とは言ってもNH_3そのものではなく，自動車への搭載においてより安全な尿素水（濃度約30%）を利用することが考えられている。

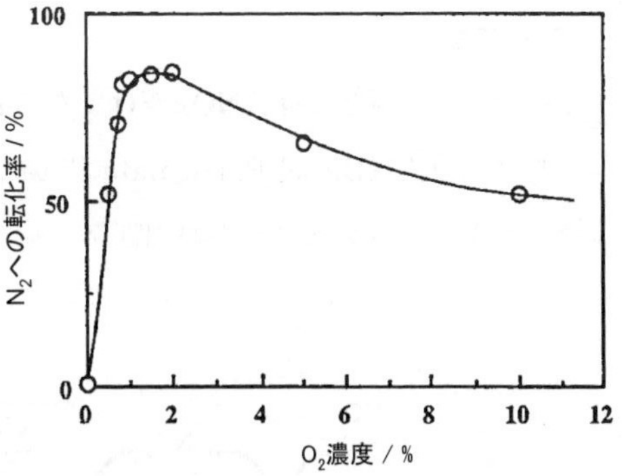

図5　自動車排ガス用ハニカム型触媒の構成[10]
触　　媒：Cu担持ゼオライト（Cu-ZSM-5）
反応条件：NO＝1,000ppm，
C_3H_6＝1,000ppm，573K
空間速度：0.3g·s/cm^{-3}

尿素は，高温排ガス中で熱あるいは適当な酸触媒の働きにより以下のように加水分解してNH_3を供給できる。

$$(NH_2)_2CO + H_2O \rightarrow 2NH_3 + CO_2$$

この方式では尿素水供給のためのインフラ整備，NH_3やシアヌル酸など二次生成物のリークを抑えることなどの課題がある。

3.5　NOx吸蔵還元方式

本方式はトヨタ自動車が中心となって開発した技術である[13)]。Pt系触媒とともにBaOやK_2Oなどの塩基性酸化物を使用すると，酸化雰囲気条件でNOがNO_2に酸化された後，塩基性物質に硝酸塩として吸収される。ついで雰囲気が変化し還元条件になると，生成した硝酸塩は分解してNOが放出され，これはさらに共存する還元物質とPt上で反応して，最終的にN_2になる（図6）。すなわち，反応条件が酸化－還元雰囲気と繰り返し変動した場合にNOxを捕捉，還元することができる。本触媒とエンジン燃焼の電子制御による雰囲気変動を組み合わせたシステムを構築することにより，リーンバーンガソリン車排ガス中NOxの処理技術として実現した。この方式の弱点として，排ガス中にSO_2が共存すると塩基性物質が硫酸塩となってNO_2吸収－放出能を失ってしまうことがある。600℃以上に加熱するとこの硫酸塩を分解して再び酸化物等の塩基性物質に戻し，NOx吸蔵能を回復することができるが，この操作を行うと燃費が悪化し，リーンバーンエンジンのせっかくの燃料経済性をかなり損なってしまう。このため，ガソリン，軽油ともS分濃度規制値を従来の50ppmから10ppmにまで低下させることが決まっており，すでにこのレベルの低S燃料が供給されている。

3.6　DPF方式

ディーゼル車に対しては，NOxだけでなくPMの大幅低減が求められており，その代表的技術がフィルター方式（Diesel Particulate Filter, DPF）である。原理的には単純で，セラミックスや金属ワイヤーメッシュなどの耐熱性フィルターでPMを捕捉するものである。当然のことなが

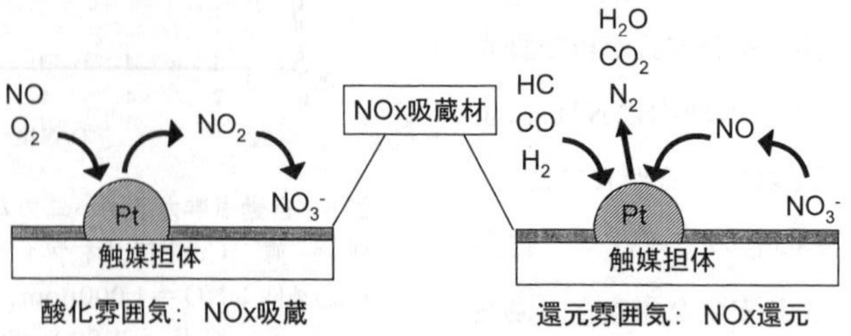

図6　NOx吸蔵還元型触媒の作用機構

ら，捕集したPMを燃焼除去させるなどして，フィルターとしての機能を維持しなければならない。このプロセスをフィルター再生と呼んでいる。触媒を用いない場合，フィルターを数分以内で再生するには，フィルターごと600℃以上の温度にする必要がある。しかし，大量の排ガスをこのような高温にまで上昇させると燃費が大幅に悪化してしまう。図7は，Johnson Matthey社が開発した2段式の連続再生型トラップ（CRT，Continuous Regeneration Trap）の模式図で，ウォールフロー型DPF（後段）の上流にPtを担持した素通し型ハニカムが設置されている[14]。前段のPt触媒で排ガス中に共存するNOがNO_2へと酸化され，これが強力な酸化剤となって300℃程度の低温でも後段のDPFに捕集されたPMが酸化除去される。反応温度が比較的低いため，補助的な加熱手段なしでも，排ガス温度下で少しずつではあるが継続的にPM酸化除去が起こる。DPFに直接Ptを担持したPM除去システムも実用化されている。一方，トヨタ自動車は，図8に示すように，ガソリン車で実用化したNOx吸蔵還元触媒とDPFと高度な電子燃料噴射制

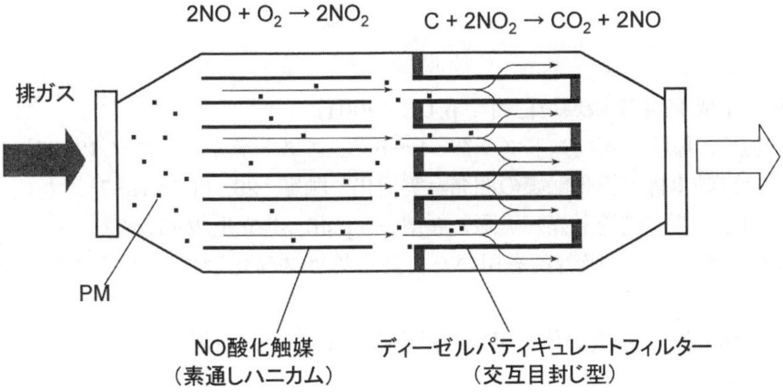

図7　連続再生型トラップの模式図

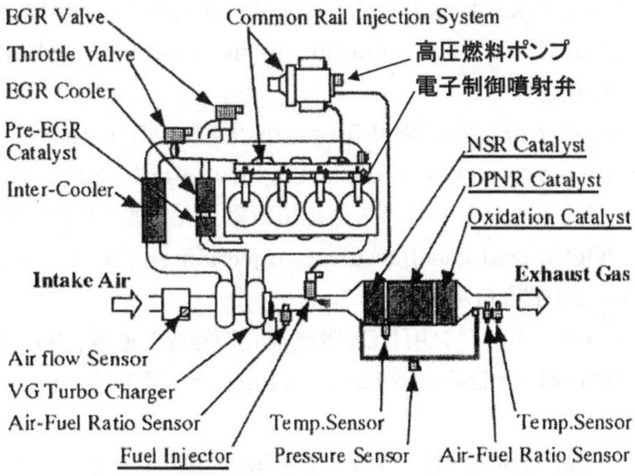

図8　NOxとPMを同時除去するDPNR方式[15]

御を組み合わせた，NOxとPMの同時除去が可能なDPNR方式（Diesel Particulate-NOx Reduction System）と呼ぶディーゼル車排ガス浄化システムを実用化している[15]。

3.7 おわりに

日本のみならず世界的に見ても，自動車の需要増加と大気環境の改善という相反する社会的要請から，自動車排ガス規制は年々強化されている。最終的には，未だ相対的に緩いディーゼル車の規制値がガソリン車と同レベルに収束していくことが考えられる。これに対応できるようディーゼル車におけるエンジン，燃焼制御，排ガス技術を含めた総合的なエンジンー排ガス制御システムの開発が続けられており，その中で排気浄化のための触媒は重要な要素技術となっている。

文　献

1）環境省編 “平成13年度版環境白書”, p.161 (2001)
2）岩本正和監修, 環境触媒ハンドブック, 4～6章, エヌ・ティー・エス (2001)
3）田口道一 “自動車排気浄化触媒の開発と実用化” 触媒, **29**, 607 (1987)
4）日本表面科学会編 “環境触媒ー実際と展望ー” p.40, 共立出版 (1997)
5）山本伸司 “ゼオライト吸着剤を用いた自動車排ガス浄化触媒” ペトロテック, **26**, 119 (2003)
6）菊地伸一 “超高セル密度担体を用いた極超低エミッション技術” 第30回環境触媒フォーラム講演会資料 p.11 (2003)
7）Y. Nishihata *et al*. “Self-regenaration of a Pd-perovskite catalyst for automotive emissions control,” *Nature,* **418**, 164 (2002)
8）田村孝章 “廃煙中の窒素酸化物除去方法” 特開平2-149317 (1990)
9）W. Held *et al*., “Catalytic NOx reduction in net oxidizing exhaust gas” SAE Paper Series, 900496 (1990)
10）S. Sato, M. Iwamoto *et al*., “Cu-ZSM-5 zeolites as highly active catalyst for removal of nitrogen monoxide from emission of diesel engines,” *Appl. Catal*., **70**, L1 (1991)
11）小松一也 “リーンバーンエンジン排ガス浄化用新型三元触媒” 触媒, **39**, 216 (1997)
12）K. Noma *et al*., “Optimized gasoline direct injection engine for the european market,” SAE Paper Series, 980150 (1998)
13）松本伸一 “リーンバーンエンジン用NOx吸蔵還元型触媒” 触媒, **39**, 210 (1997)
14）P. N. Hawker, “Diesel emission control technology,” Platinum Metals Review, **39**, 2 (1995)
15）正司章他, “NOx, PMの同時浄化システムの商用車用ディーゼルエンジンへの適用”, 自動車技術会学術講演会前刷集, No.88-03, 20035567 (2003)

4　室内環境

桜井宏昭[＊1]，坪田　年[＊2]

4.1　室内空気環境と基準濃度

4.1.1　室内空気環境と汚染物質の分類

住宅など人間が多くの時間を過ごす建築物の気密化が進むにつれ，室内の空気環境が問題になることが多くなった。本節では，特定の職業によらず，一般の人が滞在する建築物の室内からガス状汚染物質等を除去し室内空気質（Indoor Air Quality）を高めるために必要な触媒技術のうち，主に光やプラズマを用いない熱触媒（常温またはヒーター等の加熱下で使用）について述べる。本節で対象とする場所と，ガス状汚染物質による主要な問題について，表1に示す。

ガス状室内汚染物質を種類ごとに大別すると以下のようになる。

①　燃焼ガス（暖房，調理器具）：燃料の燃焼により水蒸気（H_2O），二酸化炭素（CO_2），一酸化炭素（CO），窒素酸化物（NOx）等が発生する。他の汚染源に比べ，発生速度が非常に速く，不完全燃焼時にはCOによる中毒の危険も生ずる。

表1　室内空気環境における場所と問題

場所の種類	ガス状汚染物質による問題
居室	シックハウス症候群，臭気，タバコ煙
事務室	シックハウス症候群，臭気，タバコ煙
会議室	シックハウス症候群，臭気，タバコ煙
ホテル客室	シックハウス症候群，臭気，タバコ煙
教室	シックハウス症候群，臭気
病室	シックハウス症候群，臭気
自動車室内	シックハウス症候群，臭気，タバコ煙
喫煙室	タバコ煙
燃焼暖房器具	不完全燃焼
電気コタツ	体臭
厨房，台所	不完全燃焼，調理臭気，ゴミ臭気
飲食店	調理臭気
ゴミ置場	ゴミ臭気
トイレ	トイレ臭気
浴室，洗面所	カビ臭気
冷蔵庫	食品臭気，鮮度低下（エチレン）

＊1　Hiroaki Sakurai　㈱産業技術総合研究所　環境化学技術研究部門　生活環境技術連携研究体　主任研究員

＊2　Susumu Tsubota　㈱産業技術総合研究所　環境化学技術研究部門　酸化触媒グループ　グループ長

② タバコ煙ガス：タバコ煙は粒子相とガス相から成る。タバコ主流煙はCO_2を13％，COを4％含み，その他数千種の化学成分の中には発ガン性物質も多い[1,2]。日本人の平均余命に与える環境リスクの観点からは最も危険と指摘されている[3]。

③ 悪臭物質：調理，ゴミ，トイレ等から発生する。他の汚染物質が人体への健康影響の観点から規制されるのに対し，悪臭物質は不快感が主要な問題となる。

④ 揮発性有機化合物（VOC）：VOCのうちホルムアルデヒド等いくつかの物質について，シックハウス症候群との関連が問題となっている。建材や家具等からは常時発生し，ppb～ppmレベルで問題を起こす可能性がある。

⑤ その他：コピー機等の内部では放電によりオゾンが発生するので，除去触媒が用いられる。

4.1.2 基準濃度

室内空気環境に関するガス状汚染物質に対し，国内外で種々の観点から基準濃度が定められている。ここでは，代表的な3つの国内基準濃度を取り上げ，表2に比較して示した。ここでは基準濃度が高い物質から低い物質の順に上から配列して整理してみた。これは，法令によらず，どのような物質をどのレベルまで下げれば人間にとって快適な室内空間が得られるのかを概観するためと，目標濃度レベルによって処理方式や触媒への負担が変わってくる可能性があるためである。しかしながら，同時に各法令などの基準値の意義や適用範囲を正しく知ることも重要である。

① 事務所衛生基準規則等

労働安全衛生法の事務所衛生基準規則[4]による基準値（エアコン等の空気吹出口での値）を表に示した。ビル管法でも同じ基準値が設けられている[5]。喫煙所においてもCO濃度は10ppm以下であることとされている[1]。

② 悪臭防止法施行規則[6,7]

事業所から外気に排出される特定悪臭物質（22物質）に対しては，表の規制基準値の範囲が定められている。本来は外気に関する基準であるが臭気強度を基にしているため，室内空気環境の管理においても目安となる。

③ 化学物質の室内濃度指針値[8]

厚生労働省の検討会がこれまでに13物質に関して指針値を策定している。多くの場合，現状の研究では指針値が策定された物質と体調不良（シックハウス症候群）との間に明確な対応関係は証明されていない。値の意味は「現状において入手可能な科学的知見に基づき，人がその化学物質の示された濃度以下の暴露を一生涯受けたとしても，健康への有害な影響を受けないであろうとの判断により設定された値」とされている。

表2　室内環境に関連する濃度基準値

化学物質	化学式	室内発生源	環境基準値（ppm）		
			厚生労働省	環境省	厚生労働省
			事務所衛生基準規則	悪臭防止法施行規則[b]	室内濃度指針値
水蒸気	H_2O	燃焼	13000～22000[a]		
二酸化炭素	CO_2	燃焼，呼気	1000		
一酸化炭素	CO	燃焼，タバコ煙	10		
酢酸エチル	$CH_3COOC_2H_5$	溶剤		3-20	
メチルイソブチルケトン	$CH_3COCH_2CH(CH_3)_2$	溶剤		1-6	
アンモニア	NH_3	し尿，生ゴミ，タバコ		1-5	
イソブタノール	$(CH_3)_2CHCH_2OH$	塗料，タバコ煙		0.9-20	
エチルベンゼン	$C_6H_5C_2H_5$	接着剤（合板，内装材），塗料			0.88
キシレン	$C_6H_4(CH_3)_2$	接着剤（内装材），塗料，農薬，殺虫剤		1-5	0.20
ホルムアルデヒド	$HCHO$	接着剤（合板，壁紙），塗料，繊維の縮防止加工材，タバコ煙	0.08		0.08
トルエン	$C_6H_5CH_3$	接着剤（内装材），塗料，溶剤，タバコ煙		10-60	0.07
スチレン	$C_6H_5CH{=}CH_2$	塗料，断熱材，畳心材，家具，包装材		0.4-2	0.05
プロピオンアルデヒド	CH_3CH_2CHO	塗料，タバコ煙		0.05-0.5	
パラジクロロベンゼン	$C_6H_4Cl_2$	防虫剤，芳香剤			0.04
テトラデカン	$C_{14}H_{30}$	灯油，溶剤			0.04
アセトアルデヒド	CH_3CHO	接着剤，防腐剤，タバコ煙		0.05-0.5	0.03
プロピオン酸	CH_3CH_2COOH	タバコ煙，汗，体臭		0.03-0.2	
フタル酸ジ-n-ブチル	$C_6H_4(COOC_4H_9)_2$	塗料，可塑剤（顔料，接着剤）			0.02
イソブチルアルデヒド	$(CH_3)_2CHCHO$	塗料，タバコ煙		0.02-0.2	
硫化水素	H_2S	糞尿，生ゴミ，タバコ煙		0.02-0.2	
硫化メチル	CH_3SCH_3	糞尿，生ゴミ		0.01-0.2	
二硫化メチル	CH_3SSCH_3	糞尿		0.009-0.1	
ノルマルブチルアルデヒド	C_3H_7CHO	塗料，タバコ煙		0.009-0.08	
ノルマルバレルアルデヒド	C_4H_9CHO	塗料，タバコ煙		0.009-0.05	
フタル酸ジ-2-エチルヘキシル	$C_{24}H_{38}O_4$	接着剤，塗料，可塑剤（壁紙，床材，各種フィルム）			0.0076
トリメチルアミン	$(CH_3)_3N$	生ゴミ		0.005-0.07	
フェノブカルブ	$C_{12}H_{17}NO_2$	防蟻剤			0.0038
イソバレルアルデヒド	$(CH_3)_2CHCH_2CHO$	塗料，タバコ煙		0.003-0.01	
メチルメルカプタン	CH_3SH	糞尿，生ゴミ		0.002-0.01	
イソ吉草酸	$(CH_3)_2CHCH_2COOH$	汗，体臭		0.001-0.01	
ノルマル酪酸	C_3H_7COOH	生ゴミ，汗，体臭		0.001-0.006	
ノルマル吉草酸	C_4H_9COOH	糞尿，生ゴミ		0.0009-0.004	
ダイアジノン	$C_{12}H_{21}N_2O_3PS$	殺虫剤，農薬			0.00002
クロルピリホス	$C_9H_{11}Cl_3NO_3PS$	防蟻剤			0.00007（小児0.000007）

a）努力目標として示された相対湿度範囲（30～70％）の濃度換算値（25℃）
b）実際の濃度許容限度は，この範囲内で各都道府県が定める

4.2　室内環境浄化用触媒

4.2.1　触媒が備えるべき性質

触媒を使用することにより，室内汚染物質を空気中の酸素と反応させCO_2とH_2Oにする反応（完全酸化反応）を加速し，低温化できる。触媒温度は用途により異なり，燃焼機器の排気ガス（煙，煤，NOx,，COを含む）の浄化を行う場合には，約200～800℃で，燃焼触媒として良く知られる白金（Pt）やパラジウム（Pd）等の貴金属をハニカム担体等に担持した触媒体を利用することができる。脱臭やVOC除去などを目的とする場合には，より低温で反応を進めることが望ましい。この場合，単純に貴金属触媒を用いるのみでは対応できず，触媒物質あるいはシステムに対し，下記のような活性向上のアプローチがとられている。

①　Pt，Pd触媒と酸化還元の容易な金属酸化物の組み合わせ（Pt/CeO_2-ZrO_2等[9]）

②　Pt，Pd以外の貴金属を用いた触媒（Au/Fe_2O_3[10～12]，Ir/TiO_2[13] 等）

③　マンガン等の酸化物をベースとし複合酸化物化により機能向上（Mn系複合酸化物[14]）

④　貴金属あるいは酸化物触媒を活性炭表面に担持して機能向上（Pd/活性炭，酸化物/活性炭[15]）

⑤　吸着剤で対象物質を捕集し，間欠的に加熱して触媒で分解[16]

⑥　光エネルギーの利用（TiO_2等の光触媒：第5章参照）

⑦　放電を用いたプラズマやオゾンによる触媒の活性化（プラズマ触媒：第6章参照）

非加熱か，わずかな加温で使う場合「常温触媒」と呼ばれることがある。「常温」はJIS（Z8703）では20±15℃と定義されている。常温域で反応物質の濃度が低い場合は，物質が触媒作用と吸着作用のどちらで除去されているかの区別が難しい。物質の除去速度と生成物の生成速度が一致していれば触媒作用，除去のみであれば吸着作用ということになるが，生成物がppm以下のCO_2とH_2Oである場合は，空気中での生成量の測定は同位体の使用等しない限り困難であろう。また，実際に吸着作用と触媒作用の中間的な領域で作用している場合もあり，厳密な区別は難しい。それよりも「触媒」が実際の使用条件において本当に有用に用いうるかどうかを以下の点から検討すべきである。

(A)　目標濃度と除去速度[2]

汚染源より室内に拡散した物質を空気清浄機等により触媒で除去する場合を考える（図1）。換気量Q（m^3/h）の室内で汚染物質がM（mg/h）の速度で発生する時，触媒に風量F（m^3/h）で通気して，除去率η（例えば触媒反応の転化率30％の場合η＝0.3）で定常的に汚染物質を除去するとき，

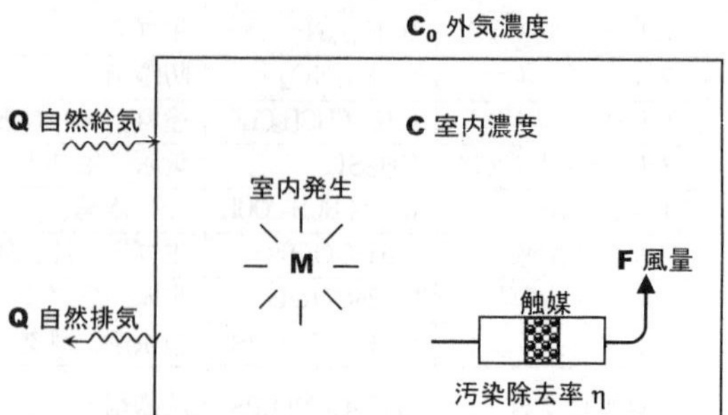

図1　室内における汚染物質の発生と触媒による除去[2]

外気濃度をC_0(mg/m^3）とすると，室内での汚染物質の定常濃度C(mg/m^3）は次式で計算される。

$$C=\frac{QC_0+M}{Q+\eta F}$$

目標とする室内定常濃度を定めれば，必要な汚染物質除去速度ηFが計算できる。上式から明らかなように，$Q \gg \eta F$である場合には触媒は有用であるとは言えない。室内では人間が滞在し活動するだけでもCO_2，粉塵，微生物，体臭など種々の汚染物が発生し，換気は必須である。完全密室の6畳間では1人が2時間事務作業するだけでCO_2基準値の1,000ppmを超えてしまう(発生速度20L/(h・人）から計算)。気密住宅における換気量の目安として，例えば居間では20m^3/(h・人）の導入外気量が必要とされている[17)]。毎分に換算すると0.33m^3/minの風量であるから，風量5m^3/minの空気清浄機では除去反応に6.6％の定常転化率（$\eta=0.066$）があれば，換気と同程度の効果があると言える。

(B) 触媒寿命

製品として必要な触媒寿命は，コストのみでなく使用環境によっても異なる。例えば，業務用空気清浄機等で月1回程度のメンテナンスのある場合には，触媒寿命もこの間隔で交換し，工場再生することができる。家庭用機器の場合は，1～数年の触媒寿命が必要であろう。触媒寿命には目的とする除去物質以外に共存する成分が大きな影響を与え，水蒸気はその一例である。常湿(JISZ8703において相対湿度で65±20％）における水蒸気量を25℃で体積濃度に換算すると14,000～27,000ppmにも相当する。また，室内汚染物質は通常複合成分（例えばタバコ煙中の化学物質は数千種）となっているため，これらの成分の一部が触媒被毒物質として作用することがある。

(C) 選択性

生成物にCO_2以外の部分酸化物が含まれる場合，反応物よりも環境基準値の厳しい物質が含まれることがないかに注意が必要である（生成物選択性)。また，複合臭気において，特定の物質のみが触媒で除去されると臭いの質が変わってより不快になってしまうことがある（反応物選択性)。

4.2.2　触媒の用途と利用形態

室内空気環境に関連し，現在触媒が用いられている例を表3に示す。除去対象物質の種類，濃度，空気容積・流量，共存物質，加熱の可否などの使用条件の違いに応じて，種々の形態で触媒が利用されている。触媒は酸化物系と貴金属系に大まかに分類できる。補助的に吸着剤と組み合わせる，加熱する，光照射して光触媒として使用する，放電によりプラズマ触媒またはオゾン触媒として使用する場合がある。

表3　室内環境対策用に実用化されている触媒（光触媒のみが使われている分野を除く）

分　類	製　品	除去対象	使用触媒[a]		触媒と併用[a]		
			酸化物系	貴金属系	吸着剤	加熱	光・放電
暖房器具	ストーブ（薪，石油）ファンヒーター	煙，煤，一酸化炭素		○		○	
調理器具	ガスコンロ IHクッキングヒーター	油煙，調理臭気		○		○	
エアコン	家庭用エアコン 業務用エアコン ビル空調システム	各種臭気（タバコ臭，ペット臭，生ゴミ臭，調理臭），アルデヒド類	○	○	○		○
空気清浄機 脱臭機	家庭用，業務用，車載用	各種臭気（タバコ臭，ペット臭，生ゴミ臭，調理臭），アルデヒド類，オゾン	○	○	○		○
事務機器	コピー機	オゾン	○		○		
ゴミ処理	家庭用生ゴミ処理機 業務用生ゴミ処理機	生ゴミ臭気（アンモニア，アミン，含硫黄化合物）		○		○	
トイレ	脱臭便座	トイレ臭気（アンモニア，硫化水素，メルカプタン等）	○	○	○		○
繊維	消臭繊維	各種臭気（体臭，タバコ臭，加齢臭，排泄臭）	○				○
冷蔵庫	冷蔵庫	エチレン，食品臭気		○	○	○	○

a）個々の製品に丸印の項目が全て適用されるわけではない

暖房器具や調理器具において，煙，煤，CO，NOx，臭気等を除去するためには，Pt担持ハニカム等が高温下で用いられる[18]。エアコンや空気清浄機では，脱臭とVOC等の除去が主な目的となる。各種触媒フィルターが場合により吸着剤と組み合わせて用いられる[19]。触媒は常温で，場合により光やプラズマなどと用いられる。脱臭機としては，オゾンの強い酸化力を利用した製品も多い。コピー機内部のオゾン除去のためには活性炭，Mn系酸化物触媒の両者が用いられている[20]。生ゴミ処理機からの臭気除去にはPt担持ハニカムを高温で使用するなどしている[21]。トイレの温水洗浄便座では尿臭（N系物質）と糞臭（S系物質）の両者を効率よく除去するため，吸着剤方式，触媒方式，及び両者の組み合わせ方式が使用される[22]。消臭繊維では，光触媒の他に金属フタロシアニン等の錯体触媒を用いたものもある[23]。冷蔵庫内においては，脱臭の他にエチレン（野菜等を鮮度低下させる）の除去が必要である。Pd/活性炭が有効で6℃でも効果を発揮する[15]。冷蔵庫組み込み型としては冷気循環経路に光やプラズマで触媒を活性化して脱臭・エチレン分解を行うものや，吸着剤に臭気を吸着させて霜取りヒーター作動時に触媒で分解する方式もある。

4.3　金ナノ粒子触媒による室内環境浄化

4.3.1　金ナノ粒子触媒とは[10〜12)]

金は通常化学的に不活性であり，過去触媒としても利用されることは少なかった。しかし，大阪工業技術試験所（現産業技術総合研究所）にてFe，Co，Niなどの酸化物に金をナノサイズで担持した触媒がCOを−70℃の低温下でもCO_2に完全酸化することが見いだされて以来[10)]，その特異な触媒特性に注目が集まり，現在でも研究論文数は毎年増加している。金ナノ粒子触媒は，担体酸化物の種類を変えることで各種の反応（完全酸化，選択酸化，NOx還元，水素化等）に活性を示すことが知られ，現在までに室内空気浄化（CO，悪臭物質，アルデヒド），排ガス浄化（NOx還元，ダイオキシン分解），燃料電池（水性ガスシフト，水素中CO選択酸化，電極触媒），化学プロセス（プロピレンオキサイド合成，液相選択酸化）など広い分野への応用が検討されている。本稿では，室内空気環境の分野に限定して，その特徴を紹介する。

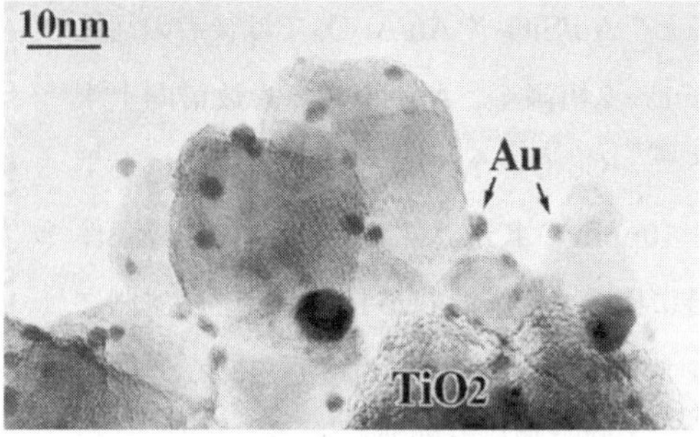

図2　金ナノ粒子触媒の電子顕微鏡写真

金ナノ粒子触媒の電子顕微鏡（TEM）写真を図2に示す。酸化チタン（P25）の表面に，粒径5nm以下の金ナノ粒子が半球状で均一に担持されている様子がわかる。構造的に安定であり触媒調製時の熱処理温度（400℃程度）までは，加熱しても粗大化が起こることはない。

金ナノ粒子触媒の調製法は，代表的なものとして，共沈法，析出沈殿担持法，気相グラフティング法の3つを挙げることができる。

4.3.2　一酸化炭素除去[10〜12)]

触媒を石英管に充填しCOを1％含んだ空気を流通してCO除去テストを行った。温度に対する金ナノ粒子触媒の活性をPd触媒と比較して図3に示す。白金やパラジウム等の貴金属触媒では，100℃以上を要するが，金ナノ粒子触媒では0℃以下でも反応が進行する。このテスト条件では金ナノ粒子触媒の室温での反応速度が測定できないため，室温でのCO除去テストをバッチ式で行った[24)]。金ナノ粒子触媒では，数ppm〜数％まで広い濃度範囲のCOを高速に除去できる。これに対し，Pt触媒の場合にはCO濃度が1,000ppmを超えると，吸着力の強いCOがPt表面に専ら吸着し酸素が共吸着できなくなる（自己被毒現象）ため反応が進行しなくなることが確認された。

実験室における活性評価は，一般にボンベガスを用い乾燥条件下で行われることが多いが，金ナノ粒子触媒は適度な加湿条件で活性が更に向上するのが大きな特徴である。反応ラインから水を除去しきった時（H_2O濃度が1ppm以下）と6,000ppmの水蒸気を加えた時を比較すると，Au/SiO_2やAu/Al_2O_3では後者の活性が1～2桁高く，Au/TiO_2でも数倍向上する[25]。Co_3O_4，NiOなどの酸化物ではわずか10ppmの水分で，1ppm以下の乾燥条件時に比べて反応温度が100℃以上高温側にシフトしてしまうのと対象的である[26]。

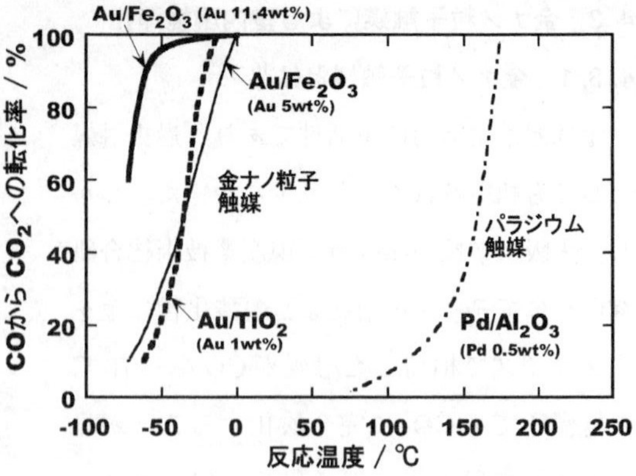

図3　金ナノ粒子触媒によるCO酸化反応[10～12]
反応ガス：CO(1％)＋O_2(20％)＋N_2(balance)
空間速度：SV＝20,000h^{-1}ml/g-catal.

室内空気環境と関連し，CO除去のニーズとしては以下のような例がある。

・家庭用，喫煙室，喫煙車両の空気清浄機
・火災時，災害時のCO用防毒マスク
・CO除去機能付きのタバコフィルター

共存物質による触媒の被毒は課題であるが，室温以下での極めて高い反応速度と広い濃度範囲への適応性を併せ持った触媒は金ナノ粒子触媒以外になく，これをベースとした製品開発が期待される。

4.3.3　悪臭物質除去

トリメチルアミン（魚肉の腐敗臭）をモデル物質として，空気中の悪臭物質の除去テストを行った[27, 28]。生成物は下式に示すCO_2，H_2O，N_2の他に，CO，N_2O，NOxが副生する可能性がある。

$$4(CH_3)_3N + 21\,O_2 \rightarrow 12\,CO_2 + 18H_2O + 2N_2$$

触媒をスクリーニングした中で活性の高かったのは，鉄系酸化物，特にMFe_2O_4（M＝Mg, Cu，Co，Ni，Mn，Znなど）で表されるスピネル型結晶構造の複合酸化物を用いた場合であった。Pd/Al_2O_3では反応によりCO_2が生成しはじめるのに150℃を要するが，$Au/NiFe_2O_4$では50℃以上で反応が始まる。また，$Au/NiFe_2O_4$では300℃までNOxが生成しない。$Au/NiFe_2O_4$をアルミナビーズに担持した触媒体（Au0.8wt％）を試作し，生ゴミ処理機から発生する臭気除去のフィールドテストを行った[28]。その結果，常温（40℃以下）で少なくとも2ヶ月間臭気除去効果が継続し，臭気主成分のアンモニアに関しても分解率約85％以上が得られた。

金ナノ粒子触媒はトイレの脱臭用に実用化された実績がある[22]。酸化マンガン系触媒のハニカムと金ナノ粒子触媒（Au/Fe_2O_3）とゼオライトを含むハニカムを2層に配置し，トイレ使用中は前段のハニカムでS系の臭気成分を除去した後に後段ハニカムのゼオライトでN系臭気成分を吸着除去し，使用後には徐々に金ナノ粒子触媒で酸化除去する。活性炭カートリッジが1年で交換が必要であるのに対し，上記の脱臭カートリッジは7年間交換不要であった。

4.3.4　VOC（アルデヒド等）除去

図4に炭素数1～3の各種ガスについて，金ナノ粒子触媒で酸化除去できる温度をPt，Pd触媒と比較して示した[11, 29]。各初期濃度の50％がCO_2に転化した温度（$T_{1/2}$）を除去温度として示している。$T_{1/2}$は大まかにはガスの種類によって決まるが，触媒によっても得意・不得意がある。Au/Fe_2O_3では炭化水素（C_nH_m）については，200℃以上が必要である。炭素数1の含酸素化合物であるメタノール，ギ酸，ホルムアルデヒドについては，100℃以下で除去可能である。

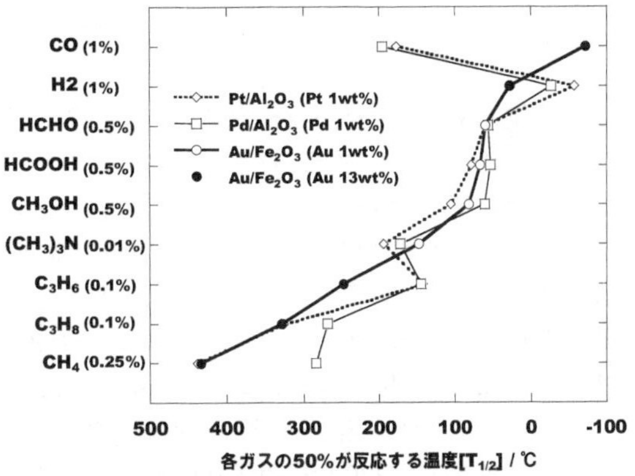

図4　金，白金，パラジウム触媒上での各ガスの酸化除去温度[11, 29]
反応ガス：各成分＋O_2(20％)＋N_2(balance)
空間速度：SV＝20,000h^{-1}ml/g-catal.

担体酸化物の種類を変えると，金ナノ粒子触媒では常温でのアルデヒド除去が可能となる。例えば，$Au/NiFe_2O_4$を用いると30℃においてホルムアルデヒドやアセトアルデヒドが除去できる[27, 30]。CeO_2，ZrO_2，CeO_2-ZrO_2を担体酸化物とすることにより更に活性は高くなり，高いSV条件（120,000 h^{-1}ml/g-catal.）においても25℃で70％以上が除去できる[31]。除去されたホルムアルデヒドは全量がCO_2に完全酸化されていることを確認している。

4.4　おわりに

室内空気浄化のための熱触媒の利用分野は，現状では民生分野の機器組み込み用が中心である。触媒に対しても機器サイズの制限から高SV対応が求められ，メンテナンスフリーの観点から長寿命が必要であり，コスト的にも材料やシステムに制限が出てくる。更に，空気中の水蒸気が大量に共存する“常温”反応条件は，触媒にとっては100℃以上での使用条件とは全くの別世界である。触媒材料自身がより高活性，より長寿命であるよう，改良が加えられるべきであることはもちろんであるが，既存の触媒をうまく利用し，触媒のフィルター化やシステム化に様々なアイデアを投入することで問題の解決が図られる場合もあるように思われる。本稿で紹介した金ナノ粒子触媒は他の触媒系とは異なる多くの特徴を持ち，室内空気浄化の用途に対しても幅広い応用可能性を秘めている。今後実用化検討が重ねられ，光触媒と共に適材適所に普及して，快い室内空気環境をつくるための一助となることを期待したい。

文　　献

1) 分煙効果判定基準策定検討会報告書, 厚生労働省(2002)
2) 吉澤晋ほか, 室内空気清浄便覧（1編5章）, オーム社, p.125 (2000)
3) 中西準子, 環境リスク学, 日本評論社, p.80 (2004)
4) 事務所衛生基準規則, 厚生労働省 (最終改正2004)
5) 建築物における衛生的環境の確保に関する法律施行令, 厚生労働省 (2004)
6) 悪臭防止法施行規則, 環境省 (最終改正2005)
7) 檜山和成, 実例にみる脱臭技術, ㈱工業調査会, p.20 (1999)
8) シックハウス (室内空気汚染) 問題に関する検討会中間報告書その4, 厚生労働省 (2002)
9) 特開2002-102700, 特開2002-102701 (豊田中央研究所)
10) M. Haruta *et al., Chem. Lett.*, **405** (1987)
11) 春田正毅, 化学, **47**, 456 (1992)
12) M. Haruta *et al., Gold Bulletin*, **37**, 27 (2004)
13) M. Okumura *et al., J. Catal.*, **208**, 405 (2002)
14) 荒井喜代志, 中礼司, セラミックス, **28**, 668 (1993)
15) 田島康弘ほか, 触媒, **37**, 576 (1995)
16) 木村邦夫, ゼオライト, **12**, 83 (1995)
17) 池田耕一ほか, 室内空気清浄便覧 (3編2章), オーム社, p.321 (2000)
18) 西野敦, ペトロテック, **15**, 439 (1992)
19) 空気清浄関連市場の展望と戦略〈2002年版〉, 矢野経済研究所, p.42 (2002)
20) 矢崎直仁, *Ricoh Technical Report*, **25**, 98 (1999)
21) 守屋好文ほか, *Matsushita Tech. J.*, **48**, 253 (2002)
22) 松本朋秀, ニューセラミックス, 25 (1996)
23) 白井汪芳ほか, 触媒, **41**, 47 (1999)
24) 桜井宏昭ほか, 触媒, **45**, 425 (2003)
25) M. Daté *et al., Angew. Chem. Int. Ed.*, **43**, 2129 (2004)
26) 春田正毅ほか, ウルトラクリーンテクノロジー, **8**, 117 (1996)
27) 特公平07-41169 (産業技術総合研究所)
28) 小林哲彦ほか, 平成12年度環境保全研究成果集（Ⅱ）, No.61, 環境省 (2002)
29) M. Haruta *et al., Catal. Today*, **29**, 443 (1996)
30) 特開2002-355558 (産業技術総合研究所)
31) 特開2004-74069 (産業技術総合研究所)

第5章　光触媒技術

1　光触媒技術の基礎

佐野泰三*

本章では「光触媒」を用いた空気浄化技術について述べる。光触媒とは，光の力を利用して他の物質の反応を促進する物質であり，空気や水の浄化，防汚（セルフクリーニング），抗菌，曇り止めなど，生活に役立つ効果を示す物質として期待されている（表1）。光触媒にも多種あるが，現在最も広く用いられているものは酸化チタン（TiO_2）である。その理由は，①光触媒活性が高い，②物理的・化学的にきわめて安定している，③無害無毒である（白色顔料や食品添加物として安全性が確認されている），④さほど高価ではなくさらに安くなる可能性がある（2～5千円／kg），など環境中で大量に使用できる条件が揃っているためである。空気浄化用の光触媒としても最も適していると考えられ，これから説明する光触媒の大部分は酸化チタンのことである。

1.1　半導体光触媒について

酸化チタンにはアナターゼ，ルチル，ブルッカイトの三種の結晶構造が存在するが，いずれも

表1　光触媒の用途と材料特性

	防汚・抗菌・防曇	空気・水の浄化
基本設計	汚れが落ちやすい表面 見た目がきれい	物質が吸着しやすい 光を十分に吸収する
膜厚	＜0.1 μm 透過性と干渉，密着性の点で，厚いものは不利。	＞1 μm 光の吸収と物質を吸着する面積の点で，薄いものは不利。
光触媒能力	小	大
表面性状	緻密，硬度大	多孔質
開発状況	各種のコーティング剤が開発され，技術はひとまず完成。無機材料の保護層を挟めば樹脂にも適用できる。	性能の十分な物は着色やコストの問題で開発途中段階。常温硬化性のものは酸化チタン含有量が低く，浄化性能も低い。

＊　Taizo Sano　㈱産業技術総合研究所　環境管理技術研究部門　光利用研究グループ　研究員

半導体光触媒としての性質を持っている。半導体は金属と絶縁体の中間の電気伝導率を有する物質であり，図1に示すようなエネルギー帯構造によりその性質は説明されている。常温では電気伝導にかかわる電子の大部分が価電子帯といわれるエネルギー準位に存在し，原子核によって束縛されているため動くことができない。その電子が熱や光など外部の刺激を受けて伝導帯に上がる（励起される）と，結晶中を自由に動くことができるようになる。電子は価電子帯と伝導帯の間のエネルギー状態には存在できず，ここを禁制帯と呼ぶ。その禁制帯の幅（バンドギャップ）は用いる半導体に固有のもので，酸化チタン（アナターゼ型）では3.2 eVである。380 nmよりも短い波長の光（近紫外光）は3.2 eVよりも大きいエネルギーを持ち，酸化チタンの価電子帯にある電子を伝導帯へと励起することができる。このようにして伝導帯に生成する電子と，価電子帯に生成する電子の抜け殻（正孔またはホール）が光触媒作用の根元となる。

大気中に存在する酸化チタン粒子が紫外光を吸収して伝導帯電子と正孔を生成すると，次に何が起こるだろうか。電子と正孔は半導体表面に拡散し，そこに存在する物質と電子の受け渡しを行うことができる。大気中には酸素と水が多量に存在するので，それらが重要な電子の受け渡し相手となる。物質が電子を受け取るとその物質は還元されたといい，物質が正孔に電子を奪われるとその物質は酸化されたという。どちらかの現象だけが起こると酸化チタンのプラスとマイナスのバランスが崩れてしまうため，常に酸化と還元が一つの粒子上で同じ割合で起こる。電子は酸素と結びついてスーパーオキシドイオン（O_2^-）となり，正孔が水やO_2^-を酸化してヒドロキシルラジカル（OH），O，O_3^-などを生成する。活性酸素種と総称されるこれらは塩素やオゾン以上の酸化力をもち，多くの物質を酸化的に分解する。光触媒は多くの機能を有するが，その大部分はこの活性酸素種の生成能力に由来している。

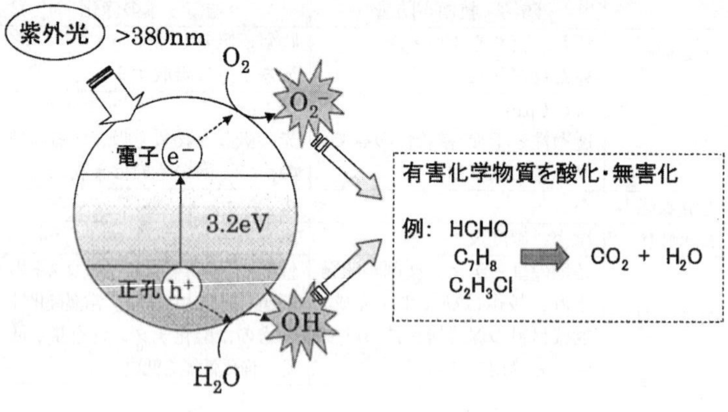

図1　酸化チタンにエネルギーが与えられた状態の模式図

1.2　大気浄化に利用できる光触媒反応

産総研では，1980年代に光を照射されている酸化チタンの表面でNO_x（NOとNO_2の総称）の酸化反応が効率よく進むことを見出し，1990年代初頭にこの光触媒反応を沿道大気中のNO_xの除去に利用することを提案した[1)]。太陽光は300 nm以上の波長の光から構成されており，割合は多くないが380 nm以下の紫外光も含んでいる。前述したように380 nm以下の波長の光を酸化チタンに照射すると活性酸素種が生成し，これらがNO_xを硝酸イオン（NO_3^-）にまで酸化し，空気中からNO_xを除去してくれる。東京では紫外線のエネルギー強度の年間平均値が1 cm^2あたり1 mW程度であるが，0.1 mW程度の紫外光があれば，1 ppm（ppmは100万分の1）という低い濃度のNO_x除去には十分であることが分かった。また，生成した硝酸イオンを水で洗い流すと酸化チタン表面は元の状態に戻り，再びNO_xを除去できることも確認された。これらの結果は，道路や壁に酸化チタンを塗れば，太陽光と雨水という自然のエネルギーだけで働く大気浄化システムとなることを示唆している。この案が公表されると光触媒による大気浄化が話題となり，自動車排気ガスによる大気汚染問題を抱えていた道路公団や地方自治体，さらに民間企業までが実用化のための実証試験に取り組み始めた（写真1）。光触媒遮音壁，光触媒ブロック，光触媒舗装などのNO_x除去用資材が開発され，いずれもNO_x除去性能が確かめられた。しかし，実際に屋外に設置してみると，期待通りの結果を得られない場合も多かった。NO_x酸化は比較的簡単な反応であり，道路や壁に塗布した光触媒表面近くのNO_x濃度はゼロに近くまで下げられるが，光触媒と接触する空気は道路内の空気全体のごく一部であるため，全体のNO_x濃度としては数%を低減するに留まってしまう。また，土埃，摩擦による光触媒の剥離，気象の影響などにより除去率が理論値よりも低くなることもある。これらの点を改善するため，現在も光触媒材料の開発とともに，利用方法の検討が続けられている。

酸化チタンが生成する活性酸素種は，VOCの除去においても有効に働く。例としてアセトアルデヒドの分解について説明する[2)]。100 ppmのアセトアルデヒド（CH_3CHO）を含む模擬汚染ガスを酸化チタンを塗布したガラスプレートと接触させて紫外光を照射すると，その濃度は50 ppm以下にまで減少し，同時に減少量の2倍に相当する二酸化炭素（CO_2）が生成した。一つのアセトアルデヒド分子が完全に酸化されると，

$$CH_3CHO + 5/2O_2 \rightarrow 2CO_2 + 2H_2O$$

写真1　道路沿道のNO_x除去用光触媒遮音壁（上）および舗装ブロック（下）

で表されるように二つの二酸化炭素分子が生成するので，ほぼ完全に酸化反応が進行していると考えられる。ベンゼンやトルエンなどの芳香族炭化水素の分解は，ベンゼン環がある分だけアセトアルデヒドよりも困難である。もし，アセトアルデヒドの場合と同じ濃度・流速でトルエンを含む模擬汚染ガスを光触媒と接触させると，徐々に除去能力は低下して1時間もたたずにゼロになる。分解しきれなかったトルエンに由来する有機物で触媒表面が被覆され，本来の光触媒作用を起こせなくなってしまうためと考えられている。トルエン濃度を1 ppmに下げるとこのような現象は起きず，80％程度を二酸化炭素にまで酸化できる。一般大気中のトルエン濃度が1 ppmとなることはまずないので，その低いトルエン濃度をさらに低下させるのには光触媒が利用できるが，トルエンを用いる工場の排気ガスには数十ppm以上のトルエンが含まれることも珍しくなく，このような発生源に近い場所では光触媒は適していないといえる。光触媒を利用したVOCの除去は低濃度に限られることも理解しておく必要がある。

VOCの他にも酸化チタン光触媒で分解（無機化）できる大気汚染物質は多数存在し，クロロエチレン類やダイオキシン類の分解も報告されている。それらの分解速度は芳香族化合物の分解速度より速い場合もある。しかし，処理する汚染物質濃度によってはホスゲン等の毒性のある塩素化合物が副生成することがあり，また，分解で生成する塩素イオンが光触媒表面に残留し，それらが別の塩素有機化合物を合成してしまうことがあるので，十分な注意が必要である[3)]。

1.3　光触媒の使い方　～材料化とシステム

光触媒活性を示す酸化チタンは微粒子であり，その粒子の大きさは数nmから数十nmという大きさである。粒子が大きくなると，紫外光の吸収で生成した電子と正孔が再び結びついて光のエネルギーを無駄にする確率が高くなるので，粒子が小さい方が高い光触媒活性を示す場合が多い。しかし，微粒子のままでは使い勝手が悪いので，その性質を保ちつつなんらかの物体の表面に固定する必要がある。この際に求められる性能から，必要な光触媒材料は概ね二つに分類される。表1に示すように，防汚・抗菌・防曇用と汚染物質分解用である。前者には汚れの引っかかりにくい平滑な表面が適しており，後者には汚染物質を分解するための大きな表面積を有する凸凹な表面が適している。多孔質な厚い膜であるとさらに表面積が大きくなるため，好都合である。従来のコーティング技術は緻密で平滑な表面コーティングを目指しているため，防汚に関してはすでに技術が十分に蓄積されているといえる。一方，凸凹な厚膜コーティング技術については問題点が多い。僅かな厚みの乱れにより光が干渉して着色したり，透明性が悪くなったり，強度が低下したりするのである。現在の技術では，防汚を目的とした光触媒製品が空気浄化性能をうたっている場合，空気浄化性能が極めて低い場合が多い。

光触媒を空気浄化に利用するシステムを考えてみる。送風機と紫外光源を組み合わせた装置型

表2　光触媒利用システムの比較

	パッシブシステム	アクティブシステム
光源	太陽光，既存の室内照明	紫外線ランプなどの人工照明
汚染物質の移動	自然対流，風	送風ファン
メリット	省エネ・省コスト・省力	効率が高い，安定して稼働
デメリット	不安定，場合により光不足	エネルギーが必要，コスト高
用途例	●道路資材に塗布 ●室内建材に塗布	●空気清浄機 ●トンネル内浄化
その他	光触媒でのみ可能	その他の先進酸化技術と競争

のもの（アクティブシステム）と，屋外などの開放的空間でいっさいの人為的なエネルギーを投入せずに太陽光と空気の自然な動きを利用するもの（パッシブシステム）とに分類できる（表2)。後者は光触媒でなければできないことで，省エネルギー・省力的な方法として価値がある。ただし，空気浄化能力は完全にお天気まかせであるため，安定性に欠け能力が十分に発揮できないことがある。アクティブシステムは効率を高められるが，電力等のエネルギーを投入するため，いわゆる先進酸化技術（AOT: Advanced Oxidation Technology）などとの競争になり，必ずしも光触媒を使う必要はないかもしれない。発生源対策における高濃度（100 ppm以上）VOC処理では光触媒の酸化速度は明らかに不十分であり，その他の先進酸化技術を選択すべきである。では，どのような場面で光触媒が活躍できるだろうか。開放空間の低濃度（1 ppm以下）VOCやNO_x対策のために電力を投入するのは無駄であり，パッシブシステムで僅かずつ汚染物質の濃度を下げていくしかない。室内や車内といった比較的狭い空間のppmオーダー以下の汚染物質などにはパッシブ，アクティブともに適用可能である。トンネルや汚染空気の溜まり易い構造の道路のような半閉鎖空間では汚染物質量が極めて多く，アクティブシステムでなければ処理速度が追いつかない。室内の壁や床に光触媒を塗布し，窓から入る太陽光や照明に含まれる紫外光を用いて室内大気汚染物質を除去する技術も検討されており，これはパッシブシステムに分類できる。ただし，室内で得られる紫外光量は極めて少なく，通常の酸化チタンでは反応速度が不十分なことが多い。この問題を解決するには，次に述べる「可視光応答型光触媒」が重要である。

1.4　可視光応答型光触媒

酸化チタン光触媒は，紫外光さえ存在すれば半永久的に酸化還元反応を促進することができる物質であるが，逆に，紫外光がないと何もできない。通常の酸化チタンに可視光（$\lambda > 400$ nm）をどれほど大量に照射しても（発熱するほどの場合を除いて）全く作用しない。図2に太陽光および白色蛍光灯のスペクトルを示したが，いずれの光においても，酸化チタンが利用できる380 nm以下の波長を有する紫外光の割合は，380～800 nmの波長を有する可視光の5％未満であり，

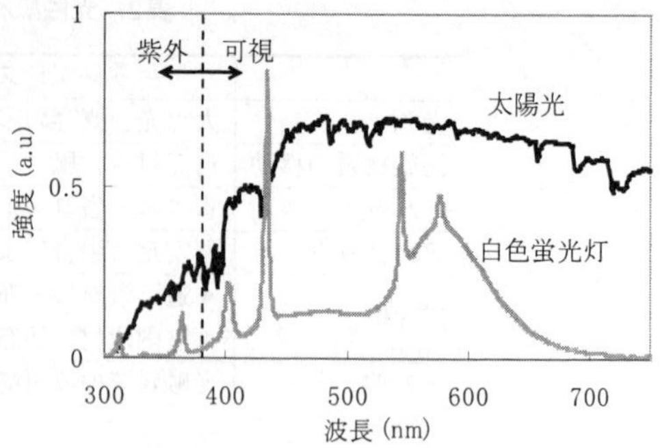

図2　太陽光および白色蛍光灯のスペクトル

酸化チタンは光のごく一部しか利用していないことが分かる。もし可視光を利用でき，光のエネルギーを反応に利用する効率も従来の酸化チタンと同じレベルである“可視光応答型光触媒”が開発されたなら，最大で一桁くらい光触媒能力を高められることになり，紫外光の不足した場所での光触媒利用も可能になると期待できる。近年，可視光応答型酸化チタンの開発が活発になっている理由はここにある。日陰や屋内に存在する紫外光は数μW/cm^2～0.1mW/cm^{2}と微弱であり，可視光応答型光触媒が最も力を発揮する場所である。一方，直射日光が当たるような紫外光強度の高い条件（1 mW/cm^{2}以上）では，反応物質の拡散といった光と関係のない事象が律速段階となり，可視光応答型光触媒の利点はあまり生かされない。屋内での利用を考えた場合，対象となる物質はホルムアルデヒド，トルエンなどのVOCs，もしくは悪臭であり，これらを効率よく分解できる可視光応答型光触媒が開発されれば，非常に有用なものになるだろう。空気清浄機に光触媒を用いる場合，紫外光を出すブラックライトや冷陰極管が光源として用いられているが，通常の蛍光灯ランプや青色発光ダイオードを光源として利用できる可視光応答型光触媒が開発されれば，装置の安全性を高められるというメリットもある。

可視光応答型の光触媒として多くの提案がなされているが，汚染物質の分解を目的としたものとしては酸化チタンをベースにした光触媒が圧倒的に多い。空気浄化作用や汚れ防止効果については，酸化チタンの能力は半導体光触媒の中で群を抜いて高く，これらの機能拡張を狙っていることが伺える。また，酸化チタンは化学的に安定しており，耐久性や安全性の点でも他の光触媒に勝っている。これらの要因から，酸化チタンをベースに可視光で作用するようなモディファイを加える手法が，今後も可視光応答型光触媒開発の主流となると考えられる。その一つが酸化チタンへの陰イオンドープである。酸化チタン結晶中の酸化物イオン（O^{2-}）の一部を炭素，窒素，硫黄，フッ素などの陰イオンに置換すると，500 nm程度の波長の光までを光触媒反応に利用できるというものである。窒素ドープ酸化チタンの研究は1980年代に始まり，2001年の状態密度関数のシミュレーション計算結果の発表により，世界的に注目されるようになった[4)]。アナターゼ結晶中の酸化物イオンの一部をNイオンで置換すると，価電子帯の上端のエネルギーが高くなり，バンドギャップが狭くなる。これにより吸収できる光の波長が長波長側にシフトし，太陽光や蛍光灯に多く含まれる可視光（とは言っても青だけだが）を利用できる可能性があると示された。実際に，Nイオンをドープした酸化チタンで可視光を用いるアセトアルデヒド分解試験を行

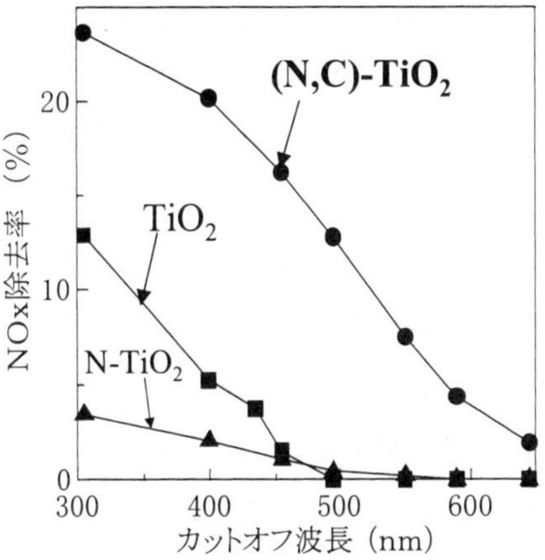

図3　炭素と窒素を含む酸化チタンのNO_x除去活性

うと，シミュレーション結果と良く一致する結果が得られた。これを皮切りに，陰イオンドープの研究が幅広く行われるようになった。筆者らは含窒素有機化合物とチタンの錯体を前駆体として，炭素と窒素を含む光触媒の合成に成功した[5)]。650 nmの光でもNOを硝酸にまで酸化することができ，紫外光照射時の活性も，市販の高活性光触媒よりも有意に高かった（図3）。炭素と窒素が同時にドープされることにより，バンドギャップが窒素ドープ酸化チタンよりも縮まり，同時に正孔の局在化が抑制されたためと考えている。しかし現在のところ，有機物分解に対しては十分な活性を有さないことが分かっている。これらの性質は従来の酸化チタン系光触媒とは大きく異なるので，モデル化合物としては魅力であるが，合成法が高コストであるために，大気浄化用光触媒という観点からは大問題である。大量の空気を処理するには大面積に光触媒を設置する必要があり，当然，安価な製造法の光触媒が求められる。

金属ドープ酸化チタン，酸素欠損型酸化チタン，増感型光触媒なども検討されており，前述の陰イオンドープ酸化チタンも含めて利用可能な光の波長領域は確実に拡大されてきた。しかし，可視光のみを照射した時の効率はまだまだ低い。蛍光灯の光で実験をすると，僅かに含まれる紫外光のために，通常の酸化チタンのほうが高い活性を示す場合もある。太陽光を用いた実験では，さらに差が得られない。今後は可視光領域における活性のさらなる向上と，使用場所の光のスペクトルと用途を考慮した光触媒開発が重要になるだろう。こうした努力により可視光応答型光触媒の性能が向上すれば，光さえあれば反応を促進するというメリットを備えた光触媒のさらなる活用が期待できる。

1.5　今後の大気浄化光触媒開発

光触媒が大気浄化用の素材として普及していく上での重要な要素として，材料化，シミュレーション，標準化，可視光化の四つが挙げられる。紫外光を受けている酸化チタン粉末の活性は“通常”の使用上は十分と言ってよく，問題はいかに汚染された空気を光触媒に接触させるかにある。そのためには光触媒粉末の本来の性質を失わないままにさまざまな場所にコーティングする材料化技術と，汚染空気の接触・浄化のシミュレーション技術が有用である。パッシブシステムでは汚染物質の接触も光触媒に当たる光量も複雑に変化するので，これらを含めたシミュレーションを光触媒設置前に行う価値は高い。目に見えにくい光触媒の効果をビジュアル的に表現する上でも重要だろう。また，目に見えにくい効果のために，光触媒の効果の極めて低い，もしくは無い“光触媒製品”が既に市場に出回っている。粗悪品のせいで光触媒の評価が下がる懸念もあり，光触媒の性能を評価する標準試験法の開発も早急に行う必要がある。室内利用では紫外光が不足するので可視光応答光触媒の高効率化が必要なのは先に述べた。

最後に，「新展開」という本なので，類似研究が少なく“通常ではない”光触媒開発についても紹介させていただく。純粋な酸化チタンは吸着力の弱いメタン，一酸化炭素，亜酸化窒素（N_2O）等を分解することはできない。吸着力の向上や分子への電子移動の促進が必要と考えられ，酸化チタン表面の改質による反応性の向上が検討されてきた。銀イオンを酸化チタン表面に分散することにより亜酸化窒素の分解が可能になったのはその一例である[6]。金属担持酸化チタンをガラス容器に入れ，Heを大気圧まで充填した後，亜酸化窒素と犠牲剤のメタノールを注入し，高圧水銀ランプにより紫外光（$\lambda > 300$ nm）を光触媒試料に照射した。酸化チタン表面への金属担持には，金属イオンを含む酸化チタン懸濁液に紫外光を照射して金属を析出させる光電着法を用いた。その結果，金属を担持しない酸化チタンはN_2Oを全く分解しないが，銀，白金，銅を担持した酸化チタンはN_2Oを分解し，特に銀が大きな効果を示した。分解された亜酸化窒素のN原子はN_2を，O原子はメタノールと反応してCO，CO_2およびH_2Oを生成することも確認された。光電着法により担持した銀の量とN_2O分解速度の関係を図4に示した。銀担持量が0.2wt％までは銀担持量と共にAg^+活性サイトの数が増大してN_2O分解速度が増大するが，0.2wt％以上では凝集により活性サイトが減少し，速度が減少すると考えられる。また，光電着法により銀を担持した酸化チタンは，含浸法および沈殿析出法で同量の銀を担持した酸化チタンと比較して，約10倍のN_2O分解速度を示した。光電着法では酸化チタンの還元サイトに銀が優先的に析出することと，調製法による銀の分散度の違いが活性の差の原因と考えられている。現在のところは酸素の無い状態でしかN_2Oを分解できないが，大気中での選択的分解が可能になれば，地球温暖化物質を太陽光で除去できる技術の一つになるかもしれない。また，0.1 wt％程度の銀担持により，酸化チタンと硫黄化合物の相互作用が強まり，硫化水素（H_2S）やメチルメルカプタンといった硫黄系悪臭物質の分解効率が3～7倍に向上することも確認されている[7]。以上のように，担持金属，担持法，分散度を処理対象物質に合わせて

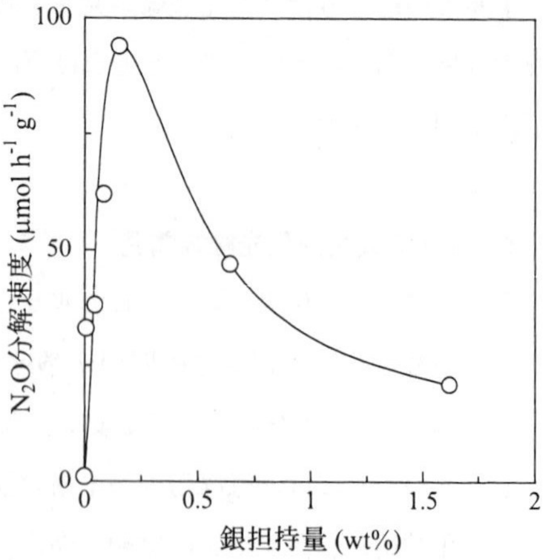

図4　N_2O分解速度のAg担持量依存性

選択することにより，純粋な酸化チタンでは不可能だった反応や極めて遅い反応を促進し，新たな大気浄化技術を創出できるものと期待されている。

文　　献

1）T. Ibusuki, K. Takeuchi, *J. Mol. Catal.*, **88**, 93 (1994)
2）T. Sano, N. Negishi, K. Uchino, J. Tanaka, S. Matsuzawa, K. Takeuchi, *J. Photochem. Photobiol. A: Chem.* **160**, 93 (2003)
3）T. Sano, N. Negishi, S. Kutsuna, K. Takeuchi, *J.Mol.Catal. A* **168**, 233 (2001)
4）R. Asahi, T. Morikawa, T. Ohwaki, K. Aoki, Y. Taga, *Science*, **293**, 269-271 (2001)
5）T. Sano, N. Negishi, K. Koike, K. Takeuchi, S. Matsuzawa, *J. Mater. Chem.*, **14**, 380 (2004)
6）T. Sano, N. Negishi, D. Mas, K. Takeuchi, *J. Catal.*, **194**, 71 (2000)
7）S. Kato, Y. Hirano, M. Iwata, T. Sano, K. Takeuchi, S. Matsuzawa, *Appl. Catal. B: Env.*, **57**, 109 (2005)

2 アクティブ浄化

根岸信彦*

光触媒はすでに社会に浸透しつつある段階に移行していると考えられる。この光触媒の応用としては，大別して①アクティブ浄化，②パッシブ浄化，に分けられる。この二つの違いは，電力エネルギーなどを投入して浄化を行うか，あるいはすでにそこに存在している光（太陽光や光触媒励起を想定していない光源など）を利用して浄化を行うかである。

光触媒によるアクティブ浄化の応用範囲としては，大気や水質の浄化が主であり，付着汚れ等をアクティブ法により積極的に除去しようとする試みはコスト上の問題からあまり見かけない。従って，アクティブ浄化の対象物質は気相中や水中からの化学物質，細菌・ウィルス類である。

現在，技術的に先行しているのは気相中の有害汚染物質を取り除く分野である。特に，食品工場などから発生する悪臭物質の処理から，家庭用や交通機関用エアコン・空気清浄機によるニオイ除去・殺菌に至るまで，幅広く実用化・製品化されている。

脱臭用途では，今までは活性炭など吸着材が使われてきたが，これら吸着材は一度使用したら廃棄するのが通常の使い方であった。これに対し，光触媒では，触媒表面に吸着した物質を酸化分解し，炭化水素系有機化合物であれば最終的に水と二酸化炭素に分解されるので，性能劣化が起こらない。また，光触媒で窒素酸化物や硫黄化合物，ハロゲン化物などを分解した場合には，分解生成物が光触媒表面に蓄積し，光触媒能を低下させることはあるが，水洗浄などの簡単な操作で光触媒活性を元に戻すことができる。これが光触媒が注目されているゆえんである。

現在，産業用・民生用合わせて多数のメーカーが空気清浄関連市場へ製品を投入している。空気清浄装置では，まだ光触媒の占有割合は大きくはないものの，年々その規模は拡大しつつある。図1には，1982年から2001年までの家庭用空気清浄機の販売台数の伸びを示す。1995年付近の急激な出荷台数の上昇は，花粉症の異常な蔓延に依るところが大きい。その後，シックハウス症候群に注目が集まるなどして，光触媒その他技術が空気清浄機に取り込まれ，最近の出荷台数は高い状態で安定している[1)]。最新のデータによると，2003年の空気清浄機の販売台数は230万台に達しているが，これは現在も続いている除菌ブームに起因すると考えられる[2)]。

家庭用空気清浄機の場合，高濃度汚染物質処理は考えられておらず，従って必要最小限の光触媒とUVランプが用いられる。ランプ自体も数ワットの冷陰極管を数本用いるのみで，消費電力は小さく押さえられている[3)]。ここ数年，紫外線ダイオード（UV-LED）が上市され[4)]，光触媒励起用光源の低電力化はさらに進むものと考えられる。

---

* Nobuaki Negishi ㈱産業技術総合研究所 環境管理技術研究部門 主任研究員

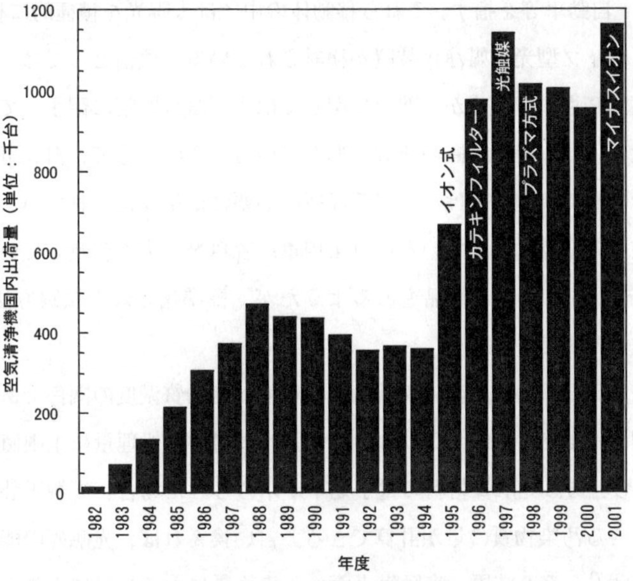

図1　1982年から2001年までの家庭用空気清浄機の販売台数の伸び

家庭用空気清浄機市場では，松下電器産業，ダイキン工業，三菱電機，コロナ，イワタニ，富士通ゼネラル，日立，象印といった主なメーカーが，光触媒を使用しているという広告で空気清浄機ないしエアコンを発売している。勿論，各メーカーの全ての空気清浄機に光触媒技術が使われているわけではないが，その国内シェアは現在までに空気清浄機全体の1/4以上にまで拡がっているものと思われる（2001年度の国内家庭用空気清浄機市場への参入企業出荷金額ベースでダイキン工業が10％[1)]）。

事業所向け浄化装置では，すでに大容量処理に対応した機種が市販されている。用途としては，脱臭用途が最も多い。病院向けにはホルマリン，アンモニアといった病院特有の臭気に対する対策の他，殺菌処理といった目的でも導入されている。これらは家庭用とは異なり，大きな容積中に存在する比較的高濃度の化学物質を一度に処理するため，ワット数の大きいケミカルライトなどを用い，処理能力を高めている[5)]。

家庭用と事業所用の中間に位置するものとして，近年の分煙化に伴う分煙機器（テーブル，カウンター，ブース他）への光触媒技術の導入がある。煙草中に含まれる有害化学物質は大部分がカーボンナノ粒子に吸着しているものであるが，煙草のいやな臭い成分である揮発性有機化合物は分子状で大気中に放出されるので，粒子状物質に関しては電気集塵やフィルター等により処理し，分子状物質に関しては後処理として光触媒が用いられる方式が一般的である。

最近では，移動体中の空気清浄化も光触媒のアクティブ浄化の範疇となりつつある。移動体とは，鉄道，飛行機，自動車等を指す。これら移動体の中では太陽光を積極的に利用できないため，空気浄化にはアクティブ型光触媒浄化装置が検討されている。機構としては，家庭用空気清浄機や分煙機器とほぼ同じものであるが，普及に関してはまだ試験段階に留まっている。公共交通機関，特に列車用途では空気浄化装置の研究が進んでいる。その一方で，自動車用空気清浄機に関しては一般消費者の間で車内における空気清浄機の必要性が重要視されていないため，光触媒法を含む空気浄化装置の普及は進んでいない（乗用車用脱臭剤が広く普及しているのが一因かも知れない)。勿論，市販されている製品もあるようだが，標準化された試験方法がまだないので，その能力については不明である。

アクティブ浄化で重要なのは，紫外線強度と処理すべき物質濃度の関係である。光触媒能力を示す量子効率は理論上1であるが，これはある光強度に対する処理量に上限値があることを示している[6]。すなわち，ある光触媒材料の量子効率が求められた場合，光触媒装置で使われる紫外線強度から処理できる汚染物質の量が計算できる。言い換えれば，光触媒の能力を超えた量の汚染物質処理はできず[7]，その結果，光触媒表面の汚染物質による被毒によりさらなる光触媒活性の低下が起こることを示すものである。

ここで，最も簡単な量子効率を求める式を示す：

$$\text{量子効率} = \frac{\text{光触媒反応により生成した分子の数}}{\text{光触媒に吸収された光子の数}}$$

有機物の完全分解を考えるならば，最終生成物はCO_2であり，上式の分子にはCO_2の生成量が入る。一方，分母の数値は一般的には校正済みの紫外線強度計から光子数を計算する。実際には，紫外線強度計では中心波長付近しか測定できないため，TiO_2光触媒の吸収域全ての光量子数にはならない。このため，求められる量子効率はあくまで目安程度のものである。

勿論，量子効率1の光触媒などというのは存在しないので，研究室レベルの場合，限りある量子効率を最大限活かすべく，光触媒に均一に光を照射するように光源を配置するが，製品レベルでは必ずしも理想的な位置関係で光源と光触媒を配置できるとは限らず，光触媒材料として有している光触媒能をフルに発揮させるのは難しい。また，光触媒材料の技術的な問題ではなく，製品コストの関係から光触媒反応に足る光源を搭載できず，結果として能力の低い製品となってしまう問題も起こり得る。

光触媒活性を上げるためには，光触媒材料の表面積を大きくすれば良いが，限られた空間内でその表面積を大きくするためには立体構造を取らざるを得ない。そのため，光触媒材料面上における単位面積当たりの光量が低下する。これを解決するためには，光触媒に均一に励起光が行き届くような装置設計が必要となるが，これもコストの関係から簡単ではない。しかしながら，あらかじめ光触媒材料の処理能力が分かっていれば，実際に使用している光量でどれだけの汚染物質の除去が可能かを計算することは可能である。ここから，光触媒材料としてではなく，それを組み込んだアクティブ型光触媒装置としての製品能力を求めることはできる。

図2に，現行で良く用いられるタイプの光触媒フィルター方式の空気浄化装置の模式図を示す。圧損を生じさせないようなハニカム型フィルターに光触媒を担持し（実際には，このフィルターにさらに活性炭を混合したものがよく使われている），その上から冷陰極管等の励起光源で光照射することにより，汚染物質を除去する。

この方式の場合，線光源を用いているので，ハニカム型フィルターの立体構造により励起光の光触媒材料面の位置における照射強度に違いが現れるが，フィルターの奥行き，すなわち厚みに合わせてなるべく影ができないように光源を配置すれば，低濃度汚染物質の除去を目的とする場合には汚染物質除去能力は保たれると思われる。

図3には，励起光を有効利用できる円筒形リアクターの概念図を示す。円断面中央部にブラックライト等の線光源を配置し，その周囲に汚染空気を流し，外殻内側に光触媒を配置することで，光触媒面に均一に励起光を照射できるようになっている。但し，このような構造の場合，気体の流通が早い場合，光触媒との接触時間が短くなるため，流通方向への長さを大きくすることにより接触時間を大きくする必要がある。

この解決法として，可能な限り多くの光触媒をこの円筒内に配置し，光触媒の絶対面積を稼ぐことが考えられる。図4には，円筒形型光触媒装置への光触媒の配置についての例を示す。図4Aにはよく見られる中心光源から放射線方向に光触媒材料を配置したタイプの光触媒配置を示す。このタイプの場合，中心光源からの光は光触媒表面に当たらないので，理論上の光触媒能は

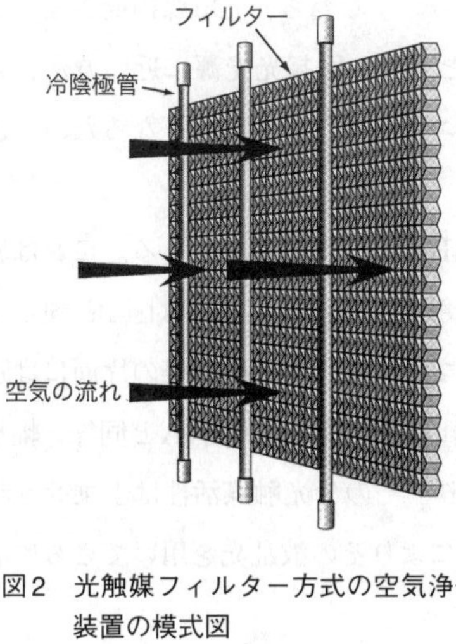

図2　光触媒フィルター方式の空気浄化装置の模式図

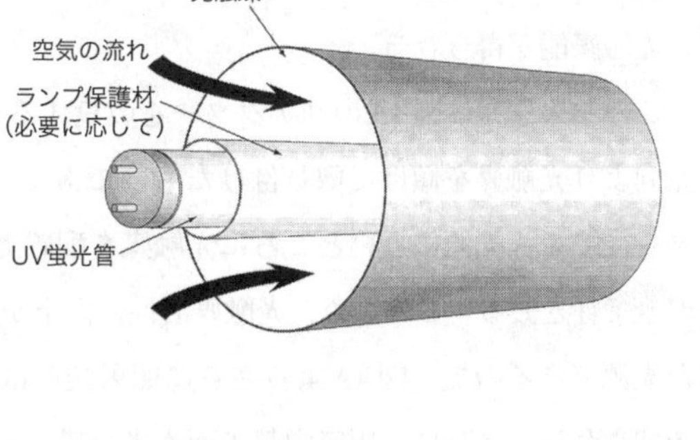

図3　円筒形リアクターの概念図

発揮されない。実際には励起光源は点光源ではなく幅を持った光源なので，光触媒表面は僅かに励起されるが，この方式では照射角が浅く，なお効率が良いとは言えない。そこで，放射線方向だけでなく円筒内殻表面に光触媒材料を配置した場合，この内殻表面の光触媒が働くと同時に，その表面における散乱光（実際には励起光全ては光触媒により吸収されない）により放射線方向に配置された光触媒を励起し，若干活性を向上させることが可能と考えられる。

励起光の放射照度E_eは光源からの距離に対して次のように表すことができる。

$$E_e = I_e/s^2$$

ここで，I_eは放射強度，sは光源からの距離である。光源からの距離が離れると単位面積当たりのエネルギー量はその距離の二乗分低下する。一方，点光源を中心とする半径sのリアクターがあったとすると，その内周長は$2\pi s$で示される。リアクター径を変更すると，内周長ならびにそこに到達する励起光強度は変化する。すなわち，光触媒円筒表面における単位面積当たりの光強度は$2\pi/s$倍で示される。このことから，励起光光源に近い方が，光触媒面積が小さくなったとしてもその単位面積当たりの吸収エネルギー強度は高くなるため，より高い光触媒能が得られる。

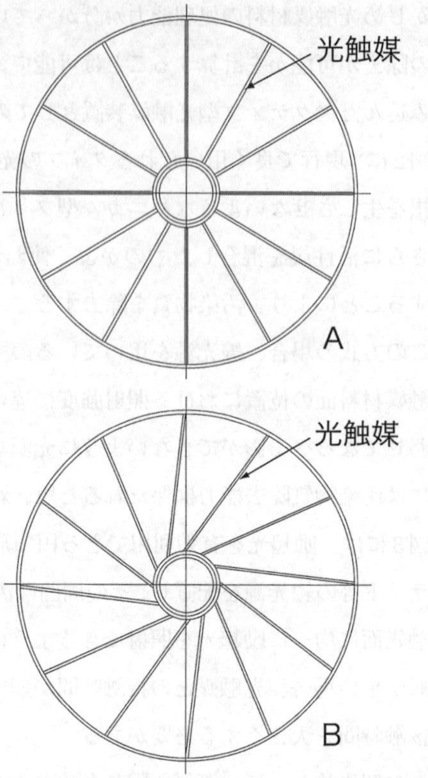

図4　円筒形型光触媒装置への光触媒の配置についての例
A：中心軸から放射状に光触媒板を配置した例，B：中心軸からの放射線方向に角度を付けて光触媒板を配置した例

この結果を元に図4Aのリアクターを改良すると，図4Bのような案が出てくる。これは放射線方向より光触媒を傾けて取り付けたものである。この光触媒配置だと，例えば図4と同じリアクター径でも，光源に近いところに光触媒を配置できるので，少なくとも光触媒の片面には励起光が全て行き渡る。このため，光触媒活性の向上が期待される。実際には，図4Aと同様，幅を持った光源であるので，図4Aよりさらに照射角度は深くなり，その分光触媒活性は上乗せされると予期される。さらに，円筒内殻表面も光触媒とすることによりその散乱光を用いてさらに活性を上げることも期待される。

ここまで，アクティブ型光浄化に関して，空気に限定して話を進めてきたが，同様の技術であるアクティブ水質浄化についても少しだけ触れておく。光触媒による水処理は，アクティブか否かに限らずまだまだ実施例が少ない。これは，気相中に比べて液相中では反応中間体が生成後，容易に水中に拡散してしまうことや，金属イオンが水中に存在する場合，光電着作用によりこれら金属が光触媒上に還元析出し，これが高度に進行した場合，光触媒能を低下させることが考えられているからである[8)]。このため，実用化装置を設計する上でこの問題の解決が必要不可欠となっている。

この一つの解決方法が曝気法である。水中溶存VOCをバブリングにより気相中に排出し，その後の処理は通常の気相における光触媒処理と同じである。この技術に関しては，水質浄化という名目ではあるが，実質的には大気浄化と同じ光触媒応用技術である。しかしながら，曝気では対応できない有機物質や細菌類の処理には，水中で反応を行わせるしかなく，現在，曝気法を除くアクティブ水浄化装置に関しては，数種類の方式が主に事業所向けに提案されている。

その一つは光触媒粉末を汚染水に投入し，光触媒処理を行ったあとにフィルタリングを行う方式である。この方法は溶質と光触媒との接触効率が高いことから，比較的高い活性が得られると考えられる。但し，粉末光触媒を投入している以上，フィルターを通す過程が必要となるため，装置構成の複雑化ならびに運用コストの増大は避けられない。

もう一つの方法は，固定化光触媒を用いる方法であるが，これも大別すると2種類に分けられよう。一つは，光触媒を固定化したフィルターを用いるタイプ，もう一つは光触媒固定流路に処理水を通過させるタイプである。どちらの場合も処理水と光触媒との接触効率を高めるように，最も汎用性の高い蛍光管型UV光源の形状に合わせた円筒形型リアクターを使用する場合が多い。

これら固定化光触媒利用型には，以上で述べたように一長一短があるので，その使用目的に合わせて装置選択する必要があると考えられる。

以上，アクティブ浄化について述べてきたが，空気浄化に関してはVOCの除去に関する標準化がまもなく制定されるので，これにより公正な光触媒評価が可能になると考えられる。

文　　献

1）空気清浄関連市場の展望と戦略2002年版，矢野経済研究所
2）光触媒製品フォーラム第8回研究会講演要旨集，光触媒製品フォーラム（2004）

3) 例えば，あるメーカーの室内用空気清浄機（適用床面積29畳まで）では，消費電力は標準運転で12Wとなっている
4) 日亜化学工業　LED標準仕様書STSE-CC5007Aより
5) 例えば，あるメーカーの生ゴミ処理機脱臭装置では，最大のものは光源ランプ1,280W，標準処理風量4m^3/分，最大電力2kWなどとなっている
6) Y. Ohko, K. Hashimoto, A. Fujishima, *J. Phys. Chem*. A, **101**, 8057 (1997)
7) A. Fujishima, J. Photochem. Photobiol. C: Photochem. Rev., **1**, 1 (2000)
8) 山崎裕，化学装置，2002年8月号57頁

3　パッシブ浄化

松澤貞夫*

パッシブ浄化については5章1　基礎のところですでに触れているが，これは，空間の汚染物質を取り除くために特別に電気等の人工エネルギーを使用せず，全て太陽光，既存の照明，風，室内空気の対流等だけで行う方法である。この方法は，省エネルギー，省力化という点で優れている。一番は，何と言っても電気代がかからないということである。太陽光の全エネルギーの4～5％，蛍光灯では0.1％程度が酸化チタン光触媒の励起に使える紫外線である（5章1の図2に示した太陽光および白色蛍光灯のスペクトルの左端の紫外部）。パッシブ浄化では，この光を励起光源として使う。また5章2　アクティブ浄化で述べたが，汚染空気をファンで吸入するために電気を必要とするが，パッシブ浄化では汚染物質の移動と光触媒表面への吸着を自然に任せる。産総研が提案した沿道大気中のNOx除去法[1～3] は典型的なパッシブ浄化で，図1に示したように，NOx（NOとNO_2）を酸化チタン光触媒に吸着，硝酸イオン（NO_3^-）にまで酸化して，最終的に雨水で硝酸（HNO_3）として取り除くというものである。光触媒材料としてはフッ素樹脂シートを用い，吸着性を高めるため活性炭も併用する。なお，このNOx浄化法では，光触媒表面に蓄積されるNO_3^-を雨水で清浄化し，さらに太陽光で乾燥して光触媒の再生も行えるので，一層省エネルギー的である。パッシブ浄化はNOxに限らず，SOx，その他多くの種類の有機物にも適用できる。このため，その後，室内空気中の揮発性有機化合物（VOC）が発癌性やシックハウス症候群の原因物質として疑われはじめると，これらを除去するため，応用が住居，学校，病院，その他の公共施設にまで広がっていった。図2に，パッシブ浄化の実施例を一般大気と室内空気に分けて示した。

空気中には自動車のエンジンをはじめとする各種燃焼機器から放出された有害なNOxが存在し，この濃度は発生源近く，特に自動車の通過台数が多い道路沿道において高い。このNOxを除去するため，5章1で述べたように，光触媒遮音壁，光触媒ブロック，光触媒舗装などが開発された。これらは，いずれも産総研が提案した方法を基にしている。詳しくは，資料[4] を読んでいただくとして，ここでは概要だけを述べることにする。光触媒遮音壁には，既存の構造物を用いる場合には，光触媒を含んだペイントを塗ったり（図3，白い部分），光触媒処理した前面カバー材を取り付けたりする。また，新規に遮音壁を設置する場合には，工場で光触媒処理した板又はパネルを製作し，これを現地で組み立てる。例として，大阪府泉大津市に設置された光触媒

＊　Sadao Matsuzawa　㈱産業技術総合研究所　環境管理技術研究部門　光利用研究グループ　グループ長

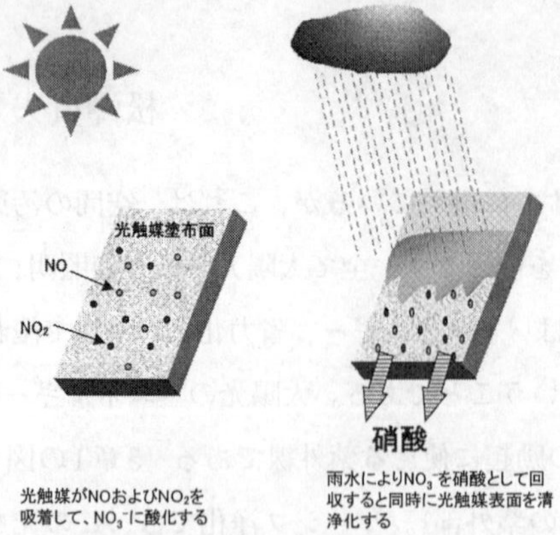

図1　産総研が提案した沿道大気中のNOx除去法

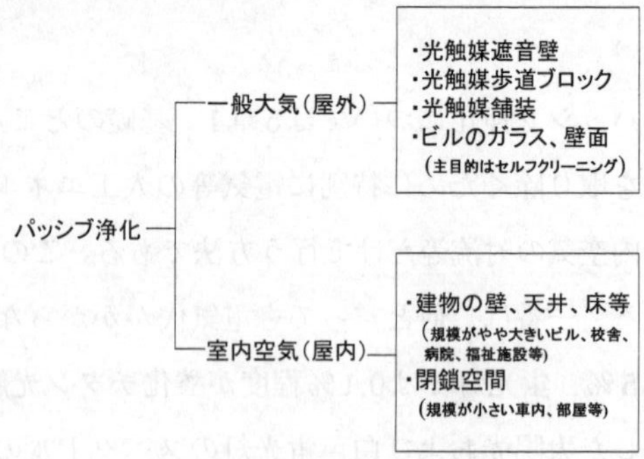

図2　パッシブ浄化の実施例

図3　光触媒ペイントを塗った遮音壁（阪神高速道路）

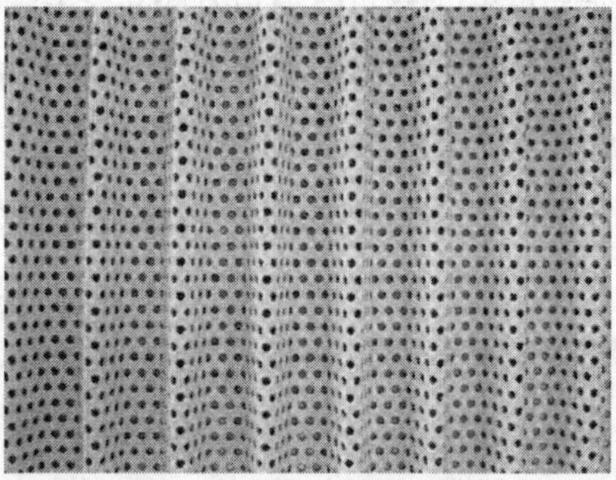

図4　大阪府泉大津市に設置された光触媒遮音壁の表面

遮音壁の写真が5章1の図1（上）に示してある。この遮音壁では，NOxの吸着量を増やすため，図4に示したように波状の板に穴をあけ，表面積を大きくするための工夫がなされている。ペイントを塗る方法はガードレールでも試されているが，NOx除去効果は少なく，どちらかというと光触媒による汚れ防止に効果がある。光触媒ブロックと光触媒舗装は，セメント系のコーティング材が開発されたことで実現した。図5に光触媒ブロックの写真を示した。表面の色が変えられるので，普通のブロックと同じように利用できる。これらの現場施工例が5章1の図1（下）にある。光触媒のバインダー成分はセメント硬化体で，無機物であるため分解されない，また，3次元構造を有しているのでNOxが非常に吸着しやすい，NOxの酸化生成物がセメント中のカルシウムと反応して無害な硝酸カルシウムになるなど，セメント系ならではの特長が生かされている。現在，セメント系光触媒材料の現場施工例は少しずつではあるが，増えている。この他，アルミニウム繊維やステンレス，アルミ合金等の鋼板に酸化チタンをコーティングしたものも

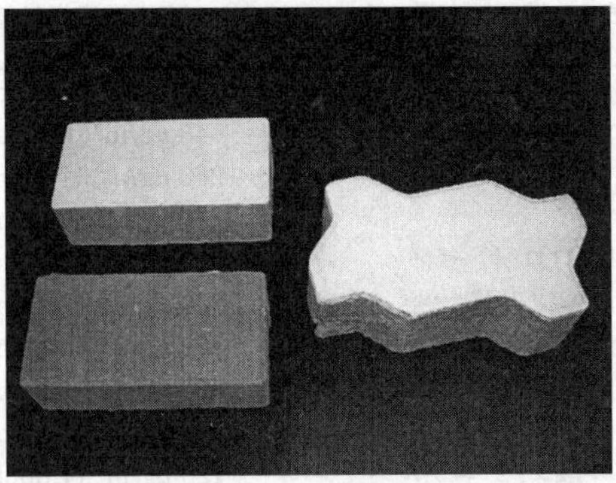

図5　光触媒をコーティングしたセメント系ブロック

NOx除去に用いられている。NOx除去効果については，現在までのところ遮音壁，ブロック，舗装共に大幅なNOx低減には結びついていないが，確実にNOxが取れている事が実験的に立証されているので，今後施工面積が大きくなり，かつ光触媒および光触媒材料の性能が大幅に向上されれば，低コストの空気浄化法として今まで以上に注目されると考えられる。最近，ビルの窓ガラスや壁面タイルに光触媒処理を施した材料が使用され始めている。この本来の目的は光触媒の超親水性化現象[5]を利用したセルフクリーニングであるが，多少の空気浄化も行われるので，一種のパッシブ浄化と考えてよい。大気中にはNOx以外にもSOx，アルデヒド類（ホルムアルデヒド，アセトアルデヒド等），炭化水素（ベンゼン，トルエン，キシレン，エチルベンゼン等），有機塩素化合物（ジクロロメタン，トリクロロエチレン等）および様々な悪臭物質が存在する。濃度はいずれもppbかpptレベルであり，回収することはとうてい不可能である。パッシブ浄化法の利点はこのような低濃度の場合でも処理が可能なことで，樹木が行っているCO_2や他の汚染物質の吸収に相当すると考えることもできる。現在のセルフクリーニング材料は空気浄化能力が小さいが，さらに高い浄化能をもたせた材料が開発されれば，ビルの壁面に樹木の代わりをさせることも夢ではない。産総研では，究極的なパッシブ浄化を目指し，高性能光触媒の開発に取り組んでいる。

一方の室内空気のパッシブ浄化も，厚生労働省の室内濃度指針値（表1）以下に抑えるため，様々な形で行われている。光触媒処理の仕方で大きく分けると二種類ある。一つは，光触媒コーティング液（図6）を用いて現場施工する方法である。これには，スプレー，刷毛等を用いて建物の壁，床，天井等の面に液を塗布し空気浄化能をもたせる比較的規模の大きな場合と自動車の車内のような閉鎖空間で液をスプレーして浄化能をもたせる場合がある。もう一つは，工場で光触媒加工した製品を用途に応じた現場に持ち込んで利用する方法で，ブラインド，間仕切り，カーテン，ふすま紙，インテリア商品，照明等がこれに該当する。

表1　揮発性有機化合物（VOC）の室内濃度指針値

ホルムアルデヒド	100 $\mu g/m^3$ (80ppb)
アセトアルデヒド	48 $\mu g/m^3$ (30ppb)
トルエン	260 $\mu g/m^3$ (70ppb)
キシレン	870 $\mu g/m^3$ (200ppb)
p-ジクロロベンゼン	240 $\mu g/m^3$ (40ppb)
エチルベンゼン	3,800 $\mu g/m^3$ (880ppb)
スチレン	220 $\mu g/m^3$ (50ppb)
フタル酸ジ-n-ブチル	220 $\mu g/m^3$ (20ppb)
テトラデカン	330 $\mu g/m^3$ (41ppb)
フタル酸ジ-2-エチルヘキシル	120 $\mu g/m^3$ (7.6ppb)
ダイアジノン	0.29 $\mu g/m^3$ (0.02ppb)
フェノブカルブ	33 $\mu g/m^3$ (3.8ppb)

厚生労働省シックハウス（室内空気汚染）問題に関する検討会中間報告書（2002，1月）による。

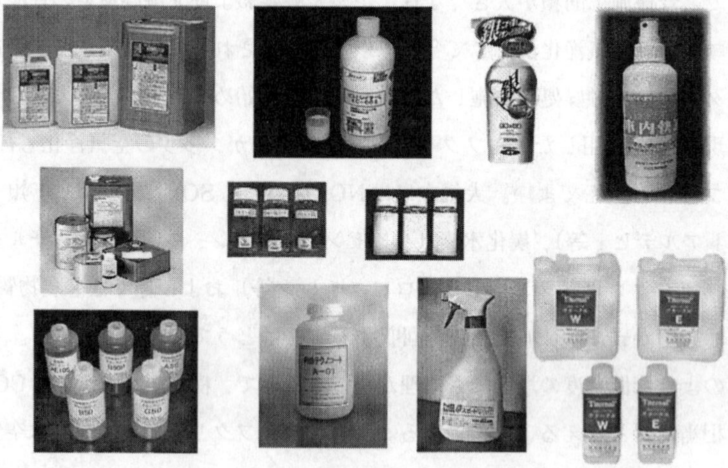

図6　様々な種類の光触媒コーティング液
（各社のホームページから写真を転写）

シックハウス症候群の予防対策として，平成15年7月1日に改正建築基準法が施行された。クロロピリホスの使用が全面的に禁止され，またホルムアルデヒド発散量の低減措置もとられた。これに答えるため，有害物質を発生しない建材が数多く開発されているが，ホルムアルデヒドを含めた揮発性有機化合物（VOC）が全く出ない建材だけで建築するのは現状では不可能である。このため，今のところ，発生するVOCを何らかの方法で低減させるしかない。換気は簡単であるが，常時行うことができない上，VOCが取れきれないと言われている。空気清浄機は利用が増えてきているが，広い空間に適用することができないしコストも高い。その点光触媒を用いるパッシブ浄化法は，比較的安い費用で広い空間でも適用可能であるので，最近シックハウス対策や不快臭の対策として特に注目されている。この方法はいたって簡単で，室内の壁，床，天井等に光触媒コーティング液（図6）を塗布しておくと，たとえば新築ビルや校舎の塗装ペイントに含まれているトルエン，キシレン等の溶剤成分の捕捉・分解，建材から出るホルムアルデヒドや煙草からのアセトアルデヒドの除去等ができる。空気浄化とは直接関係しないかも知れないが，カビ発生の予防にもなる。こうした施工例は，最近業者が増えているため件数が非常に多く，全体を把握するのが難しい。一般の人が使えるスプレー容器入り光触媒コーティング液（図6）も数多く市販されている。これを自動車内や部屋にスプレーして不快感を与える臭気成分を浄化するのもパッシブ浄化の一つである。

室内空気の浄化用に開発された光触媒加工製品として，様々な種類のものがある。上に述べた以外にも，室内で使うものとして観葉植物，アートフラワー，カレンダー，さらには新聞紙を光触媒加工したものまで出現している。これまで製品の性能評価法がなかったため，まがい物も出回っていたと聞いているが，今準備中のVOC除去性能評価法（次の5章4でとりあげる）がJIS化されると，そのようなことが無くなる。自動車の車内の空気を浄化するものとしては，これまで吸着剤タイプのものが存在していたが，最近光触媒を使用したものも市販されている。この特長は，吸着剤タイプでは汚染物質で全ての細孔が占有されたときに廃棄されるが，光触媒を使用したものでは光で細孔中の物質が分解・除去されるのでそのまま長期間使用できることである。このような光触媒製品を使用する場合に大切なことは，光触媒作用を働かせるのに十分な光（紫外線）量がその場にあるかどうか，まず考える必要がある。いくら性能の良いものを購入しても，光が届かない場所に置いたのでは，浄化効果は非常に小さくなってしまう。現在使われている光触媒のほとんどは紫外線のみを吸収するものであるので，日中であれば太陽光が差し込む窓際で使用するとか，夜間の場合にはできるだけ照明に近いところに置くとかして，常に光のことを考えて使用することが重要である。光触媒が蛍光灯に塗布されているものが市販されている。このような製品は，光量が十分なので空気浄化が良く行えると考えてもよい。

パッシブ浄化は省エネルギー性に優れているが，パッシブであるがゆえの問題点もある。5章1でも述べられているように，NOx除去の場合には光触媒表面近くでの除去率は高いが全体としては数%程度に留まっている。これは，光触媒反応で重要な点の一つが物質の吸着であるにもかかわらず，自然任せであるために光触媒表面まで十分な量の汚染物質が到達していないことによる。NOxでの経験は，屋外でパッシブ浄化する場合，さらに光触媒の吸着性の改善や光触媒を保持している構造物の設計変更を行い，物質を捕らえる能力をより一層高めることが必要であることを教えている。室内では，限られた空間であるため物質の吸着は屋外に比べて起こりやすいと考えられるが，光触媒の励起に必要な紫外線が室内灯だけでは足りないという問題点がある。

室内に太陽光の入る部屋では，室内灯の光が届かなくても十分光触媒を励起できる。しかし，太陽光が全く入らない部屋の場合には，室内灯からの紫外線が光触媒まで十分届いていないため，汚染物質の分解が起こらないか中途半端な分解に終わってしまう恐れがある。現在，室内灯の可視光部分も使えるようにするため，それに応答性を示す光触媒の開発が盛んに行われている。一部では実用化が始まっているが，まだ問題を解決できるほど高性能のものが現れていない。今後，それほど遠くない日に光触媒の高感度化と可視光化が進み，室内の照明でも十分空気浄化が行えるようになることを切望する。

文　献

1） 竹内浩士，村澤貞夫，指宿堯嗣，“光触媒の世界”，工業調査会（1998）
2） T. Ibusuki, K. Takeuchi, *J. Mol. Catal.*, **88**, 93 (1994)
3） 根岸信彰，セラミックス，**39**，504（2004）
4） 竹内浩士，指宿堯嗣，“光触媒ビジネス最前線”，工業調査会（2001）
5） 野坂芳雄，野坂篤子，“入門光触媒”，東京図書（2004）

4　試験方法の標準化

竹内浩士*

4.1　はじめに

金属酸化物による光触媒作用は古くから報告されていたが，1990年代になって酸化チタン光触媒の環境改善用途での実用性が示されるようになった。具体的には，水及び空気の清浄化，抗菌，汚れ防止（セルフクリーニング）等であり，世界的にも我が国が中心となって，多くの関連製品が開発されてきた[1]。しかしながら，材料表面での作用によるその効果は温和ではあるが，必ずしも即効的ではないこと，目に見えにくいことなどのために，試験方法の確立が強く求められていた。

経済産業省は2002年9月，藤嶋昭東京大学教授（当時）を委員長とする光触媒標準化委員会を㈳日本ファインセラミックス協会（JFCA）に設置し，標準化推進の体制を整えた[2]。これにより，当該分野に実績のある業界団体並びに公的機関である当所が大同団結して，セルフクリーニング，空気浄化，抗菌・防かび，及び水質浄化の機能別に国内及び国際規格（JIS，ISO）原案を作成することとなった。設置期限の2005年度末までに，当初の目的をほぼ達成しつつある。本節では標準化の考え方，現在までの到達点，並びに今後の展望を述べる。

4.2　標準化の考え方

酸化チタン光触媒の各種の作用は，主として紫外線照射下で生成する活性酸素種に基づくことから，この濃度を直接測定することができれば，統一的な評価方法となり得る。しかし，必ずしも活性種が特定されておらず，その定量も容易ではないことから，現状では個々の効果に即して，代表的な対象物質を用いて試験を行わざるを得ない（水質浄化性能試験においては，ラジカル捕捉剤として働くジメチルスルホキシドを用いて，より一般的な試験方法とすることが試みられている）。

光触媒材料が機能する環境は，紫外線の照度・波長分布，温度，湿度，汚染物質（または菌，汚れ）濃度を含めて，複雑である。また，表1に示すように光触媒製品には一般に，その機能を補完する材料が併用されている。空気浄化の場合は吸着剤が混合されている場合が多く，光触媒の作用のみを評価する必要がある。これは通常，光照射下と暗時との性能の差，あるいは光触媒加工の有無によって評価される。

表1　光触媒への機能強化剤の添加

機　能	機能強化剤
空気／水処理	吸着剤，酸化剤・還元剤
抗菌・抗かび	無機・有機抗菌剤
セルフクリーニング	親水化／撥水化剤

＊　Koji Takeuchi　㈱産業技術総合研究所　環境管理技術研究部門　主幹研究員

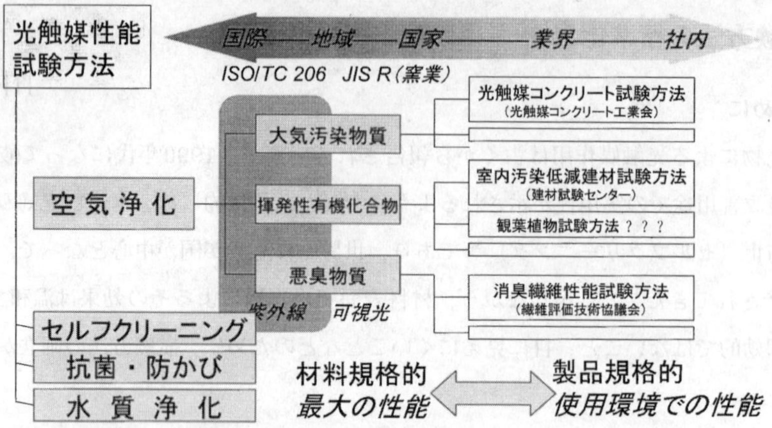

図1　光触媒性能試験方法の体系

● 空気浄化材料はその多様性（壁紙からフィルターまで）により，材料規格的な扱いを重視

試験条件の設定においては，使用される環境条件に厳密に合わせるべきという考え方と，まずは光触媒が発揮する最大の性能を確認すべきという考え方がある。前者は消費者保護の立場から，後者は材料開発の観点から重要である。実際には，性質の異なる多くの材料・製品があり，用途によっても環境条件は変化することから，国家／国際規格としては，非現実的ではない範囲で，材料開発寄りの試験条件とせざるを得ない場合もある。厳密な環境条件は，性能基準や認証制度と併せ，今後業界等で制定される個別の製品規格において考慮されるのが適切であろう。なお，最近話題になっている可視光応答型光触媒については，その特性や効果が十分に明らかになっていないことから，本委員会では標準化の対象としていない。

一方，産業技術戦略としては，光触媒は我が国が主導的な立場で研究開発を進めてきた経緯から，技術の普及促進に有効な標準化についても，我が国が中心となって推進すべきとの声が大きかった。標準化は一般に長期間を要するため，JIS及びISO原案作成を同時に進めることとし，後者については，酸化チタンがセラミックス材料であり，セラミックス応用製品が多いことから，既に我が国が幹事国となっているISO/TC 206（ファインセラミックス技術委員会）を活用することとなった。今後の作業も含めて，試験方法標準化の全体像を図1に示す。

4.3　窒素酸化物除去性能

光触媒による揮発性有機化合物（VOC）の気相分解は1950年代より研究されていたが，空気浄化という観点からの応用が検討されたのは，水質浄化への応用に続いて1980年代後半になってからである。環境大気を直接浄化しようとする提案は1993年になされ，1996年からは光触媒材料の沿道評価試験や空気清浄機の市販が行われたが，この過程で光触媒材料の客観的な試験方法が必要となった。それまでの知見に基づいて，また以下の諸条件を考慮して，当所はJISの前段階である標準情報（TR）の原案「光触媒材料－大気浄化性能試験方法」を作成した[3)]。

- これまでの試験に用いられてきた機材等の有効利用
- 器壁への吸着を防ぎ，一定の流動状態を得るための流通式試験容器の採用
- 主要な大気汚染物質であり，反応生成物が光触媒に残留する一酸化窒素（NO）の試験用ガスとしての選択
- 現実的な試験条件（NO濃度1.0 ppm，温度25℃，相対湿度50％，A領域紫外線照度10 W/m^2）
- 汚染物質除去率ではなく，一定時間後の除去量で評価（最大40.18 μmol）

これはTR Z 0018として2002年1月に経済産業省から公表された。空気浄化性能分科会は，このTRを詳細に検討してJIS原案を作成した結果，2004年1月にR 1701-1（ファインセラミックス－光触媒材料の空気浄化性能試験方法－第1部：窒素酸化物の除去性能）が制定された。光触媒に関する公的規格としては世界で最初のものと考えられる。ほぼ同じ内容は，2003年10月の第10回ISO/TC 206総会において，新業務項目（NWI）として採択された。現在，委員会原案（CD）を経て国際規格原案（DIS）の段階にある。試験装置，光照射容器，及び試験方法の概要を，図2～図4に示す。図3（B）のフィルター試料の試験はTC 206の議論の中で加えられたものである。TC 206では光源の選択についても検討がなされた。我が国で紫外線蛍光ランプといえば351 nmを極大波長とするブラックライト（BL）またはブラックライトブルー（BLB）が一般的であるが，世界的には必ずしもそうではない（表2）。しかし，照射の目的から，BL/BLB-351 nmを使用することで了承を得た。

試験操作は図4に示す手順に沿って行われる。ラウンドロビン試験の結果，併行精度及び再現精度はそれぞれ，0.37及び0.53 μmolと平均NO_x除去量 15 μmolに比べて十分に小さいことが確認された。

表2　紫外線照射用光源の選択

	BL/BLB 351	BL/BLB 368	D65
長所	太陽光スペクトルに近い。既存国際規格で使用（ISO 4892-3，プラスチック暴露試験）。	発光が安定しており，光量低下が少ない。有害物質を使用せず，有害輻射もない。	自然光に近い高演色性。色比較／検査用（JIS Z 7823）。
短所	わずかに有害なUV-B（＜315nm）を輻射。蛍光体にわずかな鉛を含む。	波長分布範囲が狭く，試験時間が長くなる。	紫外線放射量が少なく，試験に長時間を要する。
入手性	我が国以外では必ずしも容易ではないが，GEやPhilips（CLEO）が日焼け用及びプラスチック／塗料試験用に製造販売。	欧米で一般的。我が国では日立製作所が製造。	東芝ライテック㈱が製造するのみ。世界的には入手困難。

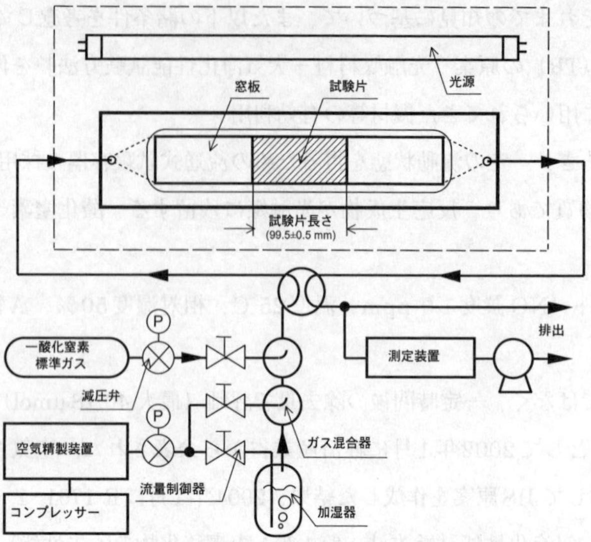

図2　空気浄化材料試験用装置の構成例

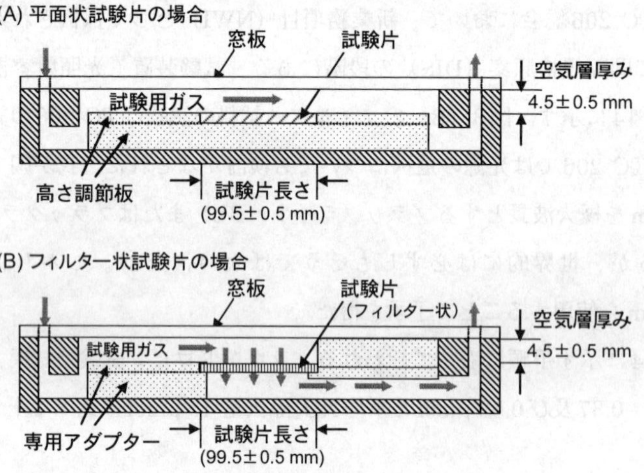

図3　流通式反応容器の断面図

前処理	有機物除去（$I_{UV\text{-}A} \geq 10\ W/m^2$, $\geq 5\ h$） 水洗（精製水浸漬 2 h, 風乾，恒量化）
	↓
試　験	吸着試験（光なし，試験ガス，0.5 h） 除去試験（光照射，試験ガス，5.0 h） 脱着試験（光なし，ゼロガス，0.5 h） 溶出試験（精製水浸漬 1 h × 2回）
	↓
報　告	NO_x 除去量，NO_2 生成量，吸脱着量 水洗による再生効率 試験片の状況，試験条件等

図4　JIS R 1704-1 窒素酸化物除去試験の手順

4.4　VOCを用いる試験

次に，窒素酸化物と並んで，空気汚染物質として重要なVOCを用いる試験方法を検討した。VOCとしては大気汚染防止法の有害大気汚染物質や化学物質排出把握管理促進法に規定されるPRTR物質として，少なくとも数百種が知られており，それらの性質も多岐にわたる。厚生労働省から室内空気汚染物質の濃度指針値が示された物質も13種類，悪臭防止法に規定される特定悪臭物質も22種類ある。それだけの数の試験方法を作るわけにはいかないので，試験対象を十数物質に絞り込んだ後に，それらの汚染物質としての代表性，環境濃度，有害性，試験の安全性・容易性などを考慮した結果，アセトアルデヒド（CH_3CHO）及びトルエン（$C_6H_5CH_3$）を選択した。

アセトアルデヒドは低級極性化合物の代表であり，悪臭物質でもある。室内空気汚染物質としては同族のホルムアルデヒド（HCHO）の方がより注目されているため，当初はホルムアルデヒドを用いて予備実験を行ったが，標準ガスの調製や低濃度の測定が難しいことが問題となった。実験の結果，両者の光触媒上の分解性には相関があること，また㈶建材試験センターを中心に行われている建材からのVOC放散量測定の標準化ではホルムアルデヒドが用いられていることから，アセトアルデヒドに決定した。一方，トルエンは溶剤として多用される芳香族炭化水素の代表であり，試験対象とすることに特段の異論はなかった（特定悪臭物質でもある）。かつて広く用いられていたベンゼンも候補の一つであったが，発がん性があるために既に研究室での使用も規制されている状況であり，対象とはならなかった。

4.5　VOC試験の条件設定

作成したJIS/ISO原案では流通式反応器を用いるなど，基本的にJIS R 1701-1を踏襲したが，試験のコストを下げるために，分析方法として一般的な水素炎イオン化検出－ガスクロマトグラフ法（GC-FID）の利用が強く望まれていた（アセトアルデヒドではJIS/ISOに規定のあるDNPH法も使用できる）。したがって，VOC濃度は通常観測される環境濃度よりは高いppmレベルに設定したが，VOCの分解は一般に遅いために汚染物質負荷量を上げることができない。特に，トルエンでは酸化分解以外の反応が起こって光触媒表面が黄褐色となっていくことがある。このため，試験用ガス流量を低く設定することで負荷量を下げることとした。窒素酸化物の場合と比較した試験条件を表3に示す。

VOCが完全に酸化分解されているかどうかを調べるには最終生成物である二酸化炭素（CO_2）の生成を調べる必要がある。5 ppmのアセトアルデヒドが完全に酸化されても生成する二酸化炭素は高々10 ppmである。大気中には370 ppmもの二酸化炭素が存在しているので，試験用ガスに合成空気を用いるか，吸収剤を用いて除去しなければ，正確な測定は望めない。アセトアルデ

表3　光触媒材料の空気浄化性能試験方法

試験条件	試験ガス		
	NO（JIS R 1701-1）	CH_3CHO	トルエン
方式	流通式	←	←
濃度	1.0 ppmv	5.0 ppmv	1.0 ppmv
流量	3.0 L/min	1.0 L/min	0.5 L/min
温度／湿度	25℃/50％RH	←	←
UV-A 照度	1.0 mW/cm^2	←	←
試験時間	5h	3h	3h
汚染物質負荷	40.2 μmol/5 h	40.2 μmol/3 h	4.02 μmol/3 h
分析方法	化学発光法 NO_3^-：IC	GC-FID，DNPH-LC CO_2：NDIR or メタン化GC-FID	GC-FID
試験成立条件	—	暗条件で90分以内に吸着平衡濃度が供給濃度の90％以上となること	
試験条件緩和（除去率＜5％）	—	流量半減＋試験片2枚（換算負荷量1/4）	試験片2枚（換算負荷量1/2）

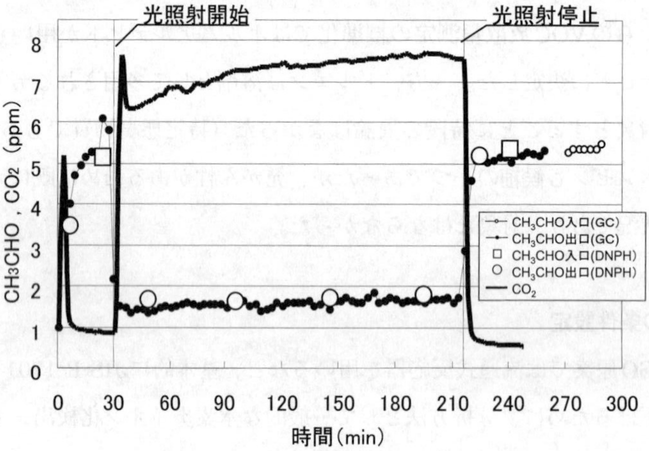

図5　アセトアルデヒドを用いた性能試験の実施例

ヒドを用いる場合に，非分散赤外吸収法やメタン還元炉-GC-FIDを用いる二酸化炭素測定を規定した。試験における代表的な濃度変化を図5に示す。しかしながら，材料そのものが二酸化炭素を強く吸着することがあり，測定には限界がある。トルエンの場合には，トルエン自体を強く吸着する材料があり，物質収支のみならず，光照射効果の判定すらできない場合もあった。このため，二酸化炭素の測定を規定することができなかった。

試験条件の設定に当たっては，光触媒建材等にどれほどの能力があれば室内空間の清浄化に有効であるか，という観点も重要である。室内空間の容積・換気量と光触媒建材設置可能面積を予備的に検討した結果，本試験操作におけるVOC負荷量は妥当であることがわかった。すなわち，試験操作において十分な精度で測定できる除去率5％以上でなければ浄化建材として有用ではないということになる。しかしながら，研究開発の途上においてはこれより低い性能の試作品を扱う必要等があることを考慮し，VOC負荷量を軽減した試験も記載することとした。先に述べたようにVOCの初濃度を下げるわけにはいかないので，試験用ガス流量を減らすことと，試験片の枚数を増やすことにより対応する。この試験条件の変更は報告事項に明記しなければならないが，往々にして測定結果の数値のみが伝えられることがあり得る。このため，性能はVOCの除去率（％）ではなく，試験片1枚当たりの除去量（μmol）として表示することとした。

4.6 おわりに

光触媒材料の性能試験方法は概ね検討が終了し，JIS原案とISO提案が出そろうことになった。先行したJIS R 1701-1については，試験機関の能力を国家的・国際的レベルで承認する試験事業者認定制度（JNLA）が適用されることになっている。今後は悪臭物質などについて追加の作業を行うとともに，光源の選択を含めて，可視光応答型光触媒についても対応していくなど，統一された業界団体の力も借りて，図1のような体系を構築していくことになろう。標準化はとかく利害のぶつかり合う作業であり，ここまで到達することができたのは関係者の並々ならぬ情熱と尽力によるところ大である。国際規格の制定には更に時間を要するが，新たな環境技術の普及に向けて，手を緩めることなく推進していくこととしたい。

文　　献

1) 橋本和仁，藤嶋昭監修，“図解 光触媒のすべて”，工業調査会 (2003)
2) 日本ファインセラミックス協会，FC Report, 20, **10**, 231 (2002)
3) 竹内浩士，指宿堯嗣，“光触媒ビジネス最前線”，工業調査会 (2001)

第6章　低温プラズマ技術

永長久寛[*1]，金　賢夏[*2]，尾形　敦[*3]，二タ村　森[*4]

1　はじめに

今から6年前の1999年夏，プラハで行われたプラズマ化学に関する国際会議の招待講演でKogelschatz博士は日本製プラズマディスプレーの写真をスクリーン一杯に写し，これからの成長産業の一翼をプラズマが担うのだと強調した。ひとくちにプラズマと言っても，太陽のような熱プラズマもあれば，本章で取り上げる低温プラズマというものもある。低温プラズマには，ガス温度を室温～200℃に抑えたまま，難分解性の有害化学物質が短時間で分解できる特徴があり，すでに空気清浄器，硫化水素，アンモニア等の悪臭物質除去装置としても実用化されている。低温プラズマ技術誕生の経緯や，基本的な性質については総説[1~6)]を参照されたい。

環境対策技術としての低温プラズマの応用例について眺めてみると，1970年代はNOx，SOx除去に対する応用が多数を占めている。1990年代初めから揮発性有機化合物（Volatile Organic Compounds，本章では以下，VOCと略記）の分解に適用され始める。1990年代後半になると，TNTなどの爆薬，VX，サリンなど，神経ガスの分解，大腸菌，炭疽菌など，微生物の殺菌や放射性汚染物質の除染などが検討されるようになってきている。

本章では，主に筆者らの研究成果を元に，VOC分解除去に対する低温プラズマ技術の適用可能性に焦点をあてて，低温プラズマ反応器の形式と特徴，基本的な物理化学的な性質，VOCの反応性と反応機構，触媒との複合化について述べる。

＊1　Hisahiro Einaga　㈱産業技術総合研究所　環境管理技術研究部門　励起化学研究グループ　研究員

＊2　Hyun-Ha Kim　㈱産業技術総合研究所　環境管理技術研究部門　励起化学研究グループ　研究員

＊3　Atsushi Ogata　㈱産業技術総合研究所　環境管理技術研究部門　励起化学研究グループ　主任研究員；金沢大学客員助教授

＊4　Shigeru Futamura　㈱産業技術総合研究所　環境管理技術研究部門　励起化学研究グループ　グループ長；日本大学非常勤講師

2　プラズマ反応器の形式と特徴

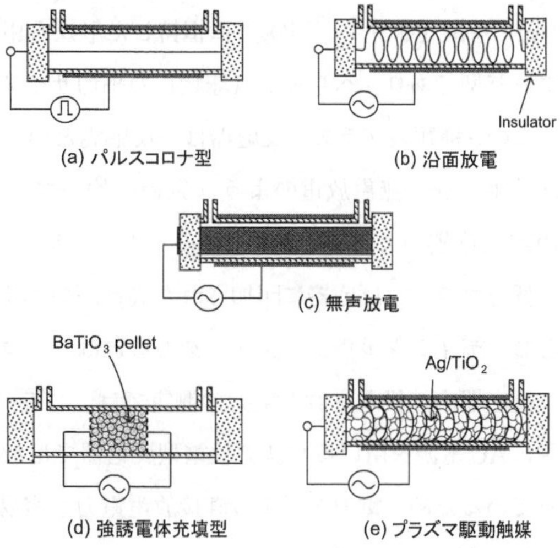

図1　各種プラズマ反応器の構造

大気圧下で安定に低温プラズマを発生させる反応器を大別すると，(a) パルスコロナ型，(b) 沿面放電型，(c) 無声放電型，(d) 強誘電体ペレット充填型，(e) プラズマ駆動触媒（PDC；Plasma-Driven Catalyst）型に分類される（図1）。この他，(b) と (c) の重畳型[7] なども知られている。

(a) パルスコロナ型ではWire-cylinder方式［図1(a)］かWire-plate方式が採用されている。この方式では電極の立ち上がり時間が10～50nsと速く，半値幅50～500nsの極短パルス高電圧を印加するとストリーマコロナが電極空間に発生する。通常は伸びのよい正パルスが用いられる。本総説では，石英管の中心にステンレスワイヤを張って高電圧電極とし，石英管の外側に巻いたアルミテープを接地電極としたものを反応に供した。

(b) 沿面放電型（SFD）では円筒状のセラミック誘電体の上下面に設けた紐状放電極間に数kHzから数十kHzの高電圧を印加することにより，パルス状のストリーマ放電を発生させる。本総説では，石英管の内壁面にコイル状の電極を高電圧電極とし，石英管の外側に巻いたアルミテープ，あるいは銀ペーストを塗布した薄膜を接地電極としたものを用いた。

(c) 無声放電型（SD）はオゾン発生器として100年以上の実績を有しており，比較的なじみやすい反応器である。しかしながら，この型の反応器では数mm程度の電極間隔しかとれないため，大容量のガスを処理する場合には反応器を並列に配列するなどの工夫が必要となる。方式としては平行平板型と円筒同軸型のいずれも可能である。本総説では，通常の円筒同軸型でギャップ長1mmのものと，電極間に誘電体としてガラスを挿入し，ギャップ長を3mmとしたものを用いた。

(d) 強誘電体充填型は反応器内に強誘電体セラミックのペレットを充填したもので，両極電極に50～60Hz，～10kHzの交流電圧を印加すると各ペレット間での分極が起こり，nsオーダーのパルス状マイクロディスチャージが発生する。反応器としては平行平板同筒方式［図1(d)］と同軸円筒方式が用いられている。本総説に示した反応器では誘電率$\varepsilon=5{,}000$，10,000の$BaTiO_3$ペレットを充填したものを用いている。(b)～(d) はバリア放電（Dielectric Barrier Discharge）に分類される。

(e) PDC反応器はSFD反応器に触媒ペレットを充填したものである。ここでは1wt％の銀(Ag) を酸化チタン (TiO_2) に担持した触媒を用いている。TiO_2は光触媒として活性の高いアナターゼ型であり，ペレット（球状）の平均サイズは1.8mm，比表面積は62m^2/gである。

この5種類のプラズマ反応器は，反応場という側面で整理すると，(a) パルスコロナ，(b) 沿面放電，(c) 無声放電のような気相の均一プラズマと (d) 強誘電体充填型反応器および (e) PDC反応器のように気体－固体の不均一プラズマと大別することができる。

低温プラズマ反応器に印加された高電圧の測定には通常電圧プローブを使用して印加電圧を落とし，ディジタルウェーブメータあるいはオシロスコープで電圧値を読み取る。

反応器内へ投入された電力の測定では，プラズマ反応器のタイプに応じた方法が求められる。主にAC電源を用いるバリア放電型反応器では放電電流が無数のパルス状のストリーマで構成されているため，電力波形から直接放電電力を容易に求めることができない。そこで反応器と接地電極の間に適切な容量 (C) のコンデンサーを直列に挿入し，放電電流を時間積分した電荷量 (Q) の形として計測する。これをプロットしたV-Qリサージュ (Lissajous) 図形の面積から一周期の放電エネルギーを求め，周波数を掛けて放電電力を求める。

$$\text{バリア放電の放電電力} = f\oint V(t)\,dQ \quad ;\ (\text{watt}) \tag{1}$$

一方，パルスコロナ型では電圧波形 (V) と放電電流波形 (I) を掛け算した電力波形 (V×I) をプロットし，その電力波形の面積を積分して単一パルスあたりの放電エネルギーを得る。単一パルス当りの放電エネルギーにパルス繰り返し周波数 (f) を掛けて放電電力を求める。

$$\text{パルスコロナの放電電力} = f\cdot\int V(t)I(t)\,dt \quad ;\ (\text{watt}) \tag{2}$$

放電電力計測の精度を上げるためには，波形の積算及びノイズ対策などが重要である。

なお，市販のネオントランス等を用いた場合には，簡易的に一次側に電力計を接続し，消費電力を測定することもできる。正確には電源自体のエネルギーロスなども考慮しなければならないが，同一の反応器を用いている限り，おおむね放電電力と反応性には良い相関があるので，反応性を議論する上では有用な指標となりうる。ただし，印加電圧とVOCの反応性については直接的な相関がない場合が多いので，取り扱いに注意しなければならない。

3 低温プラズマの物理化学的な性質

表1にグロー放電，コロナ放電，無声放電の特性パラメータを示す。グロー放電は圧力が10^{-3}MPa以下の低圧で生成する低温プラズマであるが，電子エネルギーの範囲は0.5～2.0eVと，

表1 放電場の特性パラメータ

パラメータ	グロー	コロナ	無声
圧力（MPa）	$<10^{-3}$	0.1	0.1
電界強度（kV/cm）	0.01	0.5～50	0.1～100
換算電界強度（Td）	50	2～200	1～500
電子エネルギー（eV）	0.5～2.0	5（平均）	1～10
電子密度（$/cm^3$）	10^8～10^{11}	10^{13}	10^{14}
イオン化率	10^{-6}～10^{-5}	低	10^{-4}

コロナ放電や無声放電よりかなり低くなっている。電子密度もコロナ放電や無声放電に比して低く，電子密度，電子エネルギーレベルの点から，大気圧で行うVOC分解にはそぐわない。

コロナ放電や無声放電における高速電子のエネルギー分布から，VOC分解に必要とされるエネルギーが供給されることがわかる。実際の反応器中の高速電子のエネルギー分布をシミュレーションで求める試みもなされているが[8)]，反応器間の比較を行うには難しい点もあり，反応器性能の評価を効率よく行う上での課題は残されていると言えよう。

化学的な観点から上記反応器を評価すると，性能に差が認められる。50Hzの交流電圧を用いて吸熱性の高い水の分解などを窒素中で行うと，強誘電体充填型の方がSDよりも圧倒的に高い反応効率を示す[9)]。しかしながら，500Hz以上の高周波電圧を印加したメタノールの改質では，反応効率はSD，強誘電体充填型を問わず，(3)式で定義される投入エネルギー密度（Specific Energy Density，SED）の関数として表すことができる[10)]。これらの事実により，低温プラズマ中における高速電子のエネルギー分布は反応器タイプと周波数に依存するものと考えられる[11)]。

$$\mathrm{SED(J/L)} = P_{dis}\mathrm{(W)}/Q\mathrm{(L/min)} \times 60 \qquad (3)$$

ここでP_{dis}は反応器内放電電力を，Qはガス流速をそれぞれ表している。

酸化反応の効率には反応器間で差異が認められる。オゾン発生器であるSDに対して，強誘電体充填型では，空気中，無視できる量のオゾンしか生成しない[12)]。低温プラズマ中で生成する活性酸素種がVOC分解に寄与するとすれば，VOCの反応挙動は反応器タイプによる影響を顕著に受ける[13)]。VOCの化学構造と反応モードに応じて適切な反応器タイプを選定する必要がある。この点は，後述する触媒との複合化における反応器デザインとも密接に関連しており，重要なポイントとなる。

4 VOCの反応性と気相均一系における反応機構

SEDは比投入エネルギー（Specific Input Energy）とも呼ばれるパラメータで，低温プラズマ処理における排ガス単位体積当たりの実質的なエネルギー消費量と見なすことができる。反応器内放電電力の代わりにプラグイン電力を用いれば，反応システム全体に投入されたエネルギーの密度を求めることができる。さらに分解対象物質濃度でSEDを除することによりVOC濃度当たりの値を求めることも可能である。一般にVOC濃度の増加とともに分解率は低下するので，このパラメータにより反応器性能を濃度条件の違いによらず比較することができる。

低温プラズマのような放電電子技術に対して電子ビーム技術の開発も行われている。電子ビーム中における電子エネルギーは100keV以上となり，原子間結合エネルギーやイオン化エネルギー，励起エネルギーよりはるかに高くなっている。当然のことながら，反応機構的に低温プラズマと電子ビームは大きく異なっている[14]。

PenetranteらはNO，ジクロロメタン，四塩化炭素，メタノールの分解におけるエネルギー効率を電子ビームと低温プラズマで比較した結果，電子ビームの方が数倍ほど高いと結論づけた[15]。彼らは吸収線量［反応ガスグラム当たりに吸収されたエネルギー（J/g＝kGy)］をSEDに換算した。低温プラズマでは反応ガス全体に投入された電気エネルギーをベースにしているのに対して，電子ビームではVOC含有ガスに吸収されたエネルギーのみをベースにしたため，電子ビームの方が高効率という結論に至ったものと考えられる。実際に電子ビーム照射にははるかに多量のエネルギーが消費されたものと想定されるため，彼らの結果から双方の優劣を論ずることはできない。

強誘電体充填型反応器を用いて500ppmの 各種VOCを空気中で分解した際の相対反応性を図2に示す[16]。トリクロロエチレンは極めて低いSEDで高分解率が達成される[17]。これに対して臭化メチル[18]やベンゼン[16]では中程度の反応性しか示さない。図中，4つの化合物で比較すると，メタンの反応性が最も低い。CF_4ではさらに分解率が低くなる。

1,1,2-トリクロロエタンの反応性はトリクロロエチレンよりはるかに低く，類似した構造を有するエチレンとエタンの反応性比較でも同様な傾向が認められている。したがって，VOCの低温プラズマ中における分解では，高速電子との反応で生成するVOCの励起状態から共有結合の開裂が進行するものと考えられる。テトラクロロエチレンもトリクロロエチレンと同様に高い反応性を示し，メタン

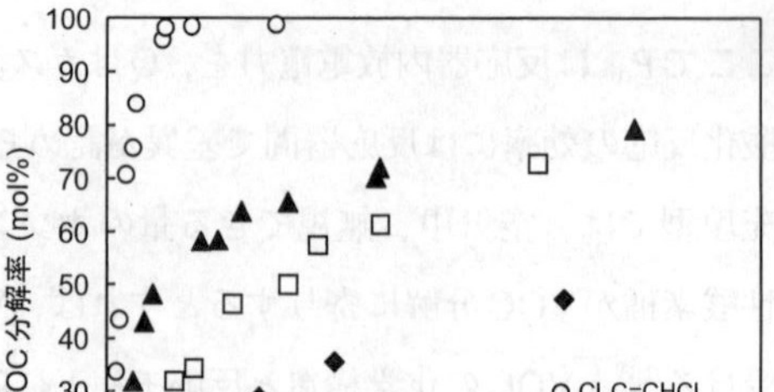

図2　低温プラズマ中におけるトリクロロエチレン，ベンゼン，臭化メチル，メタンの相対反応性
VOC 500ppm，強誘電体充填型反応器，空気中

のように励起エネルギーの高いVOCの分解率は低くなる。これらの事実により，VOCの励起過程を経た分解機構が支持される[19]。

脂肪族化合物の反応性は基本的に分子内共有結合の強度の序列で理解される。エタンはメタンより反応性が高く，C-C単結合がC-H単結合より開裂しやすいことと符合している。メタンのHをFに置換するにしたがい，分解率は低下する。C-F結合の方がC-H結合より開裂しにくいのが原因である[20]。

以上，低温プラズマ中のVOCが高速電子からのエネルギー移動で分解するメカニズムについて述べたが，もう一つの重要な反応経路として，低温プラズマ中で生成した活性酸素種によるVOCの酸化分解機構が存在する。窒素ー酸素中では酸素分子の分解で酸素原子［$O(^3P)$，$O(^1D)$］が生成し，酸素分子との反応でオゾン（O_3）が生成する。一重項励起状態にある$O(^1D)$の寿命は短く，速やかに三重項基底状態の$O(^3P)$に系間交差して失活するか，水等と反応してOHラジカルを生成する。

ほぼ常温でのVOC分解では，窒素中よりも空気中において分解率が低下する場合が多い。また室温下で2％程度の水を添加すると，反応器タイプやVOCの構造によらず分解促進効果が認められない。水の分解や，$O(^1D)$と水の反応によるOHラジカル生成といった化学的な効果よりも，反応性に富むプラズマ領域が狭まる物理的な効果[21]の方がVOCの反応性を規定しているように考えられる。水によるVOC励起状態の失活も想定されるため，飽和水蒸気圧に近い水を反応ガスに加えることは得策でない。水濃度を低く抑えた場合にはベンゼンの分解が促進されるケースも認められており（5. 1節参照），水の化学的な効果がより強く発現したとも考えられる。低温プラズマ中における水自体の反応挙動とVOC分解に及ぼす添加効果については未解明な部分が多い。今後の検討課題であろう。

Hoardらによれば，180℃におけるアセチレンとプロピレンの競争反応を解析した結果，$O(^3P)$の方がOHラジカルよりも酸化分解反応における寄与率が高いと結論づけている[22]。以上の結果より，室温～180℃程度の温度領域におけるVOCの酸化分解に対するOHラジカルの寄与率は反応温度とともに増大するが，$O(^3P)$に比べて小さいものと考えられる。

気相VOCとO_3との反応速度は一般に小さいが[13]，SDにより空気中でトリクロロエチレンを分解したところ，窒素中よりも高い分解率が得られた。これに対して，強誘電体充填型反応器では酸素による促進効果が認められなかった[13]。ベンゼンの分解では，SDを用いても酸素による分解促進効果は認められなかった[23]。これら無触媒で実施したVOC分解実験の結果から，$O(^3P)$が活性酸素種であると考えられる。ベンゼンの場合は$O(^3P)$との反応速度定数が小さいため，酸素による促進効果が確認できなかったものと思われる。

VOCの分解除去においてはVOC中の炭素がCO_2まで酸化され，ハロゲン元素が化学的に安定なハロゲン化水素まで変換されて除去されなければならない。低温プラズマ中では5％程度の酸素が存在すればニトリルのような有機化合物やNOxの副生を抑えることができる[12]。また，アルデヒド等の酸化中間体の生成量はCOに比してはるかに少ない。低温プラズマによるCOからCO_2までの酸化反応は遅く，COとCO_2の前駆体は必ずしも同一でない[24]。すでに述べたように，無触媒，水添加系ではVOC転化率が減少することから，室温付近の低温領域では，OHラジカルによる反応促進が期待できない。CO_2収率は若干改善するが，十分とは言えない。また，VOCの共有結合が開裂した後の酸化分解機構も解明されたとは言いがたい。今後の検討課題である。以上の結果と考察から，VOCの分解機構を図3に示す。

$$\mathrm{VOC} + e^* \longrightarrow \mathrm{VOC}^* + e \quad (1)$$

$$\mathrm{VOC}^* \longrightarrow \mathrm{Radicals} \quad (2)$$

$$O_2 + e^* \longrightarrow 2\,O + e \quad (3)$$

$$\mathrm{VOC} + O \longrightarrow \mathrm{Products} \quad (4)$$

$$e^* + H_2O \longrightarrow e + H_2O \quad (5)$$

$$\mathrm{VOC}^* + H_2O \longrightarrow \mathrm{VOC} + H_2O \quad (6)$$

$$e^* + O_2 \longrightarrow O_2^{\cdot -} \quad (7)$$

図3　低温プラズマ中におけるVOCの分解機構

複数の低温プラズマ反応器を組み合わせて，酸化活性種を別途生成してからVOCと混合しても分解率は必ずしも改善されない。これらの弱点を克服すべく，低温プラズマと触媒との複合効果が精力的に検討されてきた。低温プラズマと触媒とを組み合わせることで，VOC分解に対する表面反応の寄与率が高まる。OHラジカルやO^-，O_3^-といった酸化力の高い活性種の酸化分解能に期待が持たれる。

5　プラズマ反応器と触媒の複合化

本節では，プラズマ技術の高度化を図る目的で触媒を複合化させた技術，特にプラズマ雰囲気下で触媒を利用する技術を中心に解説する。プラズマによりオゾン等の活性酸素種を発生させ，これを後段の触媒で反応させる方法については，10節で紹介する。

同法ではプラズマ反応器の構造や触媒の配置法に多くの組み合わせが可能であり，実際様々な工夫がなされている。報告されている文献から，放電方式，用いた触媒，分解対象物質，その効果を要約したものを表2に示す[25]。放電方式，あるいは同じ反応器を用いても組み合わせる触媒の種類によって効果が異なり，場合によっては触媒の効果が出ないものや負の効果を示すものも報告されている。ただし，負の効果が報告されている系では，（熱）触媒反応の影響が考慮されておらず，評価にあたっては常にこのことを配慮した上で議論を進める必要がある。

このように，個々の最適化が重要であるにもかかわらず，これまで放電方式の優劣を比較できるほど，統一された反応条件で比較・検討された例は多くない。4節で述べたように，ベンゼン

表2　一段式システムで検討されている放電方式，触媒，対象物質とその効果

放電方式	触　媒	対象物質	複合効果			
			分解効率の向上	CO_2選択率の改善	副生成物の抑制	その他の効果
強誘電体充填型	$M/BaTiO_3$（M＝Co，Cu，Cr，Ni，V），γ-Al_2O_3，M/γ-Al_2O_3（M＝Mo，Rh，Pt，Pd，Cu，Ag，Ni，Co），MS-3A，MS-4A，MS-5A，MS-13X	CCl_4，PhH	○	○	○	○
沿面放電	Al_2O_3，TiO_2	$CClF_3$，CCl_2F_2，$CHClF_2$，CHF_3，CF_4	○		○	
	TiO_2，Ag/TiO_2，Pt/TiO_2	PhH	○		○	○
無声放電	$CuO/ZnO/Al_2O_3$，$CuO/ZnO/MgO/Al_2O_3$	CF_4，C_2F_6，C_3F_8，CHF_3，SF_6，NF_3	○		○	
	Pt/γ-Al_2O_3，TiO_2，Pt/TiO_2，V/TiO_2	PhH	○			
	Pt/γ-Al_2O_3	$PhCH_3$	○			
	TiO_2，V/TiO_2，W/TiO_2，Cu/ZSM-5，コージェライトハニカム	$Cl_2C＝CHCl$	○			
	SiO_2，γ-Al_2O_3，MS-5A	$PhCH_3$，C_3H_8	○			○
	TiO_2，MnO_2，TiO_2-SiO_2	PhH	○	○		
	$BaTiO_3$，γ-Al_2O_3，Pt/γ-Al_2O_3	CNCl，CH_3CN，$Cl_2C＝CHCl$	○			
パルスコロナ	SiO_2，$BaTiO_3$，$PbZrO_3$-$PbTiO_3$，γ-Al_2O_3，α-Al_2O_3，$LaCoO_3$	$PhCH_3$，PhOH，MTBE	○	○		
	TiO_2/SiO_2，TiO_2/Al_2O_3	$PhCH_3$	○			
	Pt/Rhコーティング電極（アース極）	$PhCH_3$，CH_3CN				○
	Pt/Al_2O_3（ハニカム）	$CH_3COC_5H_{11}$	○	○	○	
直流コロナ放電	TiO_2，MnOx on mesh，MnOx onハニカム	$PhCH_3$	○			
グロー（～アーク）放電	Fe，Pt，Auコーティング電極	CH_3Cl，CH_2Cl_2	○			○

は中程度のプラズマ反応性を示すにとどまっており，触媒による複合効果が期待されるVOCの一つである。そこで，本複合化法の特徴を紹介する上でも，代表的な放電方式の低温プラズマ反応器と触媒を複合化させた反応器について，ベンゼンの分解反応を対象に，その性能を比較・検討した結果を次に示す。

5.1　ベンゼン分解率におよぼす触媒効果

図4に放電方式及びプラズマ反応器がベンゼン分解に及ぼす影響を調べた結果を示す[26]。模擬排ガス中のベンゼン濃度は200ppm，酸素濃度は20％とし，加湿条件ではこれに0.5％の水蒸気が添加されている。ベンゼン濃度を投入エネルギー密度に対してプロットすると，いずれの反応器においても指数関数的にベンゼン濃度が減少する傾向が認められる。

$$-\ln[\mathrm{Benzene}]/[\mathrm{Benzene}]_0 = k_E \cdot \mathrm{SED} \tag{4}$$

$[\mathrm{Benzene}]_0$：ベンゼン初期濃度

(4)式で表されるエネルギー定数k_Eは濃度減少の大きさを表す指標であり，k_E値が大きいほど分解率が高いことを示す。ベンゼン分解に対する各プラズマ反応器で得られたエネルギー定数k_Eを表3に示す。プラズマ反応器の種類によりベンゼン分解挙動に顕著な差があることがわかる。乾燥空気（A）におけるベンゼン分解は，3種類の気相の均一プラズマ反応器＜強誘電体充填型反応器＜PDC反応器の順に性能が高い。均一プラズマ反応器（3種類）においてはベンゼンの分解率にそれほど差が認められず，ほぼ同様の値を示した。パルスコロナ型反応器におけるk_Eは1.3×10^{-3}（J/L）であった。これは，パルスコロナ型反応器による150ppmベンゼンの分解に対して従来報告された値（1.45×10^{-3}）より若干小さいが，ベンゼン初期濃度を考慮すると良く一致した結果と考えることができる[27]。SFDとSD反応器における除去効率の差はほとんど認められず，k_E値は1.4×10^{-3}（J/L）であった。$BaTiO_3$充填型反応器では，気相の均一プラズマ反応器より高い除去率が得られる。さらに，表面反応の寄与が期待されるPDC反応器では最

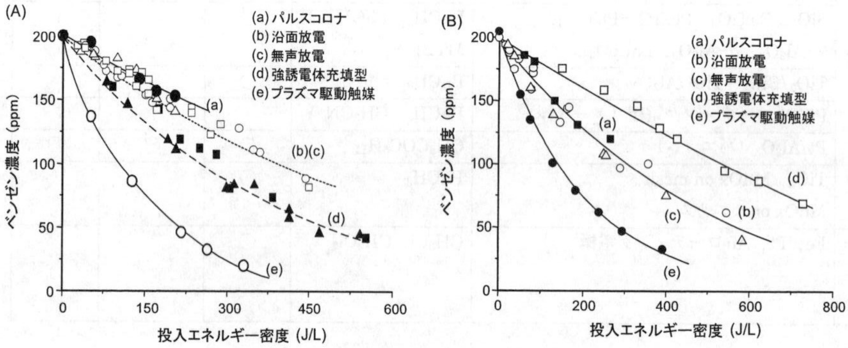

図4　プラズマ反応器の種類がベンゼン分解に及ぼす影響
（A）乾燥条件，（B）加湿条件（H_2O 0.05％）

表3　各プラズマ反応器によるベンゼン除去における
エネルギー定数

反応器	k_E（J/L） 乾燥条件	k_E（J/L） 加湿条件	文献番号
パルスコロナ	$1.3\pm0.1\times10^{-3}$	$2.2\pm0.2\times10^{-3}$	[26]
パルスコロナ	1.45×10^{-3}		[27]*
沿面放電	$1.4\pm0.2\times10^{-3}$	$2.5\pm0.2\times10^{-3}$	[26]
無声放電	$1.4\pm0.2\times10^{-3}$	$2.6\pm0.3\times10^{-3}$	[26]
強誘電体充填型	$2.3\pm0.2\times10^{-3}$	$1.2\pm0.2\times10^{-3}$	[26]
プラズマ駆動触媒	5.7×10^{-3}	$5.0\pm0.2\times10^{-3}$	[26]

＊ベンゼン初期濃度＝150ppm

大のエネルギー定数が得られ，パルスコロナ型反応器に比べておよそ4.4倍大きな値を示した。

反応ガスに0.5％の水分を含んだ条件（B）では，乾燥空気に比べて異なる傾向が観測された。気相の均一プラズマ反応器（3種類）は水分の添加によってベンゼンの除去率が大幅に向上する。強誘電体充填型反応器では水分添加によりベンゼンの除去率が急減した。PDC反応器でもベンゼン除去率が低下するものの，その減少率はわずかであった。

放電方式や反応器に関して，これまでパルスコロナ型のエネルギー効率が最も高いと考えられてきたが，一概に他のプラズマ法もエネルギー効率が低いとは言えない。また，k_Eの反応器間序列は水蒸気の有無により異なる。それ以上に，プラズマ法と触媒を組み合わせることによりVOC分解のエネルギー効率が高められる可能性が極めて高いことをもこの結果は示している。

5.2　触媒との複合化がベンゼン分解挙動に与える影響

その一方で，ベンゼン除去率の増大が本当に触媒分解作用によるものなのか，触媒との複合化による放電状態の変化に過ぎないのかといった議論が常につきまとうのも事実である。以下では，ベンゼンの反応挙動解析によりこの疑問に一つの回答を示した事例を紹介する[28)]。

先に高い分解能力を示したPDC反応器を用いたベンゼンの分解における初期濃度の影響を詳細に調べたところ，ベンゼン分解率は初期濃度が低いほど高くなり，PDC反応器も従来型プラズマ反応器同様，低濃度のガス処理に適していると考えることができる。しかし，投入エネルギー密度に対してベンゼン濃度の対数値をプロットすると，低温プラズマで一般に観察される傾向と異なる挙動が浮き彫りになった（図5）。(4)式で示したように，低温プラズマによるガス分解反応は，投入エネルギー密度の関数で表すと濃度に対して1次反応である。PDC反応器によるベンゼン分解でも投入エネルギー密度が低い領域では1次と考えることができる。しかし，投入エネルギー密度が高くなるとさらに減少率が大きくなる傾向が認められる。すなわち，これらの挙動より，投入エネルギー密度が高くなるほど触媒が活性化され，VOC分解反応において気相のプラズマ分反応よりも触媒反応の寄与が大きくなると考えることができる。他の触媒を組み合わせた反応系でも触媒機能を引き出すにはより強いプラズマが生じる空間に触媒を置くことの重要性が指摘されている[29, 30)]。投入エネルギー密度の増加は，

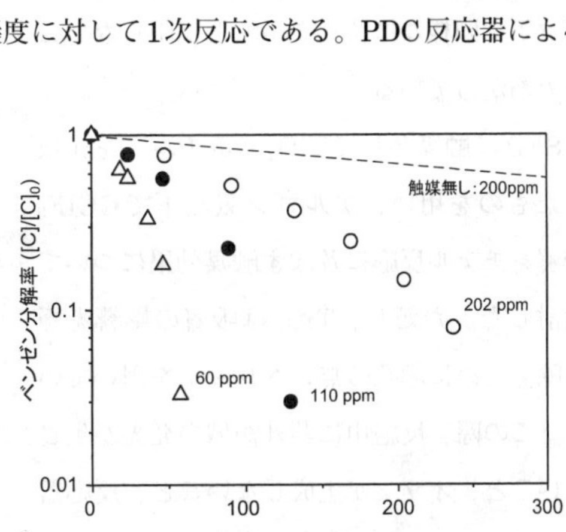

図5　PDC反応器によるベンゼン分解における初期濃度の影響
触媒：1.0wt％ Ag/TiO_2，流速：4L/min，乾燥条件

気相中のプラズマ反応だけでなく，触媒反応の寄与を高め，全体的に反応を加速することになる。また，濃度減少の傾きが初期ベンゼン濃度の低い場合ほど大きくなっていることに関しては，気相中のベンゼン量だけでなく，固体表面上に吸着するベンゼンやその分解中間生成物（表面化学種）の関与も考慮しなければならない。すなわち，ベンゼン濃度が高いほど固体表面に存在する表面化学種の濃度も高くなるため，ベンゼン分解の初期分解過程に働く活性サイトの数も制限されよう。低濃度ではこれらの表面化学種の濃度も低いため，活性サイトがベンゼン分解に寄与する割合が高くなり，反応がより加速されるものと考えられる。

6 プラズマによる固体表面の活性化

反応中の直接的な観測ではないが，プラズマにより固体表面が活性化され得ることを証明した事例[31~33]を以下に紹介する。

一段式プロセスで反応効率が向上することが確認されている触媒としてTiO_2が良く知られている。その効果は，①プラズマの発光を利用した光触媒作用[34]，②固体表面の高速電子あるいは活性化学種による直接的な活性化[35]，③発生したO_3がTiO_2上で分解する際生じる活性Oによる酸化作用[36]，④プラズマのエネルギーで正孔と電子に電荷分離後，共存するH_2Oから生じるOH，HO_2ラジカル等による化学反応[37]が原因として考えられている。しかし，触媒が光触媒特性を持たない場合やオゾンが生成しない場合でも触媒の効果は認められている。金属担持触媒に関しても熱的に有効な触媒が必ずしもプラズマ下で同様な優位性を示すとは限らないこともわかっている[38]。

SFDに触媒としてTiO_2（ルチル）を充填したものを用い，アルゴン気流下で$CClF_3$分解をモデル反応に及ぼす触媒効果について検討した。ただし，TiO_2は吸着の影響を極力除くために細孔の無いペレットを用いている。この際，反応中に紫外領域の発光が生じないこと，オゾンが生成しないこと，反応器の温度も65℃程度にしか上昇していないことを確認し，仮説の①，③，④の影響は無視できる状況にある。実際に，従来型の反応器に比べて触媒を複合させた反応器で分解率の

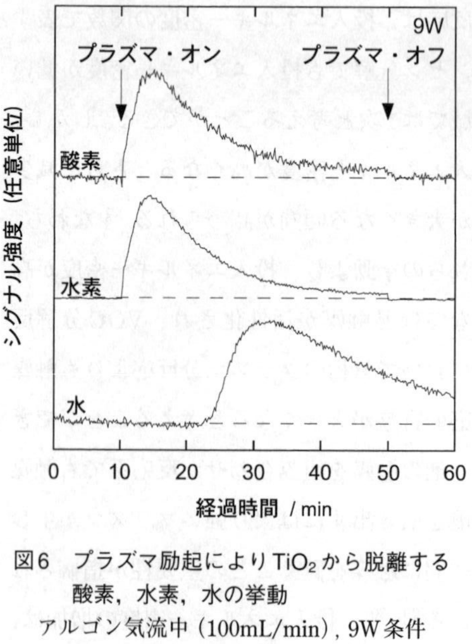

図6 プラズマ励起によりTiO_2から脱離する酸素，水素，水の挙動
アルゴン気流中（100mL/min），9W条件

向上と副生成物の抑制効果が観測された。

そこで，プラズマで直接活性化される表面化学種の情報を得るために，触媒を複合化させた反応器にアルゴンのみを十分に流通させたのちプラズマを発生させて，気相中に脱離してくる物質を質量分析計で測定した結果を図6に示す。酸素，水素（m/e＝32，2）がプラズマ・オンと同時に発生していることがわかる。ちなみに，水蒸気（m/e＝18）も検出されているが，プラズマのオン，オフに連動していないことから，酸素と水素が水の分解で生成したものでないことは明らかである。

$$2\text{Ti-OH} \rightarrow 2\text{Ti-}^{*} + O_2 + H_2 \qquad (5)$$

$$2\text{Ti-OH} \rightarrow 2\text{Ti-}^{*} + 2\text{OH} \rightarrow 2\text{Ti-}^{*} + O_2 + H_2 \qquad (6)$$

$$2\text{Ti-O-Ti} \rightarrow 2\text{Ti-}^{*}\text{-Ti} + 2\text{O} \rightarrow 2\text{Ti-}^{*}\text{-Ti} + O_2 \qquad (7)$$

（*：不飽和サイト）

固体触媒としてのTiO_2表面には多くのOH基があること，またTiO_2の結晶格子の酸素は動きやすいことが知られている。すなわち，TiO_2の表面水酸基［(5)，(6)式］や格子酸素［(7)式］がプラズマにより直接活性化できることが明らかになった。

7　触媒によるナノサイズエアロゾルの生成抑制効果

触媒の複合効果として，反応効率の向上効果，生成物の選択性の向上効果，副生成物の抑制効果のほか，特筆すべきこととして，従来型プラズマ反応器の一部で問題となっている粒子状物質の生成を抑制する効果が挙げられる[26, 39]。図7に，空気中，水分0.5％を含む条件下でベンゼン分解から生成するナノサイズエアロゾルの粒径分布と個数濃度を示す。エアロゾル生成に関しては，気相の均一プラズマと不均一プラズマの間で明らかに異なる挙動が観測された。SD反応器とパルスコロナ型反応器のような均一プラズマでは，ナノメータサイズのエアロゾルが大量に生成した。特に，パルスコロナ型反応器ではピー

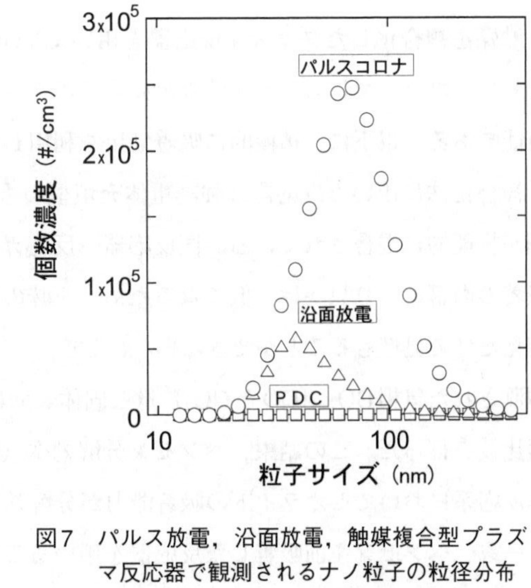

図7　パルス放電，沿面放電，触媒複合型プラズマ反応器で観測されるナノ粒子の粒径分布
［PhH］＝200ppm，［H_2O］＝0.5％，70-98J/L

ク粒径が70nm，個数濃度～10^5個/cm^3オーダーの値を示し，投入エネルギー密度の増加につれて粒径の成長と個数濃度の増加が観測された。ただし，ある一定以上の投入エネルギー密度になると，エアロゾルの粒径及び個数濃度が減少することも明らかになった。これは炭素収支の傾向と非常によく一致しており，投入エネルギー密度が低い領域ではベンゼンの分解反応だけでなくエアロゾルの生成も起こること，また投入エネルギー密度が十分高い条件ではエアロゾルの生成より分解が活発に進行することで説明できる。一方，不均一プラズマ反応器である強誘電体充填型反応器とPDC反応器では，炭素収支から予測されるようにエアロゾル生成が認められなかった。これらの結果から，低温プラズマによるVOCの分解には，気相反応が主である均一プラズマより，気相と固体表面近傍の反応が期待される不均一プラズマの方がエアロゾル生成を抑制する上で有用であるであることが明らかになった。

また，エアロゾルの形状に関する知見を得るため，プラズマ反応器の後段にフィルタを設置して50時間以上サンプリングを行い，捕集されたエアロゾルを電子顕微鏡により観察したところ，フィルタの表面には1～2ミクロン程度の粒子が捕集されていることが明らかになった。さらに，個々の粒子は無数の球形のナノサイズエアロゾルにより構成され，そのサイズは50nm前後であり，走査型モビリティー粒径分析器で観測された結果とよく一致している。

エアロゾルの生成機構としては，イオン誘発核生成や多分子均一核生成などが考えられるが，その詳細については今後さらに検討する必要がある。

8　吸着剤によるエネルギー効率の向上

触媒を複合化したプラズマ反応器を用いてVOC分解を行うことで電力効率が高められる要因として，プラズマによる直接的な触媒反応の促進効果の他，吸着による濃縮効果の有用性も利用可能である。以下に，積極的に吸着効果を利用した事例[40)]を紹介する。

複合化法に用いた反応器は強誘電体充填型のもので，通常充填される$BaTiO_3$ペレットと吸着剤が物理的に混合されている。同反応器へ反応ガスを導入してしばらくは，気相ベンゼン濃度が吸着の影響により見かけ上低くなるため，正味のプラズマ分解による減少量を単純に気相の濃度変化だけで見積もることができない。そこで，一定時間プラズマ分解反応を行わせた後，反応中に観測された気相COx（COとCO_2）量と固体表面に吸着していたCOxを定量し，正味の分解能力の比較を行った。この結果，ベンゼン分解効率（COxの総量）は従来型よりも1.4～2.1倍高く，本反応系においてゼオライトの吸着能力が分解効率の向上に寄与することが明らかになった。

一方，ベンゼンを前吸着した反応器を用いることで，高電圧印加直後には従来型に比べ同じ投入電力でより多くのベンゼンが分解する。しかし，長時間の反応を行うと吸着ベンゼンの分解効率は徐々に低下し，従来型の電力効率に次第に近づいていく。したがって，電力効率を上げるためには高電圧印加時間を短くした方が有利であると予想された。そこで，吸着・濃縮とプラズマ反応の操作を独立に行った（30分間は電力をかけずに反応ガスを流通させ，引き続き10分間だけ電力をかける操作を繰り返し行った）。従来型反応器では，図8(a) に示すように高電圧の印加と停止操作に対し，ベンゼンとCOxが極めて良好な応答を示していることがわかる。これに対し，後者のゼオライトを複合化したもの［図8(b)］では，初期の50分間は吸着の影響から気相ではベンゼンが検出されない。その後，徐々にベンゼン濃度は増加していくものの，間欠的なプラズマ反応を利用することにより気相濃度は124ppmで定常値を示し，電力をかけない時間帯でも気相ベンゼン濃度を定常的に低減できることが明らかになった。同時に，プラズマ反応中のCOとCO_2を (a)，(b) で比較すると，吸着剤の使用により明らかに同じ投入電力で多くのベンゼンが分解している。少なくともこの操作で効率を2.3倍向上できることが明らかになった。ゼオライトの種類，間欠的利用条件が最適化されれば，より高い性能が引き出せると思われる。

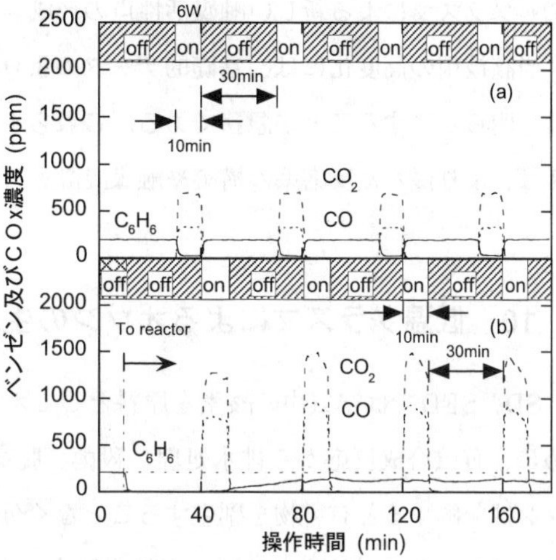

図8　間欠的プラズマ分解の利用
(a) 従来型，(b) ゼオライト複合型反応器
[PhH]＝200ppm，[H_2O]＝0.5％，間欠的に6W印加

9　低温プラズマと触媒の複合化で期待される効果

低温プラズマ法における固体表面が関与する反応について解説した。現状では必ずしも触媒の能力を十分引き出しているとは言いがたいが，プラズマとの複合化で期待される効果として，以下の点を挙げることができる。

① 中間体や対象物質の吸着による実質的滞留時間の増大
② 対象物質が固体表面に吸着しやすいことによる濃縮効果
③ 固体表面上での選択的な反応
④ 放電で生成した強力な酸化剤（O_3，O，etc）の有効利用
⑤ 固体表面における短寿命活性酸素種の安定化
⑥ 触媒活性点あるいは吸着サイトの再生

⑦　プラズマによる新しい触媒活性点の形成

当該技術の高度化には，基礎的データのより一層の蓄積と触媒の複合化に最適な反応器設計指針を明らかにすることが急務である。これらを踏まえ，反応場に固体表面が関与できる条件が整えば，より優れた反応系の構築や触媒設計も可能となろう。

10　低温プラズマによるオゾンの生成

SD，SFDでは空気中の酸素を原料としてオゾンが生成する。オゾンは高い酸化力を有するために，有機合成反応から排水処理，殺菌，脱臭等まで，幅広く利用されている[3, 41]。また，オゾンは分解すると有害物を副生することなく分子状酸素になるため，環境負荷の低い酸化剤である。このため，前節までに述べた放電反応により生成するオゾンをVOCの酸化分解反応に利用できればエネルギー効率が向上し，より少ない投入電力でのVOC処理が可能となるため，窒素酸化物の生成を抑制することができる。

分子状酸素（O_2）が存在する放電場では高速電子（e^*）とO_2が反応し，原子状酸素［$O(^3P)$，$O(^1D)$］を生成する［(8), (9)式］。続いて，$O(^3P)$ がO_2と反応してオゾンを生成する［(10)式］。この際に窒素が少量混在していると，純酸素を原料とするよりもオゾン生成効率が向上することが知られており，窒素もしくは励起された窒素も反応に関与するものと考えられる。

$$e^* + O_2 \rightarrow e + 2O(^3P) \qquad (8)$$

$$e^* + O_2 \rightarrow e + O(^3P) + O(^1D) \qquad (9)$$

$$O_2 + O(^3P) + M \rightarrow O_3 + M \qquad (10)$$

11　オゾンを酸化剤としたVOCの触媒酸化反応

オゾンはエチレンなどのアルケン類との反応性が高く，気相，液相もしくはシリカ上でこれらを酸化し，アルデヒドやカルボン酸類，次いで二酸化炭素を生成する。しかし，芳香族炭化水素やアルカン類との反応性は低く，室温ではこれらと気相の反応は進行しがたい。このため，触媒を併用する方法がVOC処理方法として有効である。オゾンを酸化剤としたVOCの触媒酸化反応についてこれまでに検討された例を表4に示す[42～55]。古くは1974年に酸化コバルト-酸化マンガン混合系触媒がアルカンをCO_2に分解することが報告されており，それ以来，マンガン(Mn)酸化物およびクロム(Cr)-銅(Cu)，Cr-コバルト(Co)系複合酸化物が主に検討されている。前者はオゾン分解触媒として一般に用いられており，後者は燃焼触媒として高い酸化力を示すことが

表4　オゾンを酸化剤とした固―気相系VOC酸化反応

触　媒	基　質	反応温度（℃）	文献番号	年
Co_3O_4-MnO_2	n-ヘプタン，n-オクタン	120-220	42	1974
γ-Al_2O_3，SiO_2	エタノール，n-，iso-プロパノール	20-90	43	1986
MnO_2	ベンゼン	10-80	44	1993
Ba-CuO-Cr_2O_3/Al_2O_3	ベンゼン，トルエン，アセトン他	60-500	45	1994
Ba-CuO-Cr_2O_3/Al_2O_3	アクリロニトリル，メタノール スチレン，トルエン	100-450	46	1996
MgO，Li/MgO	メタン	＜400	47	1996
MnOx/Al_2O_3，MnOx/SiO_2	エタノール	27-277	48	1997
MnOx/Al_2O_3，MnOx/SiO_2	エタノール	27-277	49	1999
Ba-CuO-Cr_2O_3/Al_2O_3	アセトニトリル，塩化ビニル	200-450	50	2000
Au-V_2O_5/TiO_2，Au-V_2O_5/ZrO_2	ベンゼン	20-60	51	2001
$NiMnO_3$，$NiMn_2O_4$	ベンゼン，CO	20-80	52	2001
Cu-Cr，Co-Cr/Al_2O_3 [a]	ベンゼン，CO	30-150	53	2002
Cu^{2+}，CO^{2+}，Mn^{2+}，Ni^{2+}/SL [b]	ベンゼン，CO	50-150	54	2004
Wood fly ash [c]	H_2S，MT [d]，DMS [e]，DMDS [f]	23-25	55	2005

[a] CuとCrの複合酸化物，CoとCrの複合酸化物，[b] 金属スラグ
[c] Co，Cu，Mn，Mo，Ni，V，Feを成分として含む，[d] メタンチオール，[e] ジメチルスルフィド，
[f] ジメチルジスルフィド

知られている。また最近では，より安価な廃棄物である金属スラグや種々の遷移金属を成分として含むパルプ産業の焼却飛灰（wood fly ash）を担体もしくは触媒として利用する研究も報告されている。温度条件としては，室温付近から450℃まで幅広い温度領域で反応が検討されているが，オゾンの添加により活性化エネルギーが低下し，触媒燃焼反応より低い温度領域においてもVOCが分解する。

12　VOCの酸化分解反応例　―ベンゼン―

オゾンを酸化剤としたVOCの触媒酸化反応はすでに冷蔵庫，航空機の客室の空気清浄等に実用化されている。それにもかかわらず，触媒表面上におけるVOC分解プロセスについては知見が乏しかった。そこで我々は，流通式反応系を駆使して，発ガン性として排出規制のかかっているベンゼンの酸化反応について検討した。まず触媒の最適化を行なった後，低温下でベンゼンの分解挙動を追跡し，オゾン酸化に必要な反応条件と反応制御因子を明らかにした。なお，特記しない限り，反応温度は22℃に設定した。

12.1 各種遷移金属によるオゾン酸化分解

まず，種々の金属酸化物担持触媒を用いてオゾンを酸化剤としたベンゼンの分解反応を行い，各活性金属種のVOC酸化能について比較した[56]。第一周期の遷移金属および銀の酸化物はオゾンを分解する触媒として知られている。Mn，銀(Ag)，Cu，鉄(Fe)，ニッケル(Ni)，Coの各酸化物を含浸法によりアルミナ担体上に担持した触媒によるオゾン分解反応の結果を表5に示す。VOCなしではいずれも高い活性を示し，オゾン分解活性の序列はFe＞Co≒Ni＞Mn＞Ag＞Cuと求められた。なお，数時間経過してもほとんど活性の低下は見られず，反応は触媒的に進行する。一方，オゾンを酸化剤としたベンゼンの分解反応では，Mnが最も高い活性を示し，次いでCo，Agの序列であった。活性序列は基質なしでのオゾン分解活性序列とは異なっている。特に，最も高いオゾン分解効率を示したFe担持触媒の活性が最も低く，高いオゾン分解活性を示す金属酸化物が必ずしもVOC分解反応に有効ではない。なお，気相ではベンゼン分解反応が進行せず，金属を担持しない担体のアルミナはほとんどベンゼン分解活性を示さなかったため，活性を得るためには金属酸化物の存在が不可欠である。担体をアルミナからシリカ，チタニア，ジルコニアに変えても表面積当たりの反応速度がほぼ同程度であることから，反応速度への担体の影響は小さく，むしろ表面積の大小に大きく依存すると考えられる。

12.2 酸化マンガン上でのベンゼン分解挙動

アルミナ担持酸化マンガンを触媒としてベンゼンの分解挙動を検討した[57]。図9には，ベンゼンの酸化反応の経時変化を示す。ベンゼン，オゾンの分解率はいずれも時間の経過とともに単調に低下するが，生成物としてCO_2，COが4：1の比で観測され，炭素収支は時間の経過に依存せず約30％と求められた。触媒量とガス流量の比を変えてベンゼン転化率を変化させてもCO_2，

表5　金属酸化物担持触媒によるオゾン酸化反応の結果[a)]

基質 ＼ 触媒	TOF[b)] (s^{-1}) なし	ベンゼン	
	オゾン	ベンゼン	オゾン
$MnO_2/\gamma\text{-}Al_2O_3$	1.41×10^{-2}	2.37×10^{-4}	1.46×10^{-3}
$Ag_2O/\gamma\text{-}Al_2O_3$	1.30×10^{-2}	8.60×10^{-5}	7.27×10^{-4}
$Fe_2O_3/\gamma\text{-}Al_2O_3$	2.00×10^{-2}	2.50×10^{-5}	1.96×10^{-4}
$Cu_2O/\gamma\text{-}Al_2O_3$	1.16×10^{-2}	5.46×10^{-5}	4.06×10^{-4}
$NiO/\gamma\text{-}Al_2O_3$	1.75×10^{-2}	5.08×10^{-5}	4.21×10^{-4}
$Co_3O_4/\gamma\text{-}Al_2O_3$	1.81×10^{-2}	1.05×10^{-4}	6.56×10^{-4}

a) 金属担持量：10wt％，オゾン濃度：1,000ppm，酸素濃度：10％

b) TOF＝単位時間当りの分解量／金属量

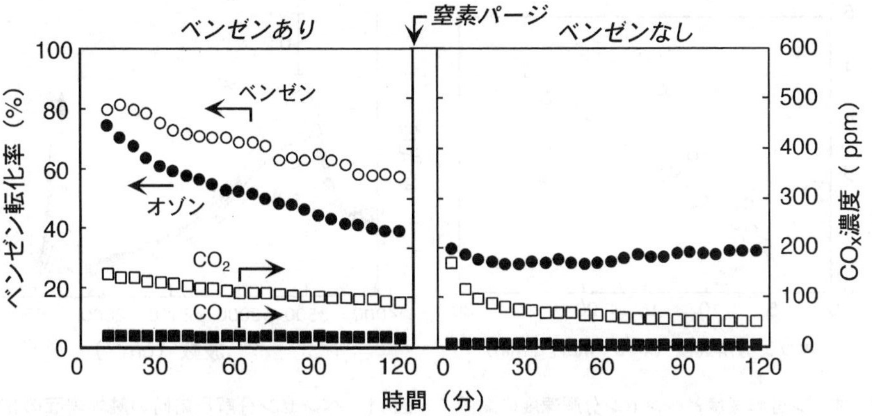

図9　アルミナ担持酸化マンガンによるベンゼン酸化反応の経時変化
ベンゼン100ppm，オゾン1,000ppm，酸素10％，ガス流量250mL/min，触媒量0.05g

COの選択率および炭素収支には大きな変化が認められなかった。反応後，ベンゼンを導入せずにオゾンを導入するとCO_2，COが生成したことから，ベンゼン分解反応中に触媒表面に中間生成物が生成するために炭素収支が低く抑えられること，これら中間生成物により触媒の活性点が被毒されて活性が次第に低下することがわかった。オゾン濃度を変えた際のベンゼン分解速度とオゾン分解速度の関係を図10に示す。良好な直線関係が認められており，オゾン／ベンゼンの分解モル比率は6と求められている。この値は反応時間およびMn担持量および金属の種類に依存しなかった。また，COx生成量とオゾン分解量についても良好な直線性が認められており，ベンゼン分解挙動，COxの生成挙動はオゾンの分解挙動に強く依存することが示唆される。

オゾンはベンゼンとの反応性が低いため，オゾン自体が活性種とは考えがたい。実際，触媒なしでは反応が進行せず，気相の均一反応は無視できる。現在，Oyamaらによって各種分光法の結果および速度論的な解析から提唱されている酸化マンガン上でのオゾン分解機構を（11)～(13)式に示す[58～61)]。オゾンは酸化マンガン上で分解し，原子状酸素，ペルオキシドを経てO_2に分解する。オゾン分解能の低い担体のみではベンゼンの分解反応が進行しないため，これらの活性酸素種がVOC分解反応に寄与するものと考えられる。

$$O_3 + {}^* \rightarrow O_2 + O^* \tag{11}$$

$$O^* + O_3 \rightarrow O_2 + O_2{}^* \tag{12}$$

$$O_2{}^* \rightarrow O_2 + {}^* \tag{13}$$

（*：触媒表面上の活性点）

触媒表面上でのベンゼン分解挙動を詳細に検討するため，触媒表面上に沈積した化学種を赤外

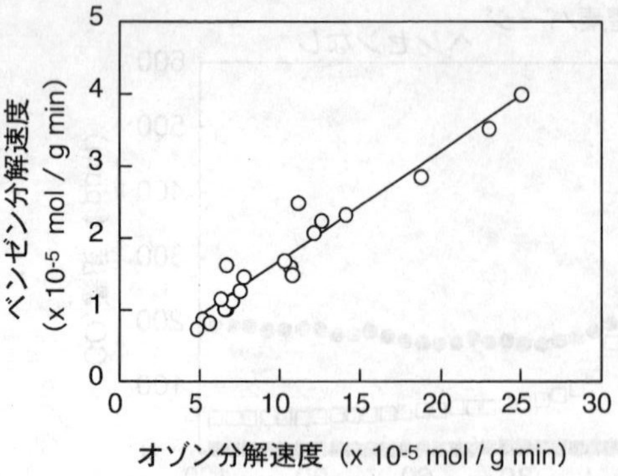

図10　オゾン分解速度とベンゼン分解速度の関係
ベンゼン100ppm，オゾン1,000ppm，酸素10％

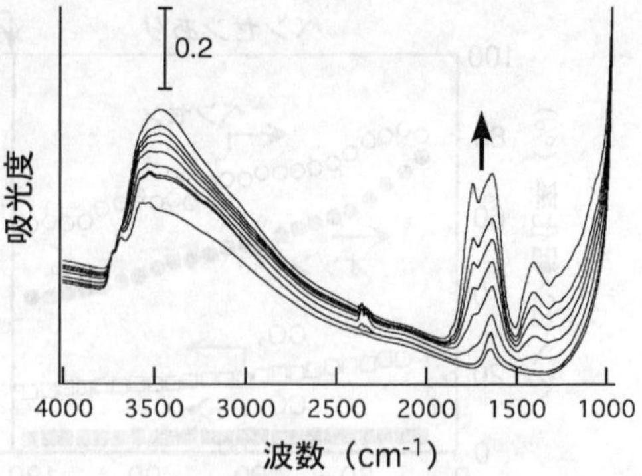

図11　ベンゼン分解反応時の触媒表面のIRスペクトルの変化
ベンゼン100ppm，オゾン1,000ppm，酸素10％

分光法により追跡した。*In-situ* FTIR測定では1,000～1,800cm^{-1}，2,500～3,800cm^{-1}の領域にベンゼンの分解生成物による新しいバンドが観測され，これらのスペクトル強度は時間の経過とともに増大した（図11）。また，触媒表面上の生成物を有機溶媒で抽出してGC-MSで分析したところ，ギ酸，酢酸，ジカルボン酸，フェノール，酸無水物を含む種々の部分酸化生成物および，ギ酸，カルボン酸が触媒表面上で転化したフォルメートやカルボキシレートの吸着種が観測された。ベンゼン分解反応に使用した触媒を酸素中，450℃で加熱処理すると触媒表面上のギ酸が脱着し，それ以外の中間生成物はCO_2，COに分解した。この処理により，上述の中間生成物が完全に分解したことが確認された。この際，300℃までの昇温加熱処理によりギ酸，フェノール，フランジオンといった化合物は分解もしくは脱離するのに対し，表面に強く吸着したフォルメート種，カルボキシレート種はより高い温度領域においてCO_2，COに酸化分解した。ベンゼン分解反応に使用した触媒を450℃まで昇温加熱処理した後，続いて再度ベンゼン分解反応を行ったところ，フレッシュな触媒と同様のベンゼン分解活性を示した。以上のことから，上記のような触媒表面上の含酸素中間生成物が活性を低下させる被毒物質であることが明らかとなった。長時間の反応においても高いベンゼン分解活性を維持するためにはこれら中間生成物の生成を抑制することが必要である。

12.3　温度効果

室温下でのベンゼン分解反応では時間の経過とともに緩やかに活性が低下するが，触媒を加熱することにより中間生成物の酸化が促進され，定常的なベンゼン分解活性が得られる。図12に示すように，触媒層を100℃に加熱することによりベンゼンがCO_2，COにほぼ100％の選択率で分解する。特に，オゾン分解量に対するCOx生成量の比率は室温下に比べて向上しており，オゾン利用率向上の観点からも有効な方法と考えられる。

触媒温度を60，80℃に下げた際には分解速度が低下するものの，定常活性が得られた。しかし，温度条件によっては触媒表面からの脱着によりギ酸が気相の副生成物として観測されており，これの除去方法も検討する必要がある。また，CO_2/COの比率が2/1であり，CO副生が問題となっているが，低温作動型のCO酸化触媒を後段に装填することによりCO_2への完全酸化を達成することが可能と考えられる。

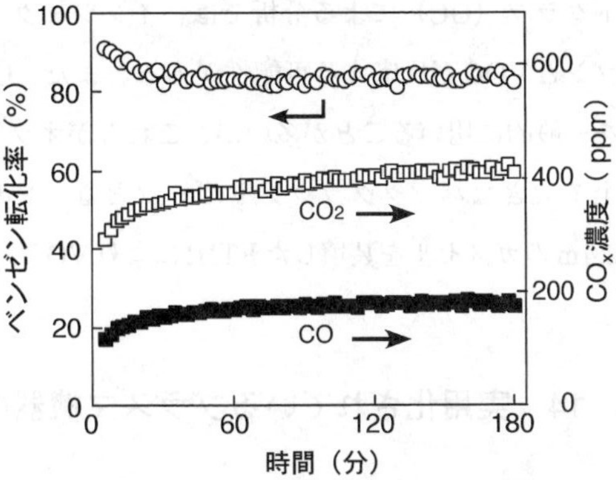

図12　アルミナ担持酸化マンガンによるベンゼン酸化反応の経時変化
ベンゼン113ppm，オゾン1,000ppm，酸素10％，ガス流量1,000mL/min，触媒量0.10g

以上述べたように，アルミナ担持酸化マンガン上におけるベンゼンのオゾン酸化過程を追跡した結果，ベンゼンは触媒表面上の種々の酸化分解生成物を経てCOxに分解した。ベンゼンの分解挙動，COx生成挙動とオゾンの分解挙動との間には強い相関性が認められる。本研究の結果から，オゾン発生装置や放電反応器と排熱の利用により，燃焼法に代わる新しいVOC触媒分解処理システムの構築が可能であると考えられる。

13　オゾンを酸化剤とした活性試験についての注意点

オゾンは 無色（あるいは薄い青色）であり，0.01ppm程度の極く微量でも強い刺激臭を放ち，人体に有害であるため，作業環境における許容濃度も0.1ppm以下と設定されている。また，ステンレス鋼（SUS316，SUS304），ガラス管，フッ素系樹脂などは耐オゾン性を示すが，シリコンゴムなどはオゾンにより劣化する。従って，オゾンを使用する反応系を作製する際には，反応系からのオゾンの漏れを防ぐこと，耐オゾン性を示す材料を選択することが必要である。オゾンの取り扱いについて詳細は成書[41]をご覧いただきたい。

室温下でオゾンは比較的安定であるが，温度の上昇とともに分解しやすくなり，250℃では半減期が0.2秒以下と，ごく短時間で分解する。したがって，オゾンの分解量を精度良く測定するためには，気相での分解と触媒による分解を区別して考えなければならない。オゾンが共存したガス中でのVOCの分析方法には特に注意を要する。触媒活性試験で通常用いられるガスクロマトグラフ（GC）による分析では，インジェクション温度やカラム温度が高いとGCの内部でオゾンとVOCが反応する可能性がある。また，CO_2濃度の測定では有機高分子系のカラム充填剤を一般的に用いることが多いが，これらがオゾンにより分解してCO_2が生成し，クロマトグラフ上で大きなバックグラウンドピークとなって現れる。この問題を避けるため，我々は光路長2.4mのガスセルを装填したFTIRによりVOC，COxを定量している。

14　実用化されているプラズマ機器の現状

用途は限定されているが，プラズマと触媒を複合化した機器が実用化されている。インターネット（Web上）で入手できる情報や各装置メーカーで公表されている資料に基づいて，その特徴の概略を以下に示す[25]。

基本的には，有害化学物質を含んだ空気ごと前段のプラズマ反応器に導入する（図13）。その後段に触媒を置くことで，除去しきれなかったVOCや副生成物をさらに分解するシステムになっている（事例1）。より完全な除去効果をねらう場合には，活性炭等の吸着剤をその後段あるいは同時に配置する場合も見受けられる（事例2）。すなわち，プラズマ分解法，オゾン分解触媒法，吸着法を直列に組み合わせることによって，有害化学物質の除去を可能にしている。事例3のように放電極に直接触媒を担持している場合もあるが，より除去効果を高めるために後段

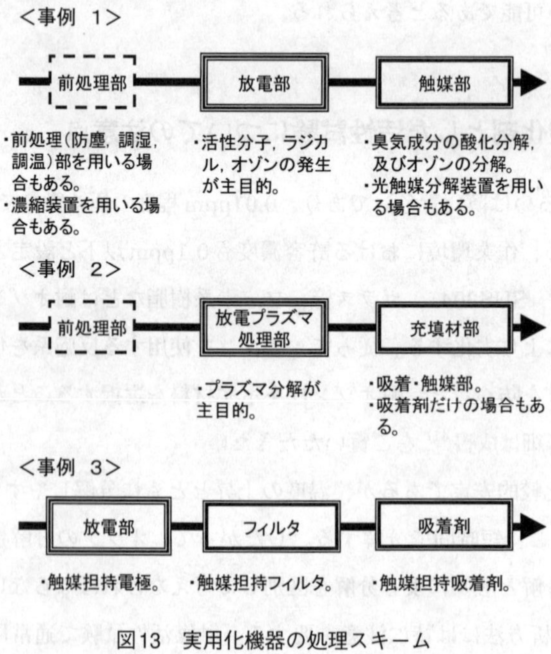

図13　実用化機器の処理スキーム

でも触媒を担持させたフィルタ及び吸着剤を用いている。

プラズマとの複合化は，触媒使用量の低減，触媒や吸着剤の長寿命化を図ることにもつながっている。家電メーカーで販売されている多くの空気清浄機では，この原理を利用し，吸着剤の交換時期を延ばすことを目的に使用されている。いずれにしても，対象は極低濃度の物質（臭気）の処理に限られている。より高濃度の物質に対して直接プラズマ触媒技術を用いるには，投入するエネルギーが高くなることに伴って生じる課題を解決する必要があり，さらなる検討が必要である。

15　おわりに

本章では，VOC除去に応用可能な低温プラズマ技術に関連して，反応場としての特徴，典型的なプラズマ反応器，VOCの低温プラズマ反応機構，低温プラズマと触媒との複合化によるエネルギー効率向上と副生成物制御，オゾン酸化触媒によるVOC分解について概説した。均一気相系VOCのプラズマ分解初期機構はほぼ明らかになってきたが，VOCの分解フラグメントが種々の酸化中間体を経てCOxまで酸化される反応経路は未解明であり，今後の研究の進展が待たれる。本技術を実用化する上で本質的に重要なことは，有害な二次副生成物の発生を防止しつつ，高いエネルギー効率を達成することにある。ポイントは低温プラズマのエネルギーを高効率でVOCに吸収させ，高濃度に生成する系中の酸素活性種をVOCの酸化分解反応に有効利用することにある。そのためには，低温プラズマ反応器と電源からなるシステムの高効率化とともに，吸着剤や廃熱の有効利用も重要となる。除去対象となるVOCの構造に応じて分解システムをカスタマイズして，低コストの分解システムを開発することが本技術実用化の早道であろう。

文　献

1）産業技術総合研究所環境管理研究部門編，エコテクノロジー，p.105，丸善，東京（2004）
2）H.-H. Kim, Plasma Processes & Polymers, **1**, 91 (2004)
3）静電気学会編, 新版静電気ハンドブック，p.27，オーム社，東京（1998）
4）水野彰，静電気学会誌，**19**，No.4，289（1995）
5）山本俊昭，静電気学会誌，**19**，No.4，301（1995）
6）J. S. Chang, Handbook of Electrostatic Processes, p.147, Marcel Dekker, Inc., New York (1995)
7）Y. Nomoto *et al., IEEE Trans. Ind. Applicat.*, **31**, 1458 (1995)

8） W. L. Morgan *et al., Comp. Phys. Commun*., **58**, 127 (1990)
9） H. Kabashima, *et al., IEEE Trans. Ind. Applicat*., **39**, 340 (2003)
10） S. Futamura *et al., IEEE Trans. Ind. Applicat*., **40**, 1459 (2004)
11） 二タ村森, 日エネ誌, **84**, No. 6, 474 (2005)
12） S. Futamura *et al., IEEE Trans. Ind. Applicat*., **36**, 1507 (2000)
13） S. Futamura *et al., IEEE Trans. Ind. Applicat*., **37**, 978 (2001)
14） 徳永興公, 静電気学会誌, **19**, No. 4, 296 (1995)
15） B. Penetrante *et al., Jpn. J. Appl. Phys*., **36**, 5007 (1997)
16） S. Futamura, *J. Jpn. Petroleum Inst*., **45**, 329 (2002)
17） S. Futamura *et al., IEEE Trans. Ind. Applicat*., **33**, 447 (1997)
18） A. Zhang *et al., J. Air Waste Manage. Assoc*., **49**, 1442 (1999)
19） S. Futamura *et al., J. Electrostatics*, **42**, 51 (1997)
20） S. Futamura *et al., J. Electrostatics*, **63**, 949 (2005)
21） Z. Falkenstein *et al., J. Phys. D: Appl. Phys*., **30**, 817 (1997)
22） J. Hoard *et al., Int. J. Chem. Kinet*., **35**, 231 (2003)
23） H. Einaga *et al., IEEE Trans. Ind. Applicat*., **37**, 1476 (2001)
24） S. Futamura *et al., IEEE Trans. Ind. Applicat*., **35**, 760 (1999)
25） 金賢夏ほか, 環境管理, **40**, No. 11, 1109 (2004)
26） H. H. Kim *et al., IEEE Trans. Ind. Applicat*., **41**, 206 (2005)
27） M. C. Hsiao *et al., J. Adv. Oxid. Technol*., **2**, 306 (2003)
28） H. H. Kim *et al., Appl. Catal. B: Environ*., **56**, 213 (2005)
29） T. Ohkubo *et al., J. Adv. Oxid. Technol*., **6**, 75 (1997)
30） A. Ogata *et al., Appl. Catal. B: Environ*., **46**, 87 (2003)
31） 尾形敦ほか, 静電気学会誌, **27**, 246 (2003)
32） A. Ogata *et al., Appl. Catal. B: Environ*., **53**, 175 (2004)
33） 尾形敦ほか, 触媒, **47**, 491 (2005)
34） D. W. Park *et al., J. Ind. Eng. Chem*., **8**, 393 (2002)
35） D. Li *et al., J. Electrostatics*, **55**, 311 (2002)
36） A. Mizuno *et al., IEEE Trans. Ind. Applicat*., **35**, 1284 (1999)
37） H. H. Kim *et al., IEEE Trans. Ind. Applicat*., **35**, 1306 (1999)
38） H. H. Kim *et al., Catal. Commun*. **4**, 347 (2003)
39） H. H. Kim *et al., J. Kor. Phys. Soc*., **44**, 1163 (2004)
40） A. Ogata *et al., IEEE Trans. Ind. Applicat*., **37**, 959 (2001)
41） 宗宮功ほか, オゾンハンドブック, 日本オゾン協会 (1994)
42） K. Hauffe *et al., Chem. Ing. Tech*., **46**, 1053 (1974)
43） M. N. Klimova *et al., Kinetics and Catal*., **26**, 987 (1985)
44） A. Naydenov *et al., Appl. Catal. A: General*, **97**, 17 (1993)
45） A. Gervasini *et al., ACS SYMP. SER*., **552**, 353 (1994)
46） A. Gervasini *et al., Catal. Today*, **29**, 449 (1996)
47） W. Li *et al., ACS SYMP. SER*., **638**, 364 (1996)
48） W. Li *et al., Stud. Surf. Sci. Catal*., **110**, 873 (1997)

49） S. T. Oyama *et al., Stud. Surf. Sci. Catal.*, **121**, 105 (1999)
50） A. Gervasini *et al., Catal. Today*, **60**, 129 (2000)
51） D. Andreeva *et al., Appl. Catal. A: General*, **209**, 291 (2001)
52） D. Mehandiev *et al., Appl. Catal. A: General*, **206**, 13 (2001)
53） D. Mehandiev *et al., React. Kin. Catal. Lett.*, **76**, 287 (2002)
54） S. Dimitrova *et al., Appl. Catal. A: General*, **266**, 81 (2004)
55） J. R. Kastner *et al., Environ. Sci. Technol.*, **39**, 1835 (2005)
56） H. Einaga *et al., React. Kinet. Catal. Lett.*, **81**, 121 (2004)
57） H. Einaga *et al., J. Catal.*, **227**, 304 (2004)
58） W. Li *et al., J. Am. Chem. Soc.*, **120**, 9041 (1998)
59） W. Li *et al., J. Am. Chem. Soc.*, **120**, 9047 (1998)
60） R. Radhakrishnan *et al., J. Phys. Chem. B*, **105**, 4245 (2001)
61） R. Radhakrishnan *et al., J. Phys. Chem. B*, **105**, 9067 (2001)

第7章　その他の主要技術

1　生物浄化技術

金川貴博*

1.1　はじめに

空気中に含まれる物質を微生物で処理する技術としては，生物脱臭技術[1]があり，下水処理場などで広く使用されている。下水処理場の臭気は，硫化水素やメチルメルカプタンなどのイオウ系悪臭物質が主であり，生物処理過程において，pHの低下や塩の蓄積が起きるために，頻繁な中和や水の交換が必要であるが，それでも，臭気を薬品洗浄法や活性炭吸着法で処理するよりは，コストが低いということで，生物処理が大いに普及している。揮発性有機化合物（VOC）の場合は，微生物の作用で水と二酸化炭素に分解されるので，pHの変化も塩の蓄積もなく，また，下水処理場臭気に比較して，微生物での分解が簡単な化合物であるため，格段に効率的に処理できる。VOCとして問題になる主な化合物は，キシレン，エチルベンゼン，トルエン，酢酸エチル，メチルエチルケトン，メチルイソブチルケトン，イソプロピルアルコールなどであり，塗装，印刷，接着，洗浄などで有機溶剤として用いられている物質である。いずれも，微生物による分解の研究が過去に精力的に行われて，分解経路も明らかになっており[2]，また，微生物を利用した処理装置も，実際に塗装工場において稼動している[3]。

VOC処理について，コスト面から様々な処理方法を比較した場合，生物処理はVOCの低濃度排気（300ppm以下）に適していると考えられる。

1.2　生物処理の原理と特徴[4]

VOC分解微生物とVOCとが接触すると，微生物がVOCを体内に取り込み，VOCを酸化分解して，水と二酸化炭素に変換する。このような気体の生物処理に関しては，生物処理の原理として，気体中の成分が水に溶けて，それを微生物が取り込むと説明しているものもあるが，そうではなくて，気体中の成分が微生物と直接接触して微生物に取り込まれると考えた方がよい。実際のところ，水にほとんど溶けない物質でも処理が可能である。

微生物は，カビ，酵母，細菌などの総称であり，VOC分解に活躍するのは主として細菌である。VOC分解菌は，VOCを体内に取り込んで，これを酸化分解してエネルギーを獲得し，この

＊Takahiro Kanagawa　㈱産業技術総合研究所　生物機能工学研究部門　主任研究員

エネルギーを自己の生存や増殖のために用いる。また，増殖に必要な細胞成分を合成する材料に，VOCの分解中間物を利用する。VOCは，炭素と水素，または炭素と水素と酸素から成り立っている物質であり，酸化分解で，最終的には二酸化炭素と水になる。

処理すべきVOCの量がVOC分解菌の総量に比べて少ない場合，すなわち，エサの量が少ない場合は，分解菌は自らの生命を維持するのが精一杯であるから増えないが，エサが多ければ，分裂によって増える。VOC処理では，多量のVOCを装置へ送り込んで効率的に処理することが可能であり，そうなると装置内で分解菌は大いに増えることになる。別の見方をすれば，生物処理技術は，分解菌にVOCというエサを与えて，分解菌を大いに増殖させる技術ということができる。

細菌は自己と同一のものを作って，二分裂で増えるので，分裂でできた二つの細胞のどちらかが親でどちらかが子供であるというような区別がなく，両方が同一のものである。したがって，細菌には寿命という概念が存在せず，生育環境が整っていて，エサがあれば，細菌は永久に生き続けることになる。細菌が死ぬのは，餓死や事故死であって，寿命がつきて死ぬということはないので，VOCの生物処理においては，途中で細菌を追加する必要がなく，消耗品がほとんど要らず，装置の運転経費が安い。有害物を生じないので二次公害のおそれも少ない。薬品類をほとんど使わず，熱もかけないので安全な方法である。維持管理も楽である。地球環境への負荷も小さく，省エネルギー的である。

ただし，生物処理が万能というわけではない。使用温度が通常10～40℃の範囲であり，水が必須であるので，生物処理が使えないケースもある。また，処理した空気を室内で循環使用する必要がある場合は，安全性の観点から生物処理法を採用すべきでない。コストの面では，一般的に，成分の濃度が低い場合は活性炭処理の方が有利であり，高濃度の場合は燃焼法や回収法が有利になり，この中間が，生物処理に適している。

1.3　分解菌と分解経路

VOC処理の主役となって活躍する細菌は，VOCをエサとして利用する菌である。処理すべき気体には，酸素が十分に含まれているので，好気性細菌のみが処理に有効である。

トルエン，キシレン，エチルベンゼンなどを分解する細菌は多種類あり，その最適生育pHは7前後，最適生育温度は30℃前後である。細菌によるこれらの化合物の分解については，多数の研究が行われて，その分解経路や，分解を触媒する酵素の詳細，さらには，その酵素の設計図である遺伝子の塩基配列も明らかになっている。これらの化合物は，細菌の体内に取り込まれて，酸化されてカテコールになった後，ベンゼン環が開裂して，ムコン酸などを生じ，さらに酸化されて，最終的には二酸化炭素と水になる。

アルコール，ケトン，エステルなどを分解する細菌も多種類あり，広く自然界に分布している。分解微生物の大部分は，最適生育pHが7前後，最適生育温度が30℃前後である。いずれの化合物も細菌に取り込まれて酸化され，最終的には，二酸化炭素と水になる

1.4 処理装置の概要

VOC処理では，装置内においてVOCと菌の接触効率がよいことと，装置内が菌にとって良い生活環境であることの二点が要求される。このような条件を満たす装置としては，固形物表面に生育した菌を利用するもの（固相法）と，水の中に浮遊した菌を利用するもの（液相法）の二種類がある。

1.4.1 固相法（図1）

臭気の処理では，土壌，熟成堆肥，繊維状ピートなどを使う方法が実用化されているが，VOCは臭気成分よりも概して分解が簡単であるから，通気抵抗が少ない固体を使って，大量のガスを処理するのが，効率的である。用いる固体としては，大きさが数cmのプラスチックやセラミックなどが適しており，まず，筒に固体を充填し，その上から細菌を含んだ液（下水処理場の活性汚泥など）を流して，固体表面に細菌を付着させる。そこへ，VOC含有排気を導入すると，分解菌がVOCを分解する（充填塔式処理装置)。VOCの装置内滞留時間は数秒でよい。VOC分解に伴って菌が増殖するので，充填する固体については，菌の増殖を見込んで十分な隙間を確保しておき，増殖した菌で装置が目詰まりを起こさないように配慮することが必要である。また，装置に水を間欠的または連続的に流して，菌の乾燥を防止することが重要である。

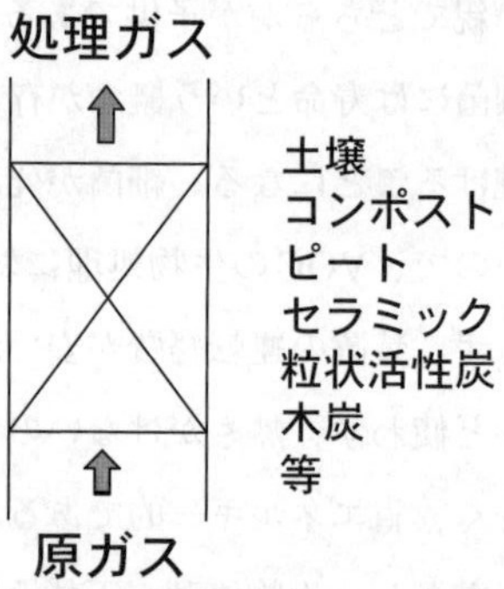

図1　固相法の処理装置の概念図

1.4.2 液相法

液相法には二種類あって，細菌を含む水の中へVOCをブロアで送り込む方式（曝気方式，図2）と，筒状の装置の上から細菌を含む水をシャワーのように降らせて，そこへVOCを導く方式（スクラバー方式，図3）とがある。

曝気方式（図2）をVOC専用に使うのは，動力費が高いので薦められないが，曝気方式の廃水処理設備がある工場では，空気の代わりにVOCを吹き込むことでVOCの処理ができる。ダクト工事を行うだけですむ簡便な方法であり，安上がりである。

スクラバー方式（図3）は圧力損失が少ないので，小さな装置に大量の臭気を導入できるが，単に液を降らせるだけでは，VOCと細菌との接触効率が悪くて実用的でないので，実装置（図4）

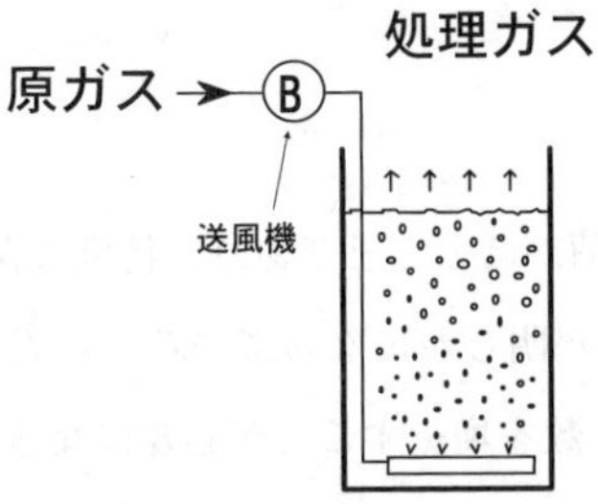

図2　曝気方式の処理装置

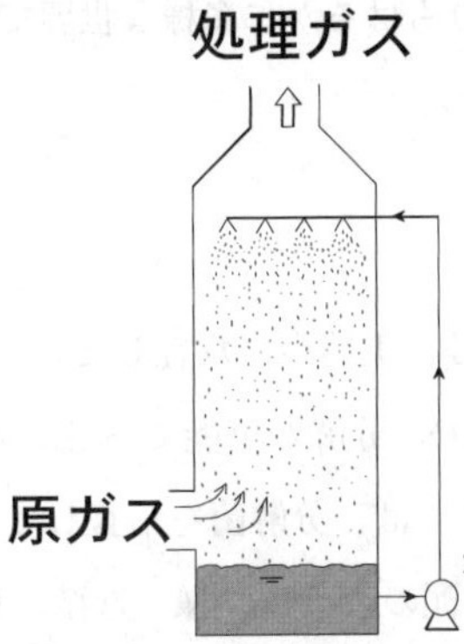

図3　スクラバー方式の処理装置

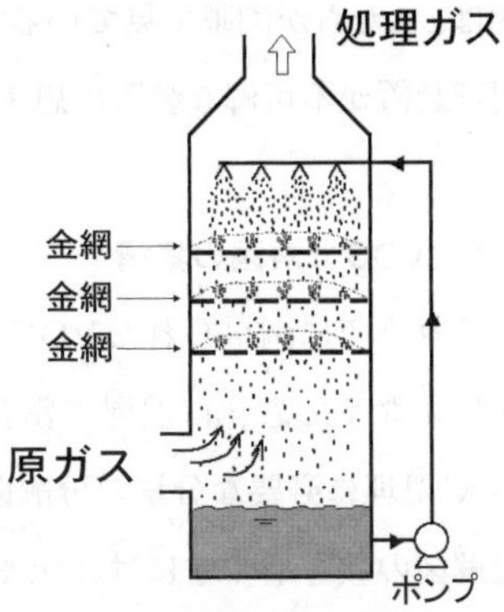

図4　スクラバー方式改良型の処理装置

では，途中に多孔板を入れて菌液がそこに少し滞留するようにして，細菌との接触効率を向上させている。この装置は，塗装工場で実際に採用されて，効果をあげている。

1.5　分解菌利用の基本

細菌については，これまで不明なことが多かったが，最近のDNA解析技術の進歩でいろいろなことが明らかになってきた。まず，現存するどの生物も，大昔（35～38億年前）に誕生した1個の生命体の子孫であり，細菌は分類学的に大きな一群を占めるということが明らかになった。生物界に対するこれまでの考え方は，見た目を中心としたものであったために，見た目が複雑なものが高度に進化した生物で，見た目が単純なものは進化が止まってしまった生物のように考えてきたが，実際には，生物の形態にかかわらず，どの生物も等しく生命誕生以来35億年以上の進化の歴史を経て今日に至っていることがわかった。これは当然といえば当然の話である。細菌のような単細胞生物では，形態の多様性に限界があって，似たような形態のものが多いが，中身は進化を続けてきたのであり，形態は変わらなくても，その性質や機能は多様化している。実際にDNAを比較すると，動物と植物との差よりも，大腸菌と乳酸菌の差の方が大きい。これまでは，生物全体を，動物，植物，微生物の3つに分類していたが，そうではなくて，真核生物（動物，植物，カビ，原生動物など），古細菌，真正細菌の3つに分類すべきであることがわかってきた[5)]。

細菌（真正細菌）の多様性は，動物や植物などの多様性よりもはるかに大きいのであって，このことをまず理解しておかないと，細菌の利用に当たって，間違いを生じる。様々な細菌が装置内にいるということは，様々な動植物がいるというよりも，もっと多様性が大きいと考えた方がいい。私たちが肉眼で見ている生物の世界は，生物界のほんの一部であって，処理装置内の細菌相は，私たちが肉眼で見ている世界よりもはるかに多様な世界であることを認識しておかないと，処理装置が不可解な装置に思えてしまう。

1.6 VOC分解菌の集積

これまでに調べられたVOC分解菌は，土壌中に常在している菌がほとんどであり，特別な菌を加えなくても，自然界の常在菌でVOC分解が可能であることが明らかになっている。ただ，VOC処理に必要な分量の分解菌を得るには，分解菌を培養して，数を増やすことが必要になる。分解菌の数を増やすには，土や活性汚泥のように，様々な菌がいるところへVOCを流すだけでいい。そうすれば，VOCをエサにする菌がどんどん増える。したがって，VOC分解菌の集積には，まず，土壌懸濁液の上澄みや活性汚泥を装置へ入れて，ここへ処理したいVOC排気を少し送り込む。そして，順調な分解が確認できたら，送り込むVOCの量を徐々に増やしていくと分解菌が増えて，一か月もすれば分解菌の量が必要量に達し，装置が優秀な処理性能を示すようになる。この場合に，最初に接種した菌が見かけ上は減るが，これは，VOC処理に関与しない菌が死ぬために減るのであって，処理には好都合な現象である。

すぐにフル稼働をしたいということであれば，すでに稼動している装置から菌をもらってきて（買ってきて）接種すればいい。また，曝気方式の装置にVOCを流して，予め分解菌を育てておいて（集積培養），それを接種するという方法もある。

成分が何種類も混じっている場合でも，それぞれの成分をエサにする菌が増えて，一個の装置で，全部を同時に処理できる。前述のとおり，細菌は非常に多様であり，動植物全体よりもはるかに多様性が高いので，成分が混じったVOCを流せば，それぞれの成分の分解に適した細菌が生育してきて，どの成分も同時に分解される。たくさんの種類の菌が装置内に存在するからといって，互いに殺しあったりはしない。そもそも，エサが異なる相手を殺しても無意味であり，そんな無駄なことをする菌は，増殖が遅れて優勢になれない。エサが競合する場合には，エサの取り合いが起こるが，一番たくさんエサを取る菌が一番たくさん増えるのであるから，競争に勝ち残ったものが，一番優秀であり，効率的な処理に役立つ菌である。

要するに，分解菌が増殖できる環境を提供し，VOCと菌とがうまく接触できるような工夫をすればよいのであって，どの菌が増えるかは，菌に任せるのがよい。

ただ，VOCの成分が特殊で，自然の常在菌では分解効率が低い場合や，集積培養をしている時間的余裕がない場合などには，特定の菌を接種することが有効であり，一度接種すれば，VOCで増殖して永久に使える。もしも，繰り返し接種しないと活性が落ちてしまうような菌の場合，その菌は処理に適していないのであって，別の菌を試すべきである。

微生物を利用するとなると，優秀な微生物を探し出して利用するか，さらにその微生物を遺伝子操作で改変して使うという考えを持つ人が多い。しかしながら，私たちが優秀と考える特定の菌を接種しても，ほとんどの場合，数日のうちに排除されてしまって，別の菌が優勢になる。この点については，日米欧の多くの研究者の研究論文があり，定着しない理由は様々に考えられているが，基本的に，私たちが純粋分離して利用できる菌が，自然界の菌のうちの1％未満と考えられるところから，ほんとうに優秀な菌は入手できていないと考えるのが妥当である。私たちが優秀と考えた菌は，実際には真に優秀な菌ではないので，真に優秀な菌との競争には勝てないようである。では，真に優秀な菌を採ればよいではないかということになるが，それはむずかしい。地球に生命が誕生してから35～38億年が経過しており，この間，生物は進化の過程で，周りにいる様々な生物との相互関係の中で生きてきた。したがって，純粋に1種類の菌だけ分離して培養するというのは，その生物が誕生以来一度も経験したことのない特殊な環境下に置くことを意味し，この環境で生育できる菌には限度がある。

純粋に分離した微生物を用いるということは，学術的なデータをとる時に必要であり，また，純粋菌を装置設置時の種菌に使うと有用な場合もあるが，その意義を理解した上で使わないと，単なるお金のむだ遣いになる。前述のとおり，様々な菌がいる土壌や活性汚泥を接種源に用いて，そこへVOCを流して分解菌が増殖するのを待っておればよいのであり，どの菌が増えるかは，菌に任せるのがよい。

1.7　装置の運転条件

分解菌1匹あたりの活性が上がれば，装置全体の能力が上がることになるので，装置内で分解菌が活躍しやすいような条件を整えることが必要である。ただ，実際の運転では，コスト面から，菌にとっての最適条件で常に運転できるわけではないが，分解菌を利用するに当たっては，最適条件，活性を発揮する条件，活性がなくなるが致死的でない条件，致死条件の4点について，整理して頭に入れて置くことが重要である。分解菌にとっての良い環境というのは，私たち人間と共通する部分もあるが，全く異なる部分もあるので，勝手な類推をするのでなく，正確に覚えておく必要がある。

もしも，装置内の分解菌を殺してしまうと処理不能になるので，何をしたら菌が死ぬかという点は十分に覚えておく必要がある。VOC処理装置では，菌が死ぬとしたら，乾燥と高温である。

(1) 温度

分解菌が活躍できる温度範囲は，10～40℃で，最適温度は30℃前後である。したがって，温度が40℃を越える状態が続く場合は，散水などで温度を下げてからでないと，処理できない。菌を45℃以上に長時間さらすと死滅してしまう。また，10℃未満の場所では，能力が極端に低下する。なお，低温でも凍結しない限りは菌は死なない。

温度の調整は費用がかかるので，温度が上記の範囲にないガスの処理では，コストの計算を慎重に行って，生物処理が適しているかどうかを判断しなければならない。

(2) 水

生きている生物にとって，水は必須である。乾燥すると，分解菌の活性は極端に低下し，やがて死滅する。乾燥が問題になるのは，固相法だけであり，間欠的または連続的に水道水や井戸水をかけて，菌の乾燥を防止しなければならない。ただし，固相法において必要以上にたくさんの水をかけると，水がVOCの拡散を妨害して性能を落とすことがあるので，適度な散水条件を選ばなければならない。

(3) 栄養源

分解菌の生命の維持や増殖に必要なエネルギー源（エサ）は，VOCであり，別の化合物を加える必要はない。炭素源もVOCそのものであり，十分に足りる。不足するおそれのある栄養源としては窒素とリンがあり，必要に応じて尿素やリン酸カリなどを加える必要がある。添加量は，BOD：窒素：リン＝100：2.5：0.5で十分である。その他にも微量に必要な塩類があるが，これは，装置に使う水道水や井戸水に含まれている量で足りる。

菌への栄養物として，有機物を加えると，関係のない菌を増やすことになって，悪い結果しかでないことが多い。

装置を止めると，菌にはエサがいかなくなるが，すぐに餓死するわけではない。数日間エサが来ないと，活性が落ちるので，再開時には導入するVOCの量を減らし，処理能力の回復の度合いに応じて，処理量を上げていく必要がある。

(4) 塩濃度

装置内の水を長期にわたって交換することなく使用し，蒸発した分を水道水や井戸水の補給で補うと，次第に塩濃度が高くなってくる。塩濃度が1％を越えると微生物の活性が落ちてくるので，この場合は，水を交換して塩濃度を下げる必要がある。

(5) pH

VOCは，分解の中間体として酸性物質を生じることがあり，このためpHが低下して，分解菌の活性が落ちることがある。この場合には，導入するVOCの量をしばらく減らして，中間体の分解を待つことが必要である。苛性ソーダを加えて中性に戻すと回復が早まるが，回復すると，中間体が分解されて酸性物質がなくなり，ややアルカリ性になってきて，菌の活性が落ちるので，今度は塩酸などを加えて，中性に戻す必要が生じてくる。

細菌は酸性になっても死なないが，極端なアルカリ性（pH10以上）になるとすぐに死滅するので，中和のために苛性ソーダを加えるときは，よくかき混ぜて，局所的にもpHが上がり過ぎないように，注意が必要である。

(6) 酸素

酸素は，通常は供給されるガスに十分に含まれているので，不足することはないが，装置を止めた場合が問題である。とはいえ，酸素がなくても，ただちに菌が死ぬわけではなく，この点が動物とは大いに異なる点である。しかし，長時間酸素が来ないと活性が落ち，また，場合によっては，好ましくない菌が繁殖して悪臭を放つおそれもあるので，VOC処理をしない場合でも，数時間ごとに空気を送り込む必要がある。

1.8 おわりに

VOC規制は始まったばかりであり，生物処理法を実際に利用している例が少ないが，今後，運転コストなどを他の方法と比較することで，生物処理の有用性が認識され，次第に普及していくと期待される。

文　献

1) 石黒辰吉ほか，生物脱臭の基礎と応用―改訂版―，臭気対策研究協会（現，においかおり環境協会）(1994)
2) D. T. Gibons, "Microbial degradation of organic compounds", p.181, Marcel Dekker Inc., New York (1984)
3) 村田光ほか，季刊環境研究，No.40, 32 (1982)
4) 金川貴博，おもしろい環境汚染浄化のはなし，日刊工業新聞社，p.53 (1999)
5) C. R. Woese *et al.*, *Proc. Natl. Acad. Sci. USA*, **87**, 4576 (1990)

2　拡散スクラバー技術

田中　茂*

2.1　はじめに

多種類の有害物質が氾濫する現代社会において，生産・生活環境中のこれら有害物質を除去・処理し“快適環境を創造する”技術開発は21世紀での大きな研究課題である。一方，有害物質を除去・処理する為に膨大なエネルギーを消費し，高価な設備を必要とするのであれば本質的な問題の解決にはならず，従来の発想を越えた革新的な有害物質の除去処理技術の開発が必要である。

従来，有害ガスの除去処理には化学フィルターや活性炭等が用いられてきた。図1に示す様に，化学フィルターや活性炭は，汚染空気をろ過して有害ガスを除去するので，通気抵抗が大きく空気処理量の拡大は問題となる。又，化学フィルターは高価でありランニングコストは高く，使い捨てで循環使用をしておらず，最終的には産業廃棄物として処分しなければならない。半導体製造のクリーンルーム関連だけでも年間100億円を越す有害ガス処理の経費が使用されている。この様に，化学フィルターや活性炭等の従来法は，エネルギー効率及び資源リサイクルの観点からは最良の方法とは言えない。

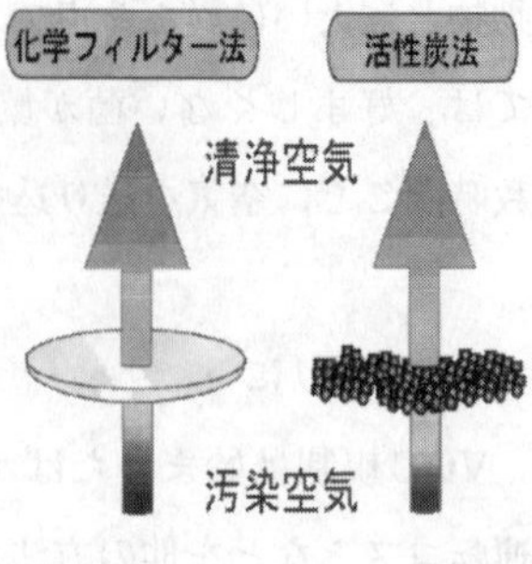

課題
- 通気抵抗が大きく，空気処理量が小さい
- 化学フィルターは高価であり，ランニングコストが高い
- 化学フィルター等の交換が必要，使い捨てであり再生不可
- 除去効果の低下確認できず

図1　従来技術

田中等が開発研究を行ってきた“拡散スクラバー法”は，ガスと粒子の拡散係数の相違を利用してガス成分のみを効率良く分離捕集する革新的なガス捕集方法である[1~3]。従って，数十年来用いられてきた従来のガス捕集・除去方法である“吸収ビン法”や“化学処理フィルター法”とは全く発想の異なる方法である。そこで，拡散スクラバー法を用いたシンプルな装置による省エネルギー・経済的合理性を有した有害ガス成分に対する循環効率的な除去処理技術について解説する。

2.2　多孔質テフロン膜を用いた平行板型拡散スクラバーによる有害ガス除去処理装置

2.2.1　概要

図2に示す様に，田中等が開発した多孔質テフロン膜を用いた拡散スクラバー法による有害ガス除去処理装置は[1]，多孔質テフロン膜を長方形フレームの両面にマウントしたユニットを狭い

＊ Shigeru Tanaka　慶應義塾大学　理工学部　教授

間隔で並べた集合体であり，その多孔質テフロン膜フレーム内に水を流すシンプルな構造からなる。汚染空気を多孔質テフロン膜の平行板の隙間に流すと，ガス成分は拡散して多孔質テフロン膜内壁の孔を透過し内部の水に簡単に捕集・除去される。一方，拡散係数の小さい粒子は，そのまま多孔質テフロン膜の平行板の隙間を通過する。ガス捕集の吸収液としては特殊な捕集剤を使用する必要はなく単に水を用いれば良く，水に溶ける多種類の有害ガス成分，アルデヒド（HCHO，CH_3CHO），酸性・塩基性ガス（HF，HCl，HNO_3，SO_2，NH_3，カルボン酸，メチルアミン）等の捕集・除去が可能である。又，選択性を有する吸収液を使用すれば水溶性ガス以外の有害ガス成分の捕集・除去も可能であり，その適応範囲は極めて広い。

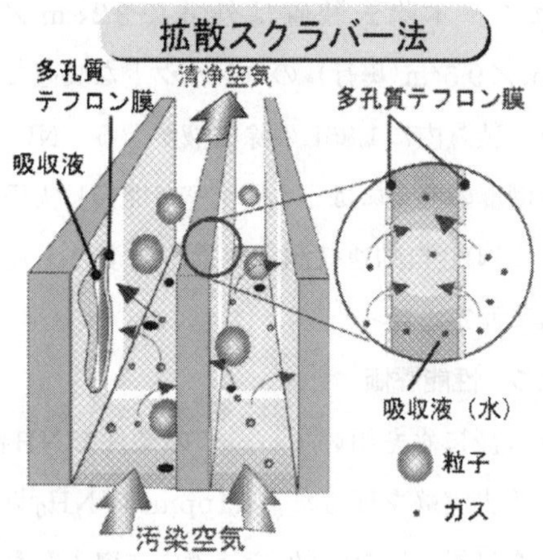

特徴
- 通気抵抗が小さい，空気処理量が大きい。省エネルギー的
- 除去液（水）は安価であり，ランニングコストが低い
- 除去液（水）の再生可能，長期間連続して循環使用できる
- 除去液側で除去効率低下の確認可能

図2　新技術

除去された有害ガス成分は水の中でイオンとして存在し，除去液としての水はイオン交換樹脂により簡単に精製でき，長期間に渡り水を循環させながら有害ガス成分を除去する事が可能である。又，イオン交換樹脂に吸着除去された有害ガス成分の処理はイオン交換樹脂の交換・再生により簡単に行う事ができる。従って，化学処理フィルターや活性炭の様に使用後に産業廃棄物として残ることなく，本装置は循環的な有害ガスの除去処理が行える。

更に，空気をろ過して処理する化学処理フィルターや活性炭の原理とは異なり，本装置は，多孔質テフロン膜の平行板の隙間に空気を流すので通気抵抗が非常に少なく，段ボール程度のサイズの装置で数百m^3/hの大量の汚染空気中の有害ガスの除去処理が可能である。そして，装置の構造が簡単であり，既存の空調施設・ダクト等に簡単に組み込め，使用できる利点を有している。

2.2.2　除去処理装置

製作した多孔質テフロン膜を用いた平行板型拡散スクラバーを写真1に示す[4)]。多孔質テフロン膜を用いた平行板型拡散スクラバーは，多孔質テフロン膜を両面に貼り付けたセルが102枚，1.5mmの隙間でスリット状に並んだ構造になっており，そのセル内に水などの除去液を満たすシンプルな構造となっている。汚染空気を平行板型拡散スクラバーの狭い隙間に流すと，ガス成分は拡散して壁面に到達し，多孔質テフロン膜の穴を透過し，内部の除去液に簡単に捕集・除去される。本除去装置は外寸で32cm×33cm×9.5cm(奥行) のコンパクトな装置であり，装置内に1.85Lの除去液が入る。NH_3ガス濃度の測定には，本研究室で開発し実用化したNH_3自動連続測定装置[5)]により，15分毎に測定を行った。

サイズ：32cm×33cm×9.5cm（奥行） 多孔質テフロン膜 気孔率：85％ 気孔径：0.2μm 膜 圧：30μm
セルの数：102枚
スリット間隔：1.5mm
セルの厚さ：1.5mm
除去液量：1.85L

写真1 多孔質テフロン膜を用いた平行板型拡散スクラバー

2.2.3 性能評価

除去液に水を用いてバッチの条件でNH_3ガス除去実験を行った。1.1ppmvのNH_3ガスを空気処理量50m^3/hで装置内に導入した結果，実験開始直後は0.4ppmvにまで除去されたが，その後すぐに出口濃度は徐々に上昇してしまい，実験開始直後は60％であった除去効率が，すぐに低下してしまった（図3参照)。これはNH_3ガスが除去液の水に溶け込むことで，除去液中のNH_3濃度とpHが上昇し，NH_3の有効ヘンリー定数の低下により，除去効率が下がったものだと考えられる。そこで除去液のNH_3の有効ヘンリー定数を高く維持するために，除去液を水から強酸であるH_2SO_4に変更した。除去液に10mM H_2SO_4を用いてバッチの条件でNH_3ガス除去実験を行った。1.1ppmvのNH_3ガスを空気処理量190m^3/hで装置内に導入した結果，80％の高い除去効率で6時間以上，除去処理することができた（図4参照)。

更に，NH_3ガスを除去した10mM H_2SO_4を精製し，長期間繰り返し除去液として用いる方法として，除去液中のNH_4^+とH^+とを交換するH^+交換型イオン交換樹脂（アンバーライトIR120B H）を用いた除去液の循環再生システムを検討した。除去液10mM H_2SO_4をH^+交換型イオン交換樹脂により0.5L/hで循環再生してNH_3ガス除去実験を行った。0.7ppmvのNH_3ガスを空気処理量270m^3/hで装置内に導入した結果，70％の高い除去効率で30時間以上，除去処理することができた（図5参照)。この結果から，長期間にわたってNH_3ガスの除去処理ができることが確認された。

また，本除去装置はGormley-Kennedyの理論式（(1)，(2)式）により，理論的に除去効率を算出することが可能である。図6に，Gormley-Kennedy式より算出したNH_3の除去効率の理論

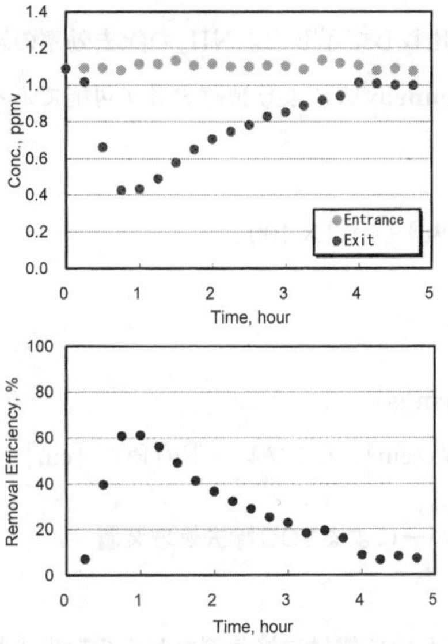

図3　除去処理装置入口及び出口でのNH_3濃度とNH_3除去効率の推移
除去液：純水（バッチ方式）
NH_3ガス濃度：1.1ppmv
通気流量：50m^3/h

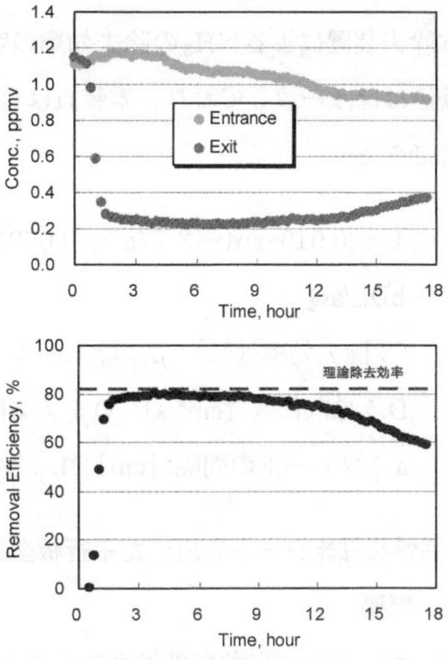

図4　除去処理装置入口及び出口でのNH_3濃度とNH_3除去効率の推移
除去液：10mM H_2SO_4（バッチ方式）
NH_3ガス濃度：1.1ppmv
通気流量：190m^3/h

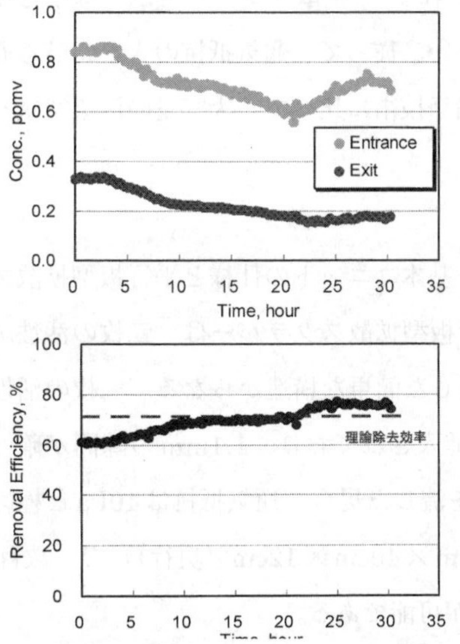

図5　除去処理装置入口及び出口でのNH_3濃度とNH_3除去効率の推移
除去液：10mM H_2SO_4をイオン交換樹脂を用いて0.5L/hで循環再生して使用

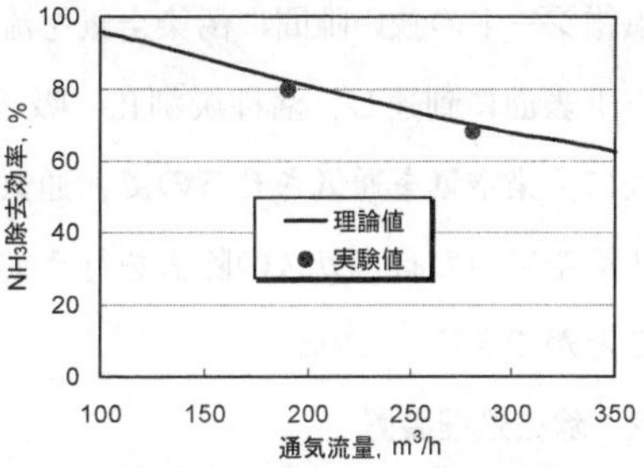

図6　NH_3除去効率の実験値とGormley-Kennedyの理論値との比較

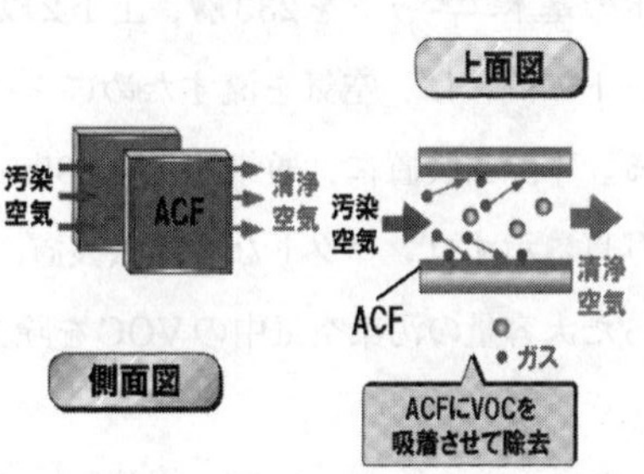

図7　活性炭繊維シートを用いた平行板型拡散スクラバーによるVOC除去原理

値と本除去装置によるNH_3の除去効率の実験値とを比較して示した。NH_3の除去効率の理論値と実験値はほぼ一致しており，本装置はGormley-Kennedy式により装置設計が可能であることが確認できた。

$$f = [1 - \{0.910\exp(-3.77\mu) + 0.0531\exp(-42.8\mu) + \cdots\}] \times 100 \quad (1)$$

$$\mu = bDL/aQ \quad (2)$$

f：除去効率［%］，μ：除去パラメーター

D：拡散係数［cm^2/s］，Q：大気吸引流量［cm^3/s］

a：プレートの間隔［cm］，b：プレートの幅［cm］，L：プレートの長さ［cm］

2. 3　活性炭繊維シートを用いた平行板型拡散スクラバーによるVOC除去処理装置

2. 3. 1　概要

近年，ガソリンや自動車排気ガス，また，住宅内において建材や接着剤などから放出される揮発性有機化合物（VOC：Volatile Organic Compounds）による大気汚染・室内空気汚染が問題となっている。そこで，活性炭繊維シート（ACF：Activated Carbon Fiber）と“拡散スクラバー法”を組み合わせた有害ガス除去処理装置の開発をした[6)]。

活性炭繊維シートを用いた拡散スクラバーによるVOC除去処理の原理を図7に示す。2枚の活性炭繊維シートの狭い隙間に汚染空気を流すと，拡散係数の大きいガス成分は拡散して活性炭繊維シート表面に到達し，活性炭細孔に吸着して除去される。“拡散スクラバー法”は平行板の狭い隙間に汚染空気を通気させるので，通気抵抗が小さい。従って，通気抵抗の大きい“ろ過”により汚染空気中の有害ガスの除去を行う従来の空気清浄技術に比べて，大容量の汚染空気を処理することができる。

2. 3. 2　除去処理装置

活性炭繊維シートを用いた平行板型拡散スクラバー基本ユニットの仕様と平行板型拡散スクラバーを写真2に示す。活性炭繊維シートを用いた平行板型拡散スクラバーは，二枚の活性炭繊維シートの基本ユニットを233層，上下2段に箱に配置した簡単な構造からなる。二枚の活性炭繊維シートの間には，空気を流すためにスペーサーが挿入されており，1.1mmの隙間が確保されている。本除去装置に，通気流量：200m^3/hで空気を流した場合，通気抵抗は10Paと極めて低く，写真に示すコンパクトな本除去装置（外寸：40cm×40cm×12cm（奥行））で，数百m^3/hと言った大容量の汚染空気中のVOCを除去することが可能である。

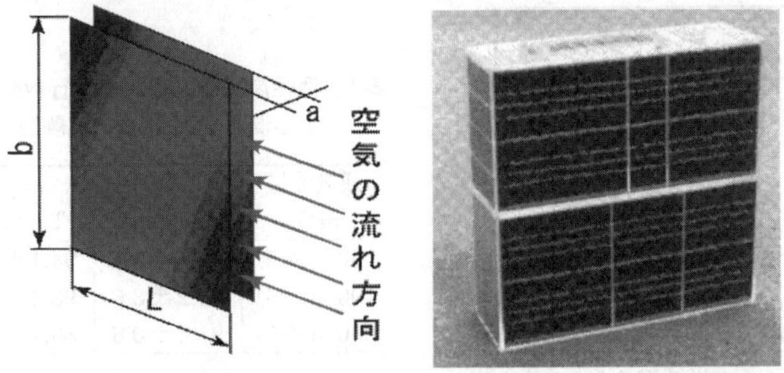

写真2　活性炭繊維シートを用いた平行板型拡散スクラバーの基本
ユニットの仕様及び平行板型拡散スクラバーの写真
a：プレートの間隔　0.11 [cm]
b：プレートの幅　17.0 [cm]
L：プレートの長さ　10.5 [cm]

2.3.3　性能評価

実際にVOCガスを導入して，活性炭繊維シートを用いた平行板型拡散スクラバーのVOC除去効率の測定を行った。ガス発生器（ガステック社製パーミエーター　PD-1B-2）を用いて，ベンゼン原液（10ml）を50℃，トルエン原液（3.5ml）を40℃，*p*-キシレン（7ml）を40℃に設定し，約150ppmの高濃度VOCガスを発生した。発生した高濃度のBenzene，Toluene，*p*-Xyleneをガスの混合攪拌器に導入し，清浄空気で400～500ppbに希釈混合し，活性炭繊維シートを用いた平行板型拡散スクラバー除去装置に導入した。除去装置の入口，出口でテトラバックを用い，空気をサンプリングし，入口，出口でのBenzene，Toluene，*p*-Xyleneのそれぞれの濃度を測定した。VOC濃度測定にはGC-MS（QP5050A Shimadzu）を使用した。

除去装置の入口，出口での各VOC濃度から，本除去装置によるBenzene，Toluene，*p*-Xyleneの除去効率を算出し，装置の除去能力を評価した。除去効率（f）の算出には（3)式を用いた。

$$f\ (\%) = (C_1 - C_2)/C_1 \times 100 \qquad (3)$$

C_1：装置入口での濃度［ppm］，C_2：装置出口での濃度［ppm］

VOC除去実験の開始後2時間経過しても，Benzene，Toluene，*p*-Xyleneの除去効率（通気流量50m^3/h）の低下は認められず，Benzene，Toluene，*p*-Xyleneについて，95％程度の高い除去効率が得られた（図8参照）。通気流量50m^3/h（風速15.1cm/s），100m^3/h（風速30.2cm/s），200m^3/h（風速60.4cm/s）でVOCガスを導入し，除去装置の入口・出口でのVOC濃度を測定して，VOC除去効率を算出した結果を表1に示す。Benzene，Toluene，*p*-Xyleneのいずれも

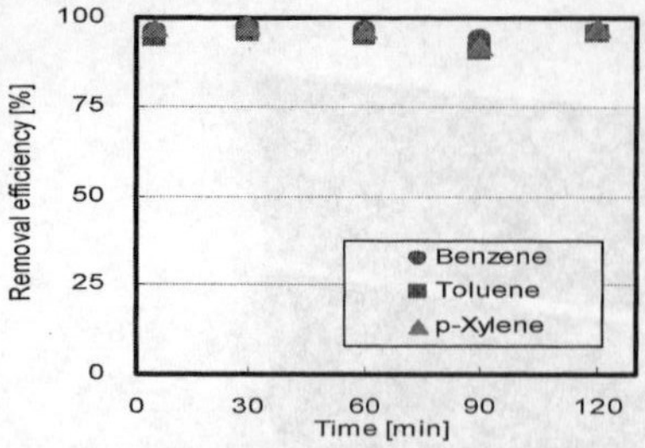

図8 活性炭繊維シートを用いた平行板型拡散スクラバーによる混合VOC除去実験における除去効率の経時変化

表1 活性炭繊維を用いた平行板型拡散スクラバーによる混合VOC除去の実験値

通気流量	VOC除去効率（実験値 %）		
m^3/h	Benzene	Toluene	*p*-Xylene
50(n＝5)	96.1±1.1	94.1±1.9	96.1±2.2
100(n＝5)	90.2±3.6	93.4±2.6	93.9±1.2
200(n＝5)	91.6±0.6	85.4±5.4	89.7±5.3

85～95％といった高い除去効率が得られた。また，各VOCの除去効率の実験値とGormley-Kennedy理論式（(1)，(2)）により算出した理論除去効率とはほぼ一致し，本除去装置の仕様は，Gormley-Kennedy理論式により設計できることが確認できた。

次に，活性炭繊維シートを用いた平行板型拡散スクラバーの基本ユニットを用いて，活性炭繊維シートのVOCの除去容量を測定した。Benzene導入濃度が，141ppmの場合，Benzeneの除去容量は204mmol/m^2となった。本除去装置の活性炭繊維シート表面積のトータルが16.6m^2であることからBenzeneの除去容量は，3.39molとなる。Benzeneの濃度が1ppmの場合，本除去装置で81,360m^3の汚染空気中のBenzeneを除去処理できることになる。

2.4 おわりに

田中等により研究開発された拡散スクラバー法による有害ガス除去処理技術の特徴を以下にまとめる。

(1) シンプルかつ循環効率的な方法であること。

(2) 多種類の有害ガスの除去処理が可能であること。

(3) 空気処理量が大きく省エネルギーであり，又，広範囲な生産・生活現場での応用が可能であること。

この様な優れた特徴を持つ拡散スクラバー法による有害ガス除去処理技術は，様々な生産・生活環境での有害ガスの除去処理に用いることができ，その市場性は極めて多岐に渡り，将来的には幅広い分野で本有害ガス除去処理装置が普及する事が期待できる。

具体的な応用例としては，①発癌性物質でありシックビルディング症候群の原因となるホルムアルデヒド等の室内空気汚染物質の除去処理，②半導体製造のクリーンルーム等での有害ガス（HF，HCl，HNO_3，NH_3）の除去処理，③生ゴミ処理・トイレ・病院での悪臭（NH_3，カルボン酸，メチルアミン）の除去処理，④美術館内での美術品に被害をもたらすアンモニアの除去処理等があげられる。

最後に，多孔質テフロン膜についてはジャパンゴアテックス株式会社，活性炭繊維シートについてはユニチカ株式会社にそれぞれご協力頂いた。合せて感謝の意を表します。

文　　献

1）田中茂，成田祥，藤井雅則，米津晋，「拡散スクラバー法を用いた新しい空気清浄技術の開発環境研究，**123**，16-20（2001）
2）Shigeru Tanaka, Yasushi Narita, Kenichi Sato, Shinichirou Fujita and Masanori Fujii "A development of circulatory and efficient removal equipment for hazardous gases by using diffusion scrubber method" International Workshop on Purification Technologies for Atmospheric Environment, Program & Proceedings, 90-96, March 2002
3）田中茂，「拡散スクラバー法による環境対策と環境計測技術」OHM5月号，pp.4-5，2005年5月
4）南雲吾郎，石田知也，司馬里佳，田中茂，「多孔質テフロン膜を用いた拡散スクラバーによる有害ガスの循環効率的な除去処理装置の実用化第23回空気清浄とコンタミネーションコントロール研究大会，214-216（2005）
5）Yuichi Komazaki, Yuichi Hamada, Shigeru Hashimoto, Shigeru Tanaka, "Development of an automated, simultaneous and continuous measurement system by using a diffusion scrubber coupled to ion chromatography for monitoring trace acidic and basic gases (HCl, HNO_3, SO_2 and NH_3) in the atmosphere" Analyst, **124**, 1151-1157（1999）
6）司馬里佳，村松絵理，瀬川えい子，朴敬児，田中茂，「活性炭繊維シートを用いた平行板型拡散スクラバーによるVOC (Volatile Organic Compounds) 除去処理装置の開発第23回空気清浄とコンタミネーションコントロール研究大会，212-213（2005）

3 ハイドレート回収

清野文雄*

3.1 はじめに

ハイドレートは，包接化合物の一種であり，水分子が形成する籠の中にガス分子が取り囲まれて存在するという特異な構造を示す。籠の中に包接される分子はゲスト分子と呼ばれ，各種の揮発性有機化合物，または二酸化炭素，メタン等の地球温暖化物質がハイドレートのゲスト分子となり得る。分離回収に必要な媒体が水のみであり新たに化学物質等を必要としないため，大規模化が容易でかつクリーンな空気浄化技術として将来が期待されている。

さて，近年，分子認識性を持つ機能性材料を用いた分離技術が発達しつつある。例えば，ラウンエーテルは分子のスペースにあてはまる分子を捕捉して，分離する機能を有する。この場合は分子の大きさを認識して選択的な分離回収を行うわけであるが，ハイドレートの場合には籠の大きさに基づく分子認識性の他にゲスト分子-水分子間相互作用ポテンシャルに基づく分子認識性を有しており，高度な選択性を示す。

本節では，空気浄化技術としてのハイドレートの可能性について取り上げ解説する。はじめに，空気浄化技術に関連したハイドレートの物性について述べ，ハイドレートを用いた空気汚染物質の分離回収機構について説明する。さらに，空気中からハイドレート分離技術を用いてフロンを回収した実験例について述べ，最後に，工業的利用を念頭においた効率的なハイドレート連続生成分離法について簡単に紹介する。

3.2 ハイドレートとは

図1に水分子が作るハイドレートの籠構造（ケージ）の模式図を示す。多角形の頂点の位置に水分子が配置され，各水分子は水素結合，すなわち正負の電荷が引き合う電気的な力により結合される。このケージには幾つかの種類と組み合わせが存在し，空隙の大きさや構成する水分子の数が異なっている。現在良く知られているハイドレート構造はI型，II型があり，ケージの基本構造は，五角12面体・

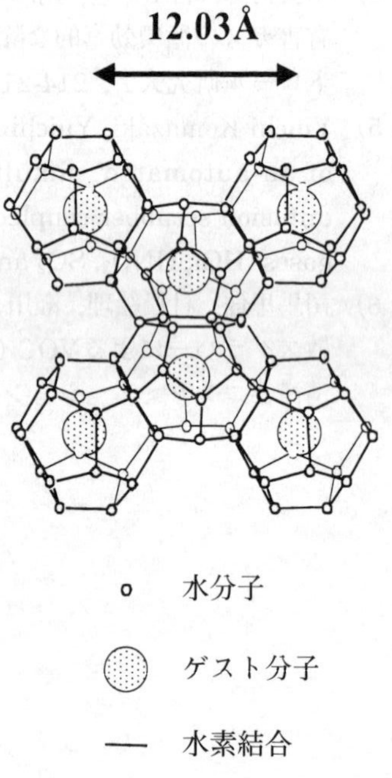

図1 ハイドレートの籠構造

* Fumio Kiyono ㈱産業技術総合研究所 環境管理技術研究部門 環境流体工学研究グループ グループ長

五角12面六角2面体・五角12面六角4面体の3つである。また，より大きなゲスト分子を包摂することができるH型と呼ばれるハイドレート構造も存在する。ところで，このハイドレートのケージの中に含まれる分子には種々のものがあるが，いくつか制約条件が存在する。まず，ケージの大きさは決まっているのでこのケージの中に包接される大きさの分子でなければならない。すなわち，ハイドレートはケージの大きさに応じた分子認識性を持つわけである。また，ケージの大きさと比較して小さすぎる分子はハイドレートを形成しない。次に，水分子との間に水素結合形成能力がないことが必要である。表1にハイドレートを形成する代表的な分子種とそのファンデルワールス半径の一覧を示す。ハイドレートの1つのケージの中には1個の分子が含まれるが，バルクのハイドレートを考えた場合，この分子がすべて同一種である必要はない。すなわち混合物ハイドレートが存在する。混合物ハイドレートはバルクのハイドレートを形成する多数のケージの中に種類の異なる分子が混在している状態を指す。表1に掲げた分子種からなる混合物であればこのような混合物ハイドレートを形成すると考えてよい。

さて，ハイドレートを利用した空気浄化技術の基本であるが，「平衡状態におかれたハイドレート相と気相とではその成分のモル分率が異なること」が基礎となる。図2にこの状態を模式的に示す。気相中には黒丸で表された分子（例えばHFC134a）と白丸で表された分子（例えば窒素，酸素）がほぼ同数含まれているが，ハイドレート相中には黒丸分子のほうが大量に含まれている。すなわち分子の種類によってハイドレートの籠の中への含まれやすさ，またはハイドレートの籠構造の安定性が異なるわけである。

図3は図2に示した状態を線図で示したものである。このような線図を利用することにより，

表1　ハイドレートを形成する分子種

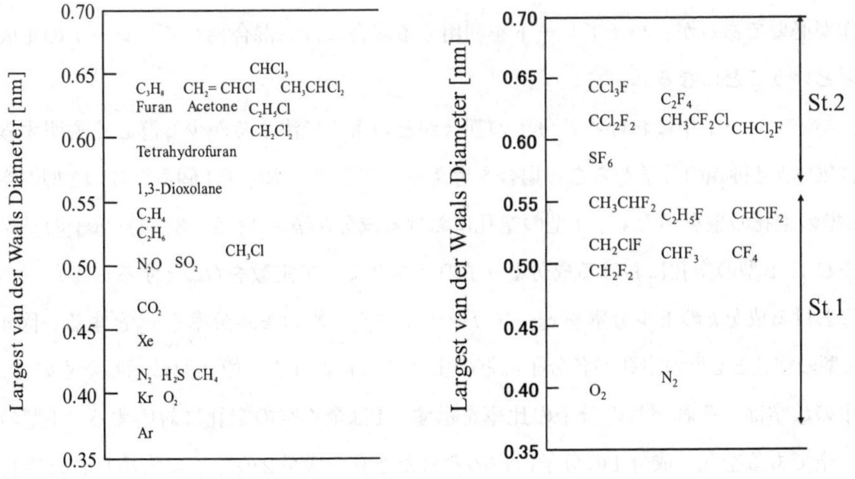

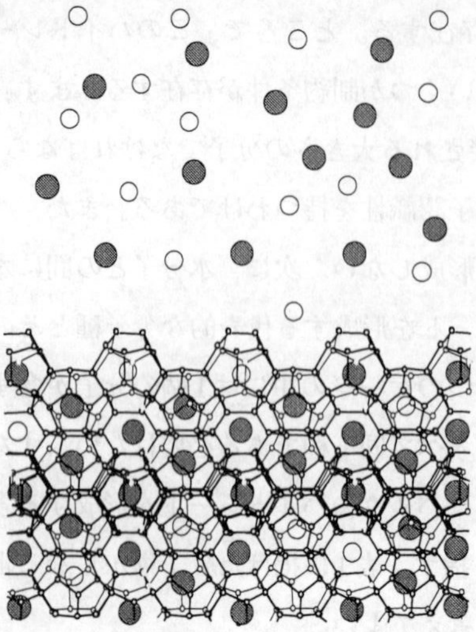

図2　ハイドレート相と気相の平衡状態

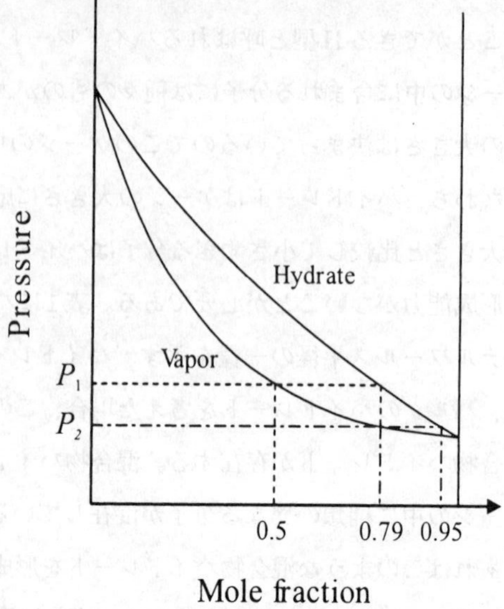

図3　分離装置の設計線図

相平衡を利用した分離技術の場合と全く同様な考え方により，分離プロセスを設計することができる。図中の点線は黒丸分子のモル分率が0.5である気体は圧力P_1でハイドレートを生成し，このときハイドレート中の黒丸分子のモル分率は0.79となることを示す。このハイドレートを分解すれば黒丸分子のモル分率が0.79の気体が得られるわけである。さらに，図中の一点鎖線は黒丸分子のモル分率が0.79である気体は圧力P_2でハイドレートを生成し，このときハイドレート中の黒丸分子のモル分率は0.95となることを示す。先程と同様にこのハイドレートを分解すれば黒丸分子のモル分率が0.95の気体が得られる。相平衡を利用した分離技術の場合には加熱冷却操作が必要であるが，ハイドレートを利用する場合には，混合物ハイドレートの生成分解操作が必要ということになる。

次に，ハイドレート中における各分子の割合がどのように決まるか少し詳しく説明する。例として混合気体が4種類の分子からなる場合を考える。ここで，水分子1個あたりの1型の空孔の数をν_1，2型の空孔の数をν_2とし，1型の空孔における成分k（k=1，2，3，4）分子のラングミュア定数をC_{k_1}，2型の空孔における成分k分子のラングミュア定数をC_{k_2}とする。また，ハイドレート中における成分kのモル分率をx_k，フガシティをf_k，水のモル分率をx_wとする。図4はこのときの1型の空孔と2型の空孔が各分子にどのように占有されるか模式的に示したものである。

枠の中の数字は，それぞれの分子の比率を示す。1は全く空の空孔に対応する。1型の空孔における，空である空孔，成分1の分子に占められた空孔，成分2の分子に占められた空孔，成分

3の分子に占められた空孔，成分4の分子に占められた空孔の比は，

$$1 : C_{1_1}f_1 : C_{2_1}f_2 : C_{3_1}f_3 : C_{4_1}f_4$$

で与えられ，2型の空孔における，空である空孔，成分1の分子に占められた空孔，成分2の分子に占められた空孔，成分3の分子に占められた空孔，成分4の分子に占められた空孔の比は，

$$1 : C_{1_2}f_1 : C_{2_2}f_2 : C_{3_2}f_3 : C_{4_2}f_4$$

で与えられる。

すなわち，各成分の分子のラングミュア定数とフガシティの積で決まるわけである。いかなる場合においても必ず全く空の空孔が存在することに注意が必要である。フガシティの値は完全混合気体と近似できる場合には，混合気体中の各成分の分圧で代用できる。代表的な分子についてラングミュア定数を計算した結果を表2に示す。ラングミュア定数の値が大きいほど，ハイドレート中に含まれやすいことを意味する。

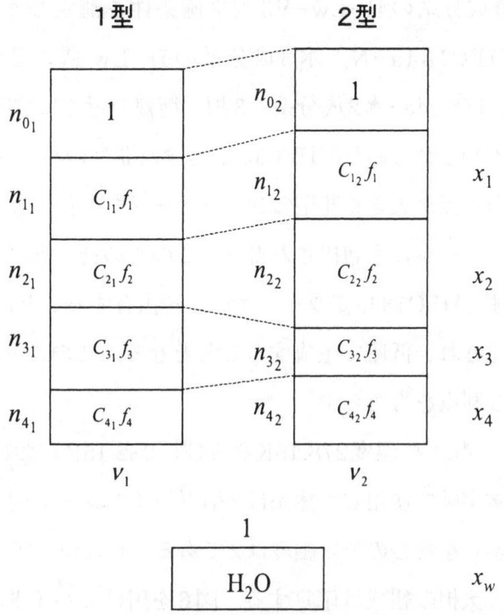

図4　各分子のハイドレートケージ占有率

表2　ラングミュア定数の一覧

Component	Crystal type	C small cage	C large cage
O_2	II	4.37×10^{-7}	2.03×10^{-6}
N_2	II	4.93×10^{-7}	7.04×10^{-7}
H_2S	I	6.92×10^{-5}	1.91×10^{-4}
CH_4	I	2.29×10^{-6}	1.07×10^{-5}
Xe	I	1.92×10^{-5}	1.76×10^{-4}
CO_2	I	1.87×10^{-6}	3.10×10^{-5}
C_2H_6	I	1.28×10^{-8}	1.30×10^{-4}
C_3H_8	II	2.58×10^{-15}	3.36×10^{-3}
iso-C_4H_{10}	II	1.64×10^{-15}	8.11×10^{-3}

3.3　フロンの回収実験の例

以上説明したハイドレートを用いた空気浄化機構が実際にどのように機能するか示すため，空気中からHFC134aを分離した実験例を紹介する。現在，毎年約1万トンのフッ素系地球温暖化物質が新たに発泡材廃棄物として投棄されているが，空気との置換も進行しているため，フッ素系地球温暖化物質の再生利用にはそれらとの分離精製が必要である。例えば，空気との置換が40％程度進行しているものとして，5℃，2気圧の条件でシステムを運転した場合，1段でHFC134aを約97％まで精製することが可能である。温度275-285K，圧力0.1-2.7MPaの範囲でHFC134aの気相組成を10，20，40，60，80％と変化させ，HFC134a-N_2-水

3成分系のH-Lw-V3相平衡条件を測定した結果を図5[1]に示す。図から明らかなように，HFC134a-N_2-水3成分系のH-Lw-V3相平衡線は，N_2-水2成分系の3相平衡線よりもHFC134a-水2成分系の3相平衡線の近くに位置する。N_2はII型のハイドレートを生成することが知られており，HFC134aもまたII型のハイドレートを生成する。しかしながら，HFC134aは分子径が大きくII型のラージケージを占有するのみであり，一方，N_2はスモールケージにもラージケージにも包摂され得る。このため純窒素ハイドレートの平衡圧力は非常に高いにもかかわらず，HFC134aがラージケージを占有することにより，HFC134a-N_2混合物ハイドレートは安定化され，低圧で生成することとなる。このことは，HFC134aのハイドレート分離にとって非常な利点をもたらす。

図6[1]に温度278.15Kならびに282.15KにおけるHFC134a-N_2-水3成分系のp-x線図を示す。本実験で使用した体系は3相（ハイドレート相，液相，気相）からなり3成分（HFC134a，N_2，水）を含むので自由度は2である。したがって，体系の温度と圧力が定まれば，ハイドレート相と気相の組成は確定する。図6を用いてハイドレートの生成と分解の各段階におけるHFC134aのモル分率を推定することが可能である。例えば，HFC134aの組成が50％である場合，ハイドレート中におけるHFC134aの組成は温度278.15Kの場合94％，温度282.15Kの場合87％である。また平衡圧力の値はそれぞれ，温度278.15Kの場合0.24MPa，温度282.15Kの場合0.6MPaである。温度が低いほうがハイドレート中におけるHFC134aの割合は高くなる。等モル組成の気体からHFC134aを分離する場合には，一段の操作で90％以上にHFC134aを濃縮することができ，さらにもう一段の操作によりほぼ純粋なHFC134aを回収することが可能である。ハイドレート相に取り込まれたHFC134aは，圧力を減少しハイドレートを分解すれば容易に回収する

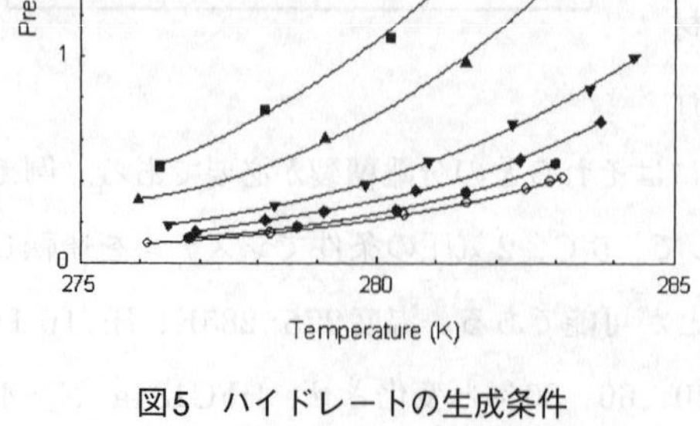

図5　ハイドレートの生成条件

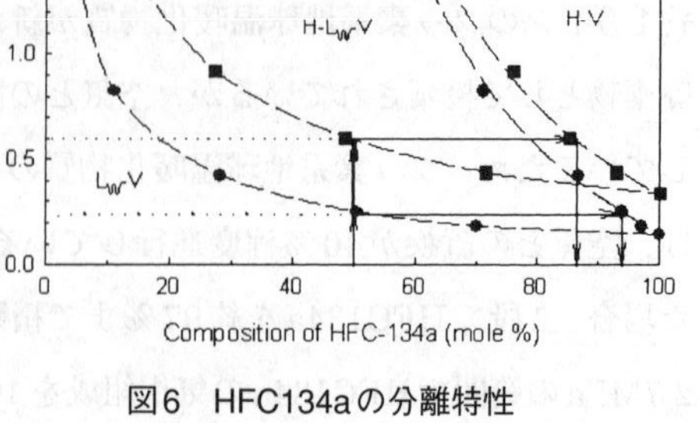

図6　HFC134aの分離特性

ことができる。

3.4　スタティックミキサーを用いたハイドレート連続分離装置

ハイドレートを利用した空気浄化技術の実用化を考えた場合，回分式・半回分式反応器類はエネルギー消費量やスケールアップなどの点から最適な分離装置であるとは必ずしも言えない。一方，フロー型に大別されるハイドレート分離装置は，いわゆる流通式管型反応器であり，連続操作が容易になること，および反応器容積が小さく効率が良いこと等の利点を有する。しかし，意図的な撹拌操作が介入しないため，ハイドレート生成によるライン閉塞が懸念される。

ここでは，流通式管型反応器の特性を活かしつつ，撹拌操作によりハイドレート生成速度の促進とライン閉塞抑制を同時に行う新規なハイドレート分離装置として，スタティックミキサーを利用した例について紹介する。スタティックミキサーの構造は，撹拌エレメントを直管内に配置し固定したものであり，様々な形状が提案されている。図7[2]に最も一般的なスタティックミキサーの1つであるKenics型撹拌エレメントを示した。これは，長方形の板を左右交互に180°だけひねったものである。ミキサー内部を通過する流体は，撹拌エレメントによって流れの分割・反転・転換を起こすことになる。この流れは，ピストン流れに非常に近く，管内半径方向への均一な混合が実現される。混合はスタティックミキサー内の流動によって引き起こされるため，外部からのエネルギー供給を必要とせず，所要動力としては通過時に消費される圧力損失のみであり，低エネルギー消費での撹拌，混合が可能となる。したがって，ハイドレート生成条件下，

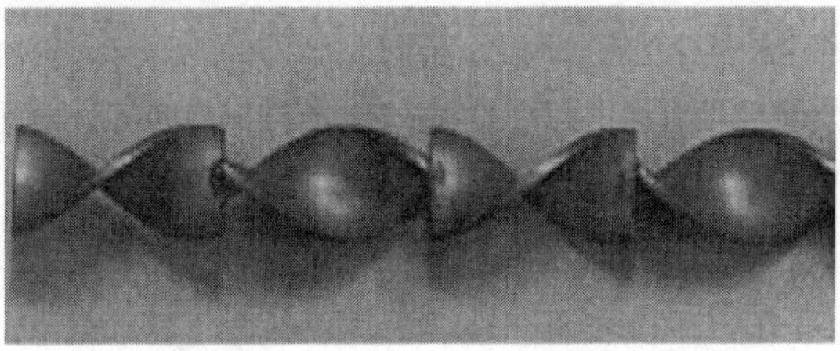

図7　スタティックミキサーの内部の撹拌エレメント構造（Kenics型）

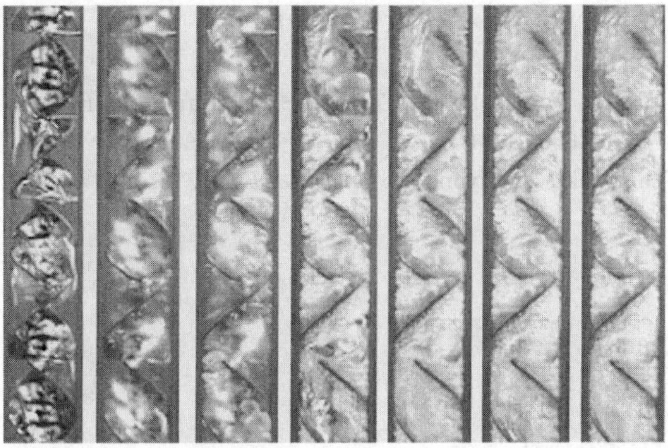

図8　スタティックミキサー内でのハイドレート生成状況

二相混合系をスタティックミキサー内に導入し，ミキサー内部で均一な混合・撹拌が行われれば，連続的にハイドレートが生成しHFC134a等の分離が行われることが期待できる。

図8にHFC134aガス-水系における実験結果の一例を示した。スタティックミキサーを使用することにより，容易にHFC134aハイドレートを生成できることが分かる。生成されるHFC134aハイドレートは熱力学的条件により様子が異なっており，プラグ状ハイドレートおよびハイドレートスラリーと名付けられている。プラグ状ハイドレートは，HFC134a気泡表面にハイドレートが生成している状態であり，気液平衡条件に近い比較的高圧条件または極端な低温条件で生成された。一方，ハイドレートスラリーは，ハイドレート微小粒子が水中に分散したような状態であり，比較的3相平衡条件に近い温度・圧力条件で生成された。このような様子の違いは，第一に熱力学的条件によるハイドレート生成速度の違いが影響しているといえる。ところで，Kenics型スタティックミキサーの場合，その混合性能は，3つの攪拌作用（分割・反転・転換）に因っている。この攪拌作用とハイドレート生成の関係を調べたところ，ミキサー径基準のレイノルズ数で層流に相当する範囲では分割作用によるガスハイドレート生成促進が認められ，それ以上の流速域では反転作用が主として作用していることが明らかにされた。

3.5　おわりに

揮発性有機化合物を中心とした空気中の汚染物質の回収技術の1つとしてハイドレートを利用した分離技術を取り上げ，その基礎となる分離のメカニズムを解説するとともに，実用化を目指して実施された研究例を紹介した。

文　献

1）Seo Y., Tajima, H., Yamasaki, A., Takeya, S., Ebinuma, T., Kiyono, F., *Environ. Sci. Technol.*, 38, 4635-4639 (2004)

2）Tajima, H., Yamasaki, A., Kiyono, F., *Energy & Fuels*, 18, 1451-1456 (2004)

4　マイクロバブル・ナノバブル

高橋正好*

4.1　はじめに

水処理の革新的な技術としてマイクロバブルを利用した排水・浄水処理法が確立されている。さらにはその応用としてナノバブル技術も開発されている。これらの技術は大気汚染物質を直接の対象とはしていないと考えられがちである。しかし，揮発性に富む有害な化学物質には排水処理過程で揮散するものも多く，閉鎖系の排水処理システムとして対応することで汚染の根源を絶つことが可能である。また，室内環境浄化においては，噴霧として対応することができる。そこで本節では産業技術総合研究所（以下，産総研）とその共同研究相手との間で開発されたマイクロバブルやナノバブル技術について紹介する。

4.2　マイクロバブルの基礎特性

通常の気泡は水中を急速に浮上して表面で破裂する存在であるが，直径が50μm以下の微小気泡（マイクロバブル）は，水中で縮小していき，ついには消滅（溶解）してしまう（図1参照）。これはマイクロバブルの極めて優れた気体溶解能力に関連しているが，その他にもいくつか非常に重要な特性がある。例えば自己加圧効果もその一つである。

気液界面には表面張力が働く。表面張力はその表面を小さくするように作用する力であるが，球形の気泡においては内部の気体を加圧するように作用する。この効果は通常の気泡では問題にならないが気泡が小さくなると無視できなくなる。圧力の上昇は気泡径に反比例しており，直径が10μmの微小気泡では約0.3気圧，直径1μmでは約3気圧の圧力上昇となる。すなわちマイクロバブルの内部は自然に加圧されている。また，マイクロバブルが徐々に縮小して消滅することを考えると，原理的には消える瞬間に内部の圧力は無限大になる。この特性を利用して，例えばガスハイドレートを極めて効率的に製造することも可能である。この場合，通常よりも平衡条件に近いところでハイドレートを発生することが出来る。この自己加圧効果の他にも，マイクロバブルやナノバブルを検討するに当たって極めて重要な特性がいく

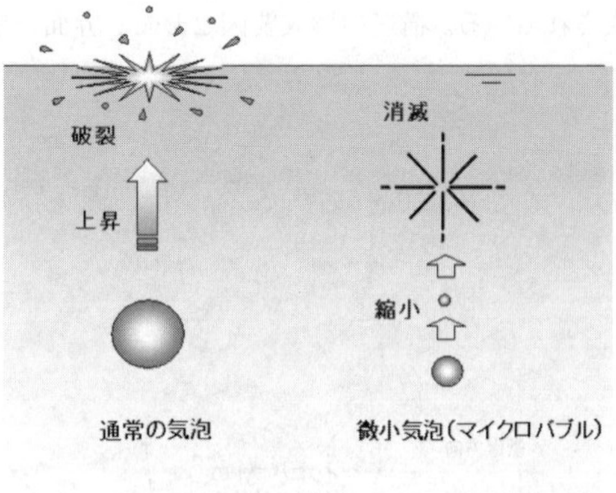

図1　通常の気泡とマイクロバブルの相違

*　Masayoshi Takahashi　㈱産業技術総合研究所　環境管理技術研究部門　主任研究員

つかある。ここでは帯電特性と圧壊の2つにして以下に紹介する。

4.2.1 マイクロバブルの帯電性

水中のコロイド粒子が帯電していることはよく知られているが，不思議なことに気泡（マイクロバブル）も電荷を帯びている。図2に示すのは電場の存在下で水中を移動するマイクロバブルである。黒い点がマイクロバブルであり，またそのいくつかを適当に選んで約3秒間の軌跡を実線で示している。動きとしては，左右の動きを繰り返しながら，上昇している。これらの気泡は電場の中に置かれており，ジグザグ状の動きは電場の方向を切り替えていることが原因である。実験として，両側に電極を持つ容器（小型セル）にマイクロバブルを導いた上で，マイクロスコープでセル内の気泡を観測しながら，両側の電極の正負を約1秒間隔で切り替えている。気泡が電荷を帯びていなければ，気泡は電場の影響は受けずに浮力のみの作用でまっすぐ上方に移動する。しかし，電荷を帯びていた場合，電位勾配に基づいて静電気力を受けるため，気泡には横方向の移動成分が与えられる。図で明らかなように，電極の切り替えに従って，気泡の動きはジグザグ状に動いており，また移動の方向として正の電極に向かうため，マイクロバブルはマイナスに帯電していることが分かる。これらの動きをパソコンに取り込んで画像解析することにより，上方への移動速度から気泡の大きさを，水平方向の速度から気泡の表面電位を求めることができる。電位の値としては，蒸留水の場合で－35mV程度である。また，水のpHの影響を強く受ける傾向にあり，アルカリ性では－100mVを超える値となり，pHが4以下の強い酸性ではややプラス側の電位を示す（図3参照）。

気泡がどうして帯電しているのか，そのメカニズムについてはまだ検討中であるが，気液界面における水分子群のクラスター構造が関与している可能性が高い。水のクラスター構造（水素結合ネットワーク）は水分子（H_2O）と，これが電離して生じたわずかな量のH^+とOH^-から構成されている。構造の形成要因として，界面の構造中にH^+や$^-OH^-$が収まりやすい特徴があり，

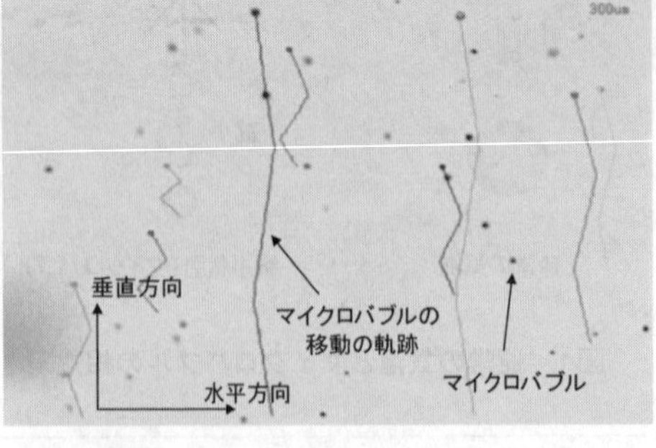

図2　電場の切り替えに伴うマイクロバブルの動き

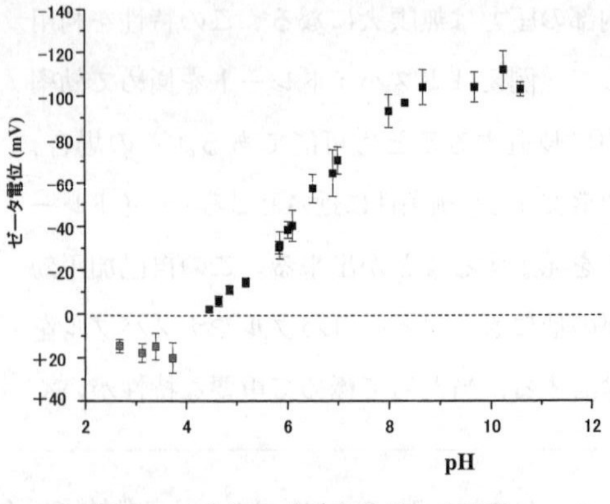

図3　マイクロバブルのゼータ電位

バルク（水本体）に比べてこれらのイオン密度が高くなるため結果的に界面を帯電させる。また，この傾向はOH^-の方が強いため，通常のpH条件下では界面をマイナスに帯電させていると考えられる。

気泡が帯電していることの工学的な意味合いは重要である。極めて濃厚なマイクロバブルを発生させても，静電気的な反発力により，気泡同士が合体して気泡濃度を低下させることはない。また，汚染物質や金属イオンなどを静電気的な引力により表面に引きつける効果も期待できる。さらには次に紹介するマイクロバブルの圧壊やナノバブルの安定化の基礎になっている。

4.2.2　マイクロバブルの圧壊

マイクロバブルの自己加圧効果を利用して，非常にユニークな特徴を引き出すことができる。圧壊と呼ばれるこの現象は，超高圧で高電場な領域（極限反応場，ホットスポット）を形成して，全ての有害な有機系化学物質を強力に分解できる。また，この圧壊を利用してより微細な気泡（ナノバブル）を生成し安定化することが可能である。

圧壊は超音波工学において知られている現象である。水の中に超音波を照射すると，その音圧変動の過程で，陰圧時に発生したキャビテーション気泡が陽圧環境において急激に縮小される。気泡内の圧力は，自己加圧効果により気泡径に反比例して増加するため，急激な縮小は圧力の急上昇を意味する。その速度が十分に速いと，断熱圧縮的な作用により気泡内の温度も急激に高くなる。その結果，消滅時には数千度で数千気圧の領域を形成する。この極限反応場は極めて微小な範囲であるものの，周囲を取り巻く水を強制的に分解できるほど強力であり，·OHなどのフリーラジカルを発生させる。この様な超高温度やフリーラジカルを利用することで水溶液中に存在する様々な化学物質を分解することが可能である。しかし，超音波の場合，実験室レベルでは多種の有機系化学物質の分解に成功しているものの，その効率は良いものではないため，排水処理などの実用化には課題が残されている。

一方，マイクロバブルの場合にも，物理的な刺激を与えることによって気泡径を急激に縮小させ，圧壊現象を生じさせることが可能である。超音波は気泡の形成がさほど良くないが，マイクロバブルの場合には非常に濃密にすることもできるので，効率として有利である。また，気泡として予め存在しているため，気体の特性や気液界面に存在する電荷の効果も活用することできる。このため，超音波とは大きく異なる圧壊特性をもたらすことが可能である。

圧壊の効果は発生したフリーラジカルの量によって評価できる。そこでESR（電子スピン共鳴法）によりマイクロバブルによる圧壊と通常の超音波との比較を行ってみた。マイクロバブルには空気を利用しており，圧壊の方法としては弱い衝撃波を利用した。その結果，フリーラジカルの発生量に関してマイクロバブルの圧壊は超音波に比べて遙かに優れたものであった。なお，マイクロバブルを圧壊させる方法として，衝撃波の利用のほかにマイクロバブルの特性に基づいた流体工学的な手法を確立しており，極めて革新的な排水処理技術として実用化に成功している。

4.3　ナノバブル

我々はマイクロバブルの圧壊を研究する過程で，多少の電解質イオンが含まれたときに圧壊後の水の特性が大きく変わることを発見した。その一つがオゾンの長期保有であり，また生物に対する不思議な作用である。この実体を気泡と確定するためにはさらに多くの検討が必要であるが，マイクロバブルをベースとして制作したものであることや，また微細気泡のみに認められる特有な現象も確認されているため，「酸素ナノバブル」および「オゾンナノバブル」という呼び名を使っている。また，これらの特性は工学や医療などの分野で活用できるものであり，以下に簡単な説明を加えてみる。

4.3.1　酸素ナノバブル水

詳細なメカニズムは今後の課題であるが，酸素のマイクロバブルを圧壊してナノバブル化した場合に，その水には生物に対する特異な効果が認められる。図4に示すのは酸素ナノバブル水中の胡蝶蘭と魚類である。胡蝶蘭は水やりの難しい植物であり，与えすぎると根腐れをおこして枯れてしまう。ところが酸素ナノバブル水の中ではいつまでも綺麗な花を咲かせ続ける。水の中に本体がありながら，花の持ちは通常と変わらない。もちろん二酸化炭素の添加など特別なことは行っていない。また，下にいる赤い魚は深海魚のキチジ（キンキ）である。水深400m以深にいる魚であり，大気圧下での飼育は容易なことではない。餌の問題で長期は無理であったが，2ヶ月程度は元気に生存した。なお，写真の水槽では，キチジへの負担を少なくするため塩分濃度を海水とほぼ同じ3％としているが，その様な高濃度の塩分下でも胡蝶蘭は綺麗な花を咲かせ続けた。また，塩分濃度を生理食塩水と同等の1％程度にしてあげれば，真鯛と金魚を半年以上にわたって共生させることが可能である。

図4　酸素ナノバブル水中での胡蝶蘭とキチジ

以上は酸素ナノバブルのアイキャッチ的な現象を紹介したものであるが，現在はこれを出発点として様々な実用的な取り組みの段階に移っている。例えば，食品における保存料の無添加は大きな課題であるが，宮城県石巻市の蒲鉾会社では，酸素ナノバブルを少量使うことで，保存料無添加蒲鉾の製造に成功している。保存料は人体に良いものではなく，また味においても問題である。この蒲鉾は酸素ナノバブルに物理的な刺激を与えることで耐熱性細菌などの有害微生物を除去している。また，保存料を使わないため魚本来の旨みを維持していることも大きな特徴である。なお，基礎研究の段階であるが，医療やバイオ関係の大学などにおいて，この酸素ナノバブルを利用した取り組みがスタートしておりセンセーショナルな結果が出始めている。

4.3.2　オゾンナノバブル水

酸素ナノバブル水の効果も興味が尽きないが，オゾンナノバブル水にも大きな期待を寄せることができる。オゾン水はその優れた殺菌能力のため各方面での利用が検討されている。しかし，通常のばっ気による方法でオゾン水を製造しても散逸や分解によりオゾンは10分程度で大部分が消滅してしまう。このためオゾン水の利用には大きな制約があった。ところがナノバブルとしてオゾンを安定化させることによりオゾン水の効果を数ヶ月に渡って持続することが可能となった。紫外線をカットした冷暗所で保存することにより，製造時のオゾン濃度として1.5mg/Lであったものが半年後においても1.0mg/L程度の値を維持可能である。オゾンは塩素系殺菌剤に比べて10倍近い殺菌能力を有しており，またトリハロメタンのような有害な二次生成物を作る危険性も少ない。さらに，殺菌効果としてはオゾン分解時に発生するフリーラジカルの作用が考えられるが，フリーラジカルは短命であり，また分解後には酸素に変わるものなので安全性の点からも問題が少ない。このオゾンナノバブルの殺菌効果については以下に紹介する。

4.4　具体的事例

4.4.1　ノロウイルスの不活化

マイクロバブルやナノバブルの利用は非常に多岐にわたるものであるが，応用例としてノロウイルスの不活化について紹介する。ノロウイルスは冬季における食中毒の主要因の一つであり，微生物関連の食中毒患者総数の約3割がノロウイルスに起因している。ノロウイルスはヒトの腸管で増殖し，下水処理場などを介して河川や海洋を汚染すると考えられている。ノロウイルスはプランクトンと一緒にカキなどの貝類に取り込まれ，加熱処理などが不十分な条件でこれを食した場合には，人体に取り込まれて24～48時間後に嘔吐，腹痛，下痢，発熱などの急性胃腸炎症状を起こし，2～3日程度で回復する。

食品に関係した殺菌法としては一般に塩素系薬剤が利用される。ノロウイルスは塩素系薬剤にある程度の耐性を持っているため，この方法で不活化を行うためには高濃度での適応が必要である。しかし，高濃度の塩素はカキの商品価値を著しく低下させるのみでなく，塩素の使用そのものが水環境を傷つける要因ともなる。一方，環境に優しい殺菌技術としてオゾンの適応が検討されているが，気体であるオゾンを水中のバクテリアやウイルスに処方するためには，効果的な溶解技術の確立が不可欠であった。マイクロバブルは，比表面積が大きく，上昇速度が緩やかであり，また表面張力による自己加圧効果があるため，通常の気泡に比べて桁違いに大きな気体の溶解効率を持っている。この点でマイクロバブルによるオゾンの使用には大きな効果が期待できた。

実験では水中に存在するノロウイルスを少量のオゾンを含むマイクロバブルにより不活化できるか否かについて調査した。試験対象としてはノロウイルスとネコカリシウイルスの2種類を利用した。ネコカリシウイルスは，培養法が確立されていないノロウイルスの代用として利用されるウイルスである。今回の実験では効果の確認に慎重を期すため，ノロウイルスと併せて不活化試験のサンプルとして利用した。不活化の確認としては，ノロウイルスについてはRT-PCR法を，ネコカリシウイルスに対してはRT-PCR法と組織培養法の両者を利用した。RT-PCR法は遺伝子を利用した解析法であり，ウイルスのRNAから逆転写（RT）反応により相補的なDNAを生成した上で，ポリメラーゼ連鎖反応によりDNAの一部を多量に複製していく手法である。複製が不可能な場合，ウイルスの遺伝子が破壊されたと解釈して，不活化の確認とした。試験ではマイクロバブルを利用してあらかじめ作成したオゾン水（オゾン濃度は1mg/L程度）にノロウイルスもしくはネコカリシウイルスを添加して静かに撹拌した後に静置した。その結果，両ウイルス共にRT-PCR法においては活性を保っていることが確認された。一方，ネコカリシウイルスの組織培養法においては接種後2日目までは組織培養細胞（CRFK細胞）の変性は認められなかった。このことから，不活化の効果は期待できるもののオゾン量が相対的に不足していることが考えられた。そこで，サンプルとオゾン水を混合後，オゾンによるマイクロバブル処理を追加的に実施した。使用したオゾン発生装置はPSA方式による高濃度酸素型であり，気体中のオゾン濃度は50g/m^{3}N程度であった。また，マイクロバブル発生装置は気液せん断二相流方式であり，マイクロバブルの中心粒径は20～30μmであった。マイクロバブル処理は約1時間実施した。その結果，ノロウイルスに関してはRT-PCR法，ネコカリシウイルスに関してはRT-PCR法と組織培養法の両方において不活化していることが確認された。

オゾンは塩素に比べて10倍近い殺菌効果を持っているが，高濃度条件での使用は多くの弊害を伴う。すなわち，廃オゾン処理の問題やオキシダントなどの二次生成物の問題である。そのため実用化を考えた場合には，可能な限り低い濃度のオゾンで処理を行う必要があった。今回の研究では水中のオゾン濃度が1mg/L程度の低い値でノロウイルスの不活化を実現することができた。その詳細なメカニズムは検討中であるが，マイクロバブルの2つの特性が関与した可能性が高い。すなわち，表面電荷効果と自己加圧効果である。ある種のバクテリアは正帯電しているが，ウイルスにも同様の帯電性や疎水的な性質が存在する場合にはマイクロバブルに引きつけられて表面に捕らえられる。また，供給時のオゾン濃度が低い条件であっても，マイクロバブルは浮遊しながら縮小するため，気泡内のオゾン分圧は気泡径に反比例して急激に増加する。そのため，マイクロバブルの周囲に集められたウイルスが，自己加圧効果に伴って濃縮したオゾンにより効率的に不活化されたと考えられる。

以上の実験は水中に存在するウイルスを対象としたものであるが，カキの場合にはその体内に存在するウイルスが問題となる。実は単純にマイクロバブルのみを利用したのでは，この体内のウイルスを不活化させることは難しい。そこで我々はナノバブル技術を利用して体内のウイルス不活化実験を行った。オゾンナノバブル水は浸透性に優れており，またオゾンの持続効果が高いため，カキが濾水によってナノバブルを体内に取り込むことで直接ウイルスに作用できる可能性がある。実験では，オゾンナノバブル水の中にネコカリシウイルスを捕食させたカキを入れて，一昼夜にわたって蓄養した。カキはオゾン濃度が1mg/L程度の蓄養槽の中でも問題なく生存したが，体内のネコカリシウイルスは99％以上が不活化されていた。これは体内のウイルスに対する効果であるが，体内に取り込まれた汚染物質についても一定の効果が認められた。図5に示すのはオゾンナノバブル水を利用して処理する前と後のカキの様子を示したものである。カキが白さを取り戻していることが分かるが，これは一昼夜の蓄養中においてカキのエラや中腸線にたまった有機物の多くがオゾンの効果により分解されたためと考えられる。これらの有機物は海洋での養殖中に徐々に蓄積したものであるため，この結果は貝毒に対する対策の可能性を示唆している。なお，商品として重要な課題であるが，これらのカキはえぐみがとれて味覚的にも優れたものであった。

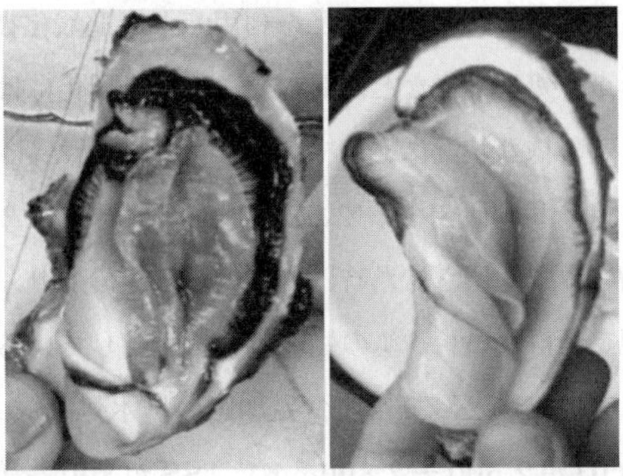

図5　オゾンナノバブルを利用したカキの処理
（左：処理前，右：処理後）

4.4.2　食品加工や化学工場からの排水処理

工場や事業所からの産業排水については「水質汚濁防止法」や都道府県条例による上乗せ基準などがあり，排水に対して厳しい規制が課せられている。特にCOD成分については閉鎖性水域の環境悪化に大きく作用するため，水質総量規制なども設けられて改善のための取り組みがなされている。

一方，現状の排水処理技術には解決すべき問題が残されている。例えば，最も一般的な処理法である活性汚泥法については，大量に発生する余剰汚泥の問題がある。活性汚泥法は好気性や嫌気性のバクテリアを利用して水中の有機性成分を補食させることにより排水を浄化させる方法であるが，バクテリア自体が増殖して余剰汚泥として排出される。この余剰汚泥は産業廃棄物として処理される場合が多いため，環境に対する大きな負担となっている。また，この活性汚泥法には運転管理の難しさや難分解性の有機物への対応などの問題点もある。そこでこれをサポートする技術としてオゾンなどを利用した促進酸化技術も模索されているが，大量のオゾンを必要とする点や処理効率などが問題であり，実用化にはまだ課題が残されている。

この様な状況にあって，オゾンによるマイクロバブルを利用した排水処理技術の確立に産総研とその共同研究相手である㈱REO研究所が成功した。この技術はオゾンマイクロバブルを処理槽の中で圧壊させた時に発生する多量のフリーラジカルを利用したものであり，オゾン単独では想定し得ないレベルの処理能力を達成している。

実用化例として水産食品加工の排水処理システムがある。この排水は200～300t/日であり，CODが2,500～2,800mg/L，SSが300～400mg/L，ノルマルヘキサン抽出物（N-H）が800mg/Lのものが，オゾンのマイクロバブルを圧壊させるだけの技術により，最終的にCODが10mg/L以下のレベルまで低下している。元来この工場では活性汚泥法により排水処理を行っていた。しかし，製品の種類が多いため処理原水の水質変動が大きく，また油性成分も多く含まれるため，活性汚泥法では水質基準を満足することが困難な状況となった。このシステムの導入から3年以上が経過しているが，極めて安定な処理を続けており，また有機系の余剰汚泥の排出は皆無に近い状況である。基本的なシステム構成としては，直列に並べられた処理槽を順次通過することにより，排水中のCODレベルを低下させていく。各処理槽ではオゾンや酸素を含む混合気をマイクロバブル状にして供給しつつ，内部対流の過程でこれを圧壊させ，排水中に含まれる有機化合物を順次に酸化処理する。また，大量に発生したマイクロバブルは有機化合物を身にまといつつ泡沫として処理槽の上部からオーバーフローしている。これは濃厚なCOD成分であるため，専用の処理槽に導いた上でオゾンによるマイクロバブルの圧壊を集中的に行い，汚泥成分を強力に分解している。処理後の水は原水に加えられ，元の排水処理工程に戻される。この様な全体システムの中で有機成分をほぼ完全に処理している。

また，産総研とREO研究所では化学工場からの排水も処理できるシステムの開発を進めている。食品加工と比べて化学工場からの排水は難分解性の化学物質が含まれる割合が高く，現行の排水処理技術では対応が難しい。また，揮発性成分が多く含まれることも多く，大気汚染の大きな原因ともなっている。

研究においては，上記の食品加工に利用した手法を利用したが，表面からの発泡が著しく，継続した処理が不可能であった。そこでマイクロバブルの圧壊システムを従来の低濃度型から高濃度型に改めるとともに，より敏速で効率的に圧壊を起こす手法を開発した。なお，低濃度型とはマイクロバブル濃度が200個/mL以下（蒸留水中）の発生装置であり，高濃度型は1mL当たり数千個レベルのマイクロバブルを発生する装置である。このマイクロバブル圧壊装置の性能は極めて優秀であり，フェノール工場や染色工場からの精錬排水などの実排水を試験的に処理しているが，数千レベルのCOD成分を一級河川への放流も可能なレベルである20mg/L以下まで処理できている。なお，本システムはマイクロバブルを利用しているため導入している気相量が通常のばっ気に比べて著しく少ないことが特徴であり，大気に対して閉鎖系システムとしての適応することが可能である。系内で発生した揮発成分は別のマイクロバブル処理システムに導入して処理することにより，気相への排出をほぼ完全に押さた状態で排水処理を行うことができる。

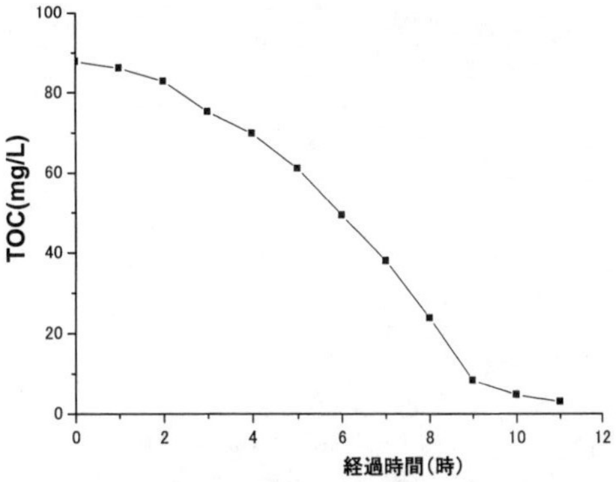

図6　フェノール模擬排水の処理過程における全有機炭素量（TOC）の変化

図6に示すのは，フェノールを蒸留水中に溶解させた模擬排水をオゾンマイクロバブルの圧壊により処理したときの全有機炭素量（TOC）の変化である。処理過程において難分解性の物質が易分解性に変わりながら処理が進んでいるため，処理が進むほど処理速度が上昇するという現象が途中に認められる。

4.5　おわりに

マイクロバブルやナノバブルは新しい技術であるが，その将来性は非常に大きなものがある。マイクロバブルは水環境対策における中心技術になっていくと考えられ，閉鎖性水域の環境改善や排水および上水処理に利用できる。また，揮発性の有害化学物質の揮散を抑制した水処理システムとして構築することにより，大気汚染物質の発生を押さえた処理も可能である。一方，ナノバブルについては，その機能水的な効果を利用することで，医療やバイオ，食品などの分野での応用が検討されている。また，空気浄化の観点からは霧状に散布することにより屋内において利用できる可能性も高い。その他，臭気対策にも貢献できる可能性があり，マイクロバブルやナノバブルが持つ極めて特異な性質を利用することにより，様々な分野でのブレークスルーが期待できる。

応　用　編

第8章　事業所向け応用例

1　VOC排ガス脱臭システム

中原昭弘*

1.1　はじめに

欧米では以前から大気へのVOC（揮発性有機化合物）排出が規制され，環境に対する保護が行われている。日本でも印刷業や塗装業等においてVOC排ガスの処理が自主的に行われてきたが，大気汚染防止法にVOC規制が盛り込まれたことで，今後脱臭システム導入の加速が要求されることは容易に推測される。

弊社ではVOC処理装置に関する開発・製造・販売を行い，様々な業界に脱臭システムを納めておりここに例を述べる。

1.2　脱臭システムの概要

脱臭技術には様々な種類・方式があるが，VOC処理に関しては酸化分解法（燃焼法）及び回収法が有効である。前者は単に排ガスの温度を高め，高温で酸化分解させる方法でもっとも一般的な処理技術であり，後者は排ガス中の有機成分を活性炭等により吸着・液化回収する処理技術である。回収法は従来から一部の排ガス処理として使われてきたが，燃焼方式と比べCO_2の排出

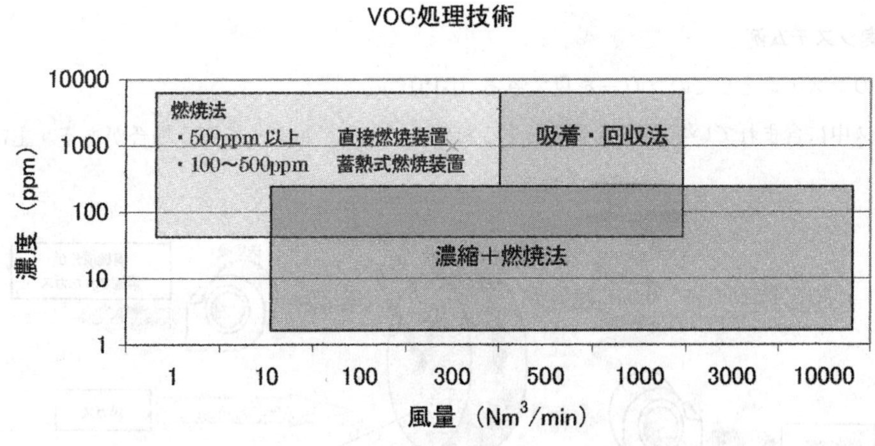

図1　濃度と風量による適用技術概要

*　Akihiro Nakahara　ダイキン工業㈱　化学事業部　化工機部

を抑えられること及びリサイクルの観点から近年再び注目を浴びている技術である。

低濃度かつ大風量の排ガスを直接，燃焼装置で処理する場合装置が大型となり多量の燃料が必要になるため排ガス風量を低減化できる濃縮装置を組み合わせたシステムが適用されている。濃縮装置を組み合わせる最大のメリットは，排ガス中の有機成分を濃縮することで燃焼させる風量を低減できることである。すなわち，触媒燃焼装置を小型化しイニシャルコスト及びランニングコストを低減できるものである。

1.3 濃縮装置の原理

濃縮装置の原理は，吸着剤（活性炭もしくはゼオライト）で構成された脱臭ローターに排ガスを通過させその中に含まれる有機成分をそれらの吸着剤へ吸着・除去させるものであるが，有機成分を吸着させるだけではすぐに飽和するため吸着された有機成分を脱離（以下,「脱着」）させる必要がある。このため脱臭ローターを1時間当りに2～4回程度の低速度で回転させることで連続かつ安定した吸着・脱着操作を可能にしている。

ここでの吸着は物理吸着（化学反応を伴うものでない）のため吸着剤を加熱することで簡単に脱着でき，実際の設備では120～190℃の熱風を脱臭ローターへ送り込むことで脱着を行っている。この時，排ガス風量に対して少量の風量で脱着を行うことで有機成分を濃縮できることになる。

この濃縮原理を利用して低濃度かつ大風量の排ガスを直接，燃焼処理するよりも高濃度で少風量のガスに転換する方が効果的で安価に済ますことができる。

1.4 実システム例

実際のシステムとしてのフローを見てみる（図3)。

排ガス中に含まれている塵埃等を除去するためにプレフィルターを使う場合がある。主に塗装

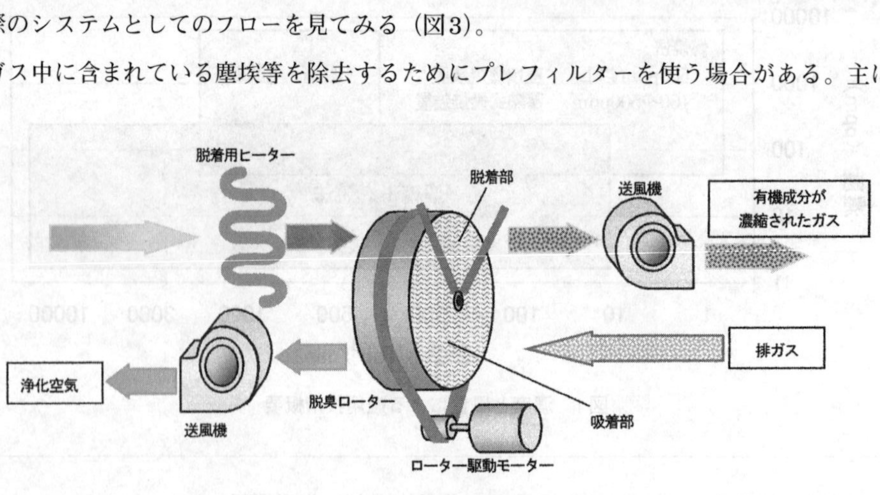

図2　濃縮装置

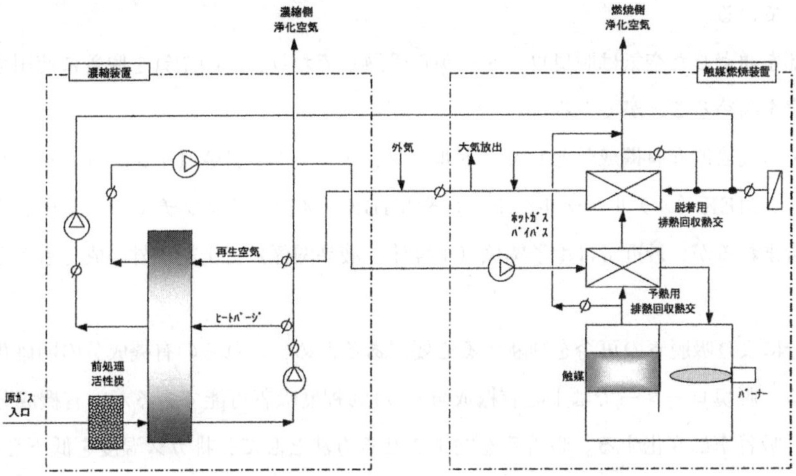

図3　濃縮装置を組み込んだ燃焼システムフロー図

ブースからの排ガス処理の場合，非常に細かいミスト・ダストが含まれるためロールフィルターやバッグフィルターを搭載する場合も多く，また近年UV塗料を使用する場合もありミスト・ダスト対策は脱臭ローターを保護するために非常に重要である。

また，実際の排ガス中には高沸点物（沸点200℃以上の物質）が含まれていることがあり，脱着操作時に脱着できず吸着剤中に残存し劣化の要因となることがある。このような場合劣化の抑制手段として前処理用の活性炭（粒状活性炭）により高沸点物を吸着させ脱臭ローターを保護する方法がある。またゼオライトローターを使用する場合，一部ではローター自体を脱着温度以上の高温にして高沸点物を脱着する方法もある。

脱着を行うためには熱源が必要であり，活性炭ローターでは約120℃，ゼオライトローターでは約190℃で脱着を行う。燃焼方式と組み合わせる場合，燃焼装置から放出される浄化空気は高温であるため，この熱を脱着の熱源として利用でき，これを排熱回収方式と呼ぶ。排熱回収方式を採用する際の注意点は，排ガスの濃度変化により燃焼温度も変化するため高濃度ガスが導入された場合でも一定の脱着温度になるように制御する必要があり，通常では排熱回収からの熱風と外気を混合させ一定温度を確保している。但し，極端に高濃度のガスが導入された場合上記制御でも一定温度を保つことが困難となるため，非常用のダンパーを開き高熱の熱風を外気へ放出し，同時に濃縮装置側では外気を取り込むことで脱臭ローターを保護する。

脱着直後の脱臭ローターは高温のためすぐには吸着ができない状態となっているので，吸着効率を向上させるためには一刻も早く温度を下げる必要があり，実機ではパージ方式を採用している。通常濃縮装置出口の浄化空気の一部を利用し，このパージを行う。弊社では，活性炭ローターの場合は脱着・パージの比率を風量比で3：1，またゼオライトローターの場合は，1：1の割合で構成している。

パージ部を通過した空気は脱臭ローターから受熱しており，この空気を脱着に使用することで更に熱効率を高めることができる。

排ガス中の代表的な有機成分として，トルエン，キシレン，IPA（イソプロピルアルコール），酢酸エチル，MEK（メチルエチルケトン）やMIBK（メチルイソブチルケトン）等の多種多様な成分が含まれるが，最近では電子関係（半導体，液晶関係）で上記以外の成分もかなり増えてきている。

有機成分により吸脱着の可否を判断する必要があるため，これらの有機成分の明確化は非常に重要である。脱臭ローターでは上記有機成分を90％程度吸着可能であるが，有機成分や排ガス温度により吸着率は変化する。吸着率を向上させる方法として，排ガス温度を低下させること，通過風速を低下させること，再生温度を上昇させることがありさらに脱臭ローターを直列配置する場合もある。

濃縮装置はあくまでも排ガス風量の絞込みと有機成分の濃度を上げるためのもので，有機成分を分解させる装置ではないため，濃縮された有機成分を最終的に無害なものに分解させる必要がある。

有機成分を無臭かつ無害な成分にするためには燃焼することが確実かつ容易であり，メリットとしては炭化水素系（H，C，O）であればほとんどの場合，H_2OとCO_2に分解され大気放出可能になる。また，有機成分はそれ自体が燃料のようなものであり高濃度への濃縮は有効ではあるが燃焼させる場合は直接燃焼装置，触媒燃焼装置いずれの場合も消防の指導により爆発下限界の1/4～1/5以下の濃度を求められることから必然的に燃焼可能な濃度が決定され，これから濃縮倍率が決まる場合が多い。

燃焼装置には大きく分けて2種類あり，有機成分を高温で酸化分解させる直接燃焼装置と白金触媒を利用して低温で酸化分解させる触媒燃焼装置がある。

直接燃焼装置での燃焼温度は800～900℃，触媒燃焼装置の場合は450～550℃程度になるため排熱回収を行い燃焼装置へ導入されるガスへ放熱することで熱効率を高めている。但し，過昇温による装置の損傷を防ぐためバイパス等の保護回路を組み込む必要がある。

直接燃焼装置の場合，高温対応の熱交換器を利用し50％程度の熱交換が可能であるが，近年更に熱交換率を上げるためセラミックス等を利用した蓄熱タイプの燃焼装置が採用されており，排熱回収率は90％以上にもなり燃料消費の低減化が進んでいる。この技術はRTO（Re-Thermal Oxidizer）と呼ばれ，直接燃焼装置と同様に多種多様な排ガス処理に使われている。

一方触媒燃焼装置の場合低温での酸化分解が可能であるが，触媒被毒問題がある。被毒物質には有機シリコンのような一次被毒物質と，ハロゲン系，リン系のような二次被毒物質とがあり，二次被毒物質の場合，排ガス中からそれらの物質が無くなれば触媒作用は徐々に回復していくが，一次被毒物質の場合一度それらの物質と触媒が接触すると完全に劣化してしまい，触媒洗浄，最悪の場合は触媒交換が必要になる。劣化の一因として有機シリコンが酸化されシリカ（固形化され）になり触媒表面を覆うため触媒作用を喪失させることが知られている。

写真1　実システム設置例

半導体関係の排ガス処理で直接燃焼装置やRTOが多く使われる理由が，この触媒被毒対応である。但し，多量の有機シリコンが排ガス中に混入されている場合，熱交換器のフィン部や蓄熱剤（ハニカム）にシリカが堆積していくため定期的に洗浄等の整備が必要になる。

このように濃縮装置と燃焼装置の組み合わせによって，効果的に排ガスを処理することが可能であり，現在印刷，塗装，半導体等の様々な分野で採用されている。

今後これらのシステムの課題として，いかに省エネを図るか，また，排ガス中に窒素系や硫黄系の物質が混入される場合，容易に対応可能な排ガス処理技術が求められると思われる。

ところが燃焼装置を使用したシステムで今後最も重視されるのは，京都議定書に代表される通りCO_2の排出をどのように抑制するか，また近年リサイクル化が進んでおり排ガス処理の分野でもこれらを考慮することは不可避である。

1.5　回収技術

上記問題を解消する処理技術として，吸着・回収法がある。従来この技術は一部の分野で使われてきたが，環境問題や法規制の整備，また石油単価の上昇から更に近年需要の兆しが目覚しくなっている。

大別して回収方式には2種類，「固定床式」及び「流動床式」があり，それぞれについて概要を述べる。

1.5.1　固定床式回収法

固定床式の場合，容器に充填された活性炭（充填塔）に排ガスを通過させ，活性炭に吸着された有機成分に直接蒸気を吹き付けることで脱着させ液化させる方式である（図4）。

本方式の場合，活性炭へ直接蒸気を導入（直接加熱）し有機成分を排出するため，回収液中に多量の水分が混入する。この場合の対象成分として非水溶性有機成分については容易に回収することが可能であるが，水溶性有機成分の場合加熱時の水蒸気に混入するため排水処理が必要である。

更に排ガス風量や有機成分の濃度によって充填塔が増減するため大風量の場合設置スペースが大きくなってしまう。また吸着操作と脱着操作の切り替え時に圧力変動や残留ガスの放出が発生する場合もある。

1.5.2 流動床式回収法[1)]

活性炭が循環する完全連続方式の回収技術である（図5）。

高効率の多段流動層吸着装置と移動層脱着装置との組み合わせになっておりその間を球状活性炭が移動循環する方式であり，下記装置で構成されている。

- 吸着部：排ガス中の有機成分を上部より下降する活性炭で吸着除去し，浄化空気にして排出する装置で，多段流動層になっている。
- 脱着部：有機成分を吸着した活性炭を蒸気で間接加熱し有機成分を活性炭から脱着させる。
- 搬送部：脱着された活性炭を吸着部最上段へ空気輸送する。

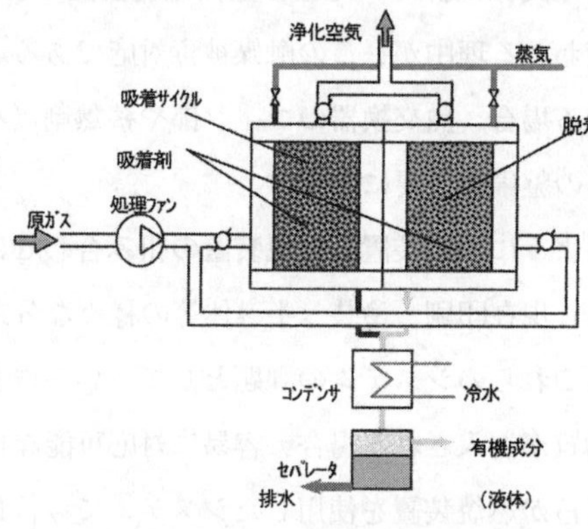

図4　固定床式概要

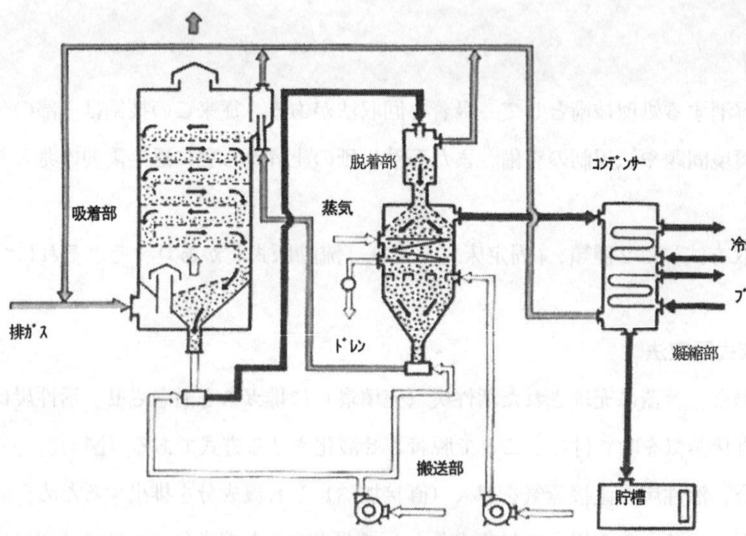

図5　流動床式概要

写真2　流動床式設置例[2)]

●凝縮部：脱着された有機成分を冷却凝縮し，水と分離して液化された有機成分を回収する。

すべての操作が連続して処理されるので圧力変動がなく，安定した回収が可能であるが，脱着された有機成分は時に数万～数十万ppmになることから，安全性を確保するため可燃性成分の場合キャリアガスとして窒素を使用している。

また固定床式と比較し流動床式の場合，活性炭の流動を安定にするため風量変動に不向きとなる。

1.6　おわりに

このようにVOC排ガス処理といっても対象となる有機成分や排ガス風量により様々な方法があり，エンジニアリング会社，装置メーカー等によるエンドユーザーへのサポートを行うことで有効かつ経済的なシステムの構築が可能になる。

また，これらのVOC排ガス脱臭システムの更なる普及により業種や地域を越えた地球規模の環境保護が行われることを期待する。

文　　献

1）ダイキン工業㈱　流動式溶剤回収装置　技術資料
2）ダイキン工業㈱　ダックスカタログ

2　吸着・回収システム

土井潤一*

吸着・回収システム（吸着法）は，VOC処理装置の納入実績の最も多い方式である（図1）。この導入における現場の要求は，大気汚染防止・排出抑制と作業環境保全を同時に成し遂げ，さらにマテリアル回収・再利用によるコストダウンをめざすことに視点がある。また早期の設備償却にむけては装置を含むシステムをよりコンパクト，安価に導くシステムの工夫が課題となる。

活性炭吸着回収は，このシステムを代表する方式である。対象溶剤の多くが燃焼処理出来ない塩素系溶剤である洗浄工程は，活性炭吸着回収システムの導入実績が多いと思われる（図2）。

ここではこの活性炭吸着回収システムの導入にかかわる検討事項を整理することとする。

2.1　回収装置の規模

活性炭吸着回収は，他の処理法に比較して低濃度ガスを比較的容易に数ppm程度に浄化できる特徴がある。ただし，装置の中核となる吸着塔設計は，比較的幅広い複雑な技術を必要とする。特に原ガスの処理風量，濃度，溶剤物性，温度，湿度などは，重要な設計要因である。例えば，

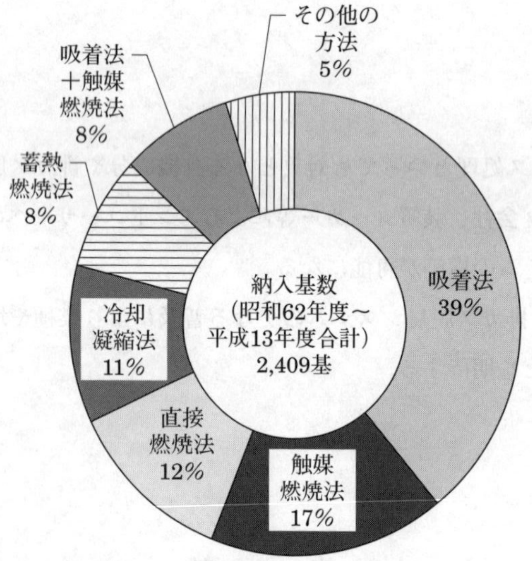

図1　処理方式別納入台数率（昭和62年度～平成13年度）
出典：揮発性有機化合物（VOC）排出に関する調査報告書
㈳環境情報科学センター　H15. 3

＊ Junichi Doi　大和化学工業㈱　代表取締役；日本産業洗浄協議会　理事

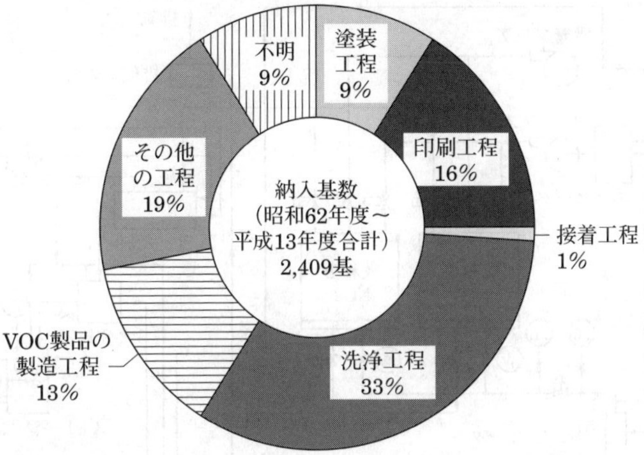

図2　導入工程別納入台数率（昭和62年度～平成13年度）
出典：揮発性有機化合物（VOC）排出に関する調査報告書
㈳環境情報科学センター　H15. 3

相対湿度55％を超える原ガスは活性炭の溶剤吸着量に影響があり，原ガス前処理が必要である（図3）などよく知られている。

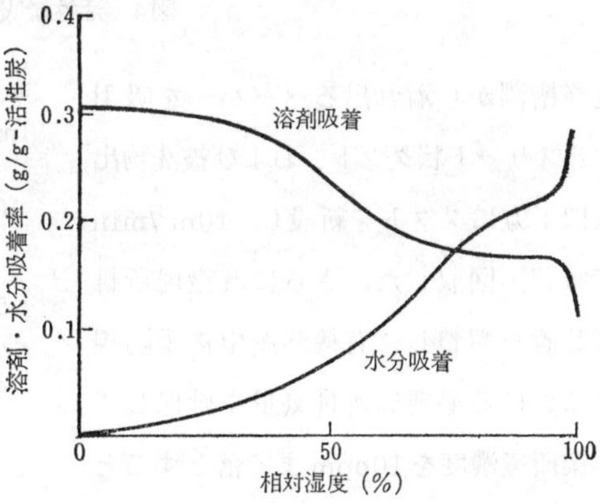

図3　水分共存での溶剤吸着の例（親水性溶剤）
出典：活性炭-基礎と応用　炭素材学会編
1987. 9　講談社

しかし導入実績の多い洗浄工程では，排出源は洗浄機であり，塩素系，フッ素系溶剤に限定されることで，回収装置の規模決定（装置サイズ）要因は，処理風量と濃度になる。

固定床方式活性炭吸着回収装置フロー（図4）の中核にある吸着塔は，濃度がいかに薄くても処理風量が大きい場合，その処理風量に合わせた設計となり，大型化する（図5)。

装置を含むシステムをよりコンパクト・安価に導く工夫は，いかに低風量で効率よくベーパーを吸引するかが重要となる。図6は熱処理工程におけるトリクロロエチレン洗浄装置のダクトワーク工夫の実施例である。作業環境保全を目的とする有機溶剤中毒予防規則における必要局所排気量は，$13.5m^3/min$である。しかし，被洗物出入口に取付けられた既設局所排気口は上方からの吸引でベーパーの吸引としては非効率であった。

そこで装置の機種決定の前にこのダクトの改造を行い，低風量化をめざした。

まず空気の4.5倍の空気比重（飽和蒸気）をもつトリクロロエチレンベーパーの物性に着目し，

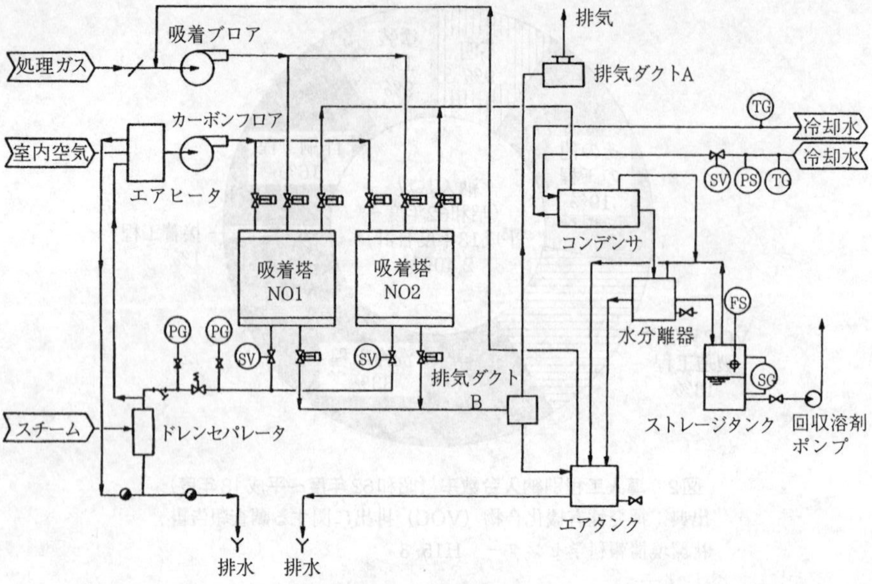

図4　活性炭吸着回収装置フロー

洗浄槽淵から溢れ出るベーパーを吸引するスリット状ダクト，および被洗物出入口下方にダクトを新設し，10m^3/minで吸着・回収した。さらに既設局所排気装置を調整し，有機溶剤中毒予防規則における必要局所排気量を確保して作業環境濃度を10ppmまで落とすことが出来た。

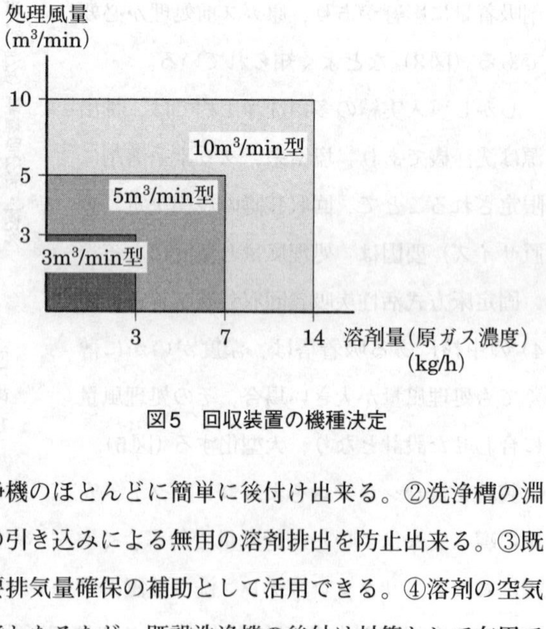

図5　回収装置の機種決定

ここで用いたスリットダクト吸引システムの特徴は，①スリットダクトの取付け位置が洗浄槽の淵であるため既設洗浄機のほとんどに簡単に後付け出来る。②洗浄槽の淵で溢れ出るベーパーを吸引するため，過度の引き込みによる無用の溶剤排出を防止出来る。③既設局所排気装置は作業環境保全にむけた必要排気量確保の補助として活用できる。④溶剤の空気比重に着目したことにより低風量吸引が可能となるなど，既設洗浄機の後付け対策として有用である。

2.2　回収装置性能と回収率

回収装置性能と回収率は異なる概念である。回収装置性能とは，一般に入口濃度と出口濃度を

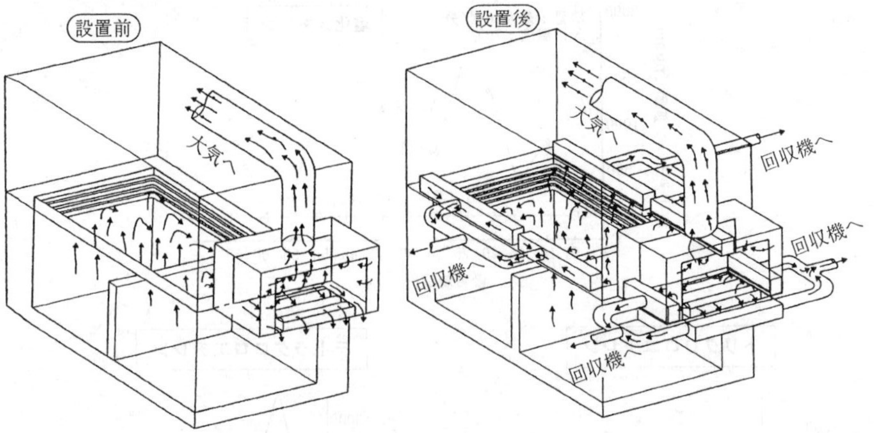

図6　ダクトワークの改造

指標とする処理率，除去率である。回収率は，蒸発による気化排出された溶剤量に対する吸着・回収システムによって液化回収された溶剤量の比率である。

●回収装置性能

回収装置は，処理方式（固定床，流動床），吸着剤種類（活性炭，ゼオライト系），吸着剤形状（粒状，繊維状，ハニカム状）や脱着方式（水蒸気脱着，熱風脱着や圧力変動）などの多様な選択肢がある。

図7は，洗浄工程での導入実績が最多であると思われる固定床方式粒状活性炭回収装置の処理実績例である。特に処理ガス条件に適合しない方式の選択がない場合においては，回収装置性能は技術的にはほぼ同程度の処理率となるようである。

●回収率

吸着・回収システムの最大の特徴はマテリアル回収であり，その再利用にある。回収率は，ここでの中核概念であり，排出ガス処理マテバラ(図8)におけるB/A構成比となる。回収装置性能が95％以上でも，洗浄工程では回収率は60～70％程度であるのが一般的である。排出ガスを図9の処理ガスラインによって回収装置入口に100％捕集吸引することは，不可能である。工夫は低風量で効率的なダクトワークがここでも重要であり，システムの回収率を決定するといっても過言ではない。

2.3 システム構成の課題

図9は粒状活性炭固定床方式の全体システム概略図である。装置運転には，エアー，スチーム，冷却水が必要となる。ここでの課題は脱着時に使用したスチームが液化した排水があることであ

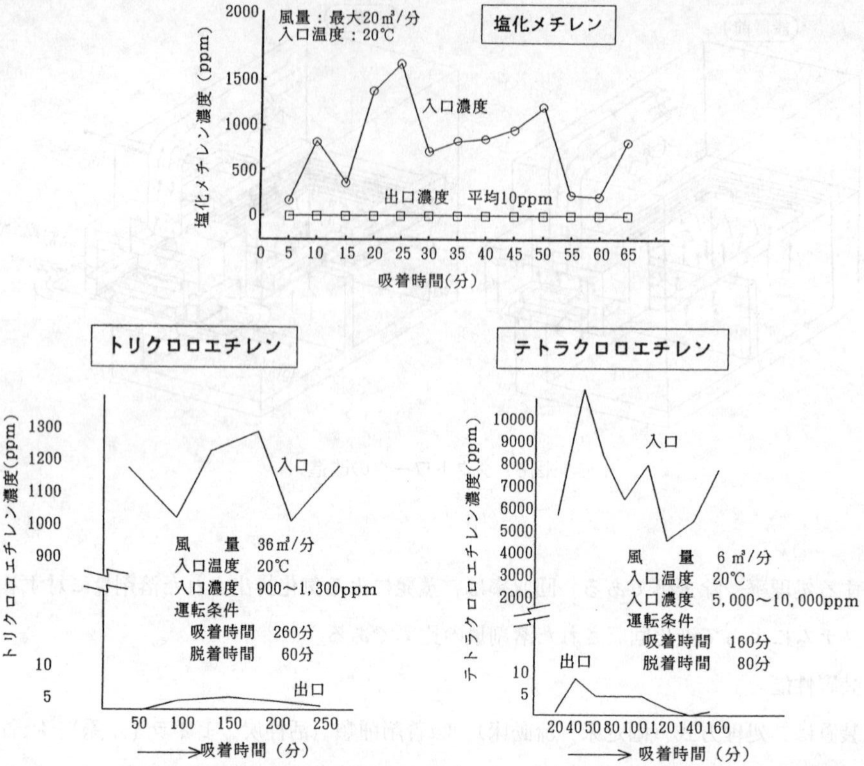

図7　回収装置（粒状活性炭仕様）の入口と出口のガス濃度例
出典：クロロカーボン適正使用ハンドブック（改訂版）
クロロカーボン衛生協会　2000. 9

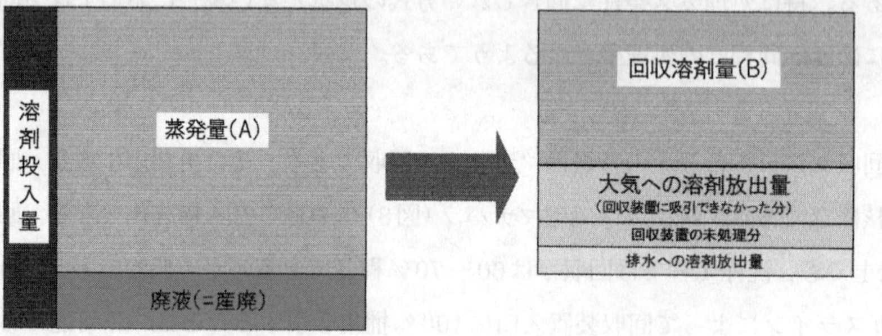

図8　排出ガス処理マテバライメージ

る。しかも塩素系溶剤の場合，設定されている排水基準を超える濃度のドレンとなる。そこでこの排水は，システム内で爆気処理し，飛散させた溶剤ベーパーは再度活性炭に戻し吸着処理することが必要である。

さらに，この排水はリサイクルできる。その方法は，①クーリングタワーの補給水の一部に再

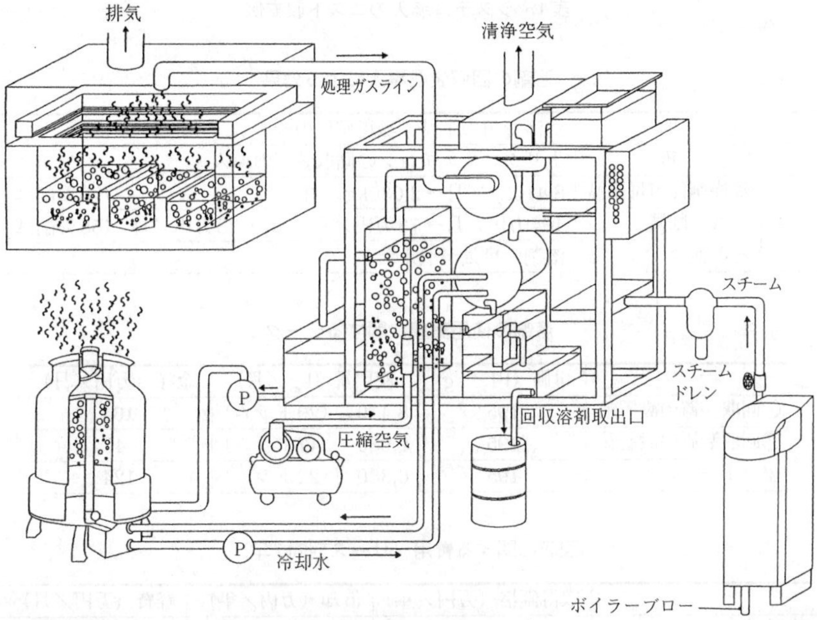

図9　活性炭吸着回収装置の全体システム

利用，②ボイラー給水として再利用することが出来る。経験的にボイラー給水としての再利用は，水溶性の溶剤安定剤の混入がある場合，給水タンクでの泡立ちによるフロートレベル管理の故障になる可能性がある。一方，クーリングタワーの補給水として再利用する場合は，その希釈効果もあり実施例においてトラブルを経験していない。

2.4　吸着・回収システムの経済的効果

回収液は洗浄工程においては，再利用が前提である。ただし新液にも安定剤が調合されている溶剤の場合，回収液の分解には注意がいる。

活性炭吸着の場合，分解は①温度，②脱着時間，②活性炭触媒性の3要因の組み合わせで分解の程度が決まるといわれている。したがって一般的には，その脱着時間の長さ要因を中心にして粒状活性炭＞繊維状活性炭とされる。

いずれにせよ，単一溶剤を排出ガスとする一般洗浄工程においては，システム導入における十分な設計検討がなされている場合，回収液再利用が実施されている。

表1は，処理風量20m^3/minタイプの回収システムを熱処理工程に導入した現場社内報告書の一覧表である。

経済的効果の算出は，イニシャルコスト，ランニングコストに留まらずシステム全体の管理費用も視野に入れた評価が求められる。

表1　システム導入のコスト収支例

溶剤の回収装置導入による効果

目　的		洗浄費用の半減，職場環境の改善	
対　策		トリクロロエチレンの回収装置の導入	
結果	洗浄剤使用量削減	8,410kg／月→2,030kg／月	（76％削減）
	コスト削減	164万円／月→73万円／月＝40＋33万円／月	（55％削減）
	その他	溶剤の臭気が消えた。	

溶剤の使用実績に関するデータ

	単価（円／kg）	使用量（kg／月）		金額（万円／月）
①回収装置の設置前	195	8,410	（29ドラム）	164
②回収装置の設置後	195	2,030	（7ドラム）	40
差（①－②）	195	6,380	（22ドラム）	124

回収に関する費用（リース期間7年）

	取得価格（万円／年）	償却（万円／年）	経費（万円／月）
建屋	155	22	2
回収機	1,100	157	13
ボイラー等		41	3
ボイラー本体	170		
クーリングタワー	45		
配管工事	30		
ボイラー室	45		
	290		
電気・燃料	—	—	
電気			5.3
油			7.8
ボイラ水			0.4
薬品			0.9
			15
合計	1,545	221	33

注）電気：5kw×17円／kw，油：4.3L×28円／L，ボイラ水：400L×150円／L

3　生物脱臭システム

白石皓二*

3.1　はじめに

地球環境はこれまで太古の時代から微生物がすべて整えてきたといっても過言ではない。しかしながらこの100年ほどの間に自然界の微生物だけではとても環境を守ることが出来ず環境が著しく汚染されてきた。これは人類が集中的に分布することで加速されてきた。この地球環境を積極的に改善するために微生物が用いられるようになったのはほぼ100年前である。最初に用いられたのは廃水処理の場である。

1880年に英国でW. D. Scot Moncrieffによってanaerobic filterが開発され廃水処理の歴史が始まった[1]。これは嫌気性の微生物を利用したものである。しかしながら廃水処理はすぐに好気性の微生物による処理が全盛を迎え現在に至っている。

廃水と異なり臭気はずっと後になって処理装置の開発をみる。微生物脱臭としては1957年に米国特許[2]（#2793096号）に見ることが出来るR. D. Pomeroyの土壌を使った装置が最初ではないかと思われる[3]（図1参照)。

国内では1970年代になって研究が進み，土壌脱臭をはじめとする生物脱臭の装置が実用化されている。

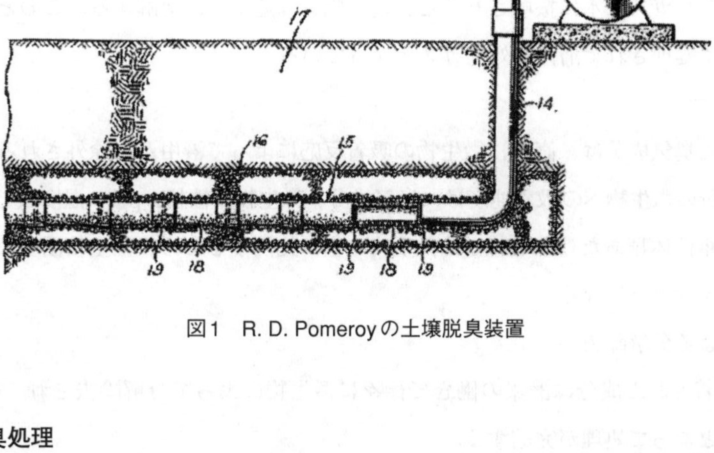

図1　R. D. Pomeroyの土壌脱臭装置

3.2　生物脱臭処理

これまで臭気の処理は直接燃焼法，触媒燃焼法，活性炭吸着法，化学薬品を用いた薬液洗浄法

---

* Koji Shiraishi　富士化水工業㈱　環境エンジニアリング事業本部　技術統括部門　部門長

などが脱臭装置として使用され効果をあげてきた。しかしながら臭気の成分によってはこれらの方法では処理できなかったり，処理できてもランニングコストが高価であったりで，安価な脱臭装置が望まれていた。生物を使った脱臭装置は効果は十分に発揮できたが，当時多大なスペースを必要としたことで，限られた条件でのみ実用化が行われていた。

(1) 活性汚泥を積極的に用いた脱臭装置

土壌脱臭に見られるように微生物の分解能力を利用する脱臭装置として，活性汚泥を効果的に利用する技術が開発された。これは廃水処理の場で使用されていた活性汚泥を用いる方法である。それまでは曝気槽の中の活性汚泥の中に直接処理対象の臭気を吹き込む方法が脱臭対策として用いられることはあったが，少量の臭気であればまだしも，大量の臭気除去には物理的に無理であった。この考え方を積極的に実施したのが活性汚泥とスクラバーを組み合わせた方式[4]である。

(2) 微生物による脱臭機構

図2は臭気の微生物による除去模式図である。

微生物による脱臭機構は必ずしも明確になっているわけではないようであるが，ガスに含まれていた臭気成分が一度水に吸収され，それを微生物が吸着分解除去し臭気の無い成分にすることで脱臭が完結する。

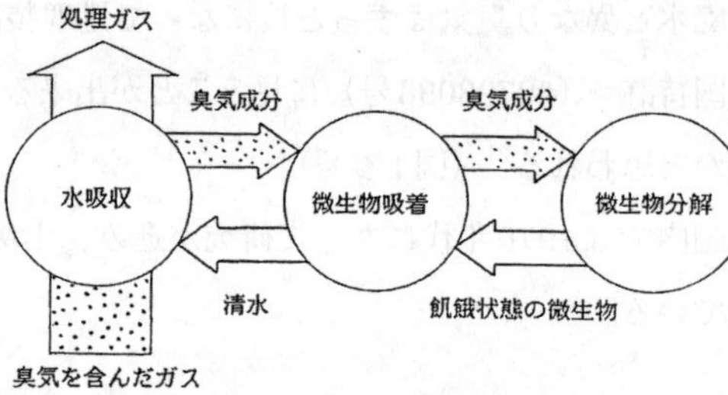

図2　臭気の微生物による除去模式図

① 水吸収

臭気成分を含むガスを水に接触させると，臭気成分は速やかに溶解する。このときすでにガス中の臭気成分は処理されて清浄な処理ガスとなっている。

② 吸着除去

水に溶解した臭気成分は，直ちに微生物の吸着反応によって液中から除外される。このとき溶解した臭気成分の微生物への吸着速度は，臭気成分，微生物の性状，pH，温度などの条件によって異なるが，単位体積あたりの吸着量は微生物の量に比例するため，微生物濃度，微生物の活性度が重要なファクターになる。

③ 微生物による分解除去

微生物に吸着された成分は酵素の働きで徐々に微生物によって分解除去され，CO_2やH_2Oなどの無臭成分となって処理が完結する。

(3) 成分によって微生物も変わる

排出される臭気ガスは多くの成分で構成されており，それぞれの成分によって処理する微生物も変わる。図3はその模式図である。臭気を構成しているものは，炭素を主体とする炭化水素系

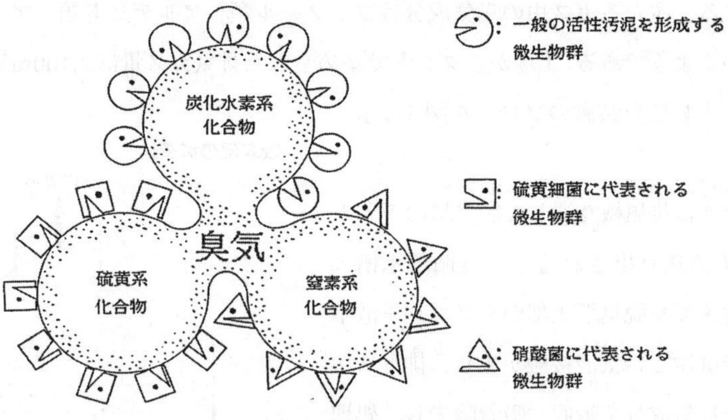

図3　各臭気成分における分解微生物

化合物，硫黄を含む硫黄系化合物，窒素を含む窒素系化合物などである。微生物で臭気を除去するにはこのような化合物を分解する必要がある。微生物の中には活性汚泥に代表される炭化水素系化合物を好む微生物，硫黄細菌に代表される硫黄系化合物を好む微生物，硝酸菌に代表される窒素系化合物を好む微生物などがあり，臭気成分の構成によって微生物の組み合わせが変わる。これらの微生物を合理的に適合させることによって効果的に臭気を除去することができる。

(4) 活性汚泥とモレタナスクラバーを組み合わせた生物脱臭装置

土壌脱臭の場合一般的な臭気ガス処理能力は（臭気濃度や成分によっても異なるが）通ガス速度であらわすと$0.1m^3/m^2 \cdot min$程度である。一方活性汚泥の曝気槽に直接吹きいれる方式では物理的に$1.0m^3/m^2 \cdot min$程度が限界である。ところがスクラバーで気液接触させるのであればおよそ$40 \sim 60m^3/m^2 \cdot min$の処理能力が期待できる。勿論必要量の活性汚泥量を確保しなければならないが前記した2方式にくらべても大幅にコンパクトになる。

スクラバー方式の場合は高濃度の活性汚泥を含んだ液を循環させる必要が有るので，スクラバー内で活性汚泥が閉塞しない構造にしなければならない。接触材を充填する場合には長期間の運転で閉塞を生じることもある。ここで紹介しているのは多孔板を多段に重ねた図4に示したスクラバーである。棚板には数mmの穴径の多孔板を使用しており閉塞が無く，かつ高効率の気液接触が生じるため脱臭装置として極めて効果が高い。

3.3 スクラバー方式での実施例[5)]

開発初期の実施例を紹介する。対象は自動車のエンジン製造工場で，エンジン本体をシェルモールド鋳造法で製作している工場の臭気ガスである。臭気は中子造型機を中心に主型造型機，シェル砂混練機およびその周辺の搬送コンベアから発生し，その成分はフェノール類および添加物の熱分解生成物である。主たるガス中の臭気成分はフェノール類，アルデヒド類，アンモニア類等から構成されているようである。工場からダクトで集められた排気ガス量は2,100m^3/minであった。このスクラバー生物脱臭装置のフローを図5に示した。

処理対象排ガスは排風機を通して脱臭塔の下部から導かれ上向流で送り出される。一方循環水槽に入っている活性汚泥を脱臭塔上部からスプレー散水すると棚板上では激しい気液接触が生じ，排ガス中に含まれていた臭気成分を吸収，吸着除去し，処理されたガスは液滴飛散を防止するエリミネーターを通って大気放散される。活性汚泥を含んだ液は脱臭塔を下り，下部の循環水槽に入り，またポンプアップされて脱臭塔へと送られる。循環水に吸収された臭気成分は循環水槽の中で活性汚泥によってバランスよく速やかに分解され，循環水槽内は常に高活性の活性汚泥が存在するようにコントロールされる。フローを見てわかるように本装置の中に活性炭と栄養剤が供給できるようになっている。活性炭は活性汚泥の分解速度を一定に保つために若干投入し，栄養剤としてリンを供給している。

図6は装置設置後の試運転立ち上げの状況を循環水の分析で見たものである。運転開始時は活性汚泥

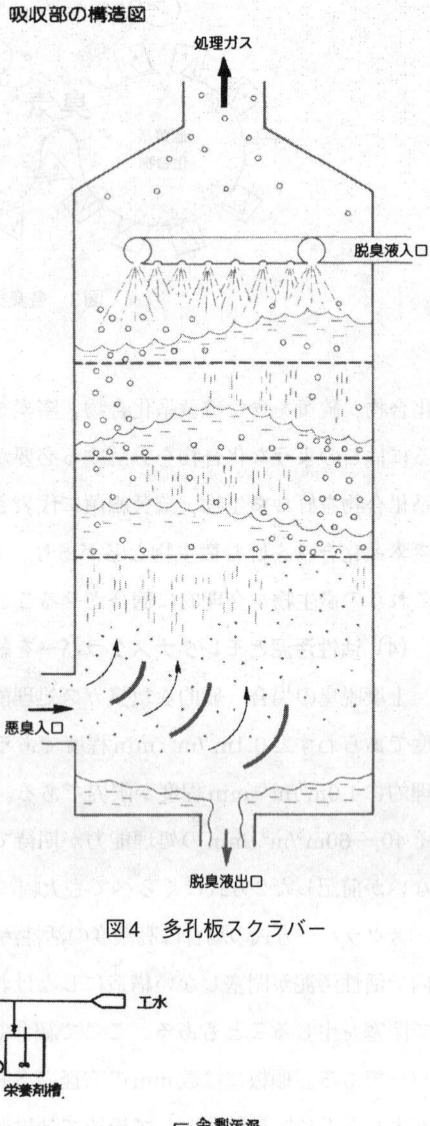

図4　多孔板スクラバー

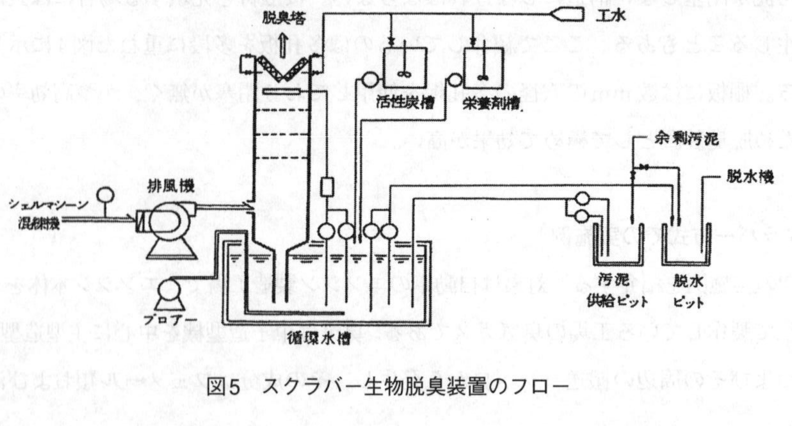

図5　スクラバー生物脱臭装置のフロー

がまだ臭気成分に未馴養のため排ガスを通す時間を抑えた低負荷運転を行った。徐々に負荷を上げ，20日で計画負荷に達している。30日を過ぎるあたりからフェノール濃度が徐々に下がり始め40日を過ぎる頃には循環水中のフェノールは不検出になった。活性汚泥の菌体がフェノールに完全に馴養されたことを示している。一方アンモニアは若干蓄積傾向にあったがこれも40日を過ぎて安定するようになってきた。これは循環水槽内で硝化が促進されていることを示している。また焦げ臭の原因であるアルデヒド類は循環液中に検出されず，また処理ガスの濃度を見ても96％の除去率が得られているところから，ほとんど馴養の必要性のない成分であると言える。表1に運転1ヶ月後の原ガスおよび処理ガスの成分分析を示した。なお運転開始時に投入した活性汚泥は，工場内の生活廃水の処理で発生した余剰活性汚泥を用いた。

また装置立ち上げ以降数ヶ月ごとに約3年間臭気濃度による脱臭処理性を確認してきたが，その結果を表2に示した。安定した処理性が得られている。装置の外観を写真1に示した。

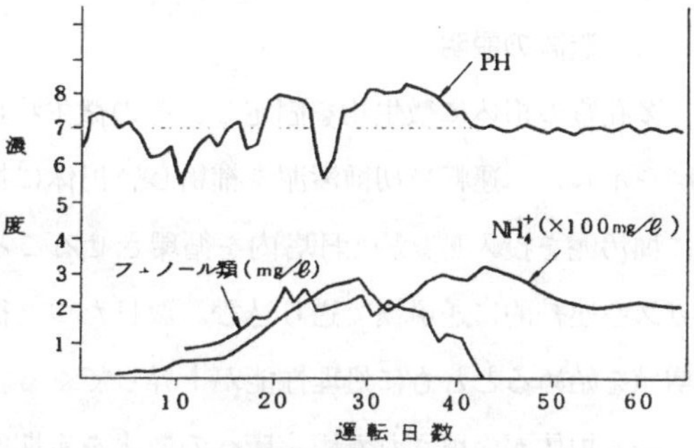

図6　循環水の分析値

表1　運転1ヶ月後の原ガスおよび処理ガスの成分分析

	原ガス	処理ガス	効率
臭気濃度	10,000	150	98％
ダスト	00.2g/Nm^3	0.01g/Nm^3	50
フェノール類	2.6ppm	0.17ppm	98
ホルムアルデヒド	1.1ppm	0.04ppm	96
アンモニア	12.5ppm	0.15ppm	98

表2　臭気濃度追跡データ

年	月	臭気濃度		除去率
		原ガス	処理ガス	[%]
1年目	2月	10,000	150	98
	5月	24,000	240	99
	8月	320	30以下	90以上
2年目	2月	13,000	180	98
	10月	7,500	150	98
	12月	8,000	170	95
3年目	2月	11,000	170	98
	5月	10,000	160	98
	10月	8,000	150	98

写真1　スクラバー式脱臭塔

3.4 担体充填方式の生物脱臭装置

スクラバータイプの生物脱臭装置は従来の生物脱臭装置であった土壌脱臭方式等に比べ広大な敷地を必要とせず，非常にコンパクトな装置として実用化できたことは当時画期的なことであった。しかし，その後明らかになってきたが，スクラバータイプの生物脱臭装置は気液接触が短時間で行われるために液への移行速度の遅い成分等は十分に吸収されずにスクラバーから排出される傾向があった。一例として，硫化水素，メチルメルカプタンなどの還元性硫黄化合物に代表される成分はその傾向が強く現れることがわかってきた。

この問題を解決したのはやはり微生物であった。従来使用されてきた薬品による処理や活性炭を使用すれば解決できる問題であったが，コスト面を考えると微生物の処理は極めて優れておりコストダウンにもっとも効果のある方法であった。

(1) 装置の説明

多孔質の担体に微生物を固定し，その微生物によって脱臭する方式である。図7に装置の概略図を示した。運転当初種汚泥を補給し，担体に補足させ処理を開始する。これは下部の循環水槽に種汚泥を投入し，約1日塔内を循環させることで十分である。その後臭気を含んだ処理対象のガスを連続的に送風機で送り込む。数日たつと徐々に馴養が進み，臭気成分を分解する微生物が増殖を始めるとともに処理性能が上昇してくる。

一方担体が充填された固定床への散水を定期的に行う。この散水の目的はガス中の臭気成分の吸着が目的ではなく，固定床中の微生物の生息のための水分補給が目的である。また固定床内で捕集した臭気成分の生分解生成物の蓄積防止を兼ねている。

(2) 特長

① 担体内のガス通過速度は0.1~0.5m/secとスクラバータイプにくらべると遅いが

② 硫化水素やメチルメルカプタンなどの還元性硫黄化合物の分解除去に優れている。

③ 担体は強度が強く軽量であるため充填層高を高くとることができる。

④ 生物量を多く固定できるために臭気成分の濃度変動に対して安定した処理ができる。

⑤ 縦型，横型いずれのタイプでも設置可能。

⑥ スクラバータイプは活性汚泥を循環しているが，本方式は循環動力が要らないのでさらにランニングコストの低下が可能。

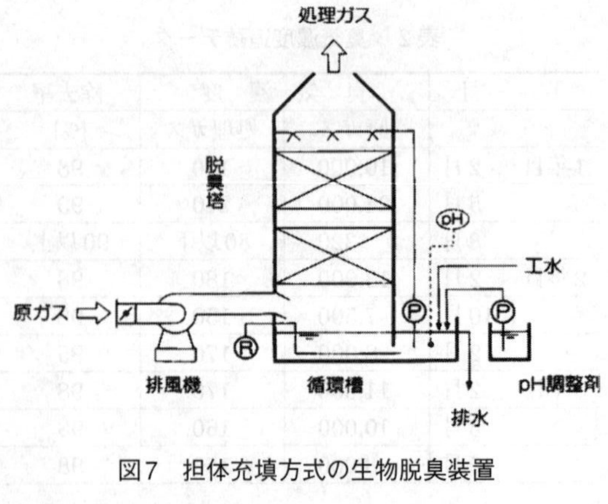

図7 担体充填方式の生物脱臭装置

(3) 実施例

ここでは下水処理場で発生する臭気に適用した例を述べた[6]。

下水処理場における臭気発生源としてはスクリーン，沈砂池，最初沈殿池，曝気槽，汚泥脱水機室などである。臭気成分としては硫化水素，メチルメルカプタン，硫化メチル，二硫化メチルなどの還元性硫黄化合物や，アンモニア，トリメチルアミンなどの窒素化合物が主体である。実施例は，ある市の下水処理施設の中の汚泥処理施設で発生する臭気を含んだ排気である。処理対象ガスの風量は130m^3/minで塔内の通気速度は0.3m/secで設計した。固定床層高は2mを二段にした。処理が進行してくると還元性硫黄化合物は微生物の酸化作用で硫酸に変化し，窒素化合物は酸化が進行すると硝酸に変わった。担体に発生したこれらの酸を循環水で洗浄した。循環頻度は1時間のうち約5分の散水とした。中和剤にはNaOHを使用。

表3　下水処理場処理性能分析

項　目	原ガス	処理ガス
臭気濃度	980	98
硫化水素	1.9	＜0.02
メチルメルカプタン	0.22	0.025
硫化メチル	0.29	＜0.02
二硫化メチル	＜0.02	＜0.02
アンモニア	＜0.5	＜0.5

写真2　担体充填方式の生物脱臭装置

運転開始後約2週間で処理性が安定した。微生物の馴養が完結した。表3に処理性能確認分析結果を示した。写真2は最新の担体充填方式の生物脱臭装置の外観である。

3.5　おわりに

脱臭はこれまで薬品等を用いて対処してきたが臭気成分の分析を行ってみると生分解性の良いものが多いことに気付く。ここで紹介した例以外でも，溶剤などの成分も生物脱臭している例が多い。

下水処理場では以前は酸アルカリ洗浄で対処してきたが，今では多くの下水処理場で生物脱臭が採用されている。今後更に生物脱臭は改善され，多くの分野で低コスト高効率で臭気の除去が出来るようになることを期待し，また努力している。

文　　献

1）白石皓二，環境技術，**6**（3），427（2004）
2）Pomeroy, R. D. De-odorizing of gas streams by the use of microbial growths. U.S. Patent #2,793,096（1957）
3）Pomeroy, R. D., *Journal of the Water Pollution Control Federation*, **54**（**12**）, 1541-1545（1982）
4）悪臭物質処理装置・バイオフレッシャー，第7回優秀公害防止装置，社団法人日本産業機械工業会，P.68（1981）
5）金刺博康，昭和57年第1回悪臭公害対策セミナー講演集，悪臭公害研究会，P.55-62（1982）
6）岡田和夫，産業と環境，**12**，P.62-68（1987）

4　光触媒脱臭システム

加藤真示*

4.1　はじめに

アナターゼ型の酸化チタンに紫外線を照射すると，その表面では光触媒反応により高い酸化作用が生じる。この酸化作用を利用した脱臭方式が光触媒脱臭である。弊社では各種の光触媒脱臭装置を開発し，屋外排気の悪臭対策や室内環境の脱臭などに取り組んできた。本節では，セラミックス製の光触媒フィルター（図1）を用いた業務用脱臭装置の適用事例について述べる。

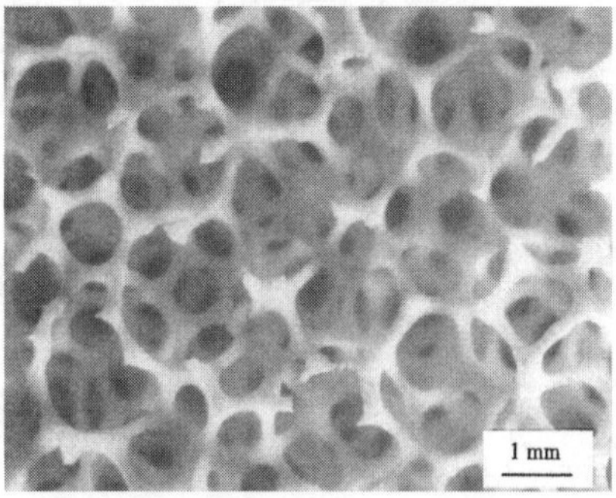

図1　セラミックス製光触媒フィルター

この光触媒フィルターは，3次元網目構造のセラミックス基材に対して酸化チタンを均一にコーティングしたものであり，酸化チタン膜は約300m^2/gという高い比表面積を持っている。セラミックス基材を用いる利点は，セラミックスは紫外線および光触媒反応による劣化がないために，コーティングされた酸化チタンに強力な紫外線が照射でき，光触媒本来の高い酸化力が発揮されることである。また，光触媒反応によって生成された硝酸などが酸化チタン表面に蓄積して脱臭性能が低下した場合でも，洗浄による性能回復が可能であり，廃棄物を出さないこともセラミックス製光触媒フィルターの特長である。

4.2　悪臭対策

4.2.1　生ゴミ処理における脱臭事例

生ゴミを資源として再利用する社会の動きが活発になるにつれ，生ゴミ処理施設から排出される悪臭が問題となるケースが増えている。図2は生ゴミを堆肥化する設備に組み付けた光触媒脱臭システムの一例である。堆肥製造装置には様々な方式が用いられるが，例えば，発酵分解方式では装置の内部温度が60～80℃付近まで上昇し，湿度は100％に近い状態となる。このままの臭気が屋外へ排出されると，周辺環境の悪化を招いてしまう恐れがある。本脱臭システムでは，まず前処理として，高温，高湿の空気を水分除去装置によって湿度70％程度まで除湿し，その後，ブロアを介して光触媒脱臭装置に臭気を送り込む仕組みになっている。

生ゴミ処理施設から出る臭気成分は，主にアルデヒド類，低級脂肪酸類およびトリメチルアミ

＊ Shinji Kato　㈱ノリタケカンパニーリミテド　開発・技術本部　研究開発センター
チームリーダー

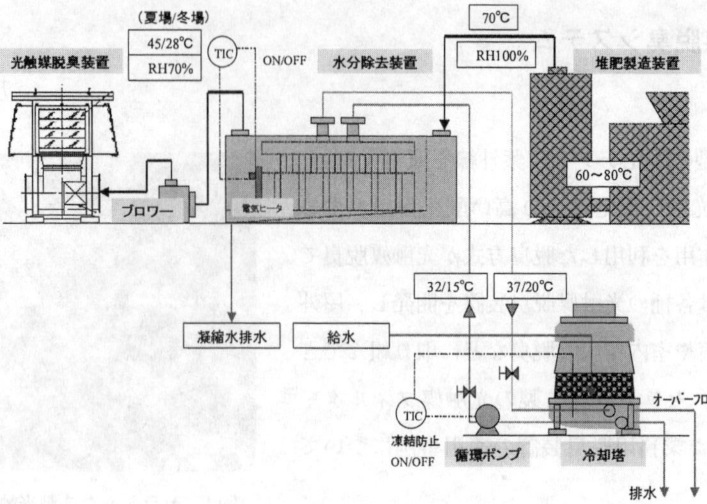

図2　生ゴミの堆肥製造における光触媒脱臭システム

ンをはじめとした窒素化合物である。脱臭装置の入口における臭気は，三点比較式臭い袋法を用いた嗅覚測定によると臭気濃度が3,000～5,000であることが確認された。この臭気を面速度0.1～0.3m/sで光触媒フィルターに通過させると，脱臭装置の出口での臭気濃度は入口側の約1/10（脱臭効率90％）まで低減され，その性能は半年以上持続されるのである。

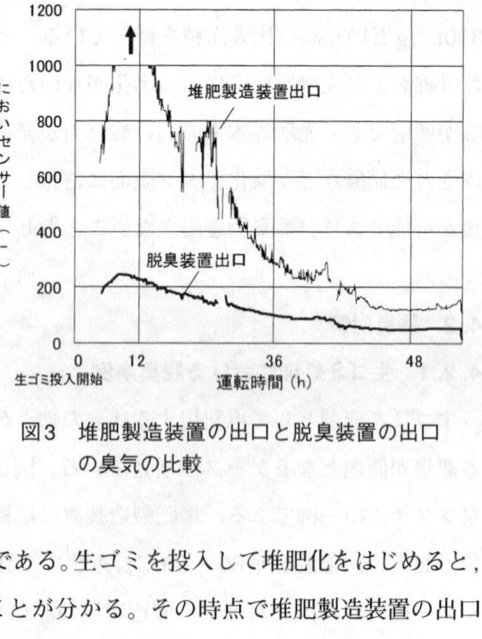

図3　堆肥製造装置の出口と脱臭装置の出口の臭気の比較

図3は脱臭試験の一例であり，堆肥製造装置および光触媒脱臭装置の出口において，においセンサーを用いて三日間連続で測定した結果である。生ゴミを投入して堆肥化をはじめると，急激に臭気が発生し，約10時間で最大に達することが分かる。その時点で堆肥製造装置の出口では，臭いセンサー値が測定上限（1,000）を超えるまで上昇するのに対して，脱臭装置の出口では230程度に留まっている。また，三点比較式臭い袋法による嗅覚測定を同様に行ったところ，臭気濃度が堆肥製造装置の出口で最大約4,000であったものを，脱臭装置によって100程度まで低減されることが明らかになった（脱臭効率97.5％）。

以上のように，光触媒脱臭は生ゴミ処理施設の悪臭対策に有用である。環境保全の意識の高まりから，今後も生ゴミの堆肥利用が増えることが予想され，生ゴミ処理施設とともに光触媒脱臭の需要も拡大するものと考えられる。

4.2.2 厨房排気における脱臭事例

図4　厨房排気用の光触媒脱臭装置

平成14年度の環境庁の調べでは，環境基本法で定められた典型7公害のなかで悪臭に対する苦情が大気汚染と騒音に次いで3番目となっている。最近では，かつては苦情の大部分を占めていた畜産農業や製造工場からの悪臭苦情が減少している一方で，飲食店などのサービス業からの悪臭苦情が増加する傾向にある[1)]。特に都市部では悪臭放出への問題意識が高く，飲食店やスーパーマーケットなどが出店する場合には近隣住民や環境への配慮から脱臭装置を設置するケースが増えている。

図4は大型ショッピングセンター内の中華料理店からの排気を脱臭するため，ダクトの排出口に光触媒脱臭装置を設置した事例である[2)]。表1に臭気測定結果を示した。光触媒脱臭装置は4ヶ月運転後も安定して初期の脱臭性能を維持し，臭気濃度を指標とした脱臭効率は82％（臭気濃度970→170），硫化水素除去率は81％以上（2.7ppb→定量下限値0.5ppb以下）となり，第二

表1　中華料理店の排気臭に対する光触媒脱臭装置の検証試験結果

測定日時	測定項目	処理前	処理後	脱臭効率
4ヶ月後 12：25～13：30	臭気指数［－］	30	22	－
	臭気濃度［－］	970	170	82％
	硫化水素［ppb］	2.7	＜0.5	
	臭　質	食用油臭＋炒め物臭	僅かな食用油臭	－

臭気濃度：無臭の清浄な空気で希釈したとき，丁度無臭に至るまでに要した希釈倍数
$N \equiv 10 \times \log S$　N：臭気指数　S：臭気濃度

表2　各種飲食店からの排気臭に対する光触媒脱臭装置の脱臭事例（初期性能）

納入先	採取場所	臭気指数[－]	臭気濃度[－]	脱臭効率
給食センター（岐阜県）	処理前	31	1,259	80％
	処理後	25	250	
スーパーマーケット食堂（東京都）	処理前	35	3,100	95％
	処理後	22	170	
ベーカリー店（東京都）	処理前	27	500	84％
	処理後	19	79	
イタリアンレストラン（東京都）	処理前	32	1,600	95％
	処理後	19	79	
カレー店（東京都）	処理前	29	790	96％
	処理後	15	32	
ひもの販売店（三重県）	処理前	32	1,700	98％
	処理後	15	32	

種区域出口規制値（臭気指数24）をクリアした。また，ショッピングセンター屋上端部（東西南北の4地点）では，運転開始直後および4ヶ月運転後も共に第一種区域の敷地境界線規制値を満足する臭気指数10未満であることが確認された。表2は各種飲食店からの排気臭を光触媒脱臭装置で処理した一例である。これらの結果からも光触媒脱臭が幅広い厨房の臭気に対応できることがわかる。

4.3 室内環境対策

4.3.1 病院，クリニックにおける空気浄化

高齢化社会を迎えた現在，病院や高齢者施設では居住空間の質的な充実が求められている。そのような状況の中，高齢者施設では快適性を追求するうえで臭気の問題が指摘されている。一方，クリニックでは不特定多数が利用する待合室や診察室での2次感染を防止するために，空気殺菌への取り組みが広がっている[3]。このような社会ニーズに応えて，われわれは医療・福祉施設向けに脱臭と空気殺菌を行う光触媒環境浄化装置（名称「ビジュエール」，図5）を開発した。この装置には除塵フィルターとセラミックス製の光触媒フィルター，また，それを励起するための紫外線ランプと殺菌作用を強化するための殺菌ランプが組み込まれている。

図5　医療・福祉施設向けの光触媒環境浄化装置
（430W×230D×560H）

（1）光触媒環境浄化装置とその脱臭効果

6人の高齢男性が入室している病室に光触媒環境浄化装置を置き，その中央で室内空気をバックに捕集して，パネラー6名による嗅覚測定（臭気濃度測定，6段階臭気強度評価，9段階快・不快度評価）を行った[4]。この病室ではアルデヒド類と硫黄化合物が比較的高い濃度（例えば，ノルマルバレルアルデヒド20.6ppb，硫化水素1.08ppb）で検出された。ノルマルバレルアルデヒドや硫化水素は，人が臭いとして識別できる閾値が低い悪臭物質として知られる。測定を始めて2時間後から$1m^3$/分（弱風）で装置を運転したところ，図6に示すように臭気強度，不快度が急速に低下した。また，運転を始めて2時間後に捕集した空気は，運転前に550であった臭気濃度が230へと低減することが明らかになった。

（2）空気殺菌効果

a）浮遊細菌の除去

室内の浮遊細菌を光触媒環境浄化装置で除去した一例について述べる。男性6人が入室している$45m^3$の居室において，本装置を$5m^3$/分（強風）で運転し，装置の吸引口と吹出口での生菌数

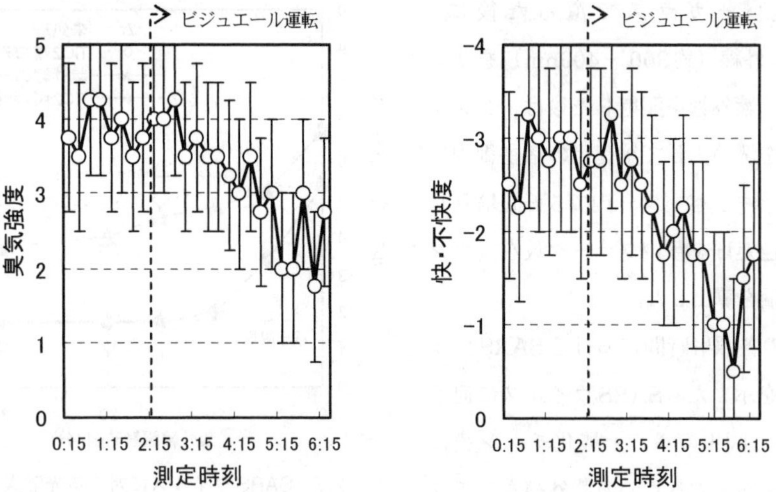

6段階臭気強度…　0:無臭, 1:やっと感知できる臭い, 2:何の臭いであるかわかる弱い臭い,
3:楽に感知できる臭い, 4:強い臭い, 5:強烈な臭い
9段階快・不快度…　−4:極端に不快, −3:非常に不快, −2:不快, −1:やや不快, 0:快でも不快でもない
＋1:やや快, ＋2:快, ＋3:非常に快, ＋4:極端に快

図6　病室における脱臭性能の感覚評価の結果（男性6人部屋）

を測定した。この際，光触媒フィルターの除菌効果を検証するために，予め本装置から除塵フィルターを取り外して実験を行った。その結果，吸引口付近の浮遊細菌数が356cfu/m^{3}であったのに対して，吹き出された空気中の細菌は19cfu/m^{3}まで低下することが確認できた（除菌率94.5％）。これは，細菌が光触媒フィルターによって捕捉された後に光触媒反応で不活化されたものと考えられる。また，同条件で1時間の連続運転を行ったところ，室内の浮遊細菌数が63 cfu/m^3（運転前の約1/6）まで減少することも明らかになった。

b）SARSウイルスへの光触媒効果

世界数十カ国で感染例が報告されている新型肺炎（SARS）ウイルスは，飛沫感染だけでなく空気感染の恐れもあるウイルスである。諸外国におけるSARS患者の多くが病院内で感染したとの報告からも院内感染防止への取り組みが求められる。酸化チタンの光触媒反応は，インフルエンザウイルスやMRSAなどの病原体に対して，高い抗ウイルス・抗菌力を発揮することが確認されているが，SARSウイルスへの効果に関する報告はなかった。そこで，われわれは東京医科歯科大学との共同研究によって光触媒によるSARSウイルスの不活化効果を検証した[5)]。

実験に使用したSARSウイルスは，フランクフルト大学から入手したものである。この実験では実験者への感染防止を十分に配慮し，ウイルス操作がし易いように評価用サンプルには光触媒フィルターと同じ酸化チタン膜を施したガラス板を用いた。そして，酸化チタン膜にウイルス液を滴下してカバーガラスで覆った後に，$3mW/cm^2$の近紫外線（約300～400nm）をサンプルに照射した。紫外線を照射した後は，サンプルからウイルスを洗い出して培養用の宿主細胞に接種し，CO_2インキュベーター内で5日間培養した。その後，染色処理を行いプラーク数をカウントしてウイルス量を算出した。

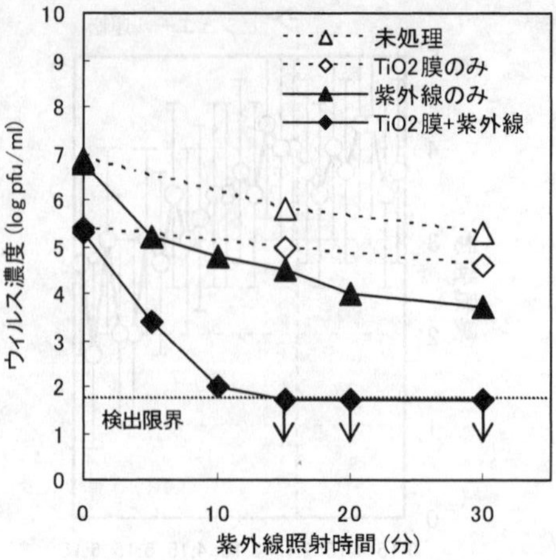

図7　SARSウイルスに対する光触媒の抗ウイルス評価の結果

図7に紫外線の各照射時間におけるSARSウイルスの不活化率を示した。SARSウイルスに何も処理しない場合（図中の△）と酸化チタン膜にSARSウイルスを滴下するものの紫外線を当てない場合（同◇）の両者に比べて，酸化チタン膜にSARSウイルスを滴下して紫外線を照射した場合（同◆）はウイルス濃度が著しく低下し，10分後には$1x10^2$pfu/mlに達した。これは，紫外線の照射のみ（同▲）と比較すると99.9％の不活化率を示し，照射時間をさらに5分間延ばすとSARSウイルスは検出限界（50pfu/ml）以下となった。また，光触媒効果と紫外線の効果を含めてSARSウイルスの不活化率を算出すると15分間で不活化率は99.99％（図中の△と◆の比較）であった。このように光触媒はSARSウイルスを短時間で不活化できることが明らかになった。

また，別種のウイルスを用いて，光触媒の抗ウイルス効果のメカニズムについて，透過型電子顕微鏡を用いて調べたところ，光触媒の作用によってはじめにウイルス表面のスパイク等のエンベローブ（タンパク質の一種）が破壊され，次いでウイルス内部への破壊に至ることが判明した。スパイクは感染時に宿主細胞と特異的に吸着するというウイルスの感染プロセスにおいて重要な役割を担っており，光触媒によるウイルスの不活化はスパイク等のエンベローブが光触媒効果により破壊され，ウイルスの感染力が抑制されることによって起きていると示唆された。

4.3.2　喫煙室における空気浄化

2003年に施行された健康増進法は，事務所や公共施設，飲食店など多くの人が利用する施設の管理者に受動喫煙の防止対策を義務付けた。これをきっかけとして，オフィス，公共施設を中心として，分煙対策が急速に進んできた。現在，分煙方法として，電気集塵機やHEPAフィルターを用いて分煙器に捕集する方式と換気によって屋外に放出する方式が採られている。しかしながら，前者では一応は活性炭などで脱臭対策を行っているが，タバコのヤニと煙によって短期間で効き目が無くなってしまうことが指摘されてきた。また，後者では，簡単に換気扇が付けられない場所も多く，手軽に設置できる脱臭装置へのニーズが大きい。何れにしても，分煙化が進

図8　喫煙対策用の光触媒脱臭機

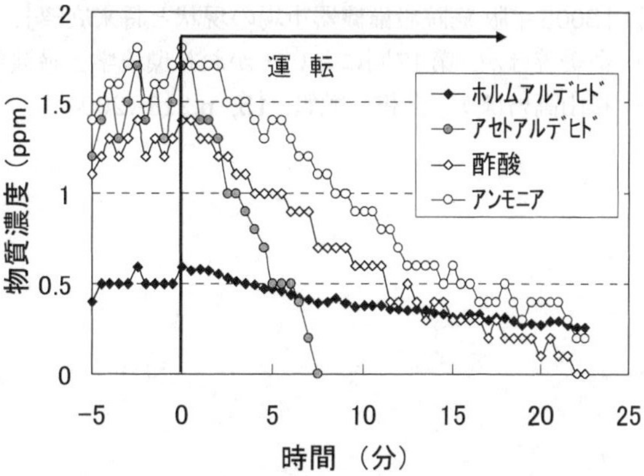

図9　密閉空間での光触媒脱臭装置の悪臭分解挙動

む現状において，タバコ臭の脱臭は欠かせないものとなってきた。タバコ臭には，シックハウスの原因とされるホルムアルデヒド，トルエンなどの化学物質が多く含まれるが，光触媒はこれらの有害物質を分解除去する能力を持っている。

光触媒フィルターを搭載した光触媒脱臭機（名称「エルエール」，図8）の実験例を図9に示した。33m^{3}の喫煙室で約20本を喫煙した後に光触媒脱臭機を10m^3/分の風量で運転し脱臭性能を評価した。その結果，タバコ臭の主成分であるアセトアルデヒドは8分間で1.6ppmから検出限界以下へ，酢酸は22分で1.4ppmから検出限界以下へ，アンモニアも同じく1.7ppmから0.2ppmへと減少した。またシックハウス症候群の原因物質であるホルムアルデヒドは0.6ppmに達したものの，約20分で0.3ppmまで低減できることが明らかになった。

4.4　おわりに

悪臭と一言でいっても無数の化合物からなる集合体であり，光触媒を利用する場合にも他の脱臭方式と同様に悪臭の種類，濃度を調査し，処理量が適切となるように装置設計を行わなければならない。最近では光触媒とプラズマとの組合せによって相乗的な脱臭効果を発揮することも実証されており，他の脱臭方式と組み合わせることによって光触媒脱臭の更なる展開が期待できる。

文　　献

1）由衛純一，第17回におい・かおり環境学会講演要旨集，p.1 (2004)
2）村上栄造ほか，におい・かおり環境学会，**35**，No.3，p.146 (2004)

3) 「2005年版 病院設備機器市場の現状と将来展望」, 矢野経済研究所, p.82 (2005)
4) 兪美善ほか, 第17回におい・かおり環境学会講演要旨集, p.35 (2004)
5) 杉山高啓ほか, 会報光触媒, 15, p.216 (2004)

第9章　民生用空気浄化システム

1　家庭用空気清浄機

1.1　ストリーマ放電を用いた空気浄化技術

香川謙吉*

1.1.1　はじめに

近年，建材や家具から発生するホルムアルデヒドやVOCなど室内有害ガスの人体に対する有害性が明らかになり，厚生労働省による有害ガスのガイドライン化，建築基準法の改正など室内有害ガスに対する規制が強化される中，室内の空気を浄化する住宅用空気清浄機に対しても，室内有害ガス対策機器としての期待が大きくなっている[1)]。本章では，建材や家具などから定常的に発生する室内有害ガスも分解除去可能なストリーマ放電技術を搭載した住宅用空気清浄機について解説する。

1.1.2　ストリーマ放電

放電プラズマ，特に，低温プラズマと呼ばれる大気圧非平衡プラズマは，常温で高いエネルギーを供給することができるため，ガスの分解に適した高効率な技術として古くから認知され，今日まで様々な研究・応用が検討されてきた。これまでに民生分野の機器で実際に使われているプラズマといえば，そのほとんどがグローコロナ放電である。しかし，グローコロナの場合，電離空間は，電極近傍のごく狭い領域に限られるので，ガスの分解に使われる高速電子や様々な活性基は，処理される空気の全体には行き渡りにくいという問題点があり，実使用レベルの性能は，決して十分とは言えない。電気集塵機で使われる粒子の帯電部として，同じグローコロナ放電が利用されていることからも，脱臭性能としての水準はある程度の推察が可能だと思う[2)]。

これに対して，ストリーマ放電とは，グローコロナ放電と火花放電との間に位置付けられ，大気圧下でありながら，写真1に示すように，電極間全体が電離空間となる唯一の放電形態である。写真1の青く光っている領域が，高速電子が発生している電離空間である。そのため，ガスとプラズマの接触効率が飛躍的に高まることや，多量の活性基を広い範囲に供給できる点で，高い脱臭・分解性能を発揮すると考えられる[3)]。しかしながら，その安定的な発生には，高度な技術と工夫が必要であり，既往の研究では，ストリーマ放電を発生させる手段として，専らパルス電源を用いるのが一般的であった[4)]。立ち上がり時間が数十ns，パルス幅が1μs以下の極短パルス電

---

*　Kenkichi Kagawa　ダイキン工業㈱　空調生産本部　商品開発グループ　主任技師

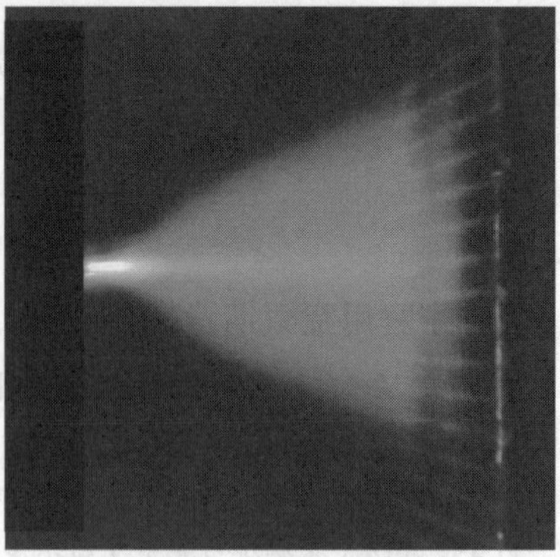
写真1　ストリーマ放電

圧を印加することで，電極間に安定的にストリーマを発生させることが可能であるが，短パルス高電圧は，ストリーマを安定的に発生させるには極めて好都合であるものの，高い電圧を瞬時に変化させること自体が高度な技術であって，高機能で高価な部品を用いなければ実現できないため，パルス電源を住宅用空気清浄機に使用することは困難である。また，高電圧のパルスが印加されることは，それ自体強力な電磁ノイズを発することになり，電子部品の動作を阻害しないように，厳重なノイズ対策が必要となるため，住宅用空気清浄機にパルス電源を使用することは事実上困難であり，ストリーマ放電を利用した住宅用空気清浄機の実現には，安価な直流高圧電源によるストリーマの安定発生が不可欠となるわけである。

1.1.3　ストリーマ放電を利用した住宅用空気清浄機

電極先端形状および電極配置の最適化などにより，直流高圧電源でも安定してストリーマ放電を発生することが可能になった住宅用空気清浄機の配置図を図1に示す。左側から汚れた空気が導入され，ペットの毛など大きな埃はプレフィルタで除去され，花粉やディーゼル粉塵など細かい埃はプラズマイオン化部でプラスに帯電され，プラスとマイナスの繊維で編まれた静電集塵フィルタのマイナスの繊維の上に引き付けられて除去される。電撃ストリーマユニットにストリーマ放電部が収納されており，このストリーマ放電部で発生した，高速電子，励起窒素分子，

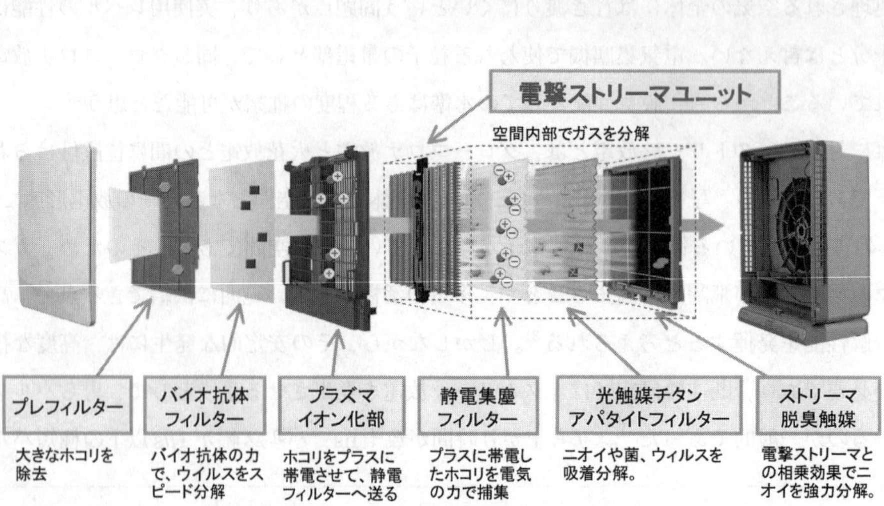

図1　空気清浄機内部の構成

水酸ラジカルなどの活性種が空気清浄機内部の空間および光触媒チタンアパタイトフィルタ上，脱臭フィルタ上で臭気成分，有害成分と反応し，臭気成分，有害成分は主に水，二酸化炭素まで完全酸化分解される。

ストリーマ放電部の略図を図2に示す。ストリーマ放電部は，放電極，対向極，電界スタビライザーの3つの機能部品から構成されている。ストリーマ放電は，放電極と対向極の間の空間で発生する。対向極と平行に設置されていたタングステンワイヤを放電極として使用する構造としているため，放電極先端に電子が高速にたたき込まれて，長期間の使用により，放電極先端が消耗しても，放電極と対向電極の間隔が変わらないため，長期間にわたってストリーマ放電を安定発生することが可能となる[5)]。

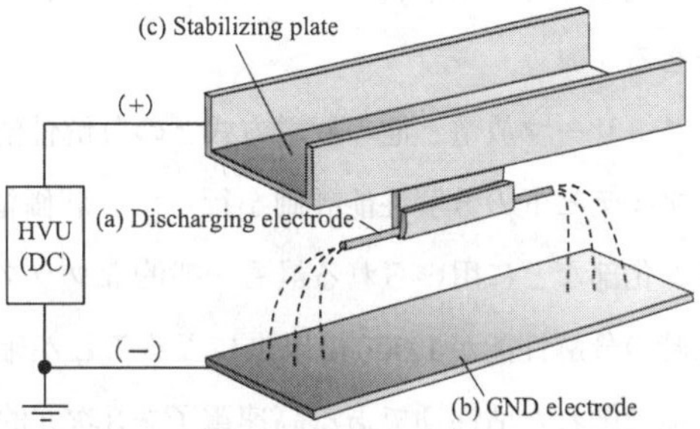

図2　ストリーマ放電部

表1　空気清浄機の性能

測　定　項　目	効　率
脱臭効率（1分後・タバコ臭）	96.0 %
除菌効率（4h後・細菌，カビ菌など）	99.99 %
アレルゲン除去効率（24h後・ダニ，花粉など）	99.6 %

表2　ストリーマ放電と他の放電方式との比較

放電方式	放電形状	プラズマ領域	分解性能
ストリーマ放電	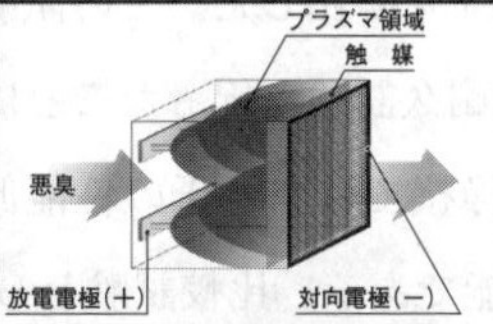 3次元空間で酸化分解	広い	1000倍
バリア放電	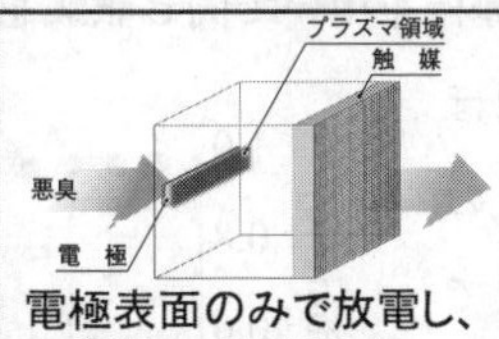 電極表面のみで放電し、空間では放電しない		250倍
グロー放電	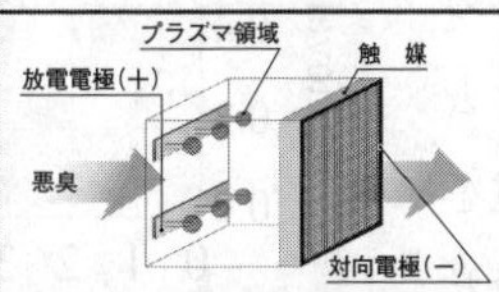 電極先端のみで放電し、空間では放電しない	狭い	1

ストリーマ放電を利用した住宅用空気清浄機の性能表を表1に示す。ストリーマ放電により発生する高速電子などの活性種と光触媒チタンアパタイトの相乗効果により，高効率な脱臭，除菌，アレルゲン除去を行うことができる。

表3　高速電子と他の放電方式との比較

活性種	電子温度（分解性能）
高速電子	10～12eV
水酸ラジカル	4.3eV
オゾン	1.5eV

ストリーマ放電と他の放電方式との分解性能の比較を行うため，同じ電力を入力した時のアセトアルデヒドの分解性能評価を行った。評価結果を表2に示す。ストリーマ放電は電気集塵のイオン化部などに用いられる最も一般的なプラズマであるグロー放電と比べて，同じ電力を入力した時の分解性能が1,000倍以上になることが確認された。これは，ストリーマ放電が，最も分解性能に優れた活性種である高速電子を3次元的に広範囲に発生させることができるためであると考えられる。また，高速電子と他の活性種との電子温度の比較を表3に示す。高速電子は10～12eVの電子温度を持っており，オゾンの6.7倍，光触媒の表面に紫外線を照射して発生する水酸ラジカルの2.3倍以上であることからも，表2の試験結果が裏付けられると考えられる。

1.1.4　ストリーマ放電を利用した住宅用空気清浄機の脱臭性能

ストリーマ放電を利用した住宅用空気清浄機の脱臭性能の評価を行うため，日本電機工業会規格JEM1467[6]を用いて，タバコ臭の脱臭性能評価を行った。密閉した$1m^3$のアクリル製チャンバ内でタバコを5本燃焼させ，タバコが燃え尽きた後，ストリーマ放電を利用した住宅用空気清浄機を30分間運転させ，運転前と運転後のチャンバ内の臭気濃度を測定し，除去効率を算出した。ここで，臭気濃度を測定する臭気成分は，アンモニア，アセトアルデヒド，酢酸の3成分で，除去効率として，この3成分の総合除去効率を算出した。この試験を所定の再生運転を行いながら18回繰り返すことにより，1年分の加速耐久試験を行ったことになる。評価結果を図3に示す。ストリーマ放電を利用した住宅用空気清浄機では，若干の性能低下はあるものの，1年後でも85％以上の除去効率を維持することが可能である。比較試験として，ストリーマ放電だけOFFにした吸着反応のみによる住宅用空気清浄機を用いて同じ試験を行った。ストリーマ放電OFFの場合，除去効率が早期に低下し，4ヶ月ほどで除去効率が50％まで低下した。以上の結果を比較すると，ストリーマ放電OFFでは臭気成分を分解することができないために，触媒・吸着剤の吸着能力が飽和し，除去性能が低下したのに対し，ストリーマ放電を利用した住宅用空気清浄機で除去効率がほとんど低下しないのは，ストリーマ放電の強力

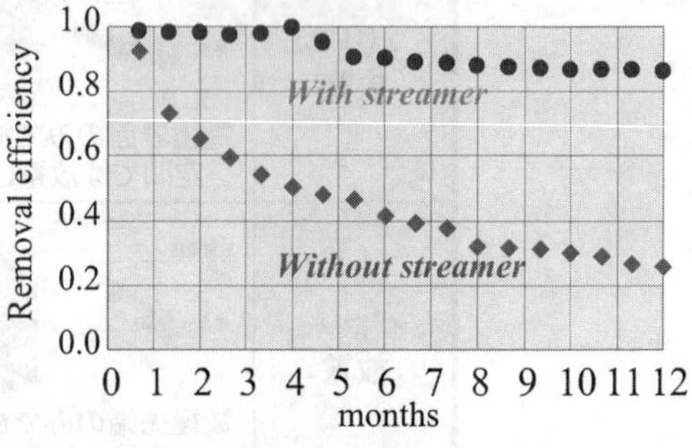

図3　タバコ臭除去性能耐久試験結果

な分解作用が触媒部への臭気成分の付着を防いでいるためであると考えられる。

1.1.5　ストリーマ放電を利用した住宅用空気清浄機のホルムアルデヒド除去性能

ストリーマ放電を利用した住宅用空気清浄機のホルムアルデヒド分解除去性能の評価を行うため，国土交通省シックハウス総プロ評価試験方法検討WG基準案[7] を用いて，定常的に発生するホルムアルデヒドの除去性能評価を行った。評価結果を図4に示す。自然換気回数を0.5回/hに制御した約6畳の試験室にホルムアルデヒドを定常的に発生させ，室内ホルムアルデヒド濃度が0.2ppmで安定した状態から，ストリーマ放電を利用した住宅用空気清浄機を運転すると，約1時間で厚生労働省のガイドラインである0.08ppm以下まで室内のホルムアルデヒド濃度を低減することが可能であるという結果になった。比較試験として，ストリーマ放電だけOFFにした吸着反応のみによる住宅用空気清浄機を用いて同じ試験を行った。運転開始直後は吸着による低減効果が確認されるものの，定常的に発生するホルムアルデヒドで，すぐに吸着剤が飽和吸着して除去性能が低下した。以上の結果を比較すると，ストリーマ放電を利用した住宅用空気清浄機のホルムアルデヒド除去性能が低下しないのは，ストリーマ放電により，触媒・吸着剤上に吸着されたホルムアルデヒドが強力に分解されるためであると考えられる。

1.1.6　ストリーマ放電を利用した住宅用空気清浄機のVOC除去性能

ストリーマ放電を利用した住宅用空気清浄機のVOC除去性能の評価を行うため，野崎らの試験方法[8] を用いて，$5m^3$チャンバ内にVOCを発生させ，チャンバ内に設置したストリーマ放電を利用した空気清浄機を30分間運転し，チャンバ内VOC濃度の測定を行った。排ガスなどに含まれ，環境基準が設定されている，ベンゼン，トリクロロエチレン，テトラクロロエチレン，ジ

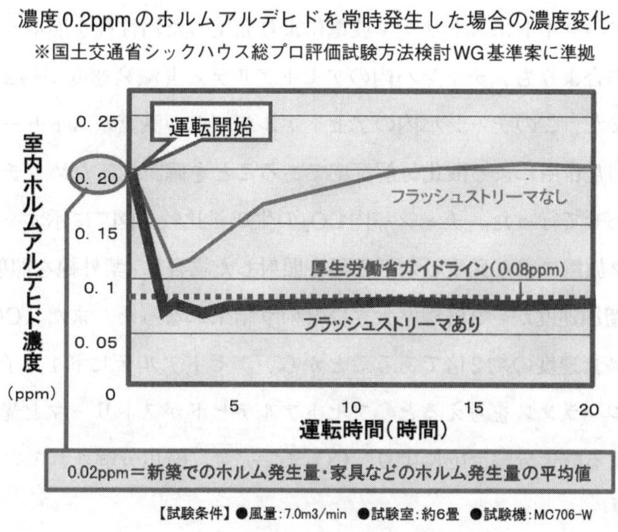

図4　ホルムアルデヒド除去性能評価結果

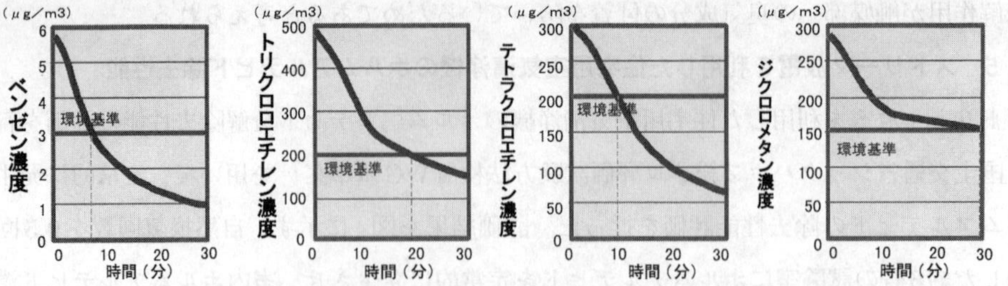

図5　VOC除去性能評価結果

クロロメタンの4種類のVOCに関する除去性能を図5に示す。4種類のVOC全てについて，チャンバ内のガス濃度が環境基準のほぼ2倍の濃度になるようにコントロールした状態からストリーマ放電を利用した住宅用空気清浄機の運転を行い，4種類ともに30分後にはチャンバ内ガス濃度を環境基準値以下まで低減することが可能であることが確認された。

1.1.7　光触媒との相互作用に関する検証

ここまでは，ストリーマ放電を利用した住宅用空気清浄機の性能に関する検証を行ってきたが，フィルタに担持している光触媒チタンアパタイトとストリーマ放電の相互作用についても検証を行っている。9Lのアクリル製チャンバ内に，光触媒チタンアパタイトの紛体を設置し，光触媒チタンアパタイトにストリーマ放電により発生した活性種を照射した場合と紫外線を照射した場合で，チャンバ内に導入したアセトアルデヒドの分解速度について比較評価を行った。光触媒チタンアパタイトは100mm×200mmのトレー上に薄く広げ，ストリーマの放電電力は0.2W，紫外線ランプの照射量は1mW/cm^{2}とした。チャンバ内アセトアルデヒドの減衰量比較を図6に示す。光触媒チタンアパタイトにストリーマ放電により発生した活性種を照射した場合は，紫外線ランプを照射した場合よりも，チャンバ内のアセトアルデヒド減衰速度が約2倍程度大きいという結果になった。また，このチャンバ内のアセトアルデヒドの減衰がストリーマ放電と光触媒チタンアパタイトの相互作用による酸化分解反応であることを確認するため，チャンバ内CO_2濃度増加量の測定をあわせて行った。チャンバ内CO_2の生成量比較を図7に示す。光触媒チタンアパタイトにストリーマ放電により発生した活性種を照射した場合は，紫外線を照射した場合よりも，チャンバ内のCO_2増加速度が約2倍程度大きいという結果になった。また，CO_2の増加速度はアセトアルデヒドの減衰速度の約2倍であることから，アセトアルデヒド1分子からCO_2が2分子生成するマテリアルバランスを考えると，アセトアルデヒドがストリーマと光触媒チタンアパタイトの相互作用による酸化分解反応により，CO_2まで完全に酸化分解されていると考えられる。

1.1.8　将来の展望

上記に述べてきたように，ストリーマ放電は高速電子など非常に分解性能の高い活性種を広範

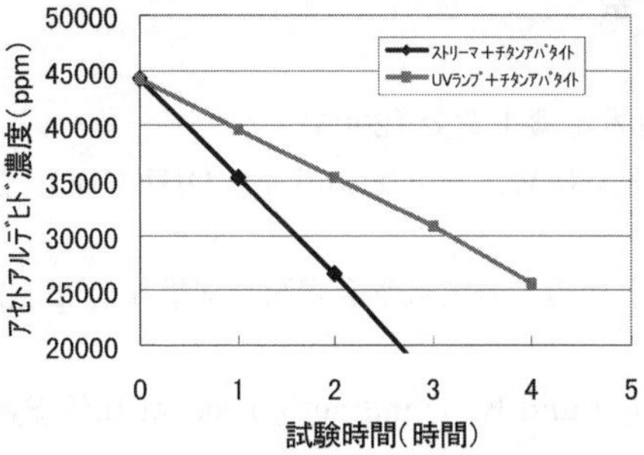

図6　光触媒との相互作用（アセトアルデヒド減衰量）

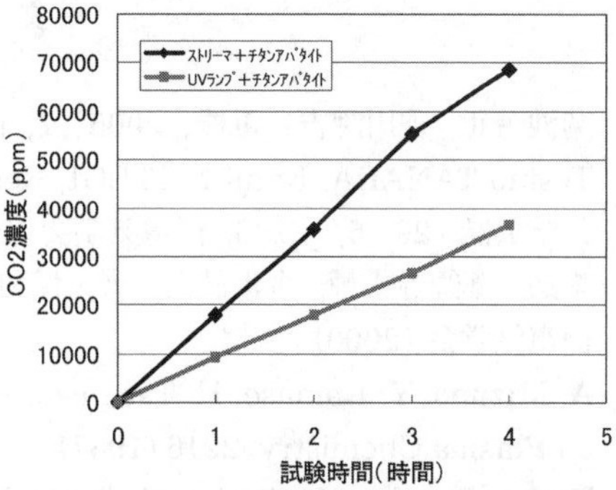

図7　光触媒との相互作用（CO_2生成量）

囲・大量に発生させることができるため，臭気成分や有害物質の分解除去に適した技術であると考えられる。しかしながら，今後さらに分解性能向上を実現していくためには，これまで以上に触媒との相互作用を強化する必要があると考えられる。それは，たとえ定常的に発生する臭気成分や有害物質であっても，その濃度はppmオーダーかそれ以下の非常に低いものであり，その臭気成分や有害物質と活性種を反応させるためには，まず臭気成分や有害物質と活性種を出会わせる必要があるためである。空間内で低濃度の臭気成分や有害物質と低濃度の活性種が出会う確率は非常に小さく，触媒や吸着剤を使用して臭気成分や有害物質を濃縮することにより，活性種と出会う確率を大幅に向上することができると考えられる。また，触媒や吸着剤上で活性種との化学反応が進行するのであるから，触媒や吸着剤表面の性質により，臭気成分や有害物質と活性種の化学反応速度向上が考えられる。現状は，光触媒の流れからTiO_2，オゾン脱臭の流れからMnO_2を触媒として使用されるケースが多く見受けられるが，将来に向けて，臭気成分や有害物質と活性種の化学反応に関するメカニズム，触媒・吸着剤との相互作用に関するメカニズムが明らかになることにより，プラズマとの相互作用を最大限に引き出すことができる触媒の開発が加速され，臭気成分や有害物質の分解性能がさらに向上していくものと考えられる。

1.1.9　おわりに

ストリーマ放電を利用した住宅用空気清浄機を平成16年8月より販売させていただき，市場でも好評をいただいている。加えて，平成17年4月には日本電機工業会・電機工業技術功績者表彰（進歩賞），平成17年9月には静電気学会・静電気学会賞（進歩賞）を受賞させていただき，社外の専門家の方々からも高い評価をいただいている。今後は，上記の「将来の展望」でも述べさせていただいたとおり，さらに室内空気の浄化技術開発に注力し，よりよい空気浄化技術・住宅用空気清浄機の開発を進めていきたいと考えている。

文　献

1) 菊池芳正, 香川謙吉, 電機, 2005, 7, p.42, 日本電機工業会 (2005)
2) Toshio TANAKA, Kanji MOTEGI, Kenkichi KAGAWA and Toshikazu OHKUBO, 静電気学会誌, 29, 5, p.236, 静電気学会 (2005)
3) 李鍛, 薬師寺大輔, 金沢誠司, 大久保利一, 野本幸治：静電気学会講演論文集 '00, p.13B3, 静電気学会 (2000)
4) A. Mizuno, Y. Kamase, H. Tsugawa, A. Shibuya and K. Yamamoto, Proc. of Intl. Symp. on Plasma Chemistry, 2216 (1987)
5) Toshio Tanaka, Kanji Motegi, Kenkichi Kagawa and Toshikazu Ohkubo, IEJ-ESA Joint Symposium on Electrostatics, p.362-363 (2004)
6) 日本電機工業会規格 JEM1467(1995)
7) 室内空気対策技術ハンドブック, ㈶住宅リフォーム・紛争処理支援センター (2005)
8) 野崎淳夫, 飯倉一雄, 大澤元毅, 吉澤晋, 日本建築学会計画系論文集, No.554, p.35 (2002)

1.2　正極性および負極性クラスターイオンを用いた空気清浄化技術

西川和男*

1.2.1　はじめに

近年，大気環境汚染や住環境の高気密化に伴い，空気中の有害分子や浮遊細菌を取り除き，健康で快適な環境を作りたいという要望がますます強くなっている。このため，空気中での放電プラズマを応用して，化学反応性の強いオゾンやラジカル[1)]を生成し，空気環境を浄化する研究が活発に行われている。

一方，医療の分野ではインフルエンザやSARS（重症急性呼吸器症候群）などのウイルス感染による疾患や空気中の浮遊真菌を吸引することで引き起こるアレルギー性気管支喘息などが注目されている。特に，空気感染するインフルエンザウイルスは感染疾患として世界的にも大きな問題となっている[2, 3)]。このため，気中ウイルス感染予防技術の研究開発は極めて重要である。

今回，気中浮遊微生物（細菌，真菌およびウイルス）に注目して，開発したイオン発生素子から，大気圧下での放電プラズマにより生成した$H_3O^+(H_2O)_m$（mは自然数）正極性クラスターイオンおよび$O_2^-(H_2O)_n$（nは0および自然数）負極性クラスターイオンによる，気中の浮遊微生物の不活化効果の検証実験を行った結果，正と負のクラスターイオンによって気中の浮遊微生物が大きく不活化でき，空気環境の浄化効果があることを見出した。

1.2.2　イオン発生素子

開発したイオン発生素子の写真およびイオン発生電極の断面図をそれぞれ図1，図2に示す。イオン発生素子は放電電極部と高電圧発生電源が一体化になり，コンパクトな構造になっている。

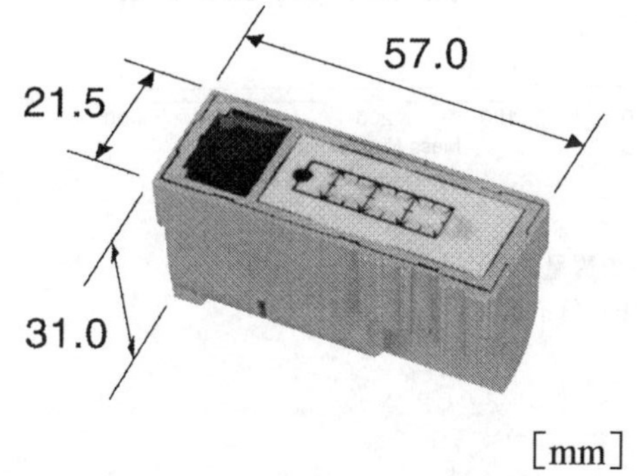

図1　イオン発生素子の写真

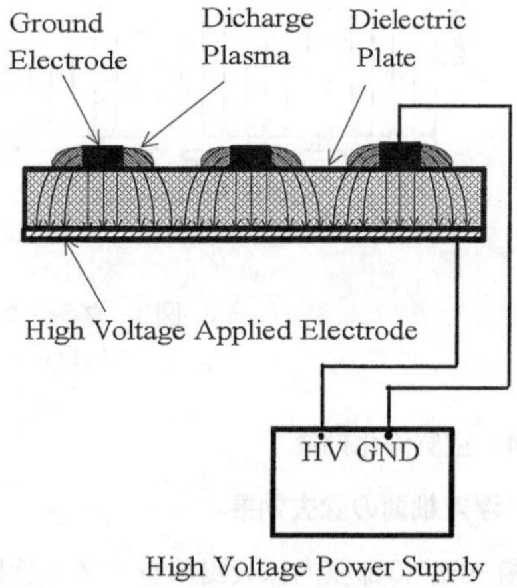

図2　イオン発生電極の断面図

*　Kazuo Nishikawa　シャープ㈱　電化システム事業本部　電化商品開発センター　主任研究員

放電電極部は平板状誘電体の両面に電極を形成し，片方の電極に交流高電圧を印加することによって，沿面放電を引き起こして，プラズマ放電状態を形成する。放電プラズマによって大気中の分子にエネルギーを付与すると，分子の電離，解離やイオン化が起こる[4)]。

開発したイオン発生素子は，放出電子のエネルギーを揃え，大気中の各分子に与えるエネルギーを約5eVになるように印加電圧を設定したことにより，空気中の水分子と酸素分子を主に解離，イオン化するように設計されている。

1.2.3 正および負イオンの特性

イオン濃度は，ゲルディエンコンデンサーとよばれる二重同心円筒法[5)]による，空気イオンカウンタ（㈱ダン科学：83-1011B)[6)]を用いて測定した。

イオン種の同定は飛行時間分解型質量分析装置により正および負イオンの質量スペクトル（図3）を測定した。正イオンスペクトルは質量数19，37，55，…と18間隔に現れていることがわかる。これより，正イオンはオキソニウムイオン$H_3{}^+O$が生成されて，その周りに水分子が配位した構造を持つ$H_3O^+(H_2O)_m$のクラスターイオンであることがわかる。負イオンスペクトルは質量数32，50，68，…と18間隔に現れていることがわかる。これより，負イオンは酸素分子イオン$O_2{}^-$が生成されて，その周りに水分子が配位した構造をもつ$O_2{}^-(H_2O)_n$のクラスターイオンであることがわかる。その他のイオン種の生成は見られなかった。

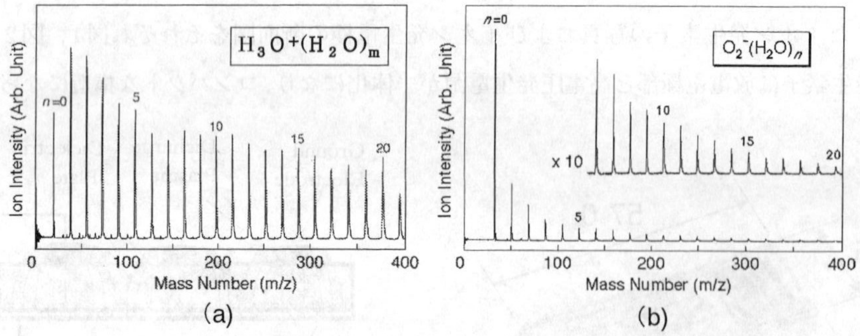

図3　クラスターイオンの質量スペクトル
(a) 正イオン　(b) 負イオン

1.2.4 空気浄化効果

(1) 浮遊細菌の除去効果

容積30m^{3}の部屋内に大腸菌をミスト状に噴霧し，エアーサンプラーにより空気中の大腸菌濃度測定を行った。図4は気中の浮遊大腸菌濃度の経時変化を示す。正・負クラスターイオン（空間平均濃度それぞれ3千個/cm^3）を気中に放出することにより1時間で空気中の大腸菌は90％の除去効果が確認された。

図5は正・負イオン及び負イオンのみによる気中の浮遊大腸菌濃度の経時変化を示す。負イオン（空間平均濃度6千個/cm^3）のみの場合では，1時間後の菌残存率は85％（除去率15％）であり，浮遊菌の除去効果は非常に小さく，時間が経過してもそれ以上除去されなかった。これに対し，正イオンを加えた正と負のイオン（空間平均濃度それぞれ3千個/cm^3）の場合では，1時間後の菌残存率は16％（除去率84％）となり，大きな除去効果が得られた。これより正と負のクラスターイオンによって浮遊菌の除去効果が得られることがわかった。

容積1m^{3}のボックス内に院内感染の代表菌であるメチシリン耐性黄色ブドウ球菌をミスト状に噴霧し，エアーサンプラーにより空気中のMRSA濃度測定を行った。図6は気中の浮遊大腸菌濃度の経時変化を示す。正・負クラスターイオン（空間平均濃度それぞれ1万個/cm^3）を気中に放出することにより30分で浮遊MRSAは90％除去が確認され，60分で気中のMRSAが検出されなくなった。図7は経過時間60分後採取した菌の寒天培地で24時間培養後のシャーレの写真を

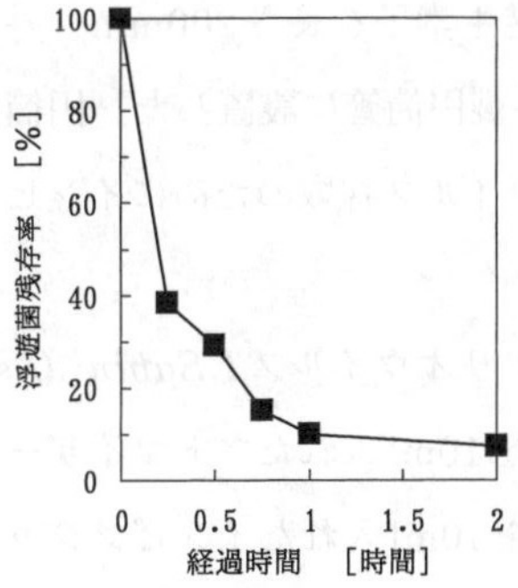

図4　正・負クラスターイオンによる気中浮遊大腸菌の除去効果

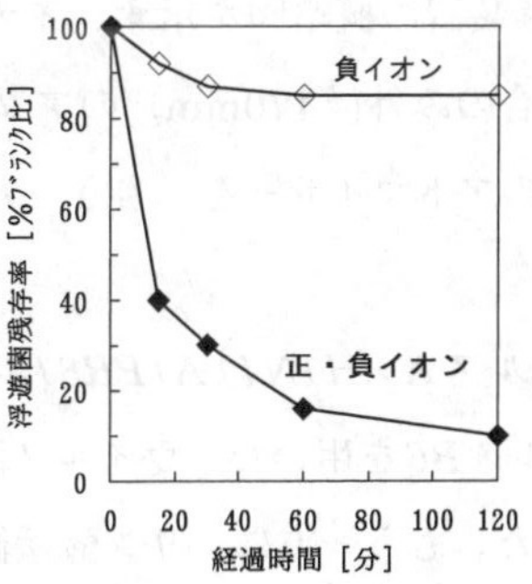

図5　正・負イオンおよび負イオンのみによる浮遊菌除去特性

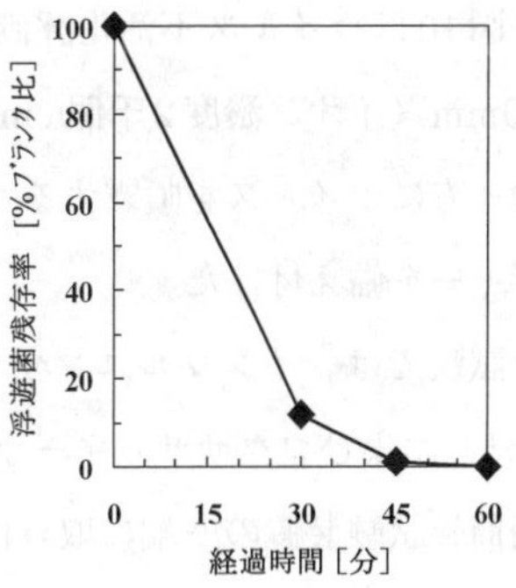

図6　正・負クラスターイオンによる気中浮遊MRSAの除去効果

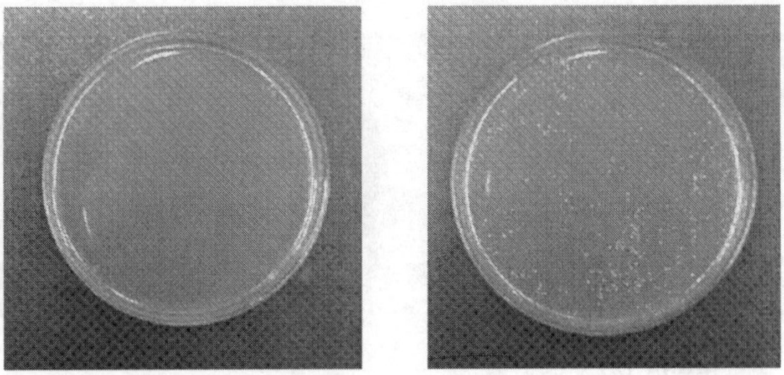

（a）　（b）

図7　MRSA培養シャーレの写真
(a) イオンあり　(b) イオンなし

示す。正・負イオンなしではMRSAコロニーの発生が確認されるが，正・負イオンを作用させたものではコロニーの発生は確認されなかった。これより正・負イオンで病原性細菌のMRSAも不活化していることがわかる。

(2) 浮遊真菌（カビ）の除去効果

容積$1m^3$のボックス内にクラドスポリウムの芽胞をミスト状に噴霧し，空気中の浮遊真菌濃度測定を行った。図8は気中の浮遊真菌濃度の経時変化を示す。正・負クラスターイオン（空間平均濃度それぞれ1万個/cm^3）を気中に放出することにより45分で浮遊真菌は90％の除去効果が確認され，60分で99％以上除去された。図9は正・負イオンと負イオンのみを作用させた場合における，カビの繁殖を示す。10日放置後，負イオンのみではカビの繁殖が見られたが，正・負イオンではカビの繁殖は見られなかった。これより，正と負のクラスターイオンによりカビの増殖抑制効果が得られることがわかった。

(3) 浮遊ウイルスの不活化効果

図10はウイルス不活化評価試験装置の概略図を示す。イオン発生素子を長さ200mm，外径60mm（イオン濃度2千個/cm^3場合のみ外径170mm）のアクリル製円筒管に設置した。円筒管の一方にウイルスを噴霧するためのアトマイザーを，もう一方にウイルス採取のためにインピンジャーを備え付けた。

試験では，インフルエンザウイルスA *(H1N1) A/PR8/34*，ポリオウイルス*I Sabin (Lsc. 2ab)* およびコクササッキーウイルス*B6*を用いた。ウイルス溶液を10ml入れたアトマイザーを円筒管試験装置の一端に取り付けた。もう一方に，リン酸緩衝液を10ml入れたインピンジャーを取り付けた。エアコンプレッサーから風速4m/s（イオン濃度2千個/cm^3場合のみ風速0.4 m/s）の空気を円筒管内に通過させ，ウイルスを噴霧させ，円筒内のイオン発生素子の上を通過させた。噴霧量は3.0ml，噴霧速度0.1ml/minで設定した。イオン発生素子を動作させない場合をコント

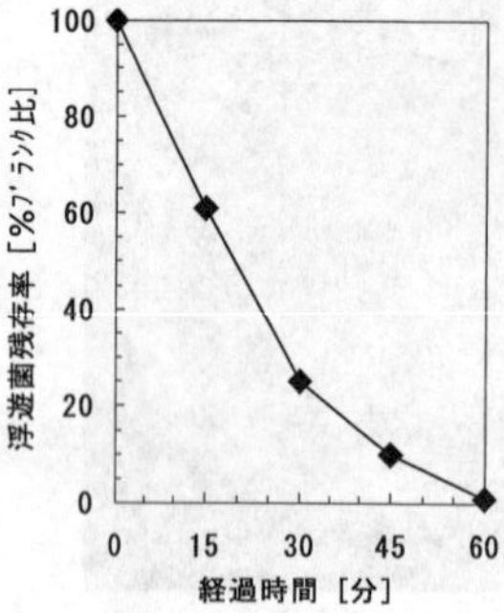

図8　正・負クラスターイオンによる気中浮遊真菌（クラドスポリウム）の除去効果

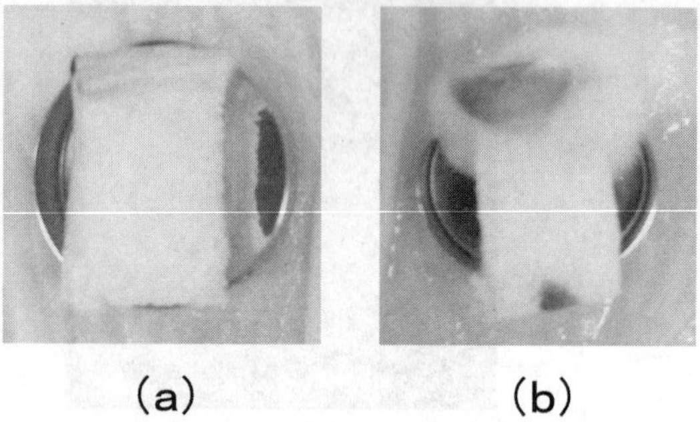

図9　10日放置後カビ増殖の写真
(a) 正・負イオン作用　(b) 負イオンのみ作用

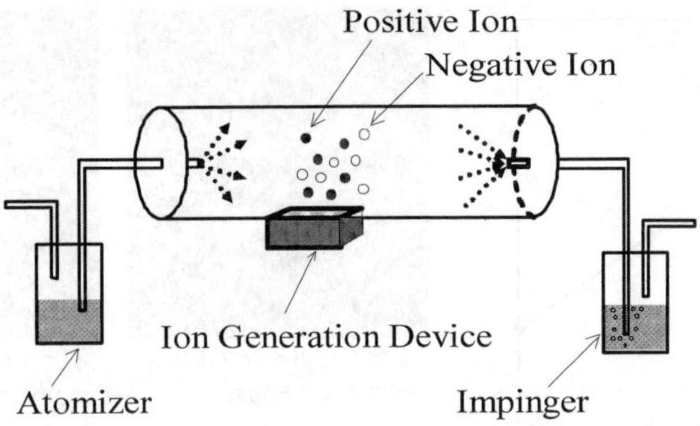

図10　ウイルス不活化評価試験装置の概略図

ロールとして，イオン発生素子を動作させた場合のウイルス量と比較した。イオン濃度は正・負イオンそれぞれ20万個/cm^3，10万個/cm^3，5万個/cm^3，5千個/cm^{3}および2千個/cm^{3}で試験を行った。円筒管を通過した空気はインピンジャーにより採取速度10L/minで30分間採取した。イオン濃度は円筒管試験装置吹出し部より距離10cmで測定した。空気は温度18±1℃，湿度43±2％RHに保った。

インフルエンザウイルスの測定方法はMDCK細胞を用いたプラーク法と赤血球凝集反応法で行った。ポリオウイルスとコクサッキーウイルスはHeLa細胞を用いたプラーク法で行った。

図11はイオン濃度によるインフルエンザウイルスの細胞感染率を示す。イオン発生素子を作用させていないコントロールの場合の細胞感染率を100％として，イオン濃度20万個/cm^3，10万個/cm^3，5万個/cm^3，5千個/cm^{3}および2千個/cm^{3}をインフルエンザウイルスに作用させると，99.5％，97％，96％，95％および90％の細胞感染率の低下が確認された。このとき，オゾン濃度は0.005ppm以下であった。また，イオン濃度100個/cm^{3}以下，オゾン濃度0.005ppmの場合ではプラーク数の減少は確認されなかった。これらの結果より，正と負イオンを気中のインフルエンザウイルスに作用させるとインフルエンザウイルスの細胞感染能力が大きく減少することが確認された。

図12はイオンを作用させたインフルエンザウイルスと作用させないインフルエンザウイルスを接種したMDCK細胞の写真を示す。イオンを作用させたインフルエンザウイルスを接種した場合では，ウイルスがイオンにより不活化されているため，細胞に感染ができず，細胞は正常な形態を保っている（左写真）。イオンを作用させていないインフルエンザウイルスを接種すると細胞に感染が起こり，細胞が破壊されている（右写真）。

図13はイオンを作用させたインフルエンザウイルスと作用させないインフルエンザウイルスの赤血球凝集反応の写真を示す。中央に窪みがある容器に赤血球を入れると中央に集まる性質を

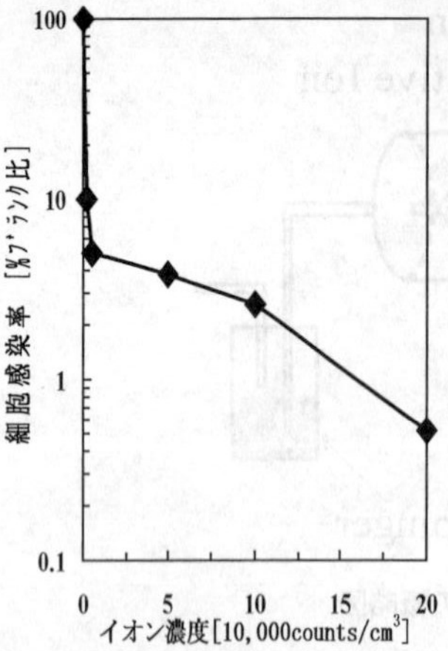

図11　イオン濃度によるインフルエンザウイルスの細胞感染率

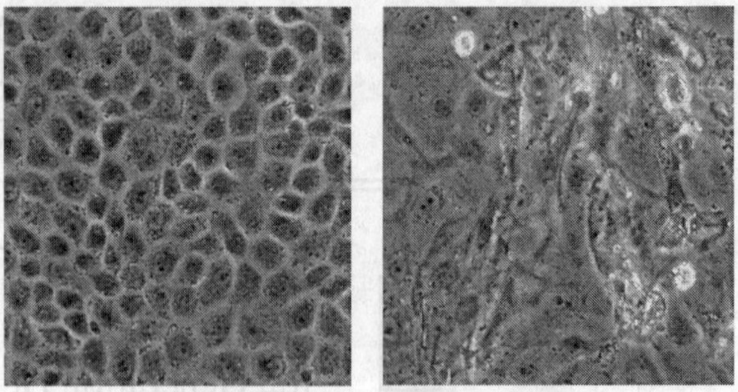

イオン作用インフルエンザウイルスを接種。　イオン作用なしインフルエンザウイルスを接種。

図12　MDCK細胞を用いたインフルエンザウイルスによる細胞変性効果

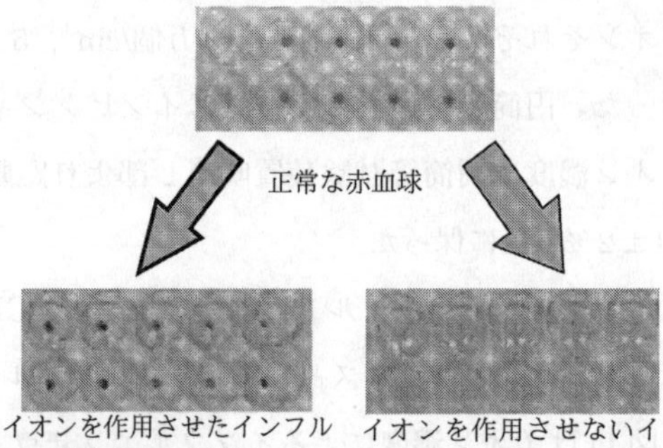

図13　インフルエンザウイルスを接種した赤血球の形態観察

示す（上写真）。イオンを作用していないインフルエンザウイルスを赤血球に接種するとウイルス表面にあるタンパク質により赤血球が凝集され，赤血球が中央に集まってこなくなる（下右写真）。イオンを作用させたインフルエンザウイルスを赤血球に接種しても，ウイルスによる赤血球の凝集は起こらず，正常な赤血球と同様な性質を示した（下左写真）。イオンをインフルエンザウイルスに作用させると，ウイルス表面のヘマグルチニンの機能を不活化することが確認された。

図14はイオン濃度によるポリオウイルスの細胞感染率を示す。測定はHeLa細胞を用いたプラーク法を用いた。イオン発生素子を作用させていない場合の細胞感染率を100％とした場合，イオン濃度20万個/cm³，10万個/cm³および5万個/cm³のイオンをポリオウイルスに作用させると，99.6％，99.5％および99.2％の細胞感染率の低下が確認された。このとき，オゾン濃度は0.005ppm以下であった。

図15はイオン濃度によるコクサッキーウイルスのプラーク形成数の割合を示す。測定はHeLa細胞を用いたプラーク法を用いた。イオン発生素子を作用させていない場合の細胞感染率を100％とした場合，イオン濃度20万個/cm³，10万個/cm³および5万個/cm³のイオンをコクサッキーウイルスに作用させると，98.9％，97.4％および96.7％の細胞感染率の低下が確認された。このとき，オゾン濃度は0.005ppm以下であった。

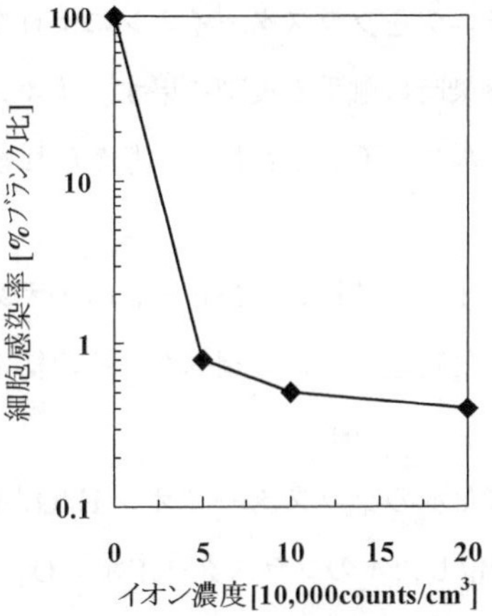

図14　イオン濃度によるポリオウイルスの細胞感染率

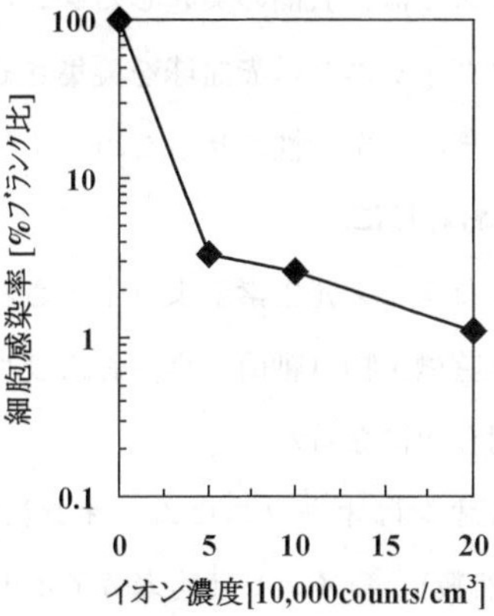

図15　イオン濃度によるコクサッキーウイルスの細胞感染率

これらの結果より，正と負イオンを気中のポリオウイルスおよびコクサッキーウイルスに作用させることにより細胞感染能力を不活化させる効能が確認された。

1.2.5　クラスターイオンによる微生物不活化モデル

図16は正と負のクラスターイオンによる浮遊細菌および真菌の不活化モデルを示す。正と負のクラスターイオンが気中に浮遊する細菌や真菌を取り囲み，正と負のイオンの反応により，菌表面でOHラジカル等の活性種が生成されと考えられる。OHラジカル等は非常に反応性が高く，菌の細胞と反応し，水素を引き抜くなどすることで障害を与える。これによりOHラジカルは無害な水分子になり，菌は不活化されると考えられる。

浮遊ウイルスについてもクラスターイオンが衝突して，ウイルスを取囲み，正極性クラスターイオン$H_3O^+(H_2O)_m$（mは自然数）と負極性クラスターイオン$O_2^-(H_2O)_n$（nは0および自然数）がウイルスの表面上で反応して非常に反応性が高い活性種が生成される。これらの活性種はウイルス表面のタンパク質と反応してタンパク質を変性させるものと考えられる。インフルエン

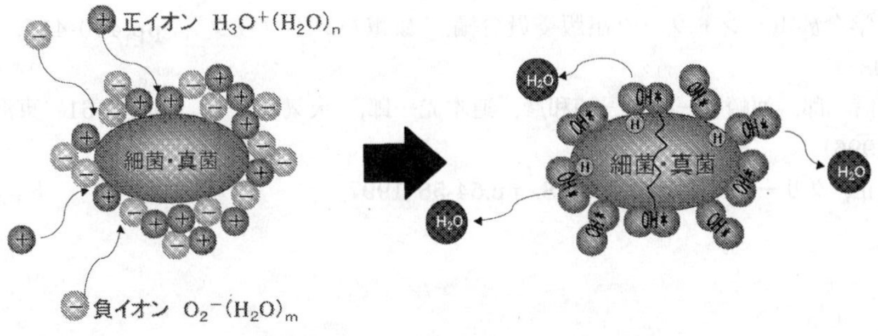

図16　細菌および真菌の不活化モデル

ザウイルスでは，表面の突起したタンパク質ヘマグルチニンをクラスターイオンにより変性させる。ヘマグルチニンは赤血球を凝集させる働きや細胞感染時の触手の役割を果す。イオンによりヘマグルチニンを変性させるため，インフルエンザウイルスが不活化されると考えられる。

1.2.6 おわりに

開発したイオン発生素子より生成された正および負イオンの特性および正・負のイオンによる気中の浮遊微生物（細菌，真菌およびウイルス）の不活化特性について調べた。その結果，次の諸点が明らかになった。

① 正イオンはオキソニウムイオンに水分子が配位した水のクラスターイオン $H^3O^+(H_2O)_m$（mは自然数），負イオンは酸素分子イオンに水分子が配位した水のクラスターイオン $O_2^-(H_2O)_n$（nは0および自然数）であることが確認された。

② 正と負のクラスターイオンにより浮遊微生物の不活化効果が得られることが確認された。

細菌：大腸菌，MRSA

真菌：クラドスポリウム

ウイルス：インフルエンザウイルス，ポリオウイルス，コクサッキーウイルス

今回，開発した正・負クラスターイオンを用いた空気浄化技術は，空気中の有害物質を除去するのみならず，ウイルスの空気感染の予防効果など疾患防止にも期待できる画期的な技術である。

文　献

1）小田哲治ほか，“放電による環境対策技術の将来”，応用物理学会誌，69，pp.263-289（2000）
2）南嶋洋一，水口康雄，中山宏明，“現代微生物学入門”，pp.48-67，南山堂（1987）
3）清水文七，“ウイルスがわかる”，pp.129-187，講談社（1996）
4）電気学会放電ハンドブック出版委員会編，“放電ハンドブック”，pp.400-417，オーム社（1998）
5）北川信一郎，河崎善一郎，三浦和彦，道本光一郎，“大気電気学”，pp.45-61，東海大学出版会（1996）
6）秋山正，クリーンテクノロジー，8，pp.54-56（1997）

2 車両用空気浄化システム

原田茂樹*

2.1 はじめに

これまで車室内の快適性は，いわゆるエアコンディショナによる冷やす，暖めるに主眼を置いて論じられてきた。しかし，更なる快適ニーズおよび健康志向の高まりにより温熱以外のUVカットガラス，IRカットガラスなど肌にやさしいウインドウや皮膚への刺激の少ないシート表皮など車室内全体としての快適性への取り組みが進められている。本稿ではその中でも特に近年ニーズの高い車両用空気浄化システムについて概説する。

2.2 車両の空気質環境

車両は一般家屋と異なりその移動手段としての目的から，様々な場所に移動する。このためその車外の空気は，道路上の車両や走行路周辺の工場からの排気ガスや山間部の花粉，地域毎に特有の臭い（家畜臭，産業活動に伴う臭い）など，一般家屋の環境に比較し非常に厳しい環境にあると言える。また，車内の空気についてもその居住スペースの大きさ，乗車時間などから近年は減少傾向にあるものの煙草の煙や乗員や持込物からの臭いなど空気の浄化の観点からは，これも一般家屋に比較し厳しい環境にある。上記は，空気の浄化と言う観点で一般家屋との違いについて述べたが，空気質の向上と言う意味では浄化の他に空気の良化と言う観点が考えられる。空気の良化と言う言葉が適切かどうかの議論はあるが，浄化が空気の中に含まれる人間に対する有害な物質を取り除くことを意味するのに対し，良化は人間に有益な成分を積極的に空気に付加することを意味する。この空気の良化の観点では，車両は適切な居住スペースとなり，またある一定時間所定の場所に在席することから一般家屋に比較しその目的が達成し易い環境にあると言える。図1に車両の空気質環境を示す。

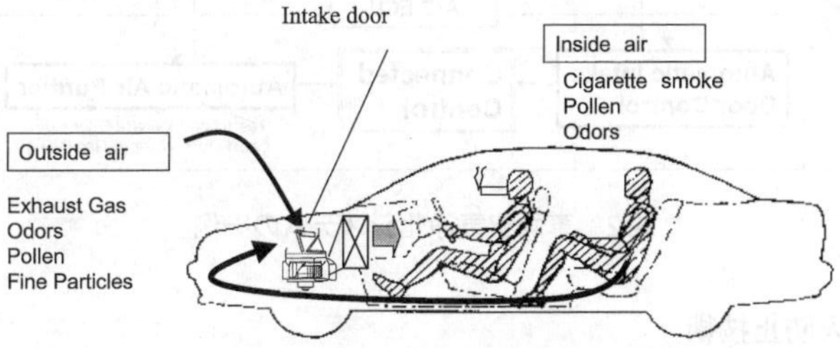

図1 車両の空気質環境

---

* Shigeki Harada ㈱デンソー 冷暖房開発1部 第1開発室 室長

2.3　車両の空気浄化システム

上述の厳しい車両の空気質環境に対応する浄化技術としては，1970年代に欧州車でエアコンの外気吸込口に外気の埃や花粉などを除去するいわゆる除塵フィルタが装着されたことから始まり，その後除塵フィルタに排気ガスの臭いなどを除去する目的で活性炭や化学吸着剤を用いた脱臭機能が付加され，更に車室内の煙草の煙や臭いなどを浄化する空気清浄機などが搭載されて来た。上記除塵フィルタや脱臭フィルタは，車両システムの構成として1回の空気通過により花粉や埃，臭いなどを高い効率で除去する必要があり，かつ省エネルギーの観点から通気抵抗の低いことが求められ，その実現には高いレベルのフィルタ技術が必要とされる。ここまでは空気質の浄化技術としては『システム』での視点は織り込まれていなかったが，1990年代に入り，外気の排気ガスの有無をセンサにより検出し，外気導入と内気循環を切り替えることで排気ガスの車室内への侵入を防止するシステムが開発され，その排気ガス侵入防止システムと空気質センサを備えた車室内の空気清浄機を協調制御させることで，外気の清浄状態と内気の清浄状態を比較判断することにより最適な換気状態（外気／内気）と空気清浄機の作動状態を実現する空気質制御システムが製品化され，ここに空気浄化技術に『システム』の考え方が導入された。図2に空気浄化システムの一例を示す。

近年では，上記『空気浄化システム』に更に除菌イオン，花粉除去モードなどの技術を組み合わせ機能の高度化が図られている。以下空気浄化システムの事例として，排気ガス侵入防止技術，花粉除去技術，除菌イオン技術の3つの技術について紹介する。

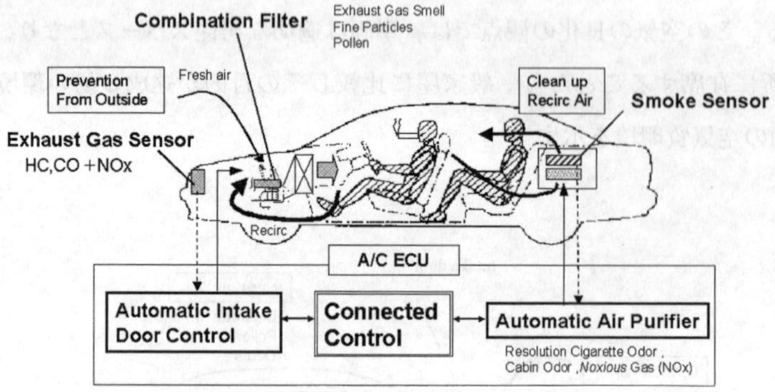

図2　車両空気浄化システムの一例

2.3.1　排気ガス侵入防止技術

図3に排気ガスセンサの仕様およびその性能の一例を示す。排気ガスセンサは一般的に排気ガス中のNOx，HC，COなどとの酸化還元反応を利用した半導体式が用いられており，その反応原理からNOxの検出片とHC，COの検出片が独立して設けられている。図4に排気ガスセンサ

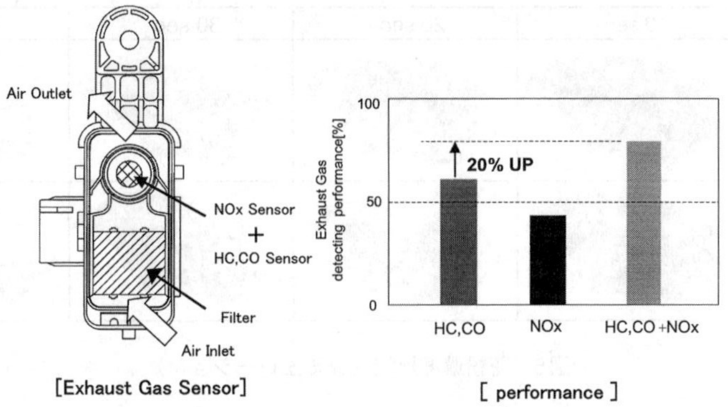

図3　排気ガスセンサと性能

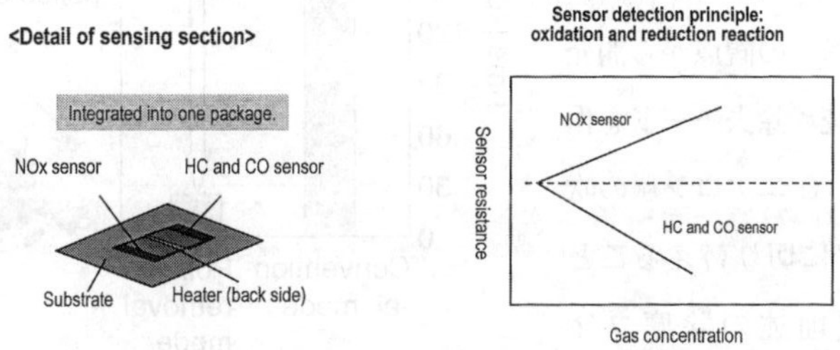

図4　排気ガスセンサの出力特性

の出力特性を示す。各々の検出片は，夫々の検出ガスの濃度に応じて抵抗変化型の特性を示すが，NOxの検出片は微量ながらHC，COの影響を受ける（その逆も）ことやセンサ出力としての抵抗の絶対値が温度や製造の影響を受けることから，各々のセンサの出力信号としての抵抗値の絶対値および微分値を複雑に演算し，排気ガスの濃度を検出・推定して外気導入と内気循環を切り替えることで車室内への排気ガスの侵入を防止している。このシステムでは更に車速により制御に補正をかけるなど，きめ細かな制御により排気ガスの車室内への侵入防止と，乗員の排気ガスに対する視覚的な感覚の両立を実現している。

2.3.2　花粉除去技術

空気中のアレルゲンとしての花粉除去のニーズはここであらためて説明の必要がないほど高い。花粉アレルギーによって引き起こされる花粉症は，欧州で歴史が古く，日本では現在5人に1人が花粉症であるとも言われている。この花粉対策の必要性は様々な場所に移動する車両特有の環境において特に高く，空気浄化における花粉除去技術の一つに前述の除塵フィルタによる換気により侵入する花粉を捕集する技術がある。車両では外気を導入する換気による花粉の侵入以外に，ドアの開閉や乗員の乗降時に乗員が衣服に付着させて車室内へ持ち込むいわゆる持込花粉が存在するため，除塵フィルタによる外気からの花粉除去以外に車室内に持ち込まれた花粉を乗

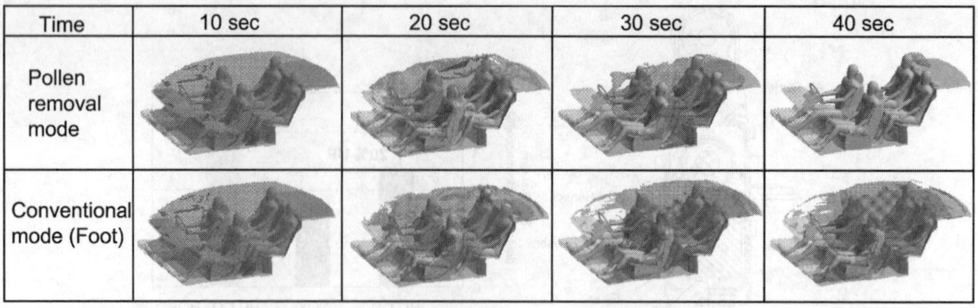

Time
10 sec
20 sec
30 sec
40 sec
Pollen removal mode
Conventional mode (Foot)

図5　花粉濃度比較（シミュレーション）

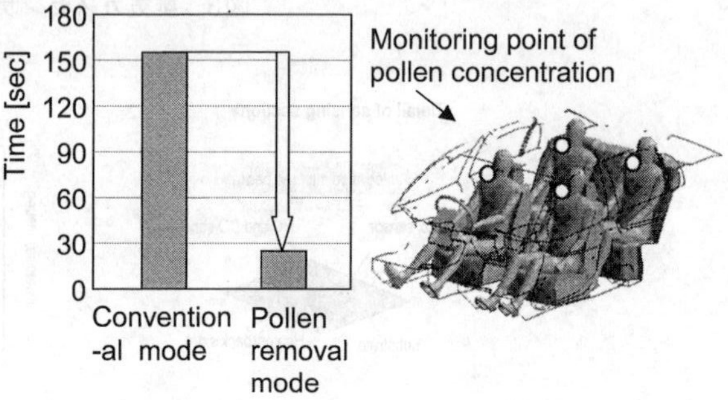

図6　花粉除去システムの効果（シミュレーション）

員まわりから速やかに除去する必要がある。花粉除去技術はこの観点から開発されたシステムで，花粉除去モードを作動させることにより，①エアコン風の吹出口をFACEモードに切り替えることで花粉フィルタ（前述の除塵フィルタ）で浄化されたきれいな空気を乗員顔まわりへ素早く送風する。②エアコン風の吸込口モードを外気導入から内気循環へ切り替えることで侵入した花粉を花粉フィルタへ吸い込み素早く花粉を除去する。③エアコンの風量を増加させ顔まわりへ吹き出すきれいな風の量を確保し同時に車室内の花粉浄化を早める。の3つの制御を行うことで乗員まわりの花粉を早期に除去することができる。上記の各制御は外気温度によるウインドウの曇り判定や冷却水温，室内温度による快適温度制御との協調により常に最適な効果を得ることができるようにきめ細かく制御される。図5に従来モードと花粉除去モードの花粉濃度の比較を，図6に乗員口元の花粉濃度が低下する時間の比較を示す。

2.3.3　除菌イオンシステム

近年，健康志向の高まりにより従来あまり空気質としてのニーズの高くなかった細菌・カビ・ウイルス等を除去したいといったニーズが急激に増加している。例えば「冬季での空気の質で気になるもの」の調査結果では，1位：風邪，2位：インフルエンザ，3位：ハウスダスト，4位：細菌，5位：カビ，と菌除去に対する潜在ニーズが高くなっている。

車室内空気中の細菌やカビ菌の種類および量については，実測の一例としてDNA鑑定の結果，約10種類の細菌と数種類の真菌（カビ）の存在が認められ属種は様々だが多くは胞子等を生成し，夏場の高温の車室内でも生き延びられる種類のものが多く，日本と北米の各10台の車両調

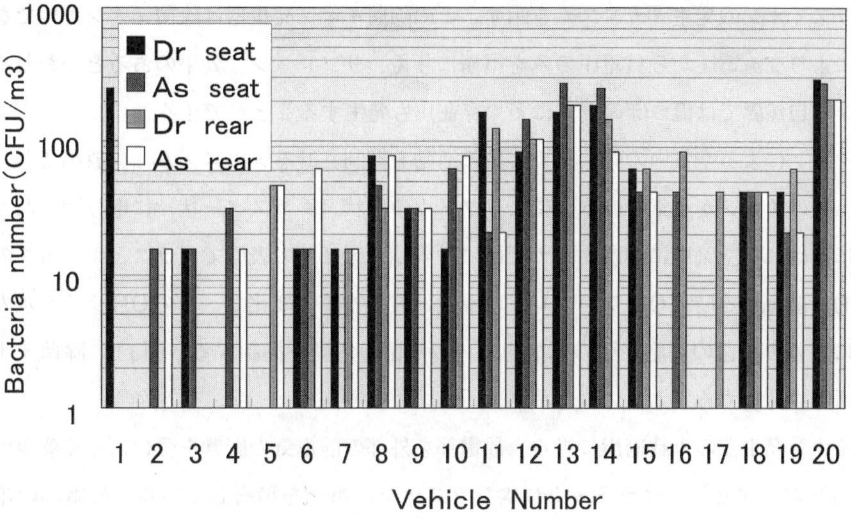

図7　菌の車両調査例

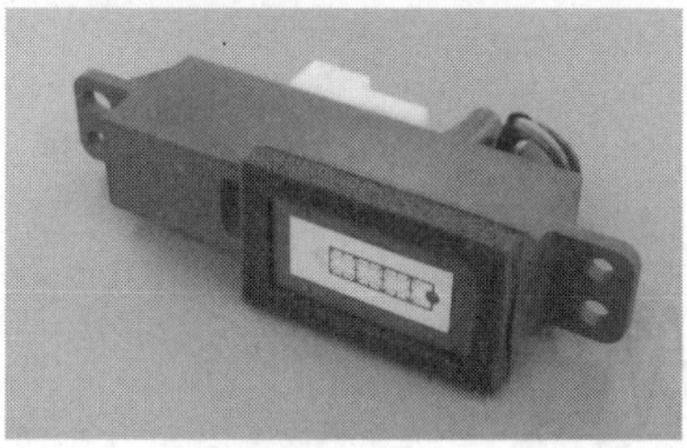

図8　車載用除菌イオン発生器

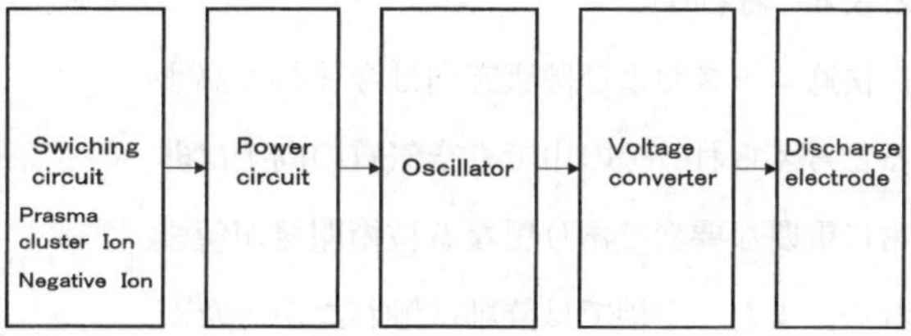

図9　除菌イオン発生器ブロック図

査結果でも細菌・カビが車室空気中に存在することが確認されている。図7に菌の車両調査結果を示す。除菌イオンシステムは，シャープ㈱が開発した除菌イオン技術を車両に適用したもので，これも空気質センサを備えた車室内の空気清浄機と協調制御させることで作動の最適化を図っている。除菌イオン技術は除菌イオン発生器の放電電極に正負の電圧を印加することにより，ほぼ同数のマイナスイオンとプラスイオンを発生させることで空気中の細菌やカビ菌の活動を抑制する。図8に車載用除菌イオン発生器，図9に発生器のブロック図の一例を示す。マイナスイオン，プラスイオンの発生メカニズムは，放電電極に負の電圧を印加することで空気中の酸素分子がマイナスに帯電しマイナスイオンが発生する。同様に正の電圧を印加することで空気中の水分子が原子に分解されプラズマ状態となり負の電荷を帯びた酸素原子は電極に吸引され，電子を受け取り酸素分子に戻り，水素原子は電極と反発しプラスイオンとして空気中に放出される。これを正と負の電圧を交互に印加することによりマイナスイオンとプラスイオンを同等量発生させる。これらマイナスイオンとプラスイオンを総称して除菌イオンと呼んでいる。図10にマイナスイオン，プラスイオンの発生メカニズムを示す。この除菌イオン発生器は除菌イオンだけでなく，切り替えにより交流電圧から負電圧のみを電極に与え，リフレッシュ効果のあるといわれるマイナスイオン（自然界では滝つぼの周りに多く存在）も発生することができる。

除菌イオンによる空気中の細菌やカビ菌の活動を抑制させるメカニズムは，放出されたプラスとマイナスのイオンが空気中の水分によりブドウの房状（クラスター状）に取り囲まれた状態で車室内に運ばれ，空気中に浮遊するカビ菌に付着し，カビ菌の表面でプラスとマイナスのイオンが電気的に結合する時にOHラジカルという強い酸化物質に変化し，このOHラジカルの強い酸化作用によりカビ菌の細胞表面の水素を奪いカビ菌の活動を抑制する。図11に除菌イオンによる菌の活動を抑制するメカニズムを示す。

除菌イオン発生器の車載適用に当り，放電部を外部の静電気の影響を受けにくく感電の恐れのない沿面放電方式とし，セラミックにタングステンの電極を積層している。放電部の電圧は数kvとなり絶縁が必要なため回路全体を樹脂でモールドし，特に昇圧トランスは車両特有のラジオノイズの原因となるスイッチンングノイズを低減させるため金属シールドが施されている。

2.3.4　おわりに

快適ニーズおよび健康志向は今後益々高まると考えられ，その中でも空気質の向上は非常に重要な要素であり更なる技術開発が望まれる。また，本稿では詳細は触れなかったが空気の浄化に加えた空気の良化も乗員の健康的な面のみでなく車両の安全運行の面からも重要な技術になると同時にその制御技術的側面がよりいっそう重みを増すものと考えられる。

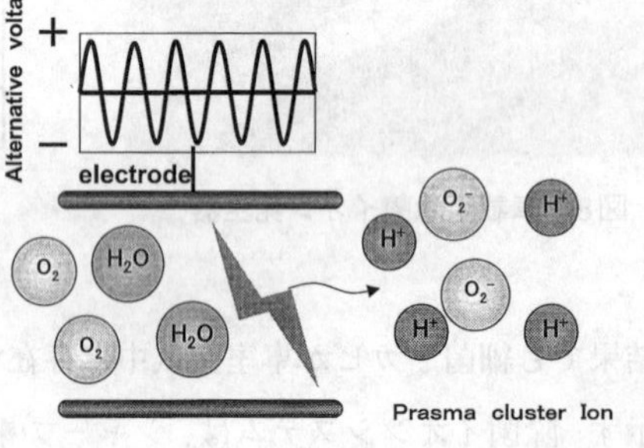

図10　除菌イオン発生メカニズム

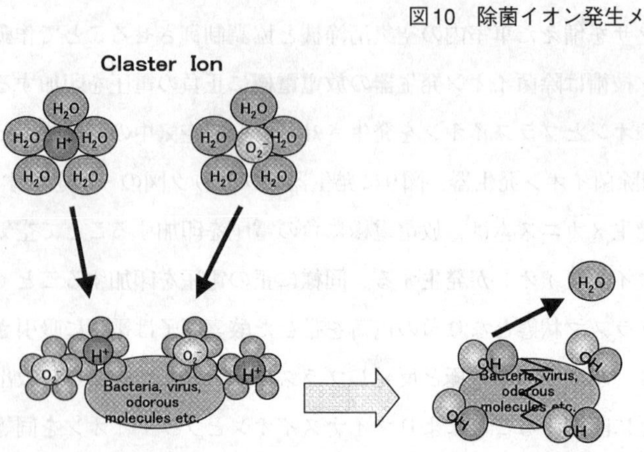

図11　菌活動抑制メカニズム

第10章　環境浄化事例

1　土壌を用いた大気浄化システム

金子和己*

1.1　はじめに

大都市圏を中心に，道路沿道の大気汚染は依然として厳しい状況が続いている。自動車排ガスの改善等抜本的な対策が望まれるところであるが，局地汚染対策としては，沿道大気の直接浄化手法も検討すべき状況と考える。ここでは，土壌を用いて沿道大気を直接浄化する方法に関して，システムの概要および道路への適用事例に関し紹介する。

1.2　土壌による空気浄化の原理

土壌が種々のガスを吸収することに関しては，優れた総説[1, 2]がまとめられているが，空気浄化に関連する土壌の機能を図1に示した。浄化対象となる空気中汚染物質は，硫黄酸化物（SOx）や窒素酸化物（NOx），炭化水素（HC），その他の大気汚染物質，及び，アンモニアやメチルメルカプタン等の悪臭物質が主要なものであるが，浄化メカニズムは物質毎に異なり，図1に示す3つの機能が重要と考える。

第1は，土壌による汚染物質の捕捉である。これは，気相中の汚染ガスを液相または固相表面に吸収・吸着する機能である。浮遊粒子状物質（SPM）の土壌によるフィルトレーションもこの範疇である。

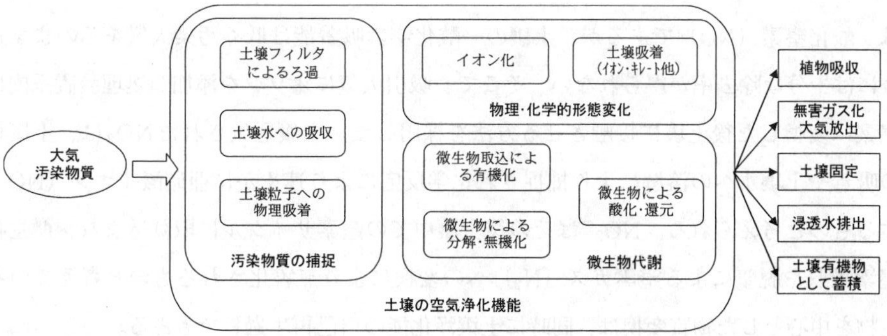

図1　土壌の空気浄化機能

*　Kazumi Kaneko　㈱フジタ　技術センター　環境研究部　部長

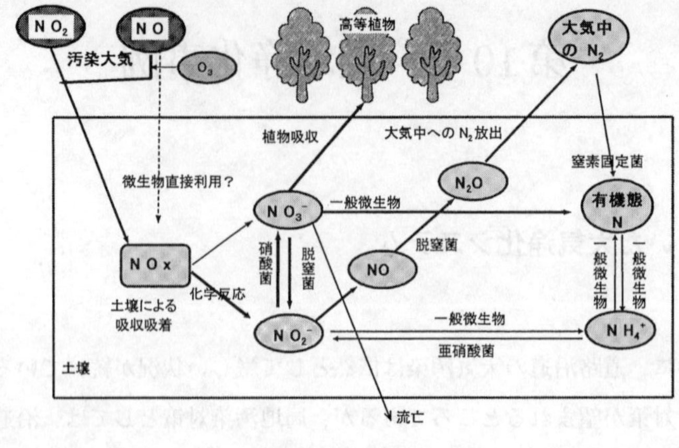

図2　窒素酸化物除去メカニズム

第2は物理・化学的形態変化で，土壌に捕捉されたガス状物質が，水との反応や粒子表面の電気化学的反応によりイオン化する過程や，さらにそれらが土壌粘土鉱物や土壌有機物にイオン吸着やキレート結合するものである。

第3は，微生物代謝による形態変化である。この過程は前期事項に引き続く場合が多いが，ガス状物質に直接作用する場合もある。内容的には，無機物質の微生物取込による有機化，有機物質の微生物分解・無機化，微生物反応による無機物質の酸化・還元などである。

土壌による空気浄化は上記3つの機能が土壌系内において複合的に作用する点に特徴があり，活性炭処理等の物理・化学的処理と異なり浄化機能に自己再生という性質を有し，除去された汚染物質は最終的に，植物による吸収，土壌による固定，浸透水中に溶解し系外流出，無害化されたガスとして大気放出，土壌有機物として蓄積などの経路をたどる。

窒素酸化物に対する土壌中での浄化メカニズムを図2に示す。自動車排ガス中窒素酸化物の主成分は一酸化窒素（NO）であるが，土壌の一酸化窒素吸着能は低く汚染大気をそのまま通気した場合には十分な除去率が得られない。そこで，吸引大気にオゾンを添加し処理装置系内にて二酸化窒素に変換した後土壌に接触させる方法を採用した。土壌通気されたNO_2は，土壌粒子表面への吸着や土壌水への溶解により捕捉され化学反応により速やかに亜硝酸イオン（NO_2^-）に変化するものと考えられる。NO_2^-はその後土壌中での窒素サイクルに取り込まれ，微生物・植物の窒素吸収や脱窒による窒素ガス（N_2）への変換により無害化されるものと考えている。この微生物を中心とした物質変換は，同時に土壌浄化能の自己再生過程でもある。

1.3　浄化システムの概要

土壌による大気浄化システムは，土壌浄化部が1層と2層の2タイプある。概要を図3に，公害健康被害補償予防協会の調査事業として大阪府が実施した東大阪での実験プラントの状況を写真1に示す。

システムは汚染大気を吸引する吸引部，通気・浄化する土壌浄化部，送風機やオゾン前処理設備及び散水設備よりなる機械設備部，遠隔監視可能なモニタリング設備部により構成される。道路端等から吸引された汚染空気は，送風機により土壌層に通気される。この間，オゾン注入により一酸化窒素をより浄化しやすい二酸化窒素へと酸化する。土壌に通気された汚染ガスは，土壌粒子表面における吸着や土壌水による溶解，土壌微生物の代謝作用による吸収や分解により浄化される。表1に主要諸元を示す。処理風量は土壌への通気線速度で決定され，現状では20～40mm/secで設計しており，72～144m^3/m^2・時間の処理能力となる。使用土壌は黒ボク土を主体とし通気通水性をあげるために一般造園材料を特殊混合したもので，植栽が可能である。機械設備および自動制御の概要は表に示す通りである。

1.4　浄化性能

表2に，大気汚染物質の除去性能を示す。二酸化窒素及び窒素酸化物の除去率は，送風速度20mm/secで約90％，40mm/secで約80％である。浮遊粒子状物質の除去率は約90％，その他，非メタン炭化水素，ベンゼン，トルエン等の有機物質に関しても高い除去性能を有している。

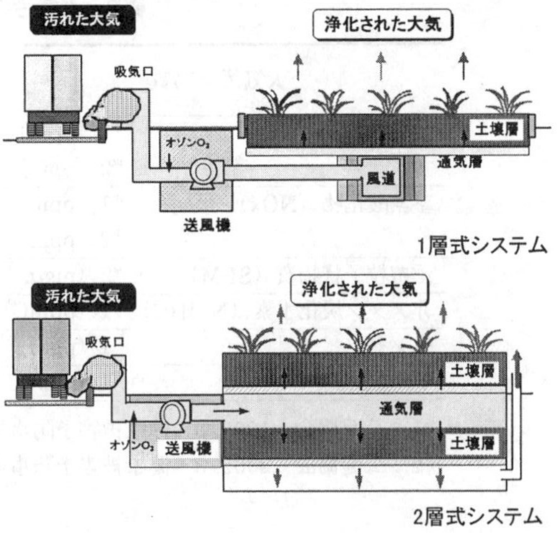

図3　システム概要

写真1　東大阪実験プラント（大阪府）

表1　主要諸元

項　目	仕　　様
処理風量（通気速度）	72～144m^3/m^2／時間（通気線速度　20～40mm/sec）
土　　壌	黒ボク土：腐葉土：パーライトの混合土 厚さ50cm
植　　栽	低木，草本類
機械設備	送風機，オゾン前処理設備，自動散水設備，モニタリング設備
自動制御	風量：設定値一定制御 オゾン：吸込NO濃度比例注入 散水：タイマー

表2　大気汚染物質の除去率

大気汚染物質		送風速度 (m/sec)	除去率	入口濃度	出口濃度
二酸化窒素（NO_2）	*1（ppm）	20	90％	0.052	0.005
	*2（ppm）	40	83％	0.076	0.013
窒素酸化物（NOx）	*1（ppm）	20	89％	0.248	0.028
	*2（ppm）	40	76％	0.473	0.113
浮遊粒子状物質（SPM）	*2（mg/m^3）	40	99％	0.089	0.001
非メタン炭化水素（NMHC）	*1（ppmC）	20	77％	0.74	0.17
ベンゼン	*1（ppb）	20	98％	2.1	0.04
トルエン	*1（ppb）	20	98％	9.8	0.20

*1：公健協会　1998. 3　健康被害予防事業環境改善調査研究レポート　Vol. 8
*2：公健協会　2002. 3　健康被害予防事業環境改善調査研究レポート　Vol.12

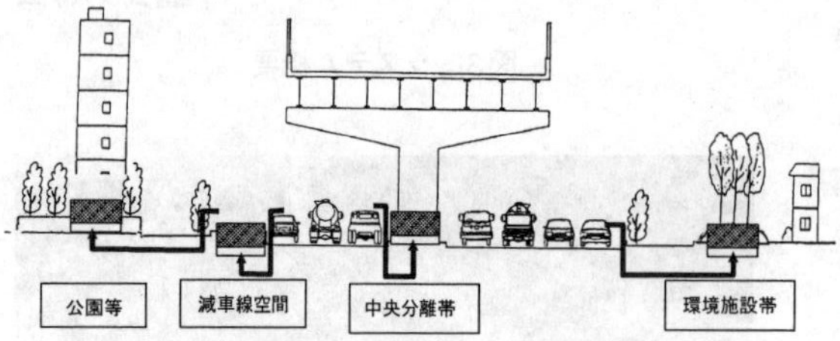

図4　2層道路への適用案

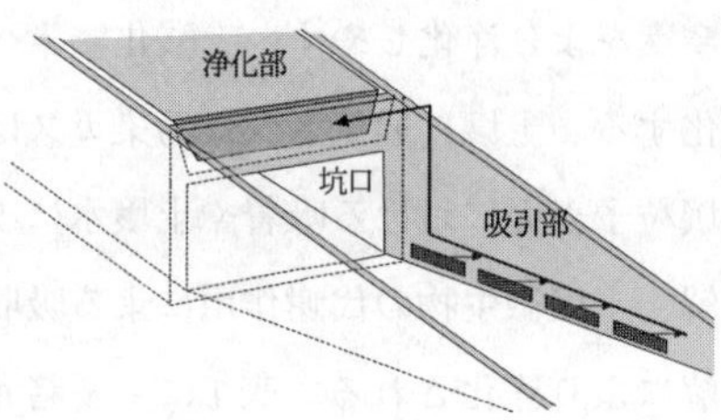

図5　掘割蓋掛道路坑口部への適用案

1. 5　適用方法と実施例

1. 5. 1　平面道路への適用

高濃度が出現しやすい平面＋高架の2層構造の道路沿道では，図4に示すような，車道端より汚染大気を吸引し環境施設帯や中央分離帯等に設置した土壌浄化部に通気し浄化する方法が考えられる。

1. 5. 2　掘割蓋掛道路坑口部への適用案

掘割蓋掛道路や立体交差アンダーパス道路は，交通流対策や蓋掛けによる排ガス拡散防止の点にすぐれた道路構造と考えるが，坑口部分での汚染集中が問題となる場合がある。図5に，坑口部での環境対策として，漏出および登り勾配からの排ガスを吸引し，蓋掛け上部空間に設置された植栽地土壌で浄化する方法を示した。

1. 5. 3　実施例

これまでの実施例を表3に示す。道路沿道に8件，トンネル及び掘割蓋掛道路坑口部に3件，地下駐車場等に4件の合計15件の実績がある。

道路沿道への適用は，環境庁（当時）の局地汚染対策方法の検討としてスタートし，大阪府東大阪，吹田市いずみ町，池上新田公園が実施された。その後，国土交通省等道路管理者の沿道環

表3　実施例

2005. 03現在

物件名	対　象	事業主体	稼働開始	規　模	備　考
大阪府東大阪市 中央環状線	道路沿道	公害健康被害 補償予防協会	'94. 10～'97. 3	$15m^2$×5, $50m^2$×4,680m^3/H	中央分離帯 1層式
足立区庁舎	地下駐	足立区	'96. 5	110m^2 8,000m^3/H	外構植栽 1層式
芦屋市 地下駐車場	地下駐	芦屋市	'96. 10	80m^2 5,760m^3/H	歩道脇植栽ポット 1層式
SN集合住宅	地下駐	コンペ事業体	'97. 3	200m^2 14,440m^3/H	外構植栽 1層式
吹田市いずみ町	道路沿道	大阪府	'97. 3	500m^2 36,000m^3/H	環境施設帯 1層式
阪奈トンネル	トンネル	大阪府	'97. 4	400m^2 28,800m^3/H	換気所敷地 1層式
大和町 NOx除去実験	道路沿道	建設省，東京都 首都高，板橋区	'98. 7～'00. 3	40m^2 5,760m^3/H	中央分離帯 2層式
池上新田公園	道路沿道	川崎市	'00. 01	500m^2 72,000m^3/H	公園 2層式
藤沢橋	交差点	神奈川県	'00. 10	286m^2 20,600m^3/H	交差点3隅 一部2層式
大和町交差点	交差点	東京都，国土交 通省，首都高	'01. 05	703m^2 100,800m^3/H	立体交差点高架下 2層式
中目黒	地下駐	再開発組合	'02. 04	80m^2 8,000m^3/H	外構植栽 1層式
43号西向島 (尼崎)	道路沿道	国土交通省	'02. 06	500m^2 72,000m^3/H	環境防災緑地 2層式
品川駅東口 地下車路	地下車路 坑口	民間企業	'03. 06	二層式 170m^2 25,000m^3/H	外構植栽 2層式
43号浜脇 (西宮)	道路沿道	国土交通省	'04. 04	1,900m^2 273,600m^3/H	環境防災緑地 2層式
常滑 (知多横断道路)	掘割蓋掛部	愛知県	'05. 03	92m^2 14,300m^3/H	蓋掛部 1層式

境改善施策として，大和町交差点，43号西向島，43号浜脇でフィールド実験施設が計画・稼動している。

トンネルや掘割蓋掛道路坑口部への適用は，阪奈トンネル他新設道路の環境対策例として設置されている。

1. 6　事例紹介

実施例の中から，いくつかの事例を以下に紹介する。

1. 6. 1　吹田泉町

大阪府が平成8年度に，環境庁環境基本計画推進事業費補助金事業として，道路沿道の緑地帯に設置した施設。写真2に全景を，図6に配置図を示す。国道479号の両端に隣接した既存緑地を利用し，250m^{2}の浄化部（1層式）を2ヶ所配置している。

汚染大気は，地下機械室に設置したファンにより道路端の吸引口から吸引され，地下埋設の送風管から土壌下部の風道に送気し，土壌層に均一に通気するもので，各汚染物質は土壌層を通過する際に除去・分解される。図5に設計諸元を示したが，処理風量は2ヶ所で36,000m^3/h（通気速度20mm/sec），ハイビャクシン，アベリア，シャリンバイ，イチョウが植栽されている。

平成9年度以降種々の調査が実施されており，公健協会の調査研究レポート[3)]に詳しく記載されている。調査項目は，施設の処理効率，施設による環境改善効果（実測および予測），運転手法・耐久性・緑地管理調査，経済性調査である。

1.6.2 阪奈トンネル

大阪府が平成8年度に，吹田泉町と同様に環境庁補助金事業として，トンネル換気塔敷地内に設置した施設。写真3に全景を，図7に配置図を示す。換気塔敷地内に

写真2　吹田泉町土壌脱硝施設　全景

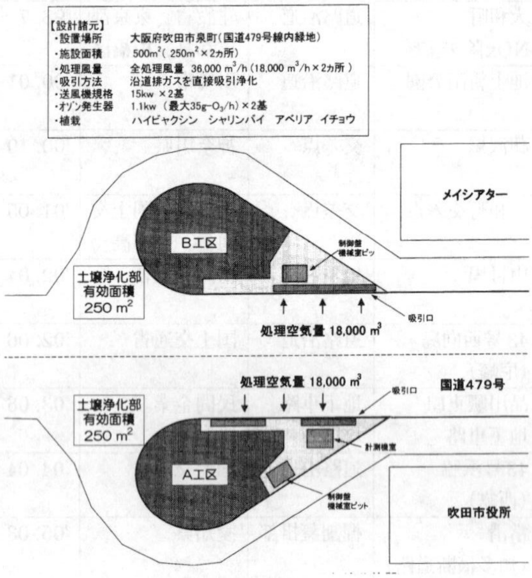

図6　吹田泉町土壌脱硝施設　配置図

写真3　阪奈トンネル土壌脱硝施設　全景

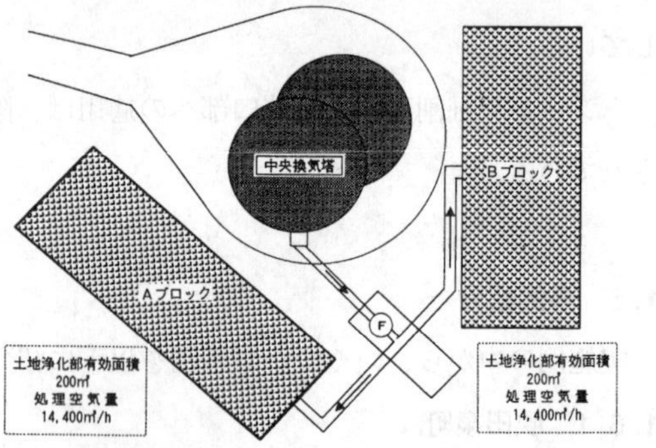

図7　阪奈トンネル土壌脱硝施設　配置図

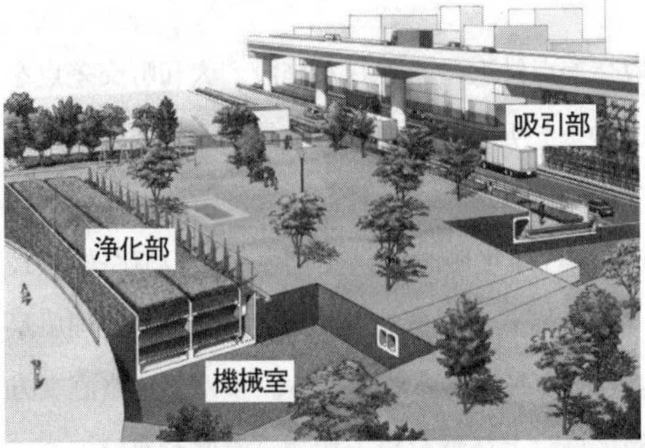

図8　川崎池上新田公園モデル施設　全景

写真4　川崎池上新田公園モデル施設　浄化部

200m²の浄化部（1層式）を2ヶ所配置している。

送気方法は，換気塔から出る換気ガスの一部をファンで吸引し，地下埋設ダクトにより浄化土壌下部の風道に送り，土壌層に通気している。処理風量は2ヶ所で29,000m³/h（通気速度20mm/sec），ツツジ，アベリア，シャリンバイ，洋芝等が植栽されている。

平成9年度以降種々の調査が実施されており，公健協会の調査研究レポート[3]に詳しく記載されている。

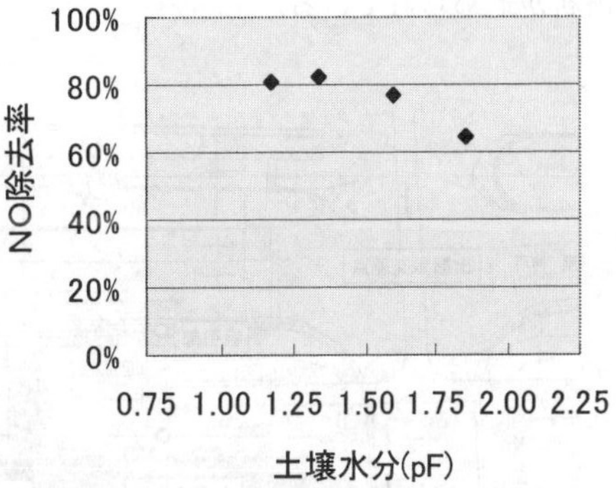

図9　土壌水分とNO除去率

1.6.3　川崎池上新田公園

川崎市が，環境庁補助金（平成10年環境庁補正予算）により，沿道のNOx等を直接浄化することを目的とし，新型（2層式，40mm/sec）の土壌による大気浄化システム等のモデル施設として設置したものである。

図8に施設全景イラストを，写真4に浄化部を示す。公園内の既存緑地を改修し500m²の浄化部（250m²×2層）を配置した。

汚染大気は，地下機械室に設置したファンにより道路端の吸引口（縦20cm×長さ50m）から公園内地下埋設ダクトを会して吸引され，上下2層土壌中間の通気層さらに土壌層に通気される。処理風量は72,000m³/h（通気速度40mm/sec），シャリンバイが植栽されている。

平成11,12年度に調査が実施され，公健協会の調査研究レポート[4]に詳しく記載されている。

二酸化窒素及び窒素酸化物の除去率は概ね80％，浮遊粒子状物質の除去率は約99％であった。また，土壌浄化部の水分状況と除去性能に図9に示すような土壌水分が少ない状態ではNO除去率が若干低下する傾向が認められ，水分管理の重要性が指摘された。

1.6.4　43号西向島

国土交通省が平成14年に国道43号尼崎市出屋敷交差点付近に設置した施設。大和町交差点を含む国土交通省が実施する4ヶ所のフィールド試験の1ヶ所で，除去能力や長期の耐久性，維持管理を含めたコスト等の検証のため，実験実施中である。

図10に実験施設の配置を，写真5に施設全景を示す。浄化施設は，交差点手前の道路端（長さ約30m）より汚染大気を吸引している。システムは2層式，通気速度40mm/secで，処理風量は合計72,000m^3/時間である。浄化部には，8種類の植物が植えられている。また，道路直交方向に，道路端，歩道端，官民境界の3地点で窒素酸化物および浮遊粒子状物質濃度が連続モニタリングされており，施設運転中および停止中の周辺環境濃度に関し，風向風速等のデータを含め解析が進められている。

図10　国道43号西向島町実験施設　配置図

写真5　国道43号西向島町実験施設

1.7　おわりに

土壌は，粘土鉱物等の無機物質や腐植といわれる土壌特有の有機物から構成され，その中には微生物や小動物も生息しており，土壌生態系といわれる側面を有する。本システムは，土壌生態系が有する機能を利用したものであり，生き物としての土壌を扱うものと考えている。従って，物質循環における環境容量の範囲で汚染負荷を掛けている場合には，特に廃棄物の発生も無く空気浄化機能も永続性が期待できる処理システムといえる。

大気汚染問題は，昭和40年代の煙道に起因するものから，現在の自動車排ガスに起因するものへと変遷し，沿道等局地に限定された問題となっているが，周辺住民の方にとっては切実な問題であり，自動車排ガス規制の強化等総合的な対策が期待されるところである。

今回紹介した技術は，種々の施策においても改善が難しい局地の対策と位置付けられ，将来，本技術の必要性がなくなることを望むが，当面の環境対策として大気環境改善に役立てるよう，技術開発および計画提案を推進していく考えである。

文　　献

1）陽捷行編，土壌圏と大気圏，朝倉書店（1994）
2）H. L. Bohn, "Soil adsorption of air pollutants", J. Environ. Quality, vol.1, No.4, pp.372-377 (1972)
3）公害健康被害補償予防協会，健康被害予防事業環境改善調査研究レポートVol.8／土壌を用いた大気浄化システムの実用性に関する調査（1998）
4）公害健康被害補償予防協会，健康被害予防事業環境改善調査研究レポートVol.12／各種技術を用いた局地汚染対策設計手法に関する調査（2002）

2　空気浄化建材（吸着）

石川祐子*1，藤本哲夫*2

2.1　吸着建材の必要性

近年，我が国においては「シックハウス」が社会問題となり，これを受ける形で平成15年7月1日には建築基準法の改正法が施行され，住宅，学校病院等全ての建築物に対し，居室の内装及び天井裏などに一定の制限が課せられるようになった（表1）。また，室内の気中化学物質濃度低減化への対策が重要視されて以来，建材からの化学物質の放散を抑制する「低放散性建材」の開発が進められてきている。

建築基準法が施行されて以来，新築住戸の竣工時点での室内空気環境は，数年前に比べて格段に向上し，国土交通省の実態調査によれば，厚生労働省のガイドライン値（ホルムアルデヒド0.08ppm，トルエン0.07ppm等）を超える住居は調査対象戸数の2％以下となり，シックハウス

表1　シックハウス対策規制の概要（ホルムアルデヒドについて）

内装仕上げの制限	ホルムアルデヒドを発散する建材を内装仕上げに使用する場合JIS，JAS，または国土交通大臣による等級付けが必要となる。
換気設備設置の義務付け	原則として全ての建築物に機械換気設備の設置が必要となる。（いわゆる24時間換気システムの導入）
天井裏などの制限	機械換気設備を設ける場合には，天井裏などから居室へのホルムアルデヒド流入を防ぐ措置を行うことが必要である。

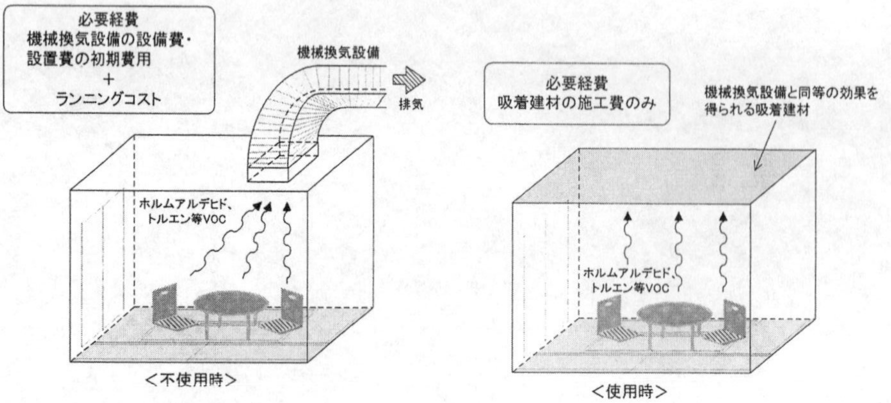

図1　吸着建材の効果（イメージ図）

＊1　Yuko Ishikawa　㈶建材試験センター　中央試験所　品質性能部　環境グループ　技術主任

＊2　Tetsuo Fujimoto　㈶建材試験センター　中央試験所　品質性能部　環境グループ　統括リーダー

問題はほぼ終息したかに見える。しかし，現在でも入居時に外部から運ばれてきた家具などからホルムアルデヒドやVOC（揮発性有機化合物）が室内に放散し，入居者が体調の不調を訴える例が少なくない。このため，室内空気汚染物質を吸着する吸着建材が開発され，それを施工することで，換気効果と同等もしくはそれ以上の効果で室内の気中化学物質濃度を下げることが注目されている。吸着建材の使用により，換気効果と同等もしくはそれ以上の効果が得られるとすれば，室内空気汚染の原因となる化学物質に対しては機械による換気を低減でき，コスト的にも地球環境的にも有用であると考えられる（図1）。

2.2　吸着建材の吸着原理

現在，市場に出回っている吸着建材を吸着原理で分類すると，物理吸着，化学吸着，そして光触媒によるものと大きく3種類に分類される[1]。物理吸着を利用した建材は，建材の表面の細孔内に化学物質が分子間引力によって吸着される原理を利用しており，活性炭，ゼオライト，珪藻土などを原料としたものが多く見られる。物理吸着による多孔質吸着材の場合，細孔径や細孔分布により吸着される分子が決定されるため，ホルムアルデヒドだけでなく，トルエンなどのVOCに対しても吸着力を発揮するものも多く見られる。物理吸着を利用した吸着建材は，吸着量の限界量に近づいた場合，室内の化学物質気中濃度が低下すると逆に再び脱離（再放散）することがある。よって，化学物質をある程度吸着した後には，新しいものに取り替えるなどの必要が生じる場合がある[2]。

化学吸着建材では，建材中に含まれる吸着成分が特定の化学物質と反応して別の物質に変わるため，性質の異なる他物質もあわせて吸着することはないが，熱や室内濃度の変化による再放散は起こらない。現在，市販されている化学吸着建材は，ほとんどがホルムアルデヒドを対象としたものであり，吸着限界量は建材に添加された薬品の量によって決まる。

光触媒を応用した吸着建材は，建材に含まれる光触媒による化学物質の分解反応を利用したものであり，化学吸着同様再放散は見られないが，紫外線を必要とするため太陽光の入射する場所に施工する必要がある等，使用に注意が必要である。

現在市場に流通されている吸着建材は，シックハウス問題として着目される成分が主にホルムアルデヒドであることから，ホルムアルデヒドの吸着に主眼をおいたものがほとんどである。

2.3　吸着性能の評価法

吸着建材が市場に流通し，世間に受け入れられると同時に，問題点が生じてきているのも事実である。吸着建材は，ボード状の壁材や天井材の他に，シートや塗り材にして使い勝手をよくしたものが数多く出回るようになった。しかし，なかには仕上がりの良さや強度を上げるために吸着材に接着剤を添加し，吸着建材自体から接着剤成分の放散が認められるものや，多孔質吸着材を原料としているにもかかわらず，多孔質吸着材の細孔部分に接着剤が入りこんで，吸着力を発揮しない場合もある[1]。現在は，国家規格としてオーソライズされた吸着性能評価法がないため，吸着建材の性能については各メーカーが独自の方法で評価を行っているのが現状である。このため，ホームページ上やカタログ上の性能測定データのなかには，実際の居住環境とはかけ離れた高濃度で測定している結果が載せられている場合が多く見られるなどの問題点も多く出てきている。このため，吸着性能を正しく評価するための評価法が必要となっている。

吸着建材の吸着性能を評価する際には，実際に建材が使用される居住空間の空気環境に近いことが必要となる。物理吸着の場合，吸着量は吸着建材のおかれた室内の化学物質濃度や温度に非常に影響を受ける。よって高濃度で吸着性能を評価した場合と，低濃度で性能評価をした場合で結果に大きな差が出る場合が多い。高濃度で測定を行うと，ほとんどの建材は多孔質であるため，ある程度の吸着効果が見られるが，低濃度ではその吸着効果が見られないものが多い。一般的にシックハウス症候群が発生する場合の原因化学物質の気中濃度は，1ppb～1ppm程度の低濃度である。よって，性能を評価する際には，安定した温湿度条件下でターゲットとなる成分を，低濃度でかつ安定した濃度で供給して評価を行うことが非常に重要となる。

すでに述べたとおり，開発された吸着建材の性能を評価するための測定法は，現在国家規格として規格化されていないが，JIS原案等で評価法作成の作業が進められている。これらを含め，現時点で吸着建材に対する吸着性能の評価法は以下の3種類がある。

(1) JIS（日本工業規格）原案

現在，㈶建材試験センターでは，2002年度から吸着建材の吸着性能測定法の標準化を行っており，2005年現在，JIS化に向けて下記2種類の原案を作成している。またこの試験方法は平成17年10月にISO/TC146の国際会議において国際規格化を提案し，New Work Itemとして国際的合意が得られる方向に進んでいる。

①小形チャンバー法による室内空気汚染濃度低減材のホルムアルデヒド低減性能試験方法
　その1－一定濃度供給法による吸着速度測定試験（案）

②小形チャンバー法による室内空気汚染濃度低減材のホルムアルデヒド低減性能試験方法
　その2－放散建材を用いた吸着速度測定試験（案）

その1は，温湿度一定のチャンバー内に建材を設置し，濃度一定の汚染ガスを供給することで，給気と排気の濃度差から汚染ガスの減衰量を算出し，吸着速度［$\mu g/(m^2 \cdot h)$］を求める方法である。その2は吸着建材と放散建材の複合体を入れたチャンバー内気中濃度の変化を，放散建材のみを入れたチャンバー内気中濃度の変化と比較することで，吸着速度を求める方法である。

(2) JSTM（建材試験センター規格）

㈶建材試験センターでは，2005年春にJSTM H 5001「小形チャンバー法による室内空気汚染濃度低減建材の低減性能試験方法」[3] を制定し，吸着建材の吸着能力の測定を行っている。この測定法はJIS原案「小形チャンバー法による室内空気汚染濃度低減材のホルムアルデヒド低減性能試験方法 その1――定濃度供給法による吸着速度測定試験（案）」と同様の原理を用いている。

(3) 光触媒によるJIS化

光触媒による性能評価法については，(1)のJIS化とは別途に規格化が進められている。

2.4 吸着建材の測定例

2.4.1 測定法概要

今回紹介する吸着建材の測定例は，JSTM H 5001に基づいて測定したものである。

低減性能測定装置の概念図を図2に示す。温度を一定に調節した小形チャンバー内に，一定湿度で濃度既知の汚染ガスを一定の換気量で供給する。小形チャンバー内に設置された室内空気汚染濃度低減建材が，汚染空気中に含まれる汚染物質を吸着することで，小形チャンバー内の汚染物質濃度が低減される。そこで，小形チャンバーへの汚染物質供給濃度と小形チャンバー内汚染物質濃度の差から吸着された汚染物質量を算出し，(1)式及び（2)式より求められる汚染物質吸着率［%］及び汚染物質吸着速度［μg/(m^2·h)］として低減性能を評価するものである。なお，この測定法ではチャンバーからの排気濃度を小形チャンバー内汚染物質濃度として扱う。汚染物質吸着速度とは，単位時間に単位面積あたりに吸着されるホルムアルデヒド及びVOCの質量を表したものである。また（3)式を用いることで，換気量換算値［m^3/(h·m^2)］を求めることが可能である。換気量換算値とは，吸着建材の効果を，換気量に置き換えた場合の数値で表したものである。例えば，換気量換算値が1［m^3/(h·m^2)］の建材を居室において壁などに10m^{2}使用した場合，10m^3/hの換気を行っていることと同じ効果が得られる。つまり，吸着ターゲットとする化学物質の除去効果に関していえば，能力10m^3/hの機械換気設備を使用している場合と同等

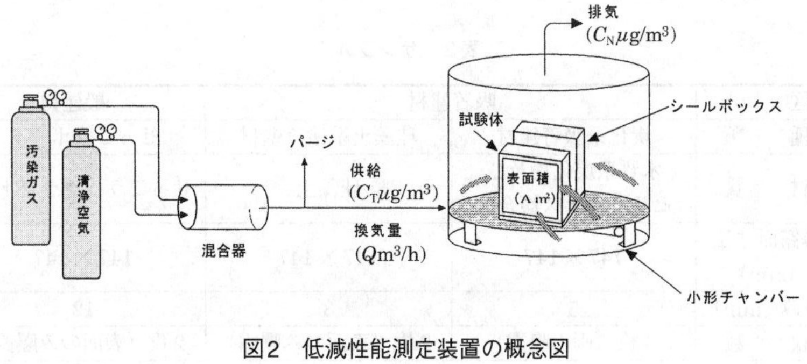

図2　低減性能測定装置の概念図

の換気効果が得られるということになる。

$$R_p = \frac{(C_T - C_N)}{C_T} \times 100 \quad (1)$$

$$ads = (C_T - C_N) \times \frac{Q}{A} \quad (2)$$

$$Q_{ads} = (\frac{C_T}{C_N} - 1) \times \frac{Q}{A} \quad (3)$$

ここに，R_Pは汚染物質吸着率［%］，C_Tは汚染物質供給濃度［$\mu g/m^3$］，C_Nは小形チャンバー内汚染物質濃度［$\mu g/m^3$］，adsは汚染物質吸着速度［$\mu g/(m^2 \cdot h)$］，Qは換気量［m^3/h］，Aは試料面積［m^2］Q_{ads}は換気量換算値［$m^3/(h \cdot m^2)$］を示す。

2. 4. 2 測定例

ここでは，ホルムアルデヒドおよびVOCの吸着をうたって市場に多種類流通している吸着建材の中から2種類選択して吸着性能測定を行った例を紹介する。また比較として一般建材の吸着性能も同時に示した。サンプルの内容を表2に示す。

① ホルムアルデヒドの測定例

測定には容量20Lのステンレス製チャンバーを用いた。厚生労働省のガイドライン値付近の濃度［0.08ppm（100$\mu g/m^3$）］に調整したホルムアルデヒドガスを，温湿度28℃-50％，0.5回/hの換気回数で7日間チャンバー内に流し続け，吸着能力を測定した。2種類の吸着建材の測定例を図3及び図4に，一般建材の測定結果を図5に示す。なお，図中の吸着速度および換気量換算値は7日目時点での値である。多孔質吸着材を利用した2種類の吸着建材は7日間程度の測定期間内では吸着力が衰えることはなく，測定終了時でも80％程度の吸着能力が認められている。この2種類の吸着建材の換気量換算値は，どちらも0.9$m^3/(h \cdot m^2)$ 前後となり，これは天井高2.5mの6畳間の天井に使用した場合，0.35回/h程度の換気を行っている場合と同じ効果が得られることを示す値である。また，測定後にこれらの吸着建材を清浄な空気環境下に置き，気中濃度の変化を測定したが，珪藻土系塗り壁材でごく微量の再放散が認められただけで，吸着建材としての

表2 サンプル

区　分	吸着建材		一般建材
種　類	炭化系吸着建材	珪藻土系塗り壁材	せっこうボード
材　質	木質系炭化物及び セラミックス複合体	珪藻土	せっこう，クラフト紙
暴露面寸法 (mm)	147×147	147×147	147×147
厚み (mm)	5	3	12
枚　数	1枚（両面曝露）	2枚（表面のみ曝露）	2枚（表面のみ曝露）

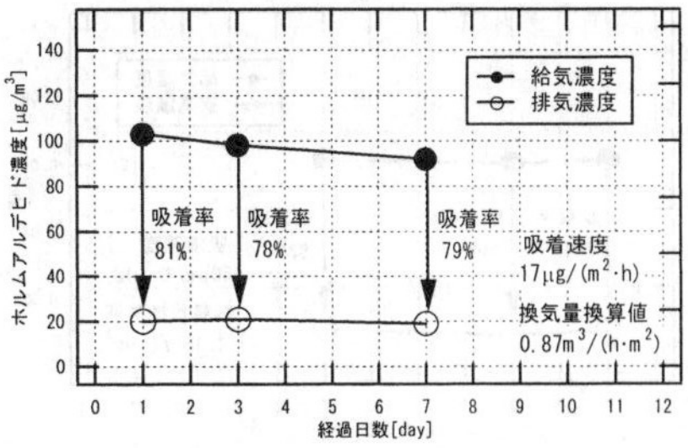

図3　ホルムアルデヒド吸着性能測定結果
（炭化系吸着建材）

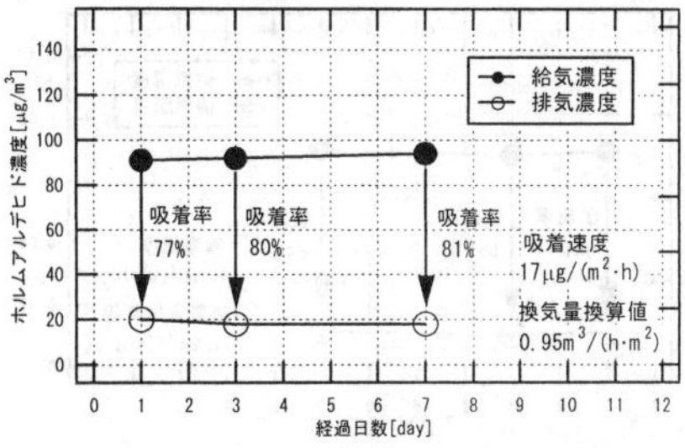

図4　ホルムアルデヒド吸着性能測定結果
（珪藻土塗り壁材）

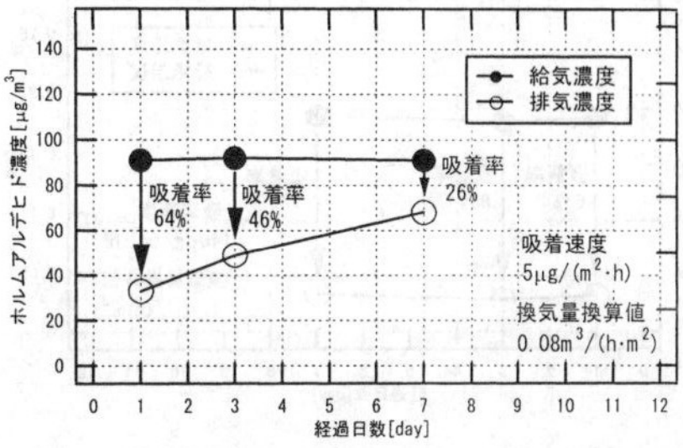

図5　ホルムアルデヒド吸着性能測定結果
（せっこうボード）

機能を充分に備えているといえる。一方，一般建材のせっこうボードは，測定期間内に明らかに吸着力の減衰が確認された。結果のみを見ると，7日間程度ならば吸着能力を有するように見受けられるが，実際には測定後にせっこうボードを清浄な空気環境下に置くとホルムアルデヒドを多量に再放散したため，実際の吸着力は非常に弱く吸着建材としての効果を得ることは出来ないと判断できる。

②　VOCの測定例

測定は，ホルムアルデヒドと同様に容量20Lのステンレス製チャンバーを用いた。炭化系吸着建材の測定ではトルエンの厚生労働省のガイドライン値濃度を基準として各成分約0.07ppmに，珪藻土系塗り壁材の測定では若干高めの0.1ppmに調整したVOC混合ガスを，温湿度28℃-50％，0.5回/hの換気回数で7日間チャンバー内に流し続け，吸着能力を測定した。VOC混合ガスに含まれるガスはトルエン，エチルベンゼン，o，m，p-キシレン，スチレン及びp-ジクロロベンゼンである。これらは，シックハウス症候群の原因化学物質と考えられる代表的なVOCのうち，国土交通省の「住宅性能表示制度」や文部科学省の「学校衛生の基準」等で測定が義務づけられているものである。一般的に，新築住戸などでトルエンなどのVOC気中濃度は竣工直後に問題になることが多い。これは，トルエンなどは塗料等の表面仕上げ材（ラッカーなど）に含まれることが多く比較的短期間に建材表面から揮発するためである。一方ホルムアルデヒドはボード類などの成型時，接着剤や防腐剤として建材内部まで使用されているため比較的長期間にわたって放散し続ける。2種類の吸着建材の測定例を図6から図15に示す。なお，図中の吸着速度および換気量換算値は7日目時点での値である。

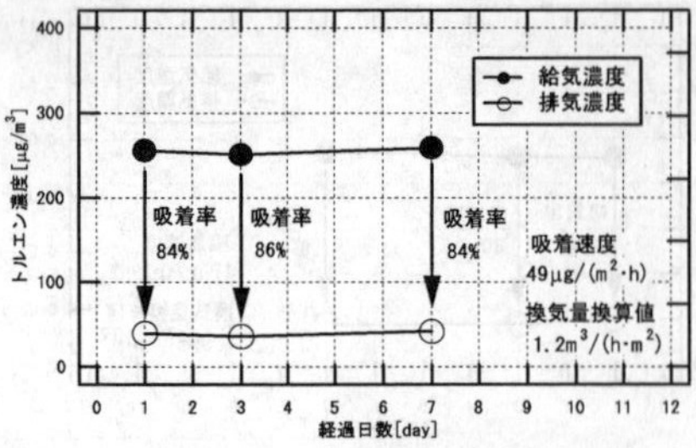

図6　トルエン吸着性能測定結果
（炭化系吸着建材）

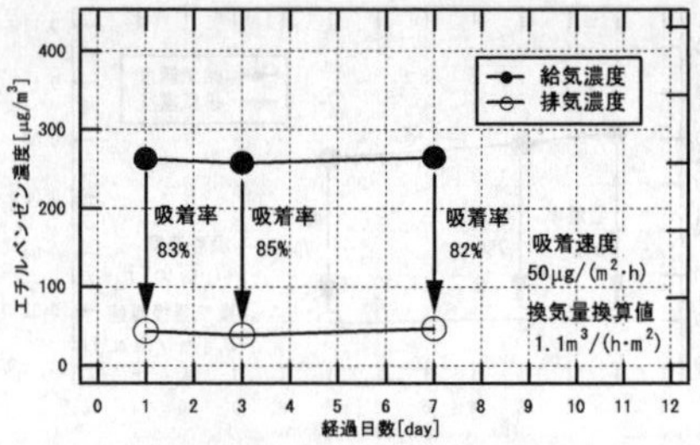

図7　エチルベンゼン吸着性能測定結果
（炭化系吸着建材）

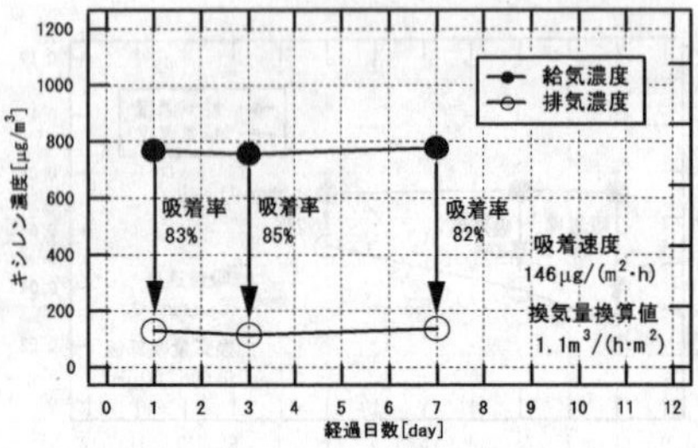

図8　キシレン吸着性能測定結果
（炭化系吸着建材）

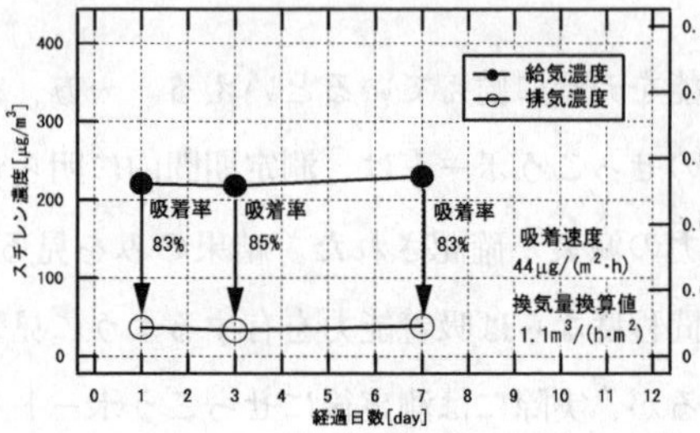

図9　スチレン吸着性能測定結果
（炭化系吸着建材）

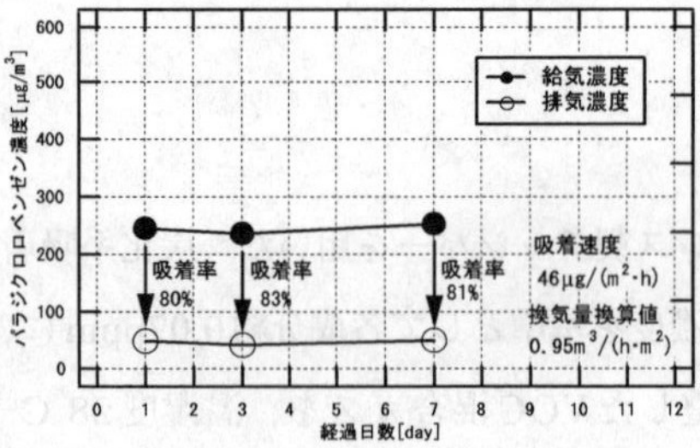

図10　p-ジクロロベンゼン吸着性能測定結果
（炭化系吸着建材）

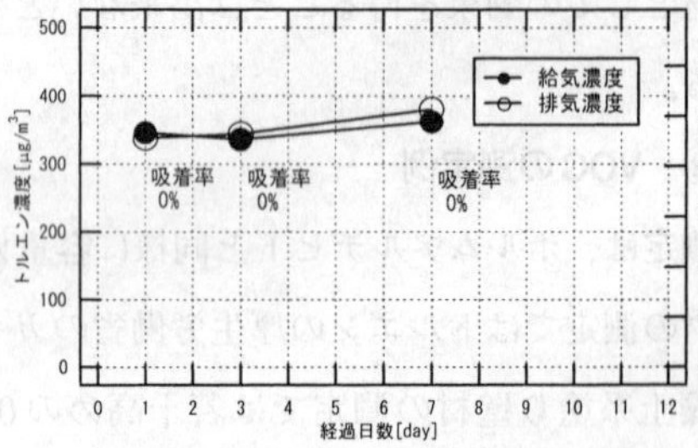

図11　トルエン吸着性能測定結果
（珪藻土系塗り壁材）

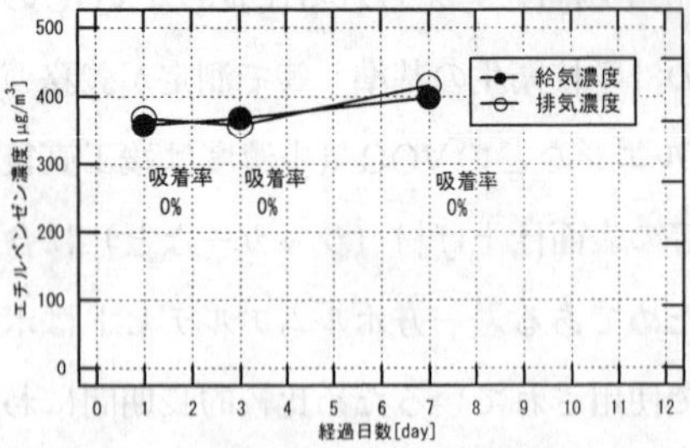

図12　エチルベンゼン吸着性能測定結果
（珪藻土系塗り壁材）

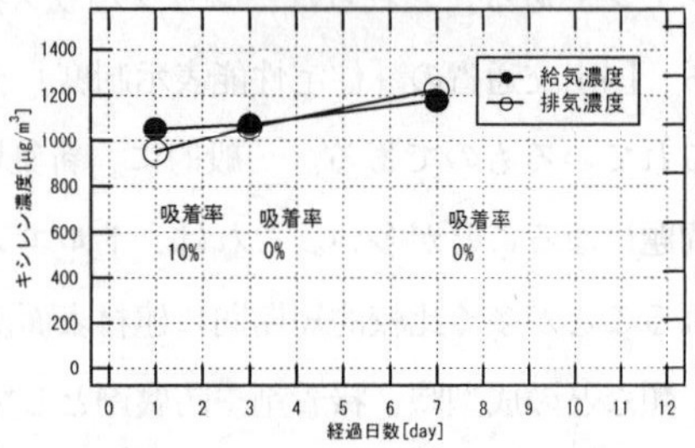

図13　キシレン吸着性能測定結果
（珪藻土系塗り壁材）

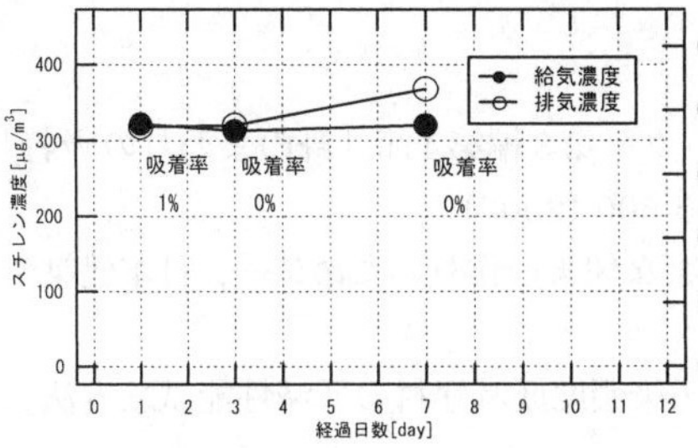

図14　スチレン吸着性能測定結果
（珪藻土系塗り壁材）

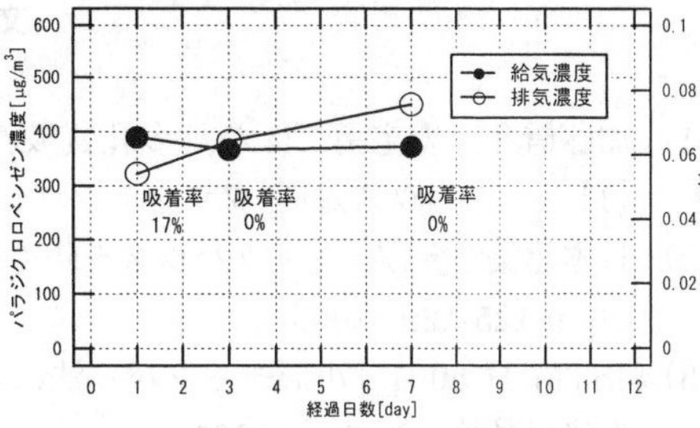

図15　p-ジクロロベンゼン吸着性能測定結果
（珪藻土系塗り壁材）

炭化系吸着建材はホルムアルデヒド同様に，全測定期間を通して80％程度の吸着能力を発揮し続けた。この結果から竣工直後の化学物質気中濃度を減少させる効果が得られ，更に，VOCの気中濃度が充分に低くなった後もホルムアルデヒドを吸着し続ける効果も期待できる。また，入居後に持ち込まれた家具などから放散される化学物質に対しても吸着性能を発揮すると考えられる。この吸着建材の換気量換算値は0.95～$1.2m^3/(h \cdot m^2)$の範囲内であり，これは天井高2.5mの6畳間の天井に使用した場合，0.4～0.5回/h程度の換気を行っているのと同じ効果が得られることを示す値である。

これに対し，珪藻土系塗り壁材は，ホルムアルデヒドのような吸着性能は見られず，前述のVOC5成分は，ほとんど吸着しなかった。珪藻土は炭化系吸着材と同様物理吸着の原理に基づく吸着建材であるが，このように性能に大きな差が見られる。ここに紹介した測定例は，数多くある吸着建材の一例であり，炭化系あるいは珪藻土系の建材群をそれぞれ代表するものではないが，両者の性能の違いは，細孔径分布の違いによるものが大きいと考えられる。

なお，一般建材のせっこうボードについては吸着は全く認められなかったため，図は省略する。

2.5　おわりに

現在建材業界では，物理吸着材と化学吸着材，または光触媒吸着材の組み合わせによる建材の開発が進んでいる。例えば，物理吸着材と光触媒吸着材を組み合わせることで，物理吸着により吸着した化学物質を触媒作用により分解し，再放散の心配を無くし，より快適な空気環境を得ることができる建材などである。今後，更に高性能なものが登場することも考えられるが，吸着建材はあくまでも快適な室内空気環境を得るための手段のひとつであり，換気等と組み合わせて利用することで，より良好な室内環境が得られると考える。今後，吸着建材の評価法が規格化され，正しい評価のもとで吸着建材が普及することが望まれる。

文　献

1) 加藤信介，安宅勇二ほか，多孔質吸着材ハンドブック—第3編第4節「身のまわりの吸着」【1】シックハウス対策，フジ・テクノシステム，p.595-600 (2005)

2) 日本建築学会編，シックハウスを防ぐ最新知識—健康な住まい作りのために—，日本建築学会，p.125-129 (2005)

3) JSTM H 5001「小形チャンバー法による室内空気汚染濃度低減建材の低減性能試験方法」，㈶建材試験センター (2005)

3　空気浄化建材（光触媒塗料）

耳野　宏*

3.1　はじめに

光触媒は，空気浄化，脱臭，セルフクリーニング（防汚），抗菌・防かび，水質浄化，防曇などの機能を有している材料であり，様々な分野で利用されている。ここでは，空気浄化を目的とした光触媒を使った塗料（コーティング剤）について，簡単に設計方法やその性能，用途例などを紹介する。

3.2　光触媒塗料の設計について

二酸化チタン（TiO_2）などの光触媒を使用した塗料は，表1に示したように，大きくは3種類に分けられる。

①　光触媒クリヤーコート

基材に直接光触媒のクリヤーを塗布しようとするもので，基材との密着性や膜強度を確保する必要はあるが，着色メッキ材などにも塗布でき，基材の材質感や表面形状を活かせるといったような特徴がある。その反面，現状では，ほとんどのものが薄膜タイプであり，干渉模様が出易い

表1　光触媒塗料の種類

塗料の種類	塗　膜　構　成
光触媒クリヤーコート	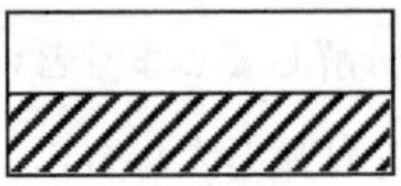 光触媒クリヤーコート 基材
ベースカラー＋バリヤーコート＋光触媒クリヤーコート	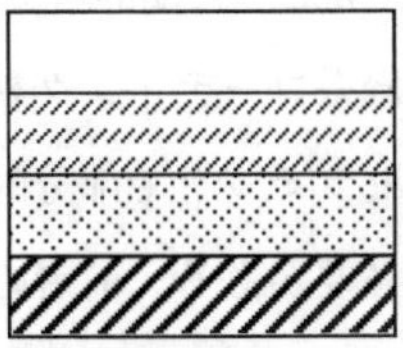 光触媒クリヤーコート バリヤーコート ベースカラーコート 基材 （*）
バリヤーコート＋光触媒エナメルコート（光触媒カラーコート）	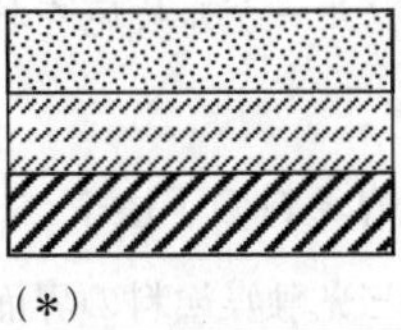 光触媒カラーコート バリヤーコート 基材 （*）

（*）更に，防食性向上などの目的で，下塗を使用する場合あり。

*　Hiroshi Mimino　オキツモ㈱　商品開発部　取締役部長

といった欠点もある。

② ベースカラー＋バリヤーコート＋光触媒クリヤーコート

ベースカラーで着色した上に光触媒による劣化を防ぐためのバリヤー層を設け，その上に光触媒クリヤーコートを塗布するもので，ベースカラーにより種々の色調が可能であるという特徴がある。ただし，光触媒の機能としては，空気浄化よりもセルフクリーニング（防汚）の目的に向いた手法と言える。

③ バリヤーコート＋光触媒エナメルコート（光触媒カラーコート）

光触媒と無機系コーティング材，および，安定な無機系着色顔料を組み合わせて，着色を兼ねた光触媒塗料を提供しようとするものである。ただし，使用できる材料の制約もあり，出せる色調範囲が限られる（濃色系が難しい）という欠点がある。また，光触媒量を増やし，かつ，多孔質膜とした場合には，空気浄化性能は良くなる反面，無機物等の汚れは取れにくくなる（有機物は分解される）という傾向があるので，外観も重要視されるような用途では設計に注意を払う必要がある。

以上の3種類の光触媒塗料の中で，空気浄化を目的とする場合には，①および③の手法が適していると考えられる。

なお，ここに挙げたような光触媒塗料を設計するに当たっては，以下のことに留意しなければならない。

第一に，これらの分解性をもつ光触媒は，汚染物質を分解するだけではなく，光触媒塗膜中で光触媒がバインダーとなる樹脂をも分解してしまうということである。例えば，アクリル，ウレタン，ポリエステル等の有機系樹脂を使用した場合には，光触媒により，樹脂自身の分解が促進され，それによってチョーキングを誘発し，長期的な耐久性がないものになってしまう。従って，光触媒による分解を起こしにくい無機系コーティング材を樹脂として用いるか，或いは，光触媒粒子の表面に不活性なシリカなどのセラミックで部分的に被覆するなどの改質を行い，使用するバインダーが劣化しない手法を取る必要がある。前者の無機系コーティング材としては，ケイ酸塩，リン酸塩，無機コロイド粒子，金属アルコキシド，溶融フリットなどが上げられるが，無機コロイド粒子や金属アルコキシドのゾルーゲル反応を利用したバインダーが使用されることが多い。

第二に，下地の劣化である。光触媒塗料の下塗やベースカラーコートの選定に注意を要する。有機系樹脂を使用したこれらの塗料と光触媒塗料の界面で劣化が始まり，変色や層間剥離が起こり易くなる。この問題を解決するため，下塗（基材保護）＋中塗（2層）＋上塗（光触媒コート）というシステムで中塗から上層に向けて，光触媒量が増えていくという傾斜構造を持たせて，光触媒による膜劣化を抑制しようとする方法もある。

第三に，空気浄化を目的とした場合には，対象となる汚染ガスと光触媒粒子との接触面を多くする必要があり，多孔質膜を形成できるように設計する方が良いということである。

3.3　光触媒塗料の性能例について

(1) NOx除去

ここでは，弊社で「大気中のNOx除去」を目的として開発した光触媒塗料『エコーティオ($ecoatio_2$)』を例に挙げて，一部，開発時のデータも交えながら，その性能などについて紹介する。

この光触媒塗料は，表2に示したような3コートタイプの塗料であり，現場施工向けの常温乾燥タイプと工場ライン生産向けの焼付乾燥タイプがある。上塗の光触媒塗料は，光触媒として二酸化チタン（TiO_2）を，バインダーとして金属アルコキシドのゾルーゲル反応を利用したものから成っている。常温硬化時は脱アルコール反応が促進され，焼付乾燥時には，脱水縮合反応も硬化に寄与する。また，出来上がった光触媒層は，図1に示した電子顕微鏡写真を見ても分かるように多孔質構造になっている。

図2は，ポリシロキサンとTiO_2の比率および紫外線のプレ照射時間がNOx除去性能に与える影響を調べたものである。試料は，メチルトリメトキシシランCH_3-Si-$(OCH_3)_3$を用いてゾルーゲル法により製造したポリシロキサンに粒径7nmのTiO_2粒子を混合・分散して塗料とし，アルミニウム板に塗布後，180℃で20分間の焼付をしたものである（塗膜厚は20μm）。NOx除去率は既報の流通式実験装置を用いて評価した。試験条件は5×7.5cmの試料1枚をJISに規定された光照射容器に入れ，ブラックライトを用いて紫外線（UV-A強度0.5mW/cm^2）を所定の

表2　光触媒塗料例（常温乾燥型，抜粋）

	EC-1010U（下塗）	EC-1010M（中塗）	EC-1010T（上塗）
素地調整	旧塗膜に著しい浮き，剥がれ，錆などがある場合は，ワイヤーブラシ等でケレンする。また，汚れ，粉塵などの付着物を除去する。		
塗装方法	ハケ，ローラー		
塗料調合（wt-%）	主剤：硬化剤＝80：20	―	A液：B液＝87：13
熟成時間（20℃）	―	―	16時間以上7日以内
硬化剤および添加剤	―	―	熟成液に対し，各1wt-%
可視時間	8時間	―	24時間
希釈	専用シンナー，5～15wt-%	専用シンナー，0～15wt-%	専用シンナー，0～15wt-%
標準膜厚（Dry）	50μm	20μm	15μm
塗装回数	1回	1回	2回
標準使用量	150g/m^2／回	130g/m^2／回	80g/m^2／回
塗装間隔	―	―	16時間以上7日以内(常温)
中塗。上塗までの塗装間隔	16時間以上12日以内	16時間以上12日以内	―
乾燥	―	―	24時間以上（常温）

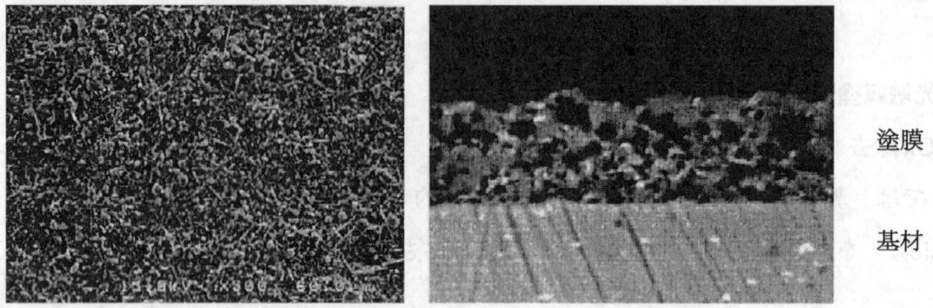

図1　光触媒塗料エコーティオのSEM写真（×500）

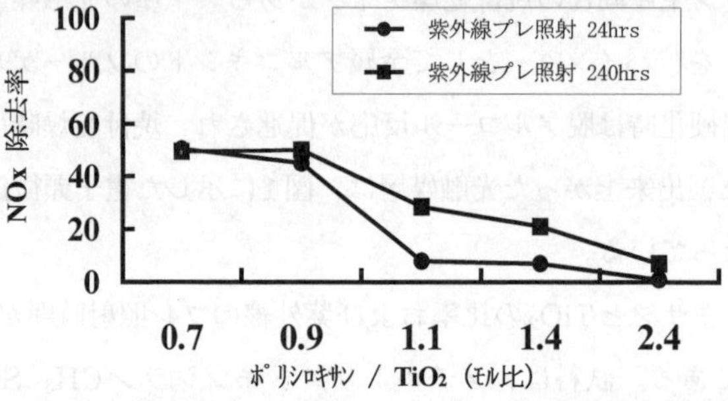

ポリシロキサン (%)	35	40	45	50	60
TiO_2 (%)	50	45	40	35	25
SiO_2 (%)	15	15	15	15	15

図2　ポリシロキサンとTiO_2の比率及び紫外線プレ照射時間がNOx除去性能に与える影響[1)]

時間プレ照射したのち紫外線を照射しながら模擬汚染空気（NO：1.0ppm，相対湿度：50％）を流量1L/minで1時間通気し，容器出口のNOx濃度変化を測定した。ポリシロキサン/TiO_2比が0.9以下の場合は24時間のプレ照射によりNOx除去率は極大値の約50％を示す。同比が1.1を超えるとNOx除去率は急激に低下する。また，プレ照射を240時間に延長するとNOx除去率は向上するが極大値には達しない[1)]。

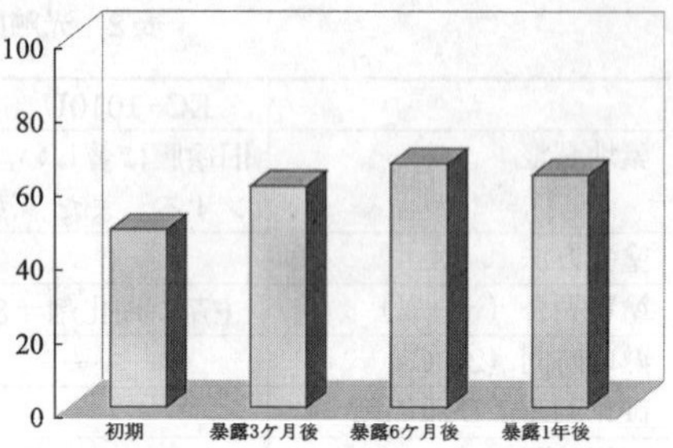

図3　屋外暴露後のNOx除去率の変化

また，この光触媒塗料の屋外暴露による経時変化のNOx除去率に及ぼす影響を調べた結果を図3に示した。暴露開始後，しばらくは，NOx除去率がアップしているが，これは塗布後の初期の段階では，紫外線が当たり光触媒作用によりバインダーの一部が酸化されて，CH_3基が減少したことによると推定され，その後は1年の暴露でも，ほぼ一定の値を保っている。一方，サンシャインウェザオメーター（2,500時間）での促進耐候試験においては，塗膜には著しいチョーキングなどの異常は見られていない。

（注；これらのデータは測定方法がJISに規定される以前の自社評価であるため，図4および図5に示した試験装置は規定されたものであるが，測定条件はJIS R 1701-1とは異なっていることをご容赦いただきたい。）

一方，同一試験片（試料として焼付乾燥タイプを使用）についての繰返し評価をJIS R 1701-1に基づいて行なった結果を表3に示した。10回の繰返し測定を行なってもNOx除去量に大きな変化がなく安定していることが分かる。

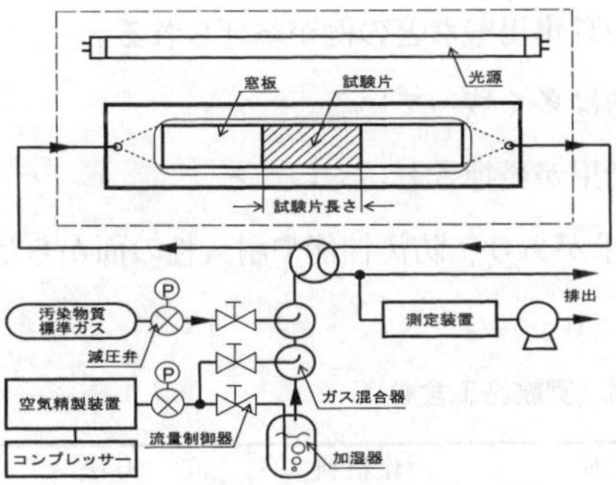

図4　試験装置の概要

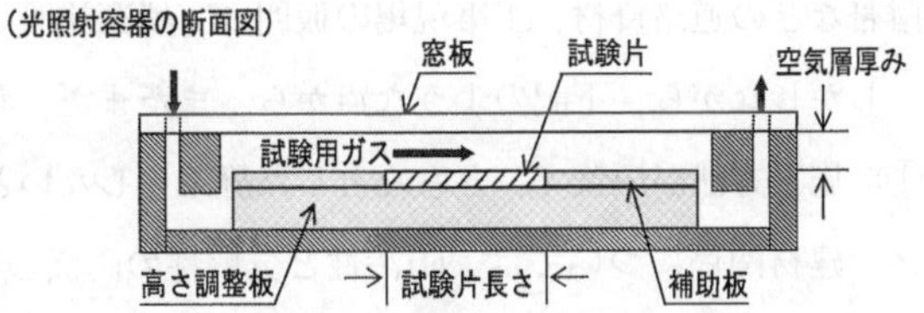

図5　光照射容器（断面）

表3　同一試験片についての繰返し試験によるNOx除去量の変化（単位はμmol）

測定回数	NO除去量	NO_2生成量	NOx除去量
1回目	11.4	3.0	8.3
2回目	11.6	2.9	8.5
3回目	11.3	2.8	8.5
5回目	11.9	3.0	8.7
7回目	11.5	2.7	8.4
10回目	11.9	3.2	8.4

（試料；焼付乾燥タイプ，焼付－250℃×20分，膜厚－25μm，素材－アルミニウム5×10cm）

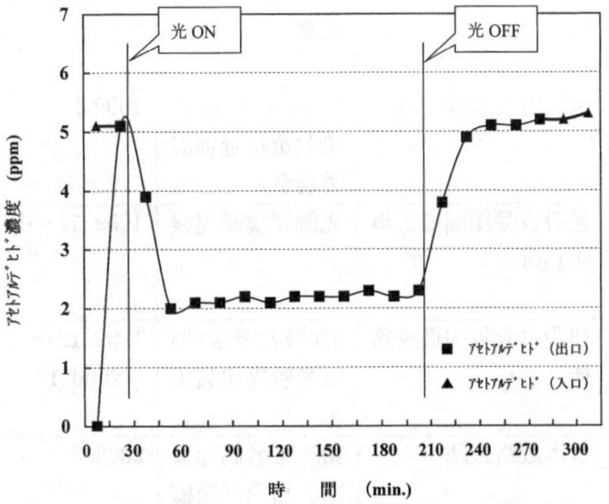

図6　アセトアルデヒド分解性能評価試験
アセトアルデヒド濃度；5ppm，ガス流量；1.0L/min.，照射光量；10W/m^2，温度；22℃，湿度；50％RH，検出；GC-FID

(2) VOCおよび悪臭物質除去

トルエンやアセトアルデヒドなどのVOC関連物質やホルムアルデヒドやメチルメルカプタンなどの悪臭物質の除去については，光触媒塗料商品は少なく，まだまだ，開発段階と言ってよいと思われる。室内使用が圧倒的に多く光環境条件の違いがあること（屋外使用ほど紫外線が多くない），測定評価についても標準化検討段階であること（光触媒による効果の実証）など検討すべき事項が多く，ここでは，弊社試作品について，アセトアルデヒドの分解性を調べた結果を図6に挙げるに止めておく。

3.4 光触媒塗料の応用例と課題について

これらの空気浄化を目的とした光触媒塗料の施工例を表4に示した[2]。

NOx除去を目的とした施工としては，遮音壁，ガードレール，ガントリー，壁高欄，中央分離帯などの道路資材，工事現場の仮囲い，娯楽施設等の駐車場壁などの例が挙げられる。

しかしながら，下記のような点から，まだまだ，課題は多く残っている。

① 施工方法が煩雑で，きちんとした施工をしないと効果が発揮されにくいこと。

② 建材関係については，防汚性と分解性の両面の要求があり，防汚性能や耐久性の面からは，

表4 光触媒空気浄化材料の施工例（実験施工含む）[2]

発注者	名称	時期	場所	浄化材料	方法
阪神高速道路公団	防汚のための光触媒実験施工 高欄等環境改善工事	1997.12 1999.10～12	17号線西大阪線弁天町付近 阪神高速池田線・神戸線	セメント系および無機系塗料 無機系塗料	中央分離帯·壁高欄の塗装，約1,500m^2 分離帯。壁高欄·遮音壁·鋼製型枠などへの塗布，約10,000m^2
大阪府交通公害課	NOx高濃度汚染対策推進検討委員会	1999.3	泉大津市臨海町，府道大阪臨海線	塗装アルミ板	新型遮音壁の試験施工，高さ2m，延長500m，2,000m^2
建設省愛知国道工事事務所	光触媒実証実験	1999.11～12	国道302号線，名古屋市守山区	透明および金属製遮音板	遮音壁へのパネル設置，延長180m，2,000m^2
建設省大阪国道事務所	43号出来島地区光触媒塗装工事	1999.12～2000.1	国道43号線，西淀川区出来島付近	無機系塗料	遮音壁・ガードレール・壁高欄への塗布，約5,700m^2
日本道路公団	第二東名高速道路，高岡高架橋	2003.8	愛知県刈谷市	無機系塗料	遮音壁
愛知県道路公社	道路建設工事	2004.1～	愛知県常滑市多屋町	無機系塗料	遮音壁，1,005m^2
日本道路公団	第二東名高速道路，豊田南IC，豊田西舗装工事	2004.2～	愛知県豊田市花園町	無機系塗料	遮音壁，3,630m^2

性能的に限界があること。

一方，VOC関連物質や悪臭物資除去を目的とした施工としては，各種施設の内壁材・天井材などの建材，空気清浄機以外では照明器具カバー，自動車内装材などの工業用途が考えられるが，光触媒塗料が適用された例はまだまだ少ない。こちらについても，下記のような課題解決が必要となっている。

① 分解性能について，光触媒による効果をきちんと表すこと。(光触媒だけではなく，吸着剤や酸化助剤との併用が実用的であること)

② 光環境条件が一定ではなく，分解効果が変わること。(対象とする汚染ガスに特化した光触媒や可視光反応型光触媒の開発も進められている)

今後，更なる光触媒材料開発（可視光応答型，無機処理ハイブリッド型など）や塗料設計により，より使い易く効果の高いものが研究され，製品化されるものと思われる。

文　　献

1) 入江敏夫，沢野新吾，海老沼卓也，亀井美恵，平井宏昌，光触媒，光機能材料研究会会報，vol.3，p.98 (2000)
2) 竹内浩士ほか，光触媒ビジネス最前線，工業調査会，p.69 (2001)

4　ハイドロテクトタイルのNOx浄化性能

亀島順次*

4.1　はじめに

酸化チタンに代表される光触媒は，紫外線のエネルギーを使って種々の有機物を分解できることが知られており，基材表面に光触媒を固定化することにより，抗菌性や脱臭機能を基材に付与した様々な応用製品が商品化されている[1,2]。我々も1995年に，タイル表面に光触媒薄膜を形成し，抗菌タイルを商品化した。その後，我々は光触媒のもう一つの機能「超親水性」を発見し，セルフクリーニング性能を有するタイルを開発し，ハイドロテクトタイルという商品名で販売してきている。現在，光触媒の市場では，この超親水性を利用した外装用防汚建材が数多く商品化されている。一方で，光触媒が種々の有機物同様に，窒素酸化物（NOx）を酸化，分解できることが知られており[3~5]，これら外装用防汚建材が併せ持つ，空気浄化性能が注目されている。

本稿では，光触媒薄膜の形成技術と，ハイドロテクトタイルのセルフクリーニング性能，NOx浄化性能について述べる。

4.2　薄膜形成技術

先に述べたとおり，酸化チタン光触媒は強い酸化力を有しているが，基本的には材料表面で行われる表面接触反応である。従って，機能を発現させるためには，光触媒粒子が表面に一定量以上，露出していることが重要である。光触媒薄膜の形成技術は，酸化チタンゾルや有機チタネート，酸化チタンゾルとバインダーを混合したコーティング液を基材表面に塗布後，焼成して固定化するウェットプロセス法，CVD，スパッタなどのドライプロセス法に大別でき，外装用防汚建材では，生産性に優れるウェットプロセスが多用されている。光触媒薄膜は，焼成温度を高く，バインダー量を多くするなどして，基材表面に強固に固定化することが出来るが，熱処理により光触媒自身の活性が低下する，光触媒の露出面積が低下する，などの理由で基材の光触媒活性が低くなってしまうことがある。我々は，少量のバインダーを添加した酸化チタンゾルをスプレーにてタイルに塗布した後，釉薬の表面軟化温度付近で酸化チタンを焼結させることで，図1に示したとおり，緻密な薄膜を形成する技術を確立している。このプロセスでは，新たにスプレー装置，焼成装置を開発した結果，大幅に生産性を改善し，生産コストの削減を達成している。得られた光触媒薄膜は表1に示すとおり，耐久性にも優れ，外装タイルとしての品質を満足している。

＊　Junji Kameshima　東陶機器㈱　総合研究所　基礎研究部　機能材料研究グループ

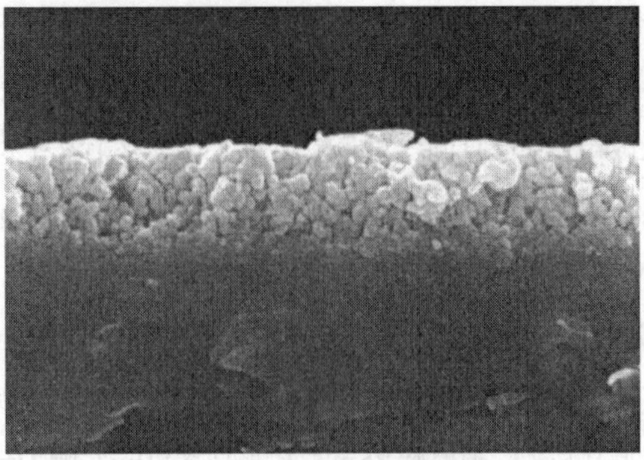

図1　光触媒薄膜の断面SEM像

表1　ハイドロテクトタイルの物性

負　荷	外観変化	性能変化
SWOM 5,000hr	変化なし	変化なし
目地入れ負荷（セメント目地）	変化なし	変化なし
耐酸試験（3％HCl 24hr浸漬）	変化なし	変化なし
耐アルカリ試験（3％NaOH 24hr浸漬）	変化なし	変化なし

4.3　ハイドロテクトタイルのセルフクリーニング性能

ハイドロテクトタイルは親水性能に優れており，屋外の微弱な光でも超親水化する（図2）。一般的に，水との接触角が20°程度以下であれば，良好な防汚性が発揮されると言われており，ハイドロテクトタイルが高い防汚性能を有していることが分かる。図3は暴露試験の結果であるが，汚れの指標である色差ΔEは通常タイルよりも低く推移しており，ハイドロテクトタイルは約1.5年経過後も，目視ではほとんど汚れの付着はなく，初期の美しい外観を維持していた。ハイドロテクトタイルはすでに全国で6,000件を超える物件で採用いただいており，その防汚効果には高い評価をいただいている。

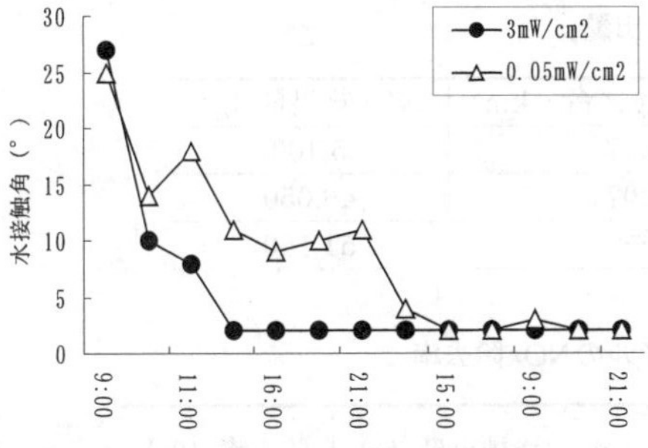

図2　ハイドロテクトタイルの親水性能

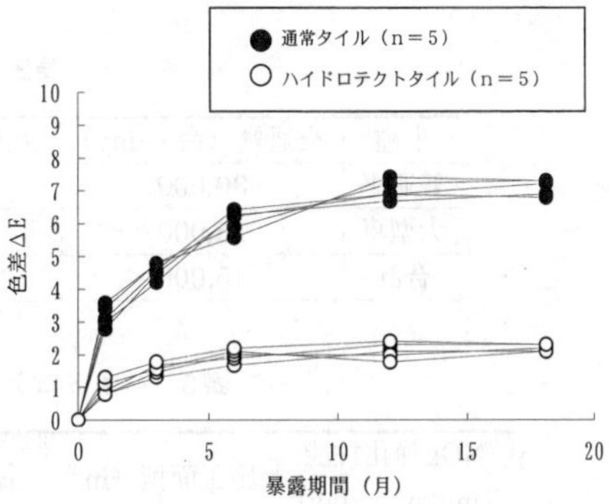

図3　ハイドロテクトタイルの防汚性能

4.4 ハイドロテクトタイルのNOx浄化性能

ハイドロテクトタイルのNOx浄化性能について，図4に示す実験装置を国道沿道に設置し，東京都港区と大阪府東大阪市にて7日間に渡ってハイドロテクトタイルのNOx浄化性能を測定した。東京都港区，大阪府東大阪市の大気濃度はそれぞれ0.07～0.13ppm，0.14～0.17ppmであり，ハイドロテクトタイルの浄化性能は東京では約30mg/m^2・day，大阪では約50mg/m^2・dayであった。除去性能は，大気濃度，天候，交通量などで変化するものと考えられるが，平均的に40mg/m^2・dayとして，大気環境浄化効果を試算する。

まず，単純化したモデルとして，道路幅25m，ビル高さ20m，幅1kmのビルに挟まれた道路空間を想定し，ビル外壁の50％の部分にハイドロテクトタイルが施工されたと想定する。この区間のNOx排出量は，平成11年度道路交通センサス交通量データの東京，大阪のデータを用い，平成11年度の排出ガス規制車構成率から加重平均されたデータをもとに，暴露試験を行った地域の平均的な値として，表2のように試算した。これらよりハイドロテクトタイルによるNOx除去率は表3のとおり1.56％と計算される。我が国で最も大気汚染が激しいと言われる東京都板橋区大和町交差点では1kmあたりのNOx排出量が約80kgと言われており[6)]，試算した総排出量51.15kgはまずまず妥当な値と言えよう。今回は1kmに渡ってビル外壁の50％の部分にすべてハイドロテクトタイルが施工された場合を想定しており，ハイドロテクトタイルによるNOx除去率は最大で1～2％であると推察され，直ちに道路沿道の大気環境が改善されるとは到底言えないレベルである。単位面積あたりの浄化性能は，光触媒薄膜をより厚膜にする，多孔質膜にして表面積をかせぐなどして向上させることが可能であるが，タイルとしての外観，耐久性を確保することが難しくなるとともに，膜が粗になることで，防汚性が低下する。

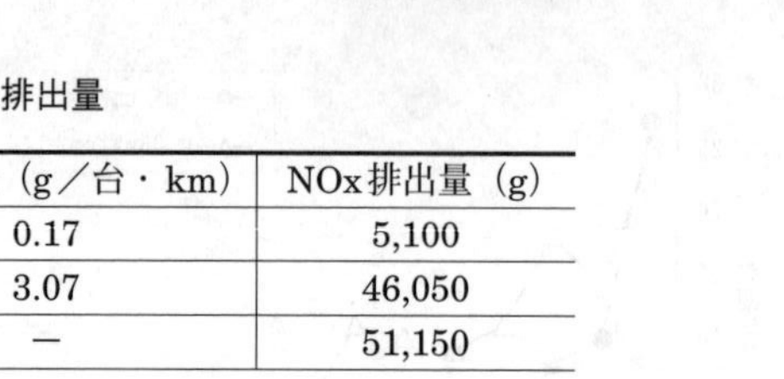

図4　暴露実験装置

表2　NOx排出量

車種	交通量（台／day）	排出係数（g／台・km）	NOx排出量（g）
普通車	30,000	0.17	5,100
大型車	15,000	3.07	46,050
合計	45,000	—	51,150

表3　ハイドロテクトタイルのNOx除去率

NOx浄化性能 (mg/m^2・day)	施工面積（m^2）	総浄化量（g）	総排出量（g）	除去率（％）
40	20,000	800	51,150	1.56

表面に汚れが蓄積するとNOx浄化性能も低下するため，結果的にNOx浄化性能が十分発揮されないこととなる。

4.5　ハイドロテクトタイルのLCA評価

ハイドロテクトタイルによるNOx除去率はせいぜい1～2％程度と，直接的な大気環境の改善効果はあまり期待できないが，この除去率は新規なエネルギーを必要とせず，外壁仕上げに通常使用するタイルを，ハイドロテクトタイルにしただけで太陽光という自然のエネルギーを用いて半永久的に得られる効果である。そこで，タイルという外壁仕上げ材の立場から，このNOx浄化性能の価値についてLCA（Life Cycle Assessment）により評価する。システム境界を原料採掘から廃棄までとし，使用期間は40年とした。施工面積を5,000m^2として通常タイルと比較した。環境負荷項目は，資源の消費，地球温暖化，酸性化，固形排出物量の4項目としてインベントリー分析を行った。インベントリーデータを各カテゴリーに対して特性化・正規化して，その総和を総合指標とし，インパクト評価を行った。ソフトウェアツールは㈳産業環境管理協会のJEMAI-LCAを用いた。表4，5，図5にインパクト評価結果を示す。製造，輸送，処分のステージでは，通常タイルとほとんど同様であるが，使用ステージで酸性化に影響するNOxを浄化することにより環境影響はマイナスとなり，全体合計でもマイナスとなった。つまり，ハイドロテクトタイルはその製造，廃棄による環境影響負荷以上の環境改善効果（NOx浄化性能）を有しており，極めて環境にやさしい材料であると言える。

表4　環境影響負荷（a：ハイドロテクトタイル　b：通常タイル）

環境	特性化			正規化				重み	統合化指標	
カテゴリー	特性化係数	(a)	(b)	規格値	地域	(a)	(b)	付け	(a)	(b)
資源の消費	(1/Reserve)x1012	50.37	47.38	9.60E+10	Japan	5.25E-10	4.94E-10	1	5.3E-10	4.94E-10
地球温暖化	GWP(CO2=1)Eco95	55600	55700	1.36E+12	Japan	4.08E-08	4.09E-08	1	4.1E-08	4.09E-08
酸性化	AP(SO2=1)	-2060	97.45	2.21E+09	Japan	-9.34E-07	4.41E-08	1	-9E-07	4.41E-08
固形排出物	kg	62500	62500	8.30E+10	Japan	7.53E-07	7.53E-07	1	7.5E-07	7.53E-07
								計	-1E-07	8.38E-07

表5　インパクト評価（a：ハイドロテクトタイル　b：通常タイル）

ステージ ＼ カテゴリー	全体		～製造		輸送		使用		処分	
	(a)	(b)	(a)	(b)	(a)	(b)	(a)	(b)	(a)	(b)
合計	-1.40E-07	8.39E-07	6.63E-08	6.22E-08	1.76E-08	1.74E-08	-9.78E-07	5.31E-09	7.54E-07	7.54E-07
資源の消費	5.25E-10	4.93E-10	4.51E-10	4.07E-10	6.50E-11	6.60E-11	2.00E-12	1.40E-11	7.00E-12	6.00E-12
地球温暖化	4.08E-08	4.09E-08	3.81E-08	3.56E-08	2.10E-09	2.00E-09	5.00E-10	3.10E-09	1.00E-10	2.00E-10
酸性化	-9.34E-07	4.41E-08	2.77E-08	2.62E-08	1.54E-08	1.53E-08	-9.78E-07	2.20E-09	1.00E-09	4.00E-10
固形排出物	7.53E-07	7.53E-07	0.00E+00	0.00E+00	0.00E+00	0.00E+00	0.00E+00	0.00E+00	7.53E-07	7.53E-07

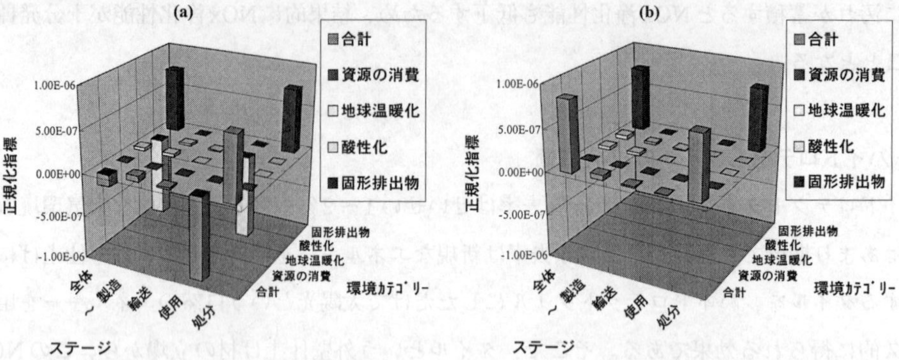

図5　ハイドロテクトタイル（a）と通常タイル（b）のインパクト

4.6　おわりに

光触媒技術は世界的にも注目されており，特に光触媒薄膜の建材への応用技術は，海外に比べて日本が最も進んでいる。現在，超親水性を利用した様々な光触媒防汚建材が商品化されており，市場が膨らんできつつある。その光触媒の今後の展開として最も期待されるのが空気浄化であるが，光触媒は表面反応であるため，その反応効率は必ずしも高くない。しかしながら，太陽光という自然のエネルギーを用いて半永久的に作用する光触媒には，まだまだ多くの可能性が秘められている。最近では，可視光にも応答する光触媒材料が開発されており，室内VOC対策技術としても注目されている。我々も，光触媒技術を利用したさらなる応用製品の商品化を早期に図っていきたいと考えている。

文　献

1）藤嶋昭，橋本和仁，渡辺俊也，光クリーン革命，シーエムシー出版（1997）
2）藤嶋昭，橋本和仁，渡辺俊也，光触媒のしくみ，日本実業出版社（2000）
3）竹内浩士，大気環境学会誌，33（3），139（1998）
4）竹内浩士，科学と工業，46（12），1839（1993）
5）竹内浩士，豊瀬恒介，惣那周三，指宿堯嗣，資源と環境，3，103（1994）
6）国土開発技術研究センター，大和町交差点環境対策検討調査報告書（1996）

5　光消臭繊維「シャインアップ」

坂本和繁*

5.1　はじめに

消臭機能を有する繊維製品は，現在数多く上市されており，肌着などの衣料やカーテン，クッションなどインテリア製品にも適用が進んでいる。

通常の消臭機能としてはトイレの芳香剤のようなマスキングによる方法を除けば，化学的中和反応を利用した化学吸着，あるいは活性炭などで代表される物理吸着がある。これらの化学吸着や物理吸着には，必ず飽和点があり一定の臭い物質を吸着すると，それ以上の効果は薄れるという限界点がある。また，通常消臭性能は後加工により付与されるものが大半であり，洗濯耐久性に欠けるきらいがある。

当社では，この化学吸着機能に光触媒機能を加え，吸着した臭い物質を光触媒反応によって分解することで飽和点を解消し，更に吸着物質＋光触媒物質をポリマー中へ練り込むことで高い洗濯耐久性を実現した「シャインアップ」の開発に成功した。現在，この持続性の高い消臭繊維「シャインアップ」を用いた商品の拡大を進めている。

5.2　繊維構造

繊維の断面構造を図1，2に示す。

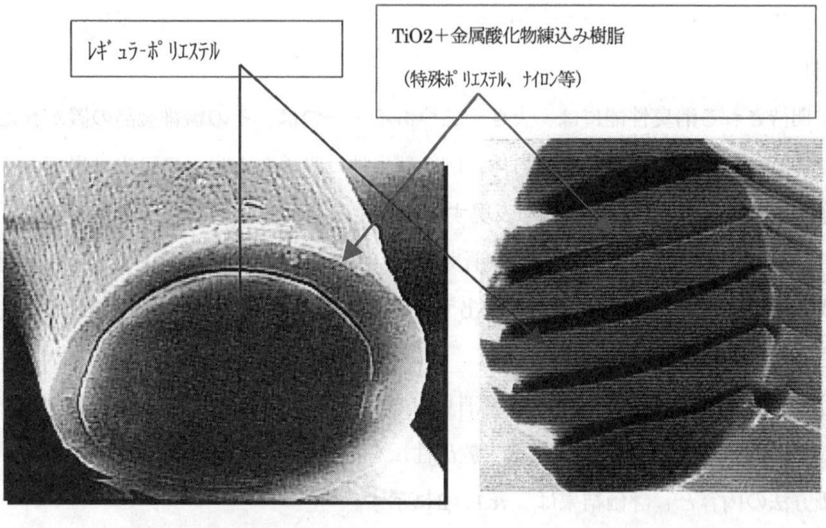

図1　芯鞘構造断面　　図2　分割構造断面

＊ Kazushige Sakamoto　クラレ西条㈱　クラベラ工場　工場長代理㈼クラベラ生産技術部長

「シャインアップ」は，芯鞘構造タイプと分割構造タイプがある。芯鞘構造タイプでは，芯部にレギュラーPETを，鞘部に光触媒機能を有する酸化チタンと酸性ガス・塩基性ガス両方ともに化学吸着性能を有する複数の金属酸化物とを含む特殊ポリエステルを配置している。一方，分割構造タイプでは，6層のレギュラーPETと5層の光触媒機能を有する酸化チタンと酸性ガス・塩基性ガス両方ともに化学吸着性能を有する複数の金属酸化物とを含むナイロンの交互積層構造を有している。

光触媒成分及び化学吸着成分は，いずれもポリマー中へ練り込まれているため，後加工品と比べて高い耐久性を有する点が特長である。

5.3 消臭メカニズム

特殊ポリエステルもしくはナイロンに練り込まれた複数の金属酸化物に，まず臭い成分が化学吸着される。この複数の金属酸化物には塩基性物質，酸性物質の両方と化学結合できる物質が含まれているため，幅広い種類の臭気に対し有効である。更に，390nm以下の波長の紫外線により酸化チタンの表面にて電子が励起され，励起電子と正孔（ホール）が生じる。

励起電子は空気中の酸素を還元し，スーパーオキサイドアニオンを作る。一方，正孔（ホール）は水を酸化してヒドロキシラジカルを生成する。これらのスーパーオキサイドアニオンやヒドロキシラジカルは，高い酸化作用を有することから，吸着された臭い物質を酸化分解し，有機化合物であれば最終的に二酸化炭素と水となって脱離し[1]，吸着性能が回復することになる。

5.4 消臭性能

消臭繊維に期待される消臭性能には，大きく二つある。一つは，その繊維製品の置かれた環境の消臭効果であり，もう一つは繊維製品自体，例えば生地に吸着した臭いの除去効果である。前者を［環境消臭］，後者を［生地消臭］と表現すると，インテリア製品に期待されるのは［環境消臭］であり，衣料に求められるのは［生地消臭］ということになる。ただ，インテリア製品には，一旦［環境消臭］した後に再度臭いを放出することによる環境悪化を防ぐために，［生地消臭］の性能も必要となる。

当社は，消臭性能評価方法として，［環境消臭］を評価する方法としてK－1法（吸着性），［生地消臭］を評価する方法としてK－1法（放出性）を定めている。

各々の評価方法の内容と，評価結果は　表1，2に示す。

「シャインアップ」は，［環境消臭］のみならず，［生地消臭］にも優れた効果を発揮していることが分かる。これは，化学吸着した臭気物質が光触媒反応により酸化作用を受け，もはや元の臭気ガスの形では放出されない効果を含むと考えている。また，「シャインアップ」の繰返し消

表1　K－1法（吸着性）とK－1法（放出性）

K－1法 （吸着性）	①5Lのテドラーバッグに所定濃度のガスを3L注入 ②3gの測定生地をテドラーバッグに投入 ③照度1,000ルックスの蛍光灯下で放置し，2hr後，24hr後の残留ガスの濃度を測定
K－1法 （放出性）	①K－1法（吸着性）にて臭気を吸着した生地を新しいテドラーバックに投入 ②3Lの新鮮な空気を注入 ③40℃，1hr加熱 ④テドラーバック内に放出されたガスの濃度を測定

＊初期濃度；アンモニア＝40ppm，酢酸＝100ppm，硫化水素＝15ppm

表2　K－1法；吸着性，放出性評価結果

（ガス濃度；ppm）

臭気ガス K－1法	アンモニア			酢酸			硫化水素		
	吸着性		放出性	吸着性		放出性	吸着性		放出性
	2hr	24hr		2hr	24hr		2hr	24hr	
シャインアップ	1.2	0.3	0.5	3.3	1.0	2.1	10.0	0.2	0.05
綿	7.2	2.1	3.9	5.8	4.0	5.5	15.0	13.0	0.1
ポリエステル	18.0	9.2	4.2	28.0	8.2	18.0	15.0	12.0	0.2

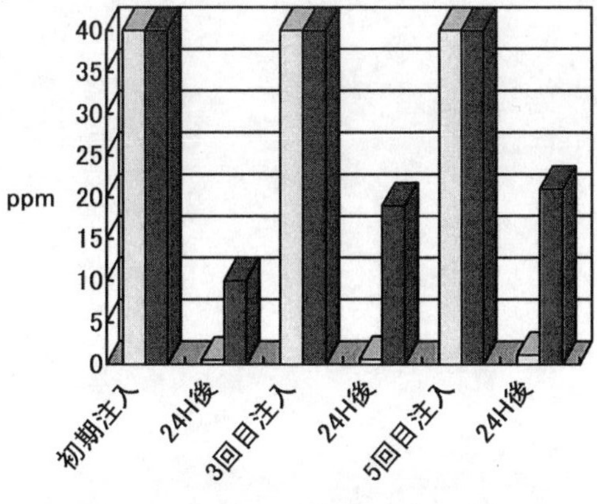

図3　アンモニアでの繰返し消臭性能
□シャインアップ　■レギュラーPET

臭性能をアンモニアで確認した結果を図3に示す。

本結果からも，「シャインアップ」は臭気物質を吸着→分解することで消臭性能が衰えないことが確認出来ている。

5.5　用途展開

「シャインアップ」の商品展開としては，インテリア用途（カーテン，カーペット，クッション，布団側地）や衣料用途（スーツ，Tシャツ，靴下），生活用品用途（モップ類，オムツ，ペットマット，剣道防着，消臭Box）等多岐に渡り展開中である。

5.6 おわりに

「シャインアップ」は，化学吸着性能を有する金属酸化物に酸化チタンを複合化することにより，光触媒反応を利用して吸着物質（臭気物質）を酸化分解することで飽和点を解消した持続性の高い消臭繊維である。しかも，練り込みによる高い耐久性を有している。

今後も「シャインアップ」の特長が活かされる用途の開発と商品展開に注力する。

文　献

1) 藤島昭，橋本和仁，渡部俊也，光クリーン革命，2001，143-147，シーエムシー

《CMC テクニカルライブラリー》発行にあたって

弊社は，1961年創立以来，多くの技術レポートを発行してまいりました。これらの多くは，その時代の最先端情報を企業や研究機関などの法人に提供することを目的としたもので，価格も一般の理工書に比べて遙かに高価なものでした。

一方，ある時代に最先端であった技術も，実用化され，応用展開されるにあたって普及期，成熟期を迎えていきます。ところが，最先端の時代に一流の研究者によって書かれたレポートの内容は，時代を経ても当該技術を学ぶ技術書，理工書としていささかも遜色のないことを，多くの方々が指摘されています。

弊社では過去に発行した技術レポートを個人向けの廉価な普及版《CMCテクニカルライブラリー》として発行することとしました。このシリーズが，21世紀の科学技術の発展にいささかでも貢献できれば幸いです。

2000年12月

株式会社シーエムシー出版

空気浄化テクノロジーの新展開
―VOC削減対策に向けて―《普及版》 (B1006)

2006年 7月31日 初　版 第1刷発行
2012年 7月10日 普及版 第1刷発行

監　修　竹内浩士　Printed in Japan
発行者　辻　賢司
発行所　株式会社シーエムシー出版
東京都千代田区内神田 1－13－1
電話 03(3293)2061
大阪市中央区南新町 1－2－4
電話 06(4794)8234
http://www.cmcbooks.co.jp/

〔印刷　倉敷印刷株式会社〕

ISBN978-4-7813-0533-2 C3058 ¥4400E